现代教育研究方法

Research Methods of Modern Education

徐 红 主编
杨 旸 方 红 陈文娇 熊德明 副主编

科学出版社
北 京

内 容 简 介

教育研究方法是破解纷繁复杂教育问题的有效工具，本教材便是破解纷繁复杂教育问题的有效工具书。

本教材立足反映现代教育研究方法的最新成果，着力以理论与实际相结合的方式为读者提供一本系统性强、操作性强、前沿性强的图书；本教材主要阐述了现代教育研究的基本概念与基本过程，以及现代教育研究中常用的十一种研究方法和教育研究资料的处理及分析方法与教育研究成果的表达方法。

本教材不仅适合作为高等院校各类学科教育专业和教育学类专业师范生、高等院校和科研院（所）教育学类方向（含学科教育方向）研究生的教材，还适合作为广大教育研究机构科研人员和广大一线教师的自学辅导书及各类教育培训机构的培训教材。

图书在版编目（CIP）数据

现代教育研究方法 / 徐红主编. —北京：科学出版社，2018.1
ISBN 978-7-03-056221-0

Ⅰ. ①现⋯ Ⅱ. ①徐⋯ Ⅲ. ①教育研究-研究方法 Ⅳ. ①G40-034

中国版本图书馆 CIP 数据核字（2018）第 001317 号

责任编辑：乔宇尚　崔文燕 / 责任校对：何艳萍
责任印制：赵　博 / 封面设计：润一文化
联系电话：010-64033934
E-mail：edu_psy@mail.sciencep.com

科学出版社 出版
北京东黄城根北街16号
邮政编码：100717
http://www.sciencep.com

涿州市般润文化传播有限公司 印刷
科学出版社发行　各地新华书店经销
*
2018年1月第　一　版　　开本：787×1092　1/16
2024年1月第七次印刷　印张：26 1/4
字数：588 000
定价：69.00 元
（如有印装质量问题，我社负责调换）

前 言

教育研究方法是一门兼具基础性和应用性的方法类课程,既是教师教育专业及教育学专业的一门重要专业基础课程,又是促进教育学类及师范类各个专业的教学与研究的基础课程,还是联系高等师范教育与基础教育的一门桥梁与纽带课程,也是全体教育理论工作者、教育管理工作者及广大一线教师的自我培训课程。在高校相关专业开设本课程的目的,不仅是为了帮助学生熟练掌握各类具体的教育研究方法,而且是为了培养学生的思维品质、创新精神和实践能力,进而培养学生研究教育问题与解决教育问题的能力。

为了编写一本适合当下高校"教育研究方法"课程使用的教材,本教材的全体编者在已有相关研究成果的基础上,结合自身长期的教育研究实践及教育教学实践活动的体悟用心编写,终于使得这本《现代教育研究方法》能够问世。参加本教材编写的全体同志不仅多次集中对整个教材的体系进行了探讨,而且对整个教材的编写模式进行了研究。尤其是,该教材中介绍的每一种教育研究方法都配有运用该研究方法开展研究的一个具体案例,这无疑能够帮助广大读者尤其是高校学生更好地掌握各类教育研究的具体方法。

本教材与同类教材相比,具有三大创新:①系统性更加凸显。与同类教材相比,本教材更为系统介绍了教育研究资料的处理与分析方法,以及教育研究成果的表达方法两部分内容。在同类教材中,要么干脆没有介绍这两部分内容,要么只是在某些章节或某种研究方法中简单提及一下这两部分内容,因而,本教材在内容体系上明显更加完善。②操作性十分明显。本教材在介绍每一种具体的教育研究方法时,都配有一个运用该研究方法开展研究的具体案例,以突出该研究方法的可操作性。③前沿性相对突出。参加编写的老师分别来自全国十多所高校,他们全部都是高校教学与科研一线的教师,均具有博士学位和高级职称。他们不仅有很强的研究能力，而且有强烈的前沿意识，并且热衷于教育研究。在本教材的编写过程中，他们都尽可能将近期研究的大量相关成果恰当地渗透于相应的教育研究方法。

本教材在理论联系实际方面的特色主要有三：①注重联系实际中出现的教育问题来阐述相关教育研究方法理论；②注重各种教育研究方法理论在实际运用中可能适用的教育问题；③注重以案例的形式阐述各种教育研究方法理论的具体运用方法。

本教材在反映国内外学科进展方面的特色主要表现为：①各个章节的编写者都尽可能将国内外的有关教育研究方法的前沿成果及时纳入教材体系；②各个章节的编写者善于从方法论层面阐述教育研究方法的前沿成果。

本教材在总体编排结构方面的特色是：遵循"教育研究方法是什么""教育研究方法为什么""教育研究方法怎么办"的思路，沿着研究问题自然展开的逻辑顺序，逐一阐述各种教育研究方法的基本理论，以及各种教育研究方法的具体操作程序。

本教材不乏理论性，更不乏操作性。它不仅适合作为各类学科教育专业本、专科师范生和教育学类专业本、专科师范生的教材，而且适合作为教育学类方向（含各学科课程与教学论方向）研究生的教材及自学辅导用书，甚至还适合作为广大教育研究机构科研人员的自学辅导用书和广大一线教师的自学辅导用书及各级各类教育培训机构的培训教材。

本教材由长江大学教授徐红博士担任主编，负责全书的组稿与统稿工作，湖北大学教师杨旸博士、方红博士、陈文娇博士和湖北文理学院教师熊德明博士任副主编。参与编写此教材的还有华中师范大学教师付卫东博士、华中农业大学教师陈新忠博士、三峡大学教师张继平博士、江西师范大学教师汤舒俊博士、信阳师范学院教师张茂林博士、云南民族大学教师王卫东博士、湖北工程学院教师王成营博士、长江大学教师唐青才博士、洛阳师范学院教师黄宝权博士和凯里学院教师李浩泉博士。

在教材的编写过程中，我们参阅了国内外同行的许多研究成果，也引用了他们的一些新的研究观点与研究数据，在此表示深深谢意。由于我们的学术水平、编写水平有限，书中可能还有不妥或错漏之处，敬请各位专家同行及广大读者批评指正！谢谢！

编　者

目 录

前言

第一章 ◇ 绪论 …… 001

第一节 教育研究概述 …… 002
一、教育研究的概念 …… 002
二、教育研究的特点 …… 006
三、教育研究的意义 …… 008

第二节 教育研究的类型 …… 012
一、研究水平上的分类 …… 012
二、研究目的上的分类 …… 012
三、研究内容上的分类 …… 013
四、研究任务上的分类 …… 014
五、研究方向上的分类 …… 014
六、研究性质上的分类 …… 014

第三节 教育研究的条件 …… 015
一、开展教育研究的主观条件 …… 015
二、开展教育研究的客观条件 …… 018

第四节 教育研究的嬗变 …… 021
一、教育研究的嬗变历程 …… 021
二、教育研究的未来趋势 …… 024

第二章 ◇ 教育研究的基本过程 …… 031

第一节 选题 …… 032
一、选题的定义 …… 032

二、选题的途径 …… 032
　　三、选题的要求 …… 034
　　四、题目的表述 …… 036

第二节　研究假设 …… 037
　　一、研究假设的概念 …… 037
　　二、研究假设的特性 …… 038
　　三、研究假设的类型 …… 038
　　四、研究假设的作用 …… 041
　　五、研究假设的确立 …… 042

第三节　研究计划 …… 043
　　一、研究计划的作用 …… 043
　　二、研究计划的要求 …… 044
　　三、研究计划的内容 …… 045

第三章◇文献研究法 …… 049

第一节　文献研究法概述 …… 050
　　一、文献研究法的定义 …… 050
　　二、文献的定义与种类 …… 050
　　三、文献研究法的作用 …… 052
　　四、文献研究法的优缺点 …… 052

第二节　文献检索的方法 …… 054
　　一、文献检索的渠道 …… 054
　　二、文献检索的工具 …… 055
　　三、文献检索的方法 …… 056
　　四、文献检索的步骤 …… 057
　　五、文献的鉴别 …… 058
　　六、文献综述的撰写 …… 059

第三节　文献研究法在教育研究中的运用 …… 061
　　一、运用文献研究法解决教育问题的基本程序 …… 062
　　二、文献研究法在解决教育问题中应用举例 …… 062

第四章◇教育观察法 …… 069

第一节　教育观察法概述 …… 070
　　一、教育观察法的概念 …… 070

二、教育观察法的特点···071
　　三、教育观察法的优势···072
　　四、教育观察法的局限性···073

第二节　教育观察法的类型···074
　　一、参与观察法与非参与观察法··074
　　二、结构观察法与无结构观察法··075
　　三、直接观察法与间接观察法···076
　　四、全面观察法与抽样观察法···076
　　五、定期观察法与追踪观察法···077
　　六、自然观察法与控制观察法···077

第三节　教育观察的常用方法···078
　　一、描述记录法···078
　　二、取样记录法···080
　　三、核对清单法···083

第四节　教育观察法在教育研究中的运用···································085
　　一、教育观察法的程序··085
　　二、运用教育观察法解决教育问题的实例····························096

第五章 ◇ 问卷调查法 ·· 101

第一节　问卷调查法概述··102
　　一、问卷调查法的概念··102
　　二、问卷的类型···102
　　三、问卷的结构···102
　　四、问卷法的特点··104
　　五、问卷法的局限··104

第二节　问卷设计···105
　　一、问卷设计的步骤···105
　　二、问题的设计···106
　　三、问题的表述···109
　　四、回答的设计···112

第三节　问卷调查法的实施··117
　　一、问卷信度与效度的检验··117
　　二、问卷对象的选择···118
　　三、问卷的发放···118

四、问卷的回收 ··· 119
　　　五、问卷的处理 ··· 119
　第四节　问卷调查法在教育研究中的运用 ····································· 120
　　　一、运用问卷调查法解决教育问题的思路 ································ 120
　　　二、运用问卷调查法解决教育问题的实例 ································ 121

第六章 ◇ 访谈调查法 ··· 125

　第一节　访谈调查法概述 ··· 126
　　　一、访谈调查法的概念 ·· 126
　　　二、访谈调查法的特点 ·· 127
　　　三、访谈调查法的适用范围 ·· 128
　　　四、访谈调查的类型 ··· 128

　第二节　访谈调查法的实施 ·· 131
　　　一、准备阶段 ·· 132
　　　二、访谈阶段 ·· 135
　　　三、结束阶段 ·· 136

　第三节　访谈调查法的技巧 ·· 138
　　　一、提问的技巧 ··· 138
　　　二、倾听的技巧 ··· 141
　　　三、回应的技巧 ··· 143
　　　四、记录的技巧 ··· 145

　第四节　访谈调查法在教育研究中的运用 ····································· 146
　　　一、运用访谈调查法解决教育问题的思路 ································ 146
　　　二、运用访谈法解决教育问题的实例 ······································ 148

第七章 ◇ 教育实验法 ··· 155

　第一节　教育实验法概述 ··· 156
　　　一、教育实验法的概念 ·· 156
　　　二、教育实验法的特征 ·· 156
　　　三、教育实验法的优点 ·· 157
　　　四、教育实验法的局限 ·· 159
　　　五、教育实验的类型 ··· 159

第二节　教育实验的效度 ·· 161
　　一、教育实验效度的分类 ·· 161
　　二、教育实验效度的影响因素 ·· 165
　　三、教育实验效度的检测 ·· 168

第三节　实验中的研究变量 ·· 171
　　一、变量的含义 ··· 171
　　二、变量的类型 ··· 171
　　三、变量的控制 ··· 173
　　四、研究变量 ·· 176

第四节　教育实验法的实施 ·· 179
　　一、教育实验设计 ··· 179
　　二、教育实验的步骤 ·· 187
　　三、教育实验的验证 ·· 192

第五节　教育实验法在教育研究中的运用 ··· 194
　　一、运用教育实验法解决教育问题的实例 ···································· 194
　　二、运用教育实验法解决教育问题的思路 ···································· 197

第八章 ◇ 教育个案研究法 ·· 201

第一节　教育个案研究法概述 ·· 202
　　一、教育个案研究法的概念 ·· 202
　　二、教育个案研究法的特点 ·· 202
　　三、教育个案研究法的价值 ·· 204

第二节　教育个案研究的类型 ·· 205
　　一、追踪法 ··· 205
　　二、追因法 ··· 207
　　三、临床法 ··· 208
　　四、产品分析法 ··· 209
　　五、教育会诊法 ··· 210

第三节　教育个案研究法的实施 ··· 211
　　一、形成研究问题，选择研究个案 ·· 211
　　二、搜集个案资料和数据 ··· 211
　　三、个案资料的整理和分析 ·· 212
　　四、撰写个案研究报告 ·· 213

第四节　教育个案法在教育研究中的运用 ……………………… 215

一、运用教育个案法解决教育问题的实例 ………………… 215
二、运用教育个案法解决教育问题的思路 ………………… 221
三、运用教育个案法应遵循的基本原则 …………………… 221
四、运用教育个案研究法应注意的问题 …………………… 222

第九章 ◇ 教育经验总结法 ……………………………………… 225

第一节　教育经验总结法概述 …………………………………… 226

一、教育经验总结法的内涵 ………………………………… 226
二、教育经验总结法的特征 ………………………………… 228
三、教育经验总结法的分类 ………………………………… 229
四、教育经验总结法的作用 ………………………………… 233
五、教育经验总结法的优点 ………………………………… 234
六、教育经验总结法的局限 ………………………………… 236

第二节　教育经验总结法的实施 ………………………………… 237

一、实施教育经验总结法的原则 …………………………… 237
二、实施教育经验总结法的步骤 …………………………… 238
三、实施教育经验总结法应注意的问题 …………………… 242

第三节　教育经验事实的积累与提炼 …………………………… 244

一、教育经验事实的积累 …………………………………… 244
二、教育经验事实的筛选 …………………………………… 245
三、教育经验事实的提炼 …………………………………… 247

第四节　先进教育经验的总结及推广 …………………………… 249

一、先进教育经验的含义与标准 …………………………… 249
二、总结先进教育经验的步骤 ……………………………… 251
三、推广先进教育经验的方法 ……………………………… 252

第五节　教育经验总结法在教育研究中的运用 ………………… 253

一、教育经验总结报告的基本框架 ………………………… 253
二、教育经验总结报告的案例评析 ………………………… 254

第十章 ◇ 教育行动研究法 ……………………………………… 257

第一节　教育行动研究法概述 …………………………………… 258

一、教育行动研究的定义 …………………………………… 258

二、教育行动研究的特点 ·· 258
　　三、教育行动研究的原则 ·· 260
　　四、教育行动研究的类型 ·· 260
　　五、教育行动研究的局限 ·· 261

第二节　教育行动研究法的实施 ·· 261
　　一、计划 ·· 261
　　二、行动 ·· 262
　　三、观察 ·· 263
　　四、反思 ·· 263

第三节　教育行动研究法在教育研究中的运用 ························· 264
　　一、运用教育行动研究法解决教育问题的思路 ················ 264
　　二、运用教育行动研究法解决教育问题的实例 ················ 265

第十一章 ◇ 教育叙事研究法 ·· 273

第一节　教育叙事研究概述 ··· 274
　　一、教育叙事研究的内涵 ·· 274
　　二、教育叙事研究的特点 ·· 275
　　三、教育叙事研究的内容 ·· 276
　　四、叙事研究的分类 ·· 278

第二节　教育叙事研究法的实施 ·· 280
　　一、教育叙事研究的方式 ·· 281
　　二、教育叙事研究的过程 ·· 282
　　三、开展教育叙事研究对教师的要求 ······························ 282
　　四、教育叙事研究的理性追求 ·· 284
　　五、Blog 与教育叙事研究 ·· 285

第三节　教育叙事研究法在教育研究中的运用 ························· 286
　　一、如何开展教育叙事研究 ·· 286
　　二、运用教育叙事解决教育问题的实例 ··························· 288

第十二章 ◇ 教育比较研究法 ·· 293

第一节　教育比较研究法概述 ··· 294
　　一、教育比较研究法的概念 ·· 294
　　二、教育比较研究法的特点 ·· 295

三、教育比较研究法的作用 ·· 295

第二节　教育比较研究法的类型 ·· 297
　　一、纵向比较研究法和横向比较研究法 ································ 298
　　二、同类比较研究法和异类比较研究法 ································ 299
　　三、定量比较研究法和定性比较研究法 ································ 300
　　四、问题比较研究法和区域比较研究法 ································ 301

第三节　教育比较研究法的实施 ·· 302
　　一、教育比较研究法的实施步骤 ·· 302
　　二、教育比较研究法实施注意事项 ····································· 303

第四节　教育比较研究法在教育研究中的运用 ························· 304
　　一、运用教育比较研究法解决教育问题的思路 ···················· 304
　　二、运用比较研究法解决教育问题的案例 ··························· 305

第十三章◇质的研究方法 ·· 307

第一节　质的研究方法概述 ··· 308
　　一、质的研究方法的概念 ··· 308
　　二、质的研究方法的特点 ··· 309
　　三、质的研究方法的理论基础 ·· 310
　　四、相关的概念辨析 ··· 311

第二节　质的研究方法的实施 ·· 313
　　一、确定研究问题 ·· 313
　　二、选择研究对象 ·· 314
　　三、进入研究现场 ·· 317
　　四、资料的收集 ··· 318
　　五、资料的整理 ··· 320
　　六、构建理论 ·· 322
　　七、效度的检验 ··· 323
　　八、信度的讨论 ··· 325
　　九、推论的探讨 ··· 325
　　十、伦理道德问题的思考 ·· 326

第三节　质的研究方法在教育研究中的运用 ····························· 326
　　一、运用质的研究方法解决教育问题的思路 ······················· 326
　　二、运用质的研究方法解决教育问题的实例 ······················· 328

第十四章 教育研究资料的处理与分析 ……………………………… 341

第一节 教育研究资料的类型 …………………………………… 342
一、选项性资料 ……………………………………………… 342
二、描述性资料 ……………………………………………… 343

第二节 教育研究资料的处理 …………………………………… 343
一、筛选 ……………………………………………………… 344
二、整理 ……………………………………………………… 345
三、验证 ……………………………………………………… 347
四、分析 ……………………………………………………… 348
五、评价 ……………………………………………………… 351
六、总结 ……………………………………………………… 351

第三节 教育研究资料的分析 …………………………………… 351
一、定性分析 ………………………………………………… 352
二、定量分析 ………………………………………………… 355

第十五章 教育研究成果的表达 …………………………………… 367

第一节 教育学术论文的结构与撰写 …………………………… 368
一、题目 ……………………………………………………… 368
二、署名及作者单位 ………………………………………… 369
三、内容摘要 ………………………………………………… 369
四、关键词 …………………………………………………… 371
五、正文 ……………………………………………………… 372
六、注释 ……………………………………………………… 373
七、参考文献 ………………………………………………… 374
八、学术论文范例 …………………………………………… 374

第二节 教育研究报告的结构与撰写 …………………………… 381
一、教育观察报告的结构与撰写 …………………………… 382
二、教育调查报告的结构与撰写 …………………………… 383
三、实验研究报告的结构与撰写 …………………………… 384
四、个案研究报告的结构与撰写 …………………………… 385
五、案例报告的结构与撰写 ………………………………… 387
六、经验总结报告的结构与撰写 …………………………… 388
七、行动研究报告的结构与撰写 …………………………… 389
八、质的研究报告的结构与撰写 …………………………… 390

第三节 教育叙事类论文的结构与撰写 ······································ 391
    一、教育案例的结构与撰写 ·· 391
    二、教育叙事的结构与撰写 ·· 392
    三、教育反思的结构与撰写 ·· 393
    四、教育随笔的结构与撰写 ·· 398
    五、教育日志的结构与撰写 ·· 400

参考文献 ··· 403

第一章 绪 论

教育领域存在着问题吗？这些问题需要解决吗？谁来解决这些问题？教师需要参与解决这些问题吗？教师需要解决哪些教育问题？

在我国传统的学校制度下，学校被视为培养人才的"加工厂"，工厂的产品规格（合格标准）由专家学者和教育行政部门统一制定，学校只需按照规定的计划加工"人"。显然，教育研究在传统学校制度下可以不需要，或者至多只是研究"加工"人的工艺过程（教育艺术）。在新时代背景下，传统教育体制越来越不适应社会各个层面的发展，正面临着全方位的改革。审视我国教育现状，不难发现，目前，在人力资本理论与新课程理念的引导下，现代学校制度逐步确立，教育研究随之与学校（含幼儿园，全书同）及其教师的关系日益密切，直到今天，教育研究成了"现代学校的组织功能和教师的职责"[①]。为此，对于学校里的一切教育工作者（尤其是学校教师）及将来打算走上教育管理岗位或教师岗位的师范生（或准教师）来说，理应掌握教育研究的基本知识。

---

① 宋之菡. 教育研究是现代学校的组织功能和教师的职责. 上海教育科研，2004（5）：14-17.

第一节 教育研究概述

教育研究是一种实践性很强的复杂创新活动,教育研究方法正是这种复杂创新活动的工具性方法。为后文更为方便地阐述教育研究过程中相关资料的搜集方法、整理方法、分析方法及最终成果的表达方法,本节将对"教育研究"的概念、特点及意义逐一加以阐释。

一、教育研究的概念

1. 研究的概念

（1）研究的定义

提到研究,不少人往往会有神秘感、神圣感,甚至会有高不可攀感。其实,研究就是发现问题,探索问题背后的根本性原因,并努力找到解决问题之答案的过程。我们通常所说的研究是指科学研究,即先认真且严格地提出一个问题,尔后采用科学的方法有计划、有目的地收集与分析相关信息,力图达到解决问题的过程。对于广大学校教育工作者尤其是教学一线的教师来说,发现日常教育教学中的问题,并有意识、有目的、有计划解决这些教育教学问题的过程就是研究。

作为一种从发现问题到解决问题的过程来说,任何研究都必然包含三个基本要素,即目的性、过程性、方法性。所谓目的性,是指任何一项研究活动都会具有一定的目的性,即研究者在着手某项研究时,必先明确需要研究的具体问题并确定与之相应的具体研究目标,尔后对问题的可能性结果做出某种推测（提出假设）并制定一套具体的研究计划或研究方案；过程性就是指实施研究计划或研究方案的过程。一般来说,研究者通常需要按照预先制定的研究计划,遵循一定的研究程序,分阶段、有步骤地开展研究活动；方法性是指,要想一项研究活动具有一定的成效,研究者必须依据当下研究的具体问题之性质和特点选用合适有效的方法进行研究,如问卷调查法、访谈法、实验法、行动研究法、比较研究法等。

（2）研究的本质

本质就是事物本身所固有的根本属性。由此可以认为,研究的本质就是创新。研究就是解决前人尚未解决的问题或前人解决问题的方式与结果尚未获得"圈内人士"或社会公众认同的问题,回答别人想说而没有说或没说全面的问题。研究通常特指科学研究,因而研究须遵循科学的认识过程。从认识论的角度看,科学的认识过程包括三个阶段：①认识的感性阶段,形式为感觉、直觉、表象等；②认识的理性阶段，表现为概念、判断、推理等；③认识的实践证明和逻辑证明阶段，"实践证明"即可重复实验或实践；"逻辑证明"即用逻辑学和辩证法知识对观点进行论证。

2. 方法的概念

（1）方法的定义

何谓"方法"？可以说自从人类开始有意识地进行各种各样的活动以寻求解决各种各样"问题"的途径以来，就有了"方法"之说。黑格尔认为："方法是认识的工具，是主观方面的某个手段，通过这个手段与客体发生关系。"[①]毛泽东将方法比作"过河的桥或船"，等等。尽管关于方法的各种表述在形式上有所不同，但归根结底认为方法是体现主体的人与客观世界之间的一种关系，这些关系包括了人们认识世界、适应世界和改造世界的不同层面。在中文词义学中，方法是指关于解决思想、说话、行动等问题的门路、程序等。就现代科学意义而言，方法是指人们从理论或实践上把握现实、为达到某种目的而采用的途径、手段和工具等的总和。马克思主义哲学认为，方法一般是指认识和研究自然界、社会现象和精神现象的方式和手段。正确的、科学的方法应当体现事物本身固有的规律，是关于自然界、社会和思维的最一般规律的科学。

（2）构成方法的要素

1）目的性要素。方法是相对于活动的目的性来说的，任何方法都要服从和服务于一定的目的、目标、任务和需求。

2）合于规律性的活动要素。无论何种类型或形式的方法，总是通过一系列的活动体现出来的。而这些活动是否有效或有效性程度如何，关键在于所采用的方法是否合乎活动本身特有的规律。

3）工具要素。无论使用何种类型或形式的方法，总是需要凭借一定的工具才能得以进行。这些工具通常作为其精神的与物质的手段，如语言、逻辑、范式和工具、器械、设备等。

4）对象要素。方式的运用具有一定的针对性，即任何方法都是作用于一定对象的。不同的对象应有与之相应的方法，即对象的特点制约着方法的设计与应用。

3. 教育研究的概念

综览已有相关文献，不难发现，教育研究这一概念在我国现实使用中显得比较模糊，甚至有点混乱，尤其是存在"教育研究与教育科学研究这两个词常常互用"[②]的局面。为此，在给教育研究下定义之前，有必要事先明晰教育研究与教育科学研究这两个概念是否相同。从已有研究看，对于教育研究与教育科学研究是否属于同一个概念的问题，既有支持者，也有反对者。具体情况如下。

支持者通常不对上述两个概念加以区分，认为两者的含义基本一致。其代表性

---

① 黑格尔. 逻辑学（下卷）. 杨一之译. 北京：商务印书馆，1976：532-537.
② 秦行音. 教育研究、教育的科学研究与我们的选择——我国教育研究的现状分析与趋势研究. 教育理论与实践，2004（1）：13-16.

观点主要有以下几种。

1）在通常的（即狭隘的）意义上，研究即指科学研究，教育研究就是指教育科学研究[①]；教育科学研究是指运用一定的科学方法，遵循一定的科学研究程序，通过对教育现象的解释、预测和控制，探索教育规律的一种认识活动[②]。

2）教育科学是正确反映教育领域内客观事物的关系和规律的知识体系，是人类教育实践经验的总结和概括，并将随着教育实践的发展而不断发展，教育科学的研究方法就是教育研究方法[③]。

3）教育科学研究是科学研究的形式之一，是以教育现象为研究对象，以科学的态度，运用科学的方法，有目的、有计划地探求教育现象及规律，阐述、控制、预测教育现象直至发现教育规律并指导教育的创造性的认识活动[④]。这种说法同样适用于界定教育研究。

4）教育科学研究是指系统地搜集和评价信息的探索过程。其目的在于认识我们所要研究的问题的本质及其规律，从而得到解决问题的答案[⑤]。这种观点亦可用来解释教育研究。

5）教育科学研究是指用教育理论去研究教育现象，探索新的、未知的规律，并用以解决新问题、新情况[⑥]。该说法明显可以用来界说教育研究。

6）教育科学研究的范围非常广泛，它包括所有有关教育方面的宏观的和微观的问题[⑦]。显然，此处的教育科学研究其实是指教育研究。

反对者往往注重以上两个概念之间的区别，认为教育科学研究只是教育研究的一部分，因而在概念的表达上，往往突出强调教育科学研究的对象是教育科学各分支学科本身，教育研究的对象则是整个教育领域中的问题。其代表性观点主要有如下几种。

1）教育科学研究指的是对教育科学各门学科的科学研究工作，是一项探索、揭示教育运动、教育现象本质和规律的活动[⑧]。

2）教育科学是研究教育规律的各门学科的总称[⑨]。

3）教育科学研究只是对教育这门科学本身的研究，那么，教育科学研究就只属于教育研究中的教育学科元研究，而教育研究除了教育学科元研究外还包括教育活动研究和教育观念研究[⑩]。

4）教育研究是指采用系统的研究方法，对特定的教育现象或问题进行研究，从而获取教育规律，为教育理论提供知识，帮助解决教育实践问题，提升教育质量

---

① 张胜勇. 反思与建构——20世纪的教育科学研究方法论. 济南：山东教育出版社，1995：29.
② 国清. 教育科学研究方法. 中国考试，2005（8）：99-110.
③ 裴娣娜. 教育研究方法导论. 合肥：安徽教育出版社，1995：3.
④ 周家骥. 教育科研方法. 上海：上海教育出版社，1999：1-2.
⑤ 赫德元，周谦. 教育科学研究法. 北京：教育科学出版社，1990：1.
⑥ 林焕章，林惠生. 教育科研操作指南. 北京：国际文化出版公司，2000：1.
⑦ 李秉德. 教育科学研究方法. 北京：人民教育出版社，2001：9.
⑧ 杨丽珠. 教育科学研究方法. 大连：辽宁师范大学出版社，2002：5.
⑨ 顾明远. 教育大辞典（第1卷）. 上海：上海教育出版社，1989：80.
⑩ 叶澜. 教育研究方法论初探. 上海：上海教育出版社，2001：306-308.

的一种活动[①]。

从上述两派观点看，前一种观点是从方法论的视角对教育研究或教育科学研究下的定义，认为教育研究或教育科学研究就是用科学的态度与科学的方法看待教育现象、研究教育问题、揭示教育规律的一种研究活动。从方法论的角度看，两者的区别确实甚微。后一种观点是从逻辑学的视角对教育研究或教育科学研究下的定义，认为教育研究是以教育问题为研究对象，探讨的是整个教育领域的问题，揭示的是整个教育领域的规律。而教育科学研究是以教育科学这一学科体系为研究对象，探讨的是教育科学学科体系中的问题，揭示的是教育科学体系中的规律。从逻辑学的角度看，上述两个概念显然有别。

到底哪一种观点是成立的呢？我们认为，从学理上讲，不能视教育研究与教育科学研究为同一概念：一方面，若将两者当作同一概念，则要么无视了教育研究的科学性，要么无视了教育科学研究的学科性；另一方面，从语义学上看，教育科学研究可以理解成"对教育科学的研究"和"教育的科学研究"两种形式，前者侧重突出的是学科体系，后者突出的是研究观点，具体来说，前者是指对教育科学学科体系的研究，后者是指用科学的态度与方法对教育领域中的问题进行研究，显然，前者与后者的含义是有别的。如果不对教育研究和教育科学研究这两个概念加以区别而含混使用，"就会引起学生或读者在理解上或思维上的混乱，这对于学科本身的发展是不利的，对于指导教育教学的实践也是不利的"[②]。但是，从我国现实情况看，没有必要过分计较教育研究与教育科学研究之间的差异，主要原因在于：①人们通常将研究理解为科学研究，比如，辞海中研究的含义就是指"用科学方法探求事物的本质和规律"[③]，也就是说，"研究"一词，在我国学术上特指科学研究。由此出发，教育研究在我国特指教育科学研究已是一种约定俗成，凡是教育研究就是指用科学的态度与方法研究教育系统中的问题。②教育科学研究在我国并非仅仅是指对教育科学学科体系进行的研究活动，更多的时候，它泛指对整个教育系统的科学研究活动。总之，虽然教育研究与教育科学研究这两个概念本身具有一定的区别，但出于我国语境中的使用习惯，我们不能轻易依据语义逻辑理解它们。其具体含义如何，还得从具体的语境中去审视，而且在涉及使用这两个概念的过程中，尽管不须刻意选择哪一个概念，但在具体使用场合最好对其具体含义加以特别阐释，以免引发不必要的曲解或其他不必要的后果。

基于以上分析，我们认为，有必要在此专门界定教育研究这一概念。研究就是钻研、推究，是在反复思考的基础上，认真地提出问题，并以一定的方法与策略寻找问题答案的过程；研究的目的实质上是为了深刻地认识某种现象，并探索其中蕴含的相应规律。因此，对教育研究下定义必须突出三点：①教育研究的对象；②教育研究的方法；③教育研究的目的。由此看来，所谓教育研究，是指人们为了解释一定的教育现象、解决一定的教育问题、发现一定的教育规律，在一定理论的指导下，运用科学的方法与手段，有目的、有计划的探索活动。

---

① 朱德全. 教育研究方法. 重庆：重庆出版社，2006：2.
② 李秉德. "教学设计"与教学论. 现代教育技术，2000（10）：11-13.
③ 夏征农.《辞海》（下册）. 上海：上海辞书出版社，1979：3747.

4. 教育研究方法的含义

教育研究方法是指从事教育研究时所采用的方法，即研究教育问题、探索教育现象及其规律时所采用的方法。我国的教育研究方法是以马克思主义为指导，采用多种具体的方式与手段研究教育问题或解释教育现象，采用这些具体方式与手段的目的是为了探求教育内部诸要素之间及其诸要素和其他事物之间的关系或教育的质与量之间的变化规律，以之达到解决教育问题、解释教育现象的目的。常用的教育研究方法有文献法、观察法、调查法、统计法、实验法、历史法、比较法、个案研究法、行动研究法、叙事研究法等。后文中将会逐一介绍这些方法。

二、教育研究的特点[①]

教育研究的对象复杂、教育研究的方法多样使得教育研究的特点很多，此处主要阐述教师开展教育研究的特点。教师开展教育研究的根本目的是基于解决学校领域中存在的教育教学问题，其不同于其他群体开展教育研究的特点主要体现在以下五个方面。

1. 研究目的具有针对性

教师从事教育研究的主要目的，并非是为了发现普遍规律、形成或发展教育理论，而是为了解决教育教学实践中遇到的具体问题、寻求真实有效的问题解决方案或改进问题的措施，因而，其教育研究的目的具有明显的针对性。教师需要经常亲临教育教学实践，其关注的问题主要是实践中出现的问题，为了解决问题的困扰，进一步提高教育教学质量，教师理当研究如何在具体的场景下解决这些问题。教师工作的对象主要是人，人是具有主观能动性的智慧动物，因而教师的工作虽有教育规律指导但又无具体规则可循。教师不能像技术工人那样按既定规则进行教学，而需要在不断研究教育教学与人及社会发展之间的关系中开展教学工作。在这样的教学工作期间，教师必然会遇到这样或那样的问题，教师的教学工作正是伴随着不断解决这些问题的过程而进行的。

2. 研究内容具有微观性

教师成天忙于课堂教学与班级管理，很难有充分的时间与充足的精力顾及教育领域的宏观问题，因而其研究内容主要是一些教育领域中的微观问题。对于一名教师来说，其工作在异常复杂的课堂教学与班级管理环境之中，虽然有教育理论的宏观指导，但实际教学与班级管理中往往充满复杂性和不确定性，很多教学与班级管理问题都是以细节的方式呈现。而这些细节性的问题无疑危及教育教学质量。显然，教师必须每天花费大量的心思去考虑如何提高教育教学的质量，不可能有许多时间和精力去进行涉及宏观方面问题的调查与分析，就像让一个农村教师去从事"农村教育综合改革的研究"，显然是不现实的。比如，如果一名中学语文教师选择"中学语文特色教学和学生全面发展关系的研究"这样的课题是不切实际的，因为它需

[①] 徐红. 中小学教师的教育研究：性质与特点. 教育科学研究，2011（11）：76-78.

要探明中学语文特色教学与学生发展之间的关系,而不只是研究一所中学语文特色教学如何开展的问题,显然属于一个宏观层面的理论研究;倘若把它改为"某某学校语文特色教学的研究",就可使研究既具有可行性,又具有现实针对性。总之,从实际出发,教师的研究应该着重以课堂教学和具体的学科教学为中心,围绕课程标准、教材、教法等内容而展开。

3. 研究场所具有自然性

中小学教师因教学与管理的需要不得不经常亲临班级和课堂。教师无疑十分忙碌,受工作场所和工作时间的限制,不可能长时间地"泡"在书山文海里,因此,其研究场所大多数处于自然状态下的课堂教学与班级管理活动之中。比如,当某位教师想要了解"不同的课堂提问方式与教学效率之间的关系如何"这一问题时,可以事先查阅别人有关"课堂提问及教学效率"方面的研究成果,比如,"课堂提问"有哪些功能?"提问"的方式有哪些?"提问"的问题如何设计?"提问"有哪些技巧?影响教学效率的因素有哪些?提高教学效率的措施有哪些?等等;然后深入课堂观察其他教师在真实的课堂情境下的提问方式如何,并思考这样的提问方式是否符合理论要求,是否在实践中有成效。当然,该教师也可以反思自己的课堂提问方式与教学效率之间关系如何。显然,要想弄清课堂提问与教学效率之间的关系,该教师不得不在自己或其他教师的自然课堂教学中开展研究。

4. 研究范式具有平民性

研究范式是指某一学科共同体或学术团体在研究相关问题时所沿用的一套业内人士业已公认的理论体系与方法及规则。中小学教师教育研究范式的平民性主要体现在两个方面:①随着"教师成为研究者"这一口号的提出,参与教育研究便成为中小学教师的一项群众性的活动;②中小学教师所进行的教育研究并非是一种严格意义上的学科规训式研究,即中小学教师并非采用专业人士的研究范式开展教育研究。正如一些学者所说,不宜用专家学者旨在建构理论的严格的学科规训来规范教师丰富多样的个别化研究之路,不能用专家学者的研究范式来排斥、否认教师的研究及其成果的价值和水准。教师从事教育研究,更多强调的是一种研究态度,一种研究意识。让教师成为研究者,究其本质,就是期盼教师以思考者、追问者、探究者与反思者的姿态来看待教育教学中的一切现象或事实。值得指出的是,我们并不是反对中小学教师开展如专家学者一样的学科规训式研究,如果他们有足够的学术研究能力与学术研究精力,同样可以运用严格的研究范式开展研究。但是,从国家、学校及中小学教师的现实条件看,在目前及未来相当长一段时间内,绝大部分教师还得运用平民性的研究范式参与教育研究。

5. 研究成果具有实效性

中小学教师的教育研究不同于专家学者的研究,而是一种服务于教育教学实践的研究,中小学教师从事教育研究的根本目的就是为了破解他们在教育教学过程所遇到的一系列现实问题,因而他们非常注重研究成果的实效性。中小学教师教育研究成果的实效性主要有体现有二:①研究成果具有较强的针对性。中小学教师处于教育教学实践的第一线,能够真切体验教育教学实践中每一个细小的环节,最了解教育教学实践中的困难和需求,对于教育教学实践中出现的各种问题,他们有着最真实的体验与感悟。通过教育研究,中小学教师可以客观、准确地分析教育教学实践中存在的问题,提出解决问题的设想与措施,进行周密的科学论证和反复的实践、验证,最终可能从真切的感受中找出解决这些问题的有效策略。不难发现,中小学教师从事的教育研究是一个发现教育教学问题为起点,以解决教育教学问题为终点的发展过程,依次经历"问题诊断—原因分析—对策探讨—实践检验—理性反思—经验总结"的研究之路。②研究成果具有较强的操作性。从当下中小学教师开展教育研究的实际情形看,他们使用的研究方法主要是经验总结法。因而,其研究成果往往不是以学术论文或专著的形式呈现出来,而通常采用叙事式的表达方式,即由研究者本人叙述自己在整个研究过程中所经历的一系列教学事件,包括所研究的问题是怎样提出来的、是怎样设计解决问题的思路的、在解决问题的过程中遇到了什么困惑或障碍、是如何反思的、采取了什么新的策略、取得了什么样的效果。这种叙述方式不仅通俗易懂,而且具有很强的操作性。

三、教育研究的意义

笼统地说,教育研究的意义表现为,通过教育研究,能够丰富教育理论、改善教育实践、促进教育改革,以及提升教师的素质。具体来说,教育研究的意义主要体现在两个方面:①教育研究对教育本身(包括教育理论与教育实践两个维度)具有重大的价值;②教师教育研究对教师本身具有明显的意义。

(一)教育研究对教育本身的作用

1. 教育研究对教育理论的贡献

教育研究对教育理论的贡献主要体现在它给教育带来了四种类型的知识,即描述性知识、预测性知识、改进性知识和解释性知识[①]。

1)描述性知识。描述性知识是关于自然和人为现象的描述。描述性知识一般产生于描述性研究。教育研究中也存在着较多的描述性研究,如关于教育教学、学校制度、班级管理等现象的描述,从国际比较的视角对一个国家的教育状况和教育现象进行描述。这些描述性知识不仅丰富了教育理论知识,而且为教育政策的制定者、教育理论研究工作者和教育实践工作者提供了诸多相关的教育统计信息。

2)预测性知识。所谓预测性知识,是指通过已有的信息预测未来可能出现某一现象的知识。预测性知识经常源于预测性研究。预测性的教育研究较多。比如,根据学生的智商预测该生的学业发展,根据学生的特长预测其可能在某一特定领域取得成功,等等。预测性知识有两类:①纵向预测性知识,即通过学生当前的学业成绩预测此生以后的学业成绩或进入社会之后的工作成就。它包含选拔性预测知识

---

① 梅雷迪斯·D.高尔,沃尔特·R.博格,乔伊斯·P.高尔.教育研究方法导论(第六版).许庆豫译.南京:江苏教育出版社,2002:3-11.

和淘汰性预测知识两种亚类。②横向预测性知识，即利用两个因素之间的相关关系，然后用其中一个因素的发展来预测另一个因素的发展。例如，《小学生心理与师生关系现状的调查研究》表明，学生的学习效能感、焦虑程度、师生情感关系、地位关系与学生的学习成绩存在显著的线性关系，它们能很好地预测学业成就状况。①

3）改进性知识。改进性知识是关于提高学生学业成就或其他教育教学效果的一类知识，如通过阅读训练、及时反馈、合作学习、当面辅导等方式改进学生学习成绩的知识。改进性知识当然主要来自于改进性研究。

4）解释性知识。这类知识包含了前面所述的三大类知识。如果研究者能够解释某一教育现象，那么就意味着他能够准确描述、预测和控制这一教育现象。这种对被调查现象做出的解释即被称为理论。解释性知识主要来源于两种方法：①"扎根理论"法，即从研究者自己所掌握的直接资料中推导出理论的方法。这种方法经常为质的研究者所用；②科学研究法，即通过形成假设—推演该假设所能导致的可以观察到的后果—通过观察检验假设等程序进行的研究方法。

2. 教育研究在教育实践中的价值

教育研究除了通过贡献教育知识而影响了教育理论之外，对教育实践也存在诸多影响。这主要体现在：①教育研究能够影响教育政策的制定。"在国际教育界，在过去的几十年里，教育研究的成果也在很大程度上通过教育政策影响了教育实践。但是因为教育政策的制定受到政治的、经济的、社会的和文化的等许多因素的影响，并且政策制定是一个严肃而复杂的过程，有着自己的规则，教育研究的结果被应用于教育实践并不是简单的过程。教育研究包含有价值观，因此，把研究结果应用于实践也就意味着把一系列的价值观充入教育实践。此外，即使研究结果引起了政策制定者的注意，他们在制订政策时也只是会将其看作制定政策时的信息之一。"② ②教育研究能够解决实际中存在的许多问题。比如，通过开发性研究，将教育研究的相关理论成果直接用于解决教育实践中存在的某些问题；通过普适性研究，提出具有普遍意义的问题解决方案；通过开展应用性研究，直接提出某一具体问题的解决方案。③教育研究能够有效增进教育教学效果。比如，通过教育研究，可以总结以往教育教学活动中存在的经验与不足，以便未来进一步改进教育教学；通过教育研究，可以将成功的教育教学经验进行推广，以之大幅度的提高教育教学效率；通过教育研究，可以积累许多未来能够用于指导一定教育实践的理论。④教育研究能够发掘深层的教育教学问题。比如，对于教育实践工作者来说，他们长期从事相对稳定的教育教学工作，极可能出于因循守旧或按部就班而忽视教育实践中存在的许多深层问题。通过教育研究，这些平常不易足以引起教育实践工作者注意的深层问题就很可能进入他们的视野而成为值得研究的问题。通过相应的研究之后，这些深层问题或多或少就会得到一定程度的解决。

---

① 杨继平，高岭. 小学生学习心理与师生关系的现状调查研究. 教育研究，2005（1）：63-68.
② 秦行音. 教育研究、教育的科学研究与我们的选择——我国教育研究的现状分析与趋势研究. 教育理论与实践，2004（21）：13-16.

尤为一提的是，教师从事教育教育是适应新一轮基础教育课程改革（简称新课改）的需要。教师在新课改的实施过程中必然会遇到一些意想不到的问题，而且许多问题在书本上难以找到答案。因而，教师不能依靠简单模仿，而必须根据问题的实际情况进行探索与研究。此外，新课改特别提倡培养学生的创新精神和创新能力，如果教师没有创新精神和创新能力，就难以培养具有创新精神和创新能力的学生。

（二）教育研究对教师发展的作用

为了使行文具有更强的针对性，此处专门阐述教师从事教育研究对他们自身发展的作用。

1. 教师从事教育研究可以提高教师的职业地位

一直以来，教师因为极少参与学术研究而被称为"教书匠"，其职业地位因之明显偏低。"传统上，研究被认为是大学教授、学者或专家的工作，与教师无关，教师只要能接受别人生产的知识，不必也没有能力作研究。但是在今天，'教师即研究者'已成为师范教育上重要的一种运动。"[1]教师从事教育研究，意味着教师开始注重自己的体验，意味着教师开始注重自己的发展，同时也意味着教师有能力对自己的教育行为加以反思、研究与改进，提出最切实的改进建议。此外，教师从事教育研究，"可以使教师从无效的知识中解放出来，意味着教师确信自己有能力构建知识和改进实践"[2]。

在教育研究中，教师通过不断反思自己在教育教学中的经验与教训，以研究者的眼光审视已有的教育理论和教育实际问题，其才能与潜力得以充分发挥。尤其是，通过教育研究，教师能够获得本专业的实践性知识，这种实践性知识是建立在系统研究和理论知识基础之上的专门技术和技能，可以使教师职业从其他职业之中区别开来，是教师专业标准最为显著的特征之一。[3]不难推断，通过教育研究，教师的学术声望得以充分彰显，教师的职业地位得以不断提升。由此可见，教师从事教育研究，是教师获得职业解放的必由之路[4]（此处的职业解放，主要是指确立教师职业的专业地位，获得教师专业发展的自主权），是教师提升职业地位的重要途径。

2. 教师从事教育研究可以提升教师的教育理念

教育理念是指导教育实践的行动指南。所谓教育理念，是指教育理想、教育观念和教育信念的总称，是教师在理解教育本质的基础上，结合自身长期的教育实践而形成的一种具有导向与动力特征的理性系统。不同的教育理念将带来不同的教育

---

[1] 欧用生. 提升教师行动研究的能力. http://content.edu.tw/primary/society/ks_ck/nine/n4.htm，2005-12-31.

[2] Rearick M L. Orientations, purposes and reflection: A framework for understanding action research [J]. Teaching and Teaching Education, 1999（5）: 20-21.

[3] Carr W, Kemmis S. Becoming Critical: Education, Knowledge and Action Research[M]. London: The Falmer Press, 1982. 1-2.

[4] 王卫华. 教师在教育研究中的地位变迁及展望. 教师教育研究, 2010, 22（4）: 19-24.

实践，从而产生不同的教育教学成效。可见，到底依据什么样的教育理念去指导具体的教育教学实践，实属教师教育教学成效好坏与高低的关键。

有效教育理念的形成并非一蹴而就，它建立在教师不断研究已有教育理念与不断总结自身教育经验的基础之上。这是因为：①随着教育科学的不断发展，有关教育教学的理念不仅日益繁多，而且众说纷纭，可谓"仁者见仁，智者见智"。每一种教育理念的提出都有其特殊的背景，其合理性与适用性都存在着不同的局限，因而教师绝不能囫囵吞枣，随意选择一种教育理念去指导自身的教学实践。这就需要教师自身去研究、去体会、去探索，如何使之与实践结合起来，并形成适合自身教育实践的有效教育理念。换言之，教师从事教育研究，可以对已有的教育理念进行甄别与遴选，从而不断提升自己的教育理念。②随着教育的国际化与文化的多元化，先前合理的教育理念可能越来越不适应当下的教育实践，这就需要教师通过反思自身的教育实践，认真总结已有的教育经验，从而实现教育理念上的自我超越。

3. 教师从事教育研究可以促进教师的专业发展

教师专业发展的过程是指"在教学职业生涯的每一个阶段，教师掌握良好专业实践所必备的知识与能力的过程"[①]。此处的知识主要是指教育教学实践所必需的知识，能力则主要包括教师的教育专业能力与教育研究能力。

教师从事教育研究，可以促进教师实践知识的发展。所谓教师的实践知识，是指教师在长期的教育教学实践中逐渐形成的与教育教学有关的个性化知识，它集中体现了教师个性化的教学风格与教学智慧。教师的实践性知识是教师专业发展过程中不可或缺的重要组成部分。教师的实践知识直接影响着教师对教育教学理念、课程教学观念、师生关系、课堂管理等的理解。通过教育研究，教师可以不断反思自身的教育教学过程，不断总结自身教育教学过程中的一系列失败与成功体验，从而有效地发展自身的实践性知识。

教师从事教育研究，可以促进教师教育专业能力的发展。教师教育专业能力的发展不仅仅建立在学习专业学科知识和教育学科知识的基础之上，也不仅仅建立在积累教学经验的基础之上，还必须教师在教育教学工作中投入大量的精力进行教育研究才能形成。

教师从事教育研究可以促进教师教育研究能力的发展。在教育研究的过程中，教师需要查阅并整理大量文献资料、收集诸多相关信息数据、积极大胆思维，不断理性反思，然后才能解决自己想要解决的教育问题。因而，教师必须掌握教育研究的基本理念与基本方法、学会撰写专题论文、经验总结、调查报告或实验报告等成果表达形式。毫无疑问，在教育研究过程中，教师的教育研究能力会逐渐提高。

---

① Hoyle, E. Professionalization and Deprofessionalization in Education[C]//Eric Hoyle & Jacquetta Magarry. World Year book of Education, Profession Development of Teachers. London: Kogan, 1980. 42.

第二节 教育研究的类型

从教育研究的实践看,人们选择的具体研究对象有别,所采用的具体研究方法各异,具体指向的教育目的不同,导致教育研究类型多样。立足于不同的角度,教育研究可以划分为不同的类型。以下为几种常见的分类方式及其类型。

一、研究水平上的分类

依据研究水平的不同,可将教育研究分为直觉水平的研究、探索水平的研究、推广水平的研究及理论水平的研究等四种教育研究类型。这四种研究水平是由浅入深的。

直觉水平的研究主要是指依据研究者的身体感官进行观察之后,凭直觉判断"发生了什么事?",即凭直觉隐约觉察某一种原因与结果之间存在某种关系。

探索水平的研究是指研究者在直觉水平研究的基础上,进一步寻找引起某种结果的原因是什么,即为什么会产生这样的结果?

推广水平的研究是指研究者获取某一种研究结果后,进一步思考该研究结果是否会产生于其他条件之下?如果会产生,则产生的概率有多大?

理论水平的研究是最深层次的研究,是指研究者为了进一步探究某一研究结果的背后到底隐含着哪些理论基础。具体来说,它是指研究者从教育学、心理学、社会学等学科视角挖掘某一研究结果背后的潜在理论。出于主客观实际,对于中小学教师来说,他们所做的研究通常处于前三种研究水平,一般不需要从事理论水平的研究。

二、研究目的上的分类

根据研究目的不同,可将教育研究分为基础研究、应用研究与开发研究三种类型。

基础研究也称为纯理论研究,主要回答"为什么"的问题,其目的在于发展和完善理论。"根据发展和完善理论的程度,又可以将其分为三个层次:第一,修正性基础研究,即对教育理论中的个别原理或概念做出修正;第二,拓展性基础研究,即对教育理论中的某一原理或概念进一步探究、丰富和拓展;第三,建构性基础研究,即在核心概念、基本范畴或基本原理方面有新的突破,建立了某种新的理论体系。"①总之，基础研究的宗旨是为了增加知识体系，它并不一定会带来直接实际价值的结果。基础研究的特征表现为抽象性与一般性，其目的是揭示、描述、解释某些现象和过程，以及它们的活动机制与内在规律。

应用研究旨在直接解决某些特定的实际问题。与基础研究相对，应用研究的特征表现为具体性与特殊性。"根据应用研究的目的，又可将其具体分为四类：第一，验证性应用研究，即将基础研究的成果直接运用于教育实践，以验证基础研究的理论成果；第二，推广性应用研究，即在小范围内验证了理论成果的有效性之后，将其广泛运用于教育实践当中，以改进教育实践，促进教育发展；第三普适性应用研究，即直接解决教育实践中某些典型的、具有普遍意义且涉及面广的实际问题，以提出具有普遍意义的解决方案；第四，具体性应用研究，即直接解决教育实践中的单个实际问题，以提出解决这一实际问题的具体方案。"①

开发研究是指为了寻找可以直接应用于教育实践的具体技术，研究者运用已有的基础研究和应用研究的相关成果，探讨具有某种实施价值的规划、对策、方案、方法、程序等为目的的研究类型。值得一提的是，在不严格的意义上，开发研究也可以看作一种特殊的应用研究。

三、研究内容上的分类

以教育研究的内容为依据，可将教育研究分为宏观研究、中观研究和微观研究[②]。

宏观研究是指对国家或某个区域的经济和社会发展密切相关的宏观层面的教育问题作综合性与系统性的研究。在宏观研究中，教育活动被作为整个社会系统中的一个子系统，与社会的经济系统、社会的政治系统等处于同一层次。宏观研究着重探讨教育系统与社会其他系统之间的关系，如教育与政治、教育与经济、教育与人口、教育与文化等之间的关系。

中观研究介于宏观研究和微观研究之间，是对中观层面的教育进行的研究。在中观研究中，教育往往被视为一种机构的活动，比如，它被视为学校或社会的其他教育机构的一种活动。中观研究重在研究学校或社会其他教育机构中的某些活动，比如，研究学校内部的教育教学问题、学生管理问题等。

微观研究是指从微观的层面对某些教育教学实际问题进行的研究。在微观研究中，教育则被视作人与人之间的一种特殊交往或互动活动，这一活动的直接结果就是受教育者身心的变化与发展。比如，课堂教学中师生的互动研究就属于微观研究。

---

① 朱德全. 教育研究方法. 重庆：重庆出版社，2006：4.
② 叶澜. 教育研究及其方法. 北京：中国科学技术出版社，1990：4-7.

四、研究任务上的分类

根据研究任务不同，可将教育研究分为探索性研究、描述性研究和解释性研究三类。其实，这种分类是从研究目的角度对教育研究的另一种分类方式。

探索性研究是一种对研究对象或问题进行试探性与摸索性的研究，以获得对研究对象或问题的初步了解和感性认识，继而为将来更为周密、深入的研究提供基础和方向的一种研究类型。

描述性研究又称为叙述性研究，是指对现实中发生的教育现象、教育事实和教育案例的描述。描述性研究的主要任务是通过收集与整理资料、统计与分析数据，从杂乱的教育现象中，描述出主要的教育规律。

解释性研究也称为因果性研究。这种研究类型主要探索教育现象之间或变量之间（某种假设与条件因素之间）的因果关系，即在充分认识教育现象是什么以及教育状况怎样的基础上，进一步探讨发生某一教育现象或出现某一教育问题的具体原因。

尤为一提的是，探索性研究、描述性研究与解释性研究经常同时存在某一项具体的研究活动之中，它们在研究过程中既各司其职又互为所用。

五、研究方向上的分类

根据研究方向的不同，教育研究可以分为横向研究与纵向研究。

横向研究是指在某一个具体的时间点上针对某一教育现象进行的研究。比如，研究新课程背景下中小学教师的教师观与学生观就属于横向研究。

纵向研究是针对某一研究对象或研究问题在某一段时期内的情况所开展的研究。比如，研究新课程背景下中小学教师教师观的发展问题就属于纵向研究。

六、研究性质上的分类

根据教育研究的性质不同，可将教育研究分为定性研究与定量研究。

定量研究又称量的研究或量化研究，是指事先建立某种假设并确定具有因果关系的多个变量，尔后通过某些经过检测的工具对这些变量进行测量和分析，以检验事先提出的假设的一种研究活动。

定性研究在国外又称为质的研究。不过，定性研究在国内是一个比较宽泛、比较抽象的概念，至今在学术界尚无明确的定义。国内学者通常将所有非定量研究包括哲学思辨、个人见解、理论解释等都划入定性研究的范畴。国内质的研究的含义是指，"以研究者本人作为研究工具、在自然情境下采用多种资料收集方法对社会现象进行整体性探究、使用归纳法分析资料和形成理论、通过与研究对象互动对其行为和意义建构获得解释性理解的一种活动"[1]。国内定性研究的基本含义为，研究者在自然状态下，从当事人（被研究者）的视角理解他们（被研究者）行为的意义和对事物的看法，从中提出研究假设，并对假设进行检验的一种研究活动。

第三节　教育研究的条件

教育研究是一项实践性很强的复杂活动，其成功开展理应需要一定条件作为保障或基础。本节将从主观和客观两个方面阐述教师开展教育研究的必要条件。

一、开展教育研究的主观条件

教师开展教育研究的主观条件是指教师从事教育研究所应具备的科研素质。这些科研素质主要包括科研体质、科研知识、科研能力与科研品性等四个方面。

1. 科研体质

健康的科研体质是教师从事教育研究的前提。体质是指人的身体素质。一个人的身体素质是在先天遗传的基础上和后天发育的过程中共同形成的人体所表现出来的形态和机能方面相对稳定的特征，反映了"人体的健康水平和对外界的适应能力"[2]。科研体质是指从事科学研究所必备的身体素质。不言而喻，科学研究是一项充满艰辛与挑战的"坎坷"之路，理当要求研究者具备健康的身体素质，否则，根本难以胜任，例如，许多英年早逝的研究者就是因为缺乏健康的体魄而被迫永远离开了"研坛"。换言之，从事科学研究必须以健康的体魄为前提，没有健康的体魄是无法持之以恒地开展科学研究的。由此可见，教师的科研体质是教师从事教育研究活动所必备的身体素质。缺乏健康的体魄，教师在教育研究面前只能是"心有余而力不足"。

2. 科研知识

扎实的科研知识是教师从事教育研究活动的基础。科研知识是指从事科学研究活动所必须具备的理论与方法。对于教师来说，开展教育研究所必备的科研知识包括教育基本理论、与教育研究有关的其他学科理论（简称相关学科理论）、教育研究方法。

---

[1] 陈向明. 质的研究方法与社会科学研究. 教育科学出版社，2000：12.
[2] 中国社会科学院语言研究所词典编辑室. 现代汉语词典. 北京：商务印书馆，2002：241.

（1）教育基本理论

教育基本理论是指导一切教育实践的依据，当然亦是指导教育研究活动的依据。教育研究活动正是在教育基本理论的指导下，开展的一种发现与解决教育问题的探索活动。从哲学的角度看，缺乏理论指导的实践是盲目的实践，一定领域的理论深度决定着相应领域的实践水平。同样，教师对于教育基本理论掌握的程度决定了教师教育研究的成败。从某种意义上讲，当前，一些教师开展教育研究活动有效性不高的根本原因是其缺乏教育基本理论。教育基本理论主要来源于教育哲学、教育原理、教育心理学、学习心理学、教育社会学、教育文化学、教育伦理学、教育评价学、学科教学论、课程原理、教学原理等教育学科。为此，加强教育学科的理论学习，积淀教育基本理论，对于教师从事教育研究来说至关重要。

（2）相关学科理论

教育研究是以教育问题为研究对象的探究活动。随着教育在社会中的地位日益凸显，教育问题越来越非单纯教育学领域中的问题，而越来越与社会学、心理学、文化学、经济学等领域息息相关。毋庸置疑，指导教育研究活动的理论除了教育基本理论外，还有社会学、心理学、经济学等相关学科的理论。因此，教师除了应该具备教育学科的基本理论外，还应该具备心理学原理、发展心理学、社会心理学、社会学与经济学等学科的某些基本理论，以厚实其教育研究的理论基础。

（3）教育研究方法

如果说教育基本理论与相关学科理论是教师从事教育研究的原理性知识，那么教育研究方法则是教师从事教育研究的工具性知识，因而，掌握教育研究方法对于教育研究的意义明显突出。教育研究是以教育问题这一特殊研究对象为中心展开的探究活动，必然有着自身独特的研究方法。教师开展教育研究理当掌握教育研究所独特的研究方法。综观国内外有关教育研究方法的著作或论文，比较适合教师开展教育研究的方法不仅包括文献法、观察法、访谈法、问卷法、测量法、实验法等具体的研究方法，还包括涵盖两种或两种以上具体研究方法的研究范式，如行动研究范式、质的研究范式等。

3. 科研能力

良好的科研能力是教师从事教育研究活动的关键。科研能力是指顺利完成科学研究活动并影响科学研究活动效率的主观条件。教师从事教育研究必备的科研能力主要包括发现问题的能力、文献检索的能力、研究设计的能力、搜集资料的能力、整理资料的能力、分析资料的能力，以及文字表达的能力等七个方面的能力。

（1）发现问题的能力

任何研究活动都是源于问题，因而发现问题是研究活动的起点，同理，教育研究也是从发现教育问题开始的。发现问题往往比解决问题更重要，因为一个问题如果没有被发现，尽管它的确存在，但仍然不可能被人们关注，所以根本就没有被解决的可能性。同时，发现的问题是否有价值或重大价值决定着整个研究的价值与意义。显然，选择恰当的问题作为研究对象无疑是整个研究活动成功的关键一步。为此，教师应该具有审视问题的能力，善于从众多的教育问题中选择有重大价值的教育问题实属重要。

（2）文献检索的能力

文献检索能力是指从国内外已有相关文献中搜集、鉴别、整理所需资料，从而形成对某一问题科学认识的能力。文献检索不仅能够提供已有相关研究的进展，避免研究过程中不必要的浪费，而且能够让当下的研究有一个合适的研究起点。值得一提的是，为了不断扩大或加深对研究问题的认识，研究者在研究过程中需要不断地查阅相关文献，因而文献检索始终贯穿于整个教育研究活动。由此可见，教师能否有效地查阅文献资料，即是否具备良好的文献检索能力，对于研究进程、研究结果都具有相当大的影响。文献检索的能力主要包括迅速准确地查找所需资料的能力、有选择性阅读的能力。

（3）研究设计的能力

研究设计的能力是指对整个研究活动进行规划的能力，包括明晰研究类型、明确研究对象、确定研究思路、选择恰当的研究方法、制定具体的研究方案和详细的操作步骤等方面的内容。显然，研究设计在整个研究过程中扮演着"统领"地位。教师只有具备一定的研究设计能力，才能研制出严格、周密、切实可行的研究设计，才能有效地开展教育研究。

（4）搜集资料的能力

教育研究是为了解决教育问题的探索活动，而解决问题的依据除了部分来源于已有的相关理论外，很大程度上来源于研究过程中所获取的针对具体研究问题的资料。可见，教育研究离不开搜集资料。大量研究表明，所搜集资料的丰富与否直接影响着教育研究的质量。显然，教师顺利开展教育研究就必须具备运用文献法、观察法、问卷法、访谈法、实验法等具体方法搜集资料的能力。

（5）整理资料的能力

在教育研究过程中，教师搜集的资料很多。一般情况下，这些资料往往处于无序状态，必须进行一定的整理后才可能从中发现某些事物间的必然联系，从而把握其中一定的规律与本质。另外，教师在搜集资料的过程中，可能因为事先存在某些主观意向或态度倾向而使所搜资料的客观性不强，或者因为观察与访谈过程中时间仓促等导致记录不详与不全，致使某些重要资料遗漏与缺失。因此，在分析研究资料之前，教师必须先对所搜集资料进行全面的整理。由此可见，整理资料的能力是教师顺利开展教育研究的必备条件之一。

（6）分析资料的能力

整理之后的资料虽然呈现着一定的有序状态，但并没有直接表明某些事物间存在必然联系。要想从整理之后的资料中发现某种规律和本质联系，研究者必须对已经整理的资料进行认真、细致而深入的分析。想要完成这种分析，研究者必须具备对资料进行分类、甄别、筛选、统计，以及归纳与演绎等逻辑推理的能力。不难推断，分析资料的能力亦是教师顺利开展教育研究所必备的能力。

（7）文字表达的能力

教育研究的成果往往是通过文字的形式呈现出来的，因而教育研究的最后阶段是撰写研究成果的阶段。研究成果撰写的水平直接决定着当下研究的理论意义与实践价值，研究成果撰写的水平又直接取决于撰写者的文字表达能力。由此看来，教师要想展示自己的研究所得，必须借助文字表达的方式，没有一定的文字表达能力肯定难以如愿。

4. 科研品性

优秀的科研品性是教师从事教育研究活动的保证。科研品性是指从事科学研究所应具备的品质性格。教师开展教育研究活动应备的科研品性主要包括科研动机、科研精神与科研道德等。

（1）科研动机

科研动机是引起、指向与维持科学研究活动的根本动力。不难看出，科研动机是教师开展教育研究活动的根本动力，没有科研动机，教师就不会开展教育研究。心理学的研究表明，动机是建立在需要的基础之上。因此，要想教师产生教育研究的动机，继而出现教育研究行为，必须先让教师对教育研究产生强烈的需求。教师只有深刻认识到教育研究对于教育事业、学校发展与自身发展的意义，才会对教育研究产生强烈的需求。

（2）科研精神

科学研究活动是一种探索未知领域的创造活动，其中必然存在着多种意料之中和意料之外的困难、挫折甚至风险。研究者只有具备一定的科研精神，才能克服科学研究过程中出现的所有困难、勇敢面对研究过程中遇到的各种挫折与风险。教育研究是一项科学研究活动，理当需要教师具备一定的科研精神。这些科研精神主要表现在追求真理、不畏艰难、勇于献身、实事求是、独立思考、敢于创新、淡泊名利、甘于奉献、团结合作等方面。

（3）科研道德

科研道德是指研究者从事科学研究活动所应备的道德素质。教师的科研道德集中反映在教师从事教育研究活动所遵循的学术道德要求和学术规范方面。教育研究的根本目的是进一步提高教育教学的质量，从而更好地促进人才的培养。因而，遵循学术道德，就是要求教师在教育研究过程中始终把人放在第一位，充分尊重人的各项权利；遵循学术规范，就是要求教师在教育研究过程中充分尊重他人的知识成果与知识产权，杜绝弄虚作假与剽窃抄袭，踏踏实实地做学问。

二、开展教育研究的客观条件

目前，广大教师明显缺乏从事教育研究的意识与自觉性，其主要原因在于，他们对教育研究有着一些错误观念，主要表现有四：①神秘论，认为教育研究高深莫测；②无用论，认为从事教育研究对其教育教学工作并没有直接的帮助；③负担论，认为从事教育研究只会进一步加重他们业已十分沉重的负担；④无条件论，认为没有从事教育研究的条件。[①]为了彻底改变广大教师的这些错误观念，并使之积极从事教育研究，社会、政府与学校必须为之提供相应的客观条件。

---

① 褚远辉. 教育科研：需要中小学教师具备哪些素质. 大理学院学报，2005，4（6）：106-110.

1. 社会务必落实有利于促进教师开展教育研究的关键宣传

一种观念的改变，要么需要经历一段漫长的岁月，要么需要经历一场巨大的洗礼。为了使广大教师尽快转变先前观念而主动加入教育研究的行列，社会必须以强大的宣传力度给予他们心灵一场巨大的洗礼。关键的宣传手段主要有以下两种。

（1）落实"教师乃学者"的宣传倡导

传统教育体制下，从事教育研究一直是教育理论工作者的事情，而从事教育实践才是第一线教师的任务，认为只要最大限度地将已有的学科知识传授给学生的教师就是一名出色的教师。在这种观点的支配下，"教书匠"就成了教师的职业形象，一名成功的"教书匠"就是一名优秀的教师，与之相应，争做一名成功的"教书匠"就成了许多教师的理想追求。毋庸争辩，"教书匠"远远不能胜任新形势下创新人才的培养工作，只有那些具有创新理念与创新经验的学者型教师才能真正担此重任。为此，社会要尽量通过多种渠道与方式积极宣传教师的学者形象，以彻底改变教师安于"教书匠"形象的落后观念，激发广大教师参与教育研究的内部动机，使他们积极主动地走上以研究促进教学的道路。

（2）落实"教师职业乃专门职业"的宣传引导

长期以来，社会对教师职业是否为专门性的职业——专业总存疑虑，认为只要具备一定的学科知识与教学技能的人就具备了当教师的资格。在这种观点的支配下，传授知识便成了教师的职业角色，社会认为教师的职责就是把人类长期以来积累的知识经验传授给学生，从而实现知识的传承与传播。于是，广大教师产生了一种错误观念：教师也许没有必要实行教育创新与创造，即使有必要，那也是大学教师的事情，中小学教师只要教好书就行了。仅仅懂得怎样传承与传播知识的教师离当下社会与教育发展所急需的创新型教师差距太远，根本无法适应新形势下社会与教育发展的需要，因而必须彻底扭转广大教师的这种错误观念。不过，要想广大教师彻底改变这种错误观念，积极走上教育创新与创造之路，仅仅依靠强制性的政策与措施是难以奏效的。然而，如果社会能够积极认同教师的专业地位，承认教师在教育创新与创造方面的社会价值，并进一步将创新与创造作为广大教师专业发展水平的重要评判依据，教育研究就会成为教师的主动追求。

2. 政府务必落实有利于促进教师开展教育研究的关键制度

在中国特色的教育体制下，要想教师积极从事教育研究，政府可从经费投入和学术监督两项关键制度入手。

（1）落实教育研究经费投入制度

教育研究活动的顺利开展，自然离不开充足的经费支持，为此，各级政府及教育主管部门必须落实相应的经费投入制度：①落实教师开展各类教育研究（包括课题类或非课题类的教育研究）所必需的经费；②落实各类表扬、表彰或奖励教育研究成绩突出的教师所必需的经费；③落实正规教育理论刊物办刊所必需的经费。只要这样，才能让教师踏踏实实地从事教育研究。

（2）落实各类学术监督管理制度

在市场经济时代，学术腐败的确难以杜绝，而腐败的学术现象与行为无疑极大地消解了广大教师开展教育研究的热情与动力。因此，作为政府，绝不能对此置之不理，相反，为了激发广大教师参与教育研究的积极性，必须加大学术监督力度，严打学术腐败行为，比如，对于抄袭论文、剽窃论文的现象严查严惩；对于唯利是图，乱收版面费的期刊严打严罚；对于只认课题，只认课题申报费、课题管理费和课题结题费的教育研究管理部门严审严办。

3. 学校务必落实有利于促进教师开展教育研究的关键措施

学校是直接管理教师的单位，因而落实有关促进教师开展教育研究的措施至关重要。其中，落实以下几项措施非常关键。

（1）落实促进教师开展教育研究的各项管理制度

教育研究的本质是教育创新，教育研究活动是一项高强度的复杂脑力劳动，需要教师额外投入诸多时间和精力。不言而喻，并非所有教师都乐于开展教育研究。显然，千方百计从管理层面出台相关制度以促进广大教师开展教育研究十分必要。从目前的情况看，主要应该落实以下几种制度。

1）落实开展教育研究的相关管理制度，比如，建立教育研究的专门管理组织，明确教育研究专门管理组织的职责，制定教育研究成果管理办法，制订教育研究经费投入使用条例，建立教育研究专项奖励制度等。这些管理制度的落实无疑为教师开展教育研究提供了坚实的保证。

2）落实教师在职提升教育研究能力的进修制度。为了提高教师的教育能力，每年选派一定数量的教师到各类教育学院、进修学校或师范院校进行教育研究训练。

3）落实促进教师开展教育研究的工资与评晋制度。为了切实提高广大教师参与教育研究的积极性，学校必须将教师的教育研究成果与教师的工资、福利、晋升、晋职、评优与评先等挂钩。

4）落实校长带头开展教育研究的制度。校长是一所学校的代表，是一所学校的引航者，校长的行为理当是全校教师最好的示范。因此，一旦校长带头开展教育研究，则学校的教育研究氛围自然形成，全体教师开展教育研究的主动性与积极性自然提高。

（2）落实促进教师开展教育研究的各类平台建设

为了更好地促进广大教师开展教育研究，积极创建可以促进广大教师开展教育研究的品台十分重要。从当前现实出发，我们认为应该落实以下几类平台建设。

1）落实教育研究专家指导平台。教育研究专家因为长期从事教育研究，所以不仅深谙各种教育研究方法，而且熟悉最新教育研究动态。因而，搭建专家指导平台不仅可以及时为广大教师开展必要的学术讲座与学术指导，而且可以直接引领教师开展教育研究。

2）落实教育研究信息服务平台。教师开展教育研究离不开各种信息的支撑，学校应为教师构筑信息平台，给教师提供各种信息服务。这些信息服务主要有两类：一是书籍、报刊资料；二是网络信息资料。[①]此外，学校可以根据实际情况指派某些教师专门负责搜集教育研究所需的各类信息。

---

① 江新华，吕良珊. 提高中小学教师教育研究能力的主客观条件分析. 中小学教师培训，2005（9）：29-31.

3）落实教育研究成果展示平台。如果广大教师积极开展教育研究，那么相应的教育研究成果将会层出不穷。若没有合适的平台展示教师的相关研究成果，教师开展教育研究的积极性将会大打折扣。为此，学校应为教师提供研究成果展示的平台，比如，定期展示教师的各类研究成果，定期结集出版教师的各类教育研究成果，择优向期刊推荐教师的教育研究成果（论文）等。

第四节　教育研究的嬗变

教育研究是一项十分复杂的教育活动，其产生与发展并非一朝一夕之事，而是一个较为漫长的过程。本节主要阐述教育研究活动的基本变迁过程。

一、教育研究的嬗变历程

通览教育史不难发现，作为一种教育活动，教育研究并非从来就有且一成不变的，而是当教育与社会发展到一定时期才形成并随着教育与社会的发展而发展的。站在方法论的视角，教育研究的发展历程可分为以下三个阶段。

（一）萌芽期："经验—描述"研究阶段

教育研究方法的萌芽期大致可追溯到教育学在古代社会产生至17世纪形成独立学科这一时期。随着教育实践活动的发生和发展，多种教育问题接着发生，教育研究方法便随之产生。尽管这一时期的教育研究方法具有多种方式与手段，但总的特点是经验性和描述性，即研究者主要凭借经验解释教育现象及解决教育问题，同时采用描述的手段对教育现象加以阐释，对研究结论加以说明。简言之，在这一时期，教育研究的主要依据与手段是观察和教育实践经验的总结。尽管当时的教育研究也含有简单的逻辑推理，但总的来说是笼统的、直观的，带有明显的朴素性和自发性。这一特点是由当时的社会生产力水平所决定的。

萌芽期的教育研究方法之思想成就集中体现在中西古代教育观与古希腊哲学家亚里士多德（Aristotle，公元前384—公元前322）的逻辑学和捷克教育家夸美纽斯（Comenius，1592—1670）的教育理论之中。

古代中国的一大批教育大师，从孔子、墨子、孟子、荀子到董仲舒、王充、韩愈、朱熹直至王夫之，他们在总结教育实践经验的基础上，形成了中国古代丰富的教育理论和教育研究方法的系列观点。从总体上看，当时的教育研究方法具有四大特点：①教育目的从当时社会发展的要求和统治阶级的利益出发，注重以伦理道德教育为主。②教育理论的形成主要采用观察法以及归纳、演绎和类比的思维方法，对教育现象进行研究并上升为教育理论。表述方式以经验为主，较为零碎分散，没有形成严谨的理论系统。③辩证法得到初步运用并反映出相互的系统观。突出表现在初时有关论述中，如文与道、言与行、知与行、学与思、师与生等辩证关系的论述。他们一方面强调对立面相互矛盾；另一方面又强调它们的相互作用，相互依存和相互转化的思想。但对教育现象的研究的偏重整体而忽视，偏重综合而忽视分析。④不同学术流派的相互碰撞、渗透、竞争和融合，形成了不同的教育研究方法论的思想观点。

在古希腊，亚里士多德深化了古代哲学家及教育家的研究传统，提出了系统的推理方法——逻辑法。作为一种思维模式，逻辑法对以后的教育研究方法产生了深远的影响。

15 世纪以后，由于自然科学的发展，一系列科学研究方法产生了。比如，实验方法、逻辑分析方法、数学方法、假说方法等。弗兰西斯·培根（Bacon，1561—1626）认为，科学理论的发现是从经验事实出发，逐步上升到探求现象间因果关系的共同性法则。由此出发，他提出了经验论的归纳法。这种方法论突出了经验的积累和分析，强调了科学方法的经验性质。这种方法后来又被洛克所发展。经验论的归纳法对后来一些学者的影响较大。比如，夸美纽斯就是以经验论作为研究教育现象的方法论基础，并逐步形成了他的教育理论体系。在《大教学论》中，夸美纽斯尝试把具体的教学方法变成"教学论"，认为大教学论是"把一切事物的知识教给一切人类的全部艺术"。夸美纽斯的教育学既具描述科学的特点，又含规范科学的内容，是一种事实与价值合一、经验与思辨同在的所谓"完形教育学"。而瑞士教育家裴斯塔格齐（Pestalozzi，1746—1827）的教育理论更是在经验教育学和哲学教育学之间架起了一座桥梁。

（二）发展期："哲学—思辨"研究阶段

17 世纪至 19 世纪末、20 世纪初，在近代科学产生以后，教育研究进入了以分析为主的方法论时期。在这一时期，教育研究从经验的描述上升到理论的概括，教育学也从哲学中逐步分离出来而成为一门独立学科。与此同时，心理学开始成为教育研究的理论基础，在此背景下，教育心理化运动拉开了序幕。

发展期的教育研究之思想成就突出体现在德国著名的哲学家、心理学家和教育学家赫尔巴特（Johann Friedrich Herbart，1776—1841）的教育理论之中。

18 世纪末，德国古典哲学家康德（Immanuel Kant，1724—1804）企图从唯物论立场出发，将经验论与唯理论相结合，把世界统一在思维的基础上。康德是在大学讲坛上讲授教育学并确立教育学在大学课程中的学术地位的第一人。他的哲学思想，特别是他对形而上学思维方式的"批判"精神，以及对教育给予人生的巨大价值的敏锐洞察力，不仅带来了德国教育研究的空前繁荣，而且给西方一流教育家，诸如赫尔巴特、裴斯塔洛齐、福禄倍尔（froebel，1782—

1852）等以深刻的影响。

深受康德的影响，赫尔巴特以批判精神，"反常姿态"重新审视已有的教育理念及教育学理论体系，并对近代教育学体系的建构做出了开创性贡献。赫尔巴特以德国传统的理性主义哲学为思想基础，构造了较为完整的教育学理论体系。在《教育学》中，他从实践哲学和心理学出发，导出其教育目的论和教育方法论。赫尔巴特继承了夸美纽斯以来的形而上学的传统，把定性研究方式确立在哲学思维层次上。赫尔巴特不仅给"经验—描述"研究阶段画上了一个圆满的句号，而且创造了"哲学—思辨"研究阶段的辉煌成就，更启迪了其后"科学—实证"研究的新时代。

总起来说，发展期的教育研究方法具有四大基本特点：①从单纯的经验的描述上升为理论的概括；②心理学研究成为教育研究的理论基础之一；③实验方法开始在教育研究中运用；④教育研究方法论的体系初见端倪。

（三）体系形成期："科学—实证"研究阶段

在19世纪下半叶自然科学取得许多突破性进展的历史背景下，教育学及教育研究爆发了一场深刻的革命，不少教育学家纷纷倡导教育研究应在一般科学方法的框架内进行。自此，教育研究引入了实验方法。引入实验方法的根本目的是试图使教育研究从思辨转向实证。这一转向自然导致原有教育研究范式出现危机，教育科学也因此应运而生。这一时期，新兴科学快速发展，学科内部分工日益精密和专门化，数学和数理逻辑得到了广泛应用。正是应科学研究发展的要求，教育研究方法的研究也进入了一个新的发展阶段。比如，裴斯塔洛齐进行初等教育新方法的实验研究，英国哲学家斯宾塞（Herbert Spencer，1820—1903）从其信奉的实证主义哲学出发，倡导教育研究的实证方向，美国实用主义哲学家、教育家杜威（John Dewey，1859—1952）在其实用主义理论的基础上，对传统教育理论的概念、范畴和体系进行了全面改造，同时，他强调必须从教育实验中构建理论，并亲自主持了长达八年之久的美国芝加哥实验学校的教育实验。

体系形成期的教育研究方法之特点有三大表现：①教育研究方法的哲学基础具有明显的"科学—实证"主义倾向；②其他学科的研究方法被引入到教育研究中来。比如，社会科学中常用的调查法、文献法、历史研究法，自然科学中常用的实验法、比较法、统计法，等等，都被学者陆续运用于研究教育问题；③教育科学领域内分科的学科科研方法也取得了显著发展。

（四）多元化时期："规范—综合"阶段

20世纪以来的教育研究呈现出多元化局面。两次世界大战带来的社会危机，使人们开始怀疑曾经无往而不胜的科学主义，重寻失落的人文精神。"价值多元化"的口号成为当代众多教育理论流派得以共存的基础。与此同时，教育研究的深入发展，推动了教育研究方法从哲学方法论中分化出来，成为专门的研究领域，尤其是，以教育研究方法本身为研究对象的教育研究也随之逐步出现，这无疑意味着教育研究的深化。

法国社会学家涂尔干（Emile Durkheim，1858—1917）的《教育与社会学》继承并强化了法国哲学家、社会学及实证主义的创始人孔德（Auguste Comte，1798—1857）的实证科学观。而1921年法国教育学家克里兹施玛尔在《哲学教育学的终结》一书中正式提出了哲学教育学终结的论断，宣判了"哲学—思辨教育学"的"死刑"。其后，以德国教育学家斯普朗格（Eduard Spranger，1882—1963）为代表的"精神科学教育学"，继承了德国哲学家施莱尔玛赫（Friedrich Schleiermacher，1768—1843）以来的德国浪漫主义哲学传统，在教育学领域反对将人片面化、畸形化和工个化，呼吁教育要造就具有完整精神和充满创造力的人。斯普朗格曾经说过，教育的最终目的不是传授已有的东西，而是要把人的创造力量诱导出来，将生命感、价值感唤醒。此后，解释学、新马克思主义、结构主义等都对所谓"科学化"思潮进行过责难和批判。教育研究的历史发展，既是传统研究范式在自然科学方法的冲击下逐渐解体的过程，又是人本主义研究范式在新的历史条件下不断深化的过程，教育研究的价值取向趋于多元化。

二、教育研究的未来趋势

近20年来，随着教育研究的不断深入，科学技术的不断发展，教育研究方法出现了新的发展趋势，其特点表现如下。

1. 注重综合化

随着20世纪科学技术和生产的迅速发展，教育研究无论在广度和深度上都达到了前所未有的水平。研究的对象愈来愈复杂，知识的抽象程度愈来愈高，直观程度愈来愈小，在这种情况下，人们往往不能简单地、直观地反映现实，而必须运用综合的研究方法来研究教育问题，从而使得教育研究越来越综合化。教育研究的综合化表现为教育研究方法论的多元化和教育研究范式的综合化。

（1）教育研究方法论的多元化

方法论是人们认识世界、改造世界的一般方法，教育研究方法论是指能够普遍适用于各种具体的教育研究并能在研究中起指导作用的范畴、原则、理论、方法及手段的总和。教育研究方法论的多元化体现为多层次、多学科的研究方法的综合运用。

从科学研究的方法论体系看，"教育研究方法可大致划分为马克思主义方法论、科学方法论（主要有系统论、控制论、信息论等）与具体的研究方法（如观察法、实验法、调查研究等等）三个层次"[①]。在教育现象与教育问题日益复杂的现代社会，只有建立哲学方法论（马克思主义方法论）、科学方法论及各种具体的研究方法等多层次的教育研究方法论体系，才能取得教育研究的重大突破。

---

① 商发明. 教育科学研究方法的发展趋势. 现代教育论丛，1998（4）：43-44.

从多学科视角研究教育问题的例子越来越多，且越来越必要。比如，哲学关于人与社会发展的价值取向影响教育的价值取向，哲学提出的思想方法及对思维方式的研究对教育研究也起到指导作用，哲学在理论和思维方法两方面对教育研究具有方法论意义。英国著名比较教育学家劳韦里斯（Joseph A. Lawerys）曾倡导将哲学应用于比较教育研究，他说过，从素有"比较教育学之父"称呼的法国比较教育学家朱利安开始，每个人都是从哲学的观点来看比较教育。再如，与人关系密切的学科的研究方法必然对教育研究产生相当大的影响。这是因为教育研究的对象是教育，而教育的对象是人。一方面，人离不开物理、生物、社会等系统，因而物理学、生物学与社会学的学科的研究方法必然会影响教育研究方法，而且在某些问题的研究上，必须借助这些学科的研究方法；另一方面，教育还受其外部社会的政治、经济、科技文化等多因素的影响，所以教育必然涉及心理学、思维科学、语言科学、医学、人工智能、物理学、生物学、社会学、政治学、经济学等多个学科的多个方面，要想真正有效地揭示教育规律，就必须开展多学科的合作研究。

（2）教育研究范式的综合化

"研究范式是指某一学科共同体或学术团体在研究相关问题时所沿用的一套圈内人士业已公认的理论体系、研究方法及操作规则。"[①]教育研究一般可分为质性研究（定性研究）范式与量化研究（定量研究）范式两大类。[②]在教育研究的早期，几乎没有定量研究而全是定性的描述，之后却以定量研究占统治地位，尤其是19世纪末20世纪初产生的实验教育学运动，更将定量研究推向了一个高峰。其实，对于这两种范式来说，"无论是质性研究范式还是定量研究范式都各有软肋，在研究过程中理当'质''量'结合"[③]。从教育发展的历程看，研究者在认真总结、分析这两种研究方法的利弊后，也逐渐认识到只有将二者有效地结合起来，才可使之相得益彰，才能获得比较科学的结论。

2. 注重现代化

教育研究方法现代化主要是指研究技术设备和手段的现代化。[④]目前，教育研究已大量采用录音、录像、照相及计算机等手段。就录音、录像、照相来说，这些现代化的技术设备可以帮助研究者准确记录收集的资料，并且可以反复地观看和分析，所得资料客观，分析资料准确。就计算机来说，21世纪以来，通过借助计算机，教育研究取得了突破性的进展。计算机不仅可以为教育研究储存研究信息，开展情报资料检索，迅速处理冗繁的研究资料等，还可进行模拟实验，如运用于教育教学过程中问题解决程序的编制等。但更为重要的是，计算机发展的生物化趋势对教育研究具有历史性的意义。

3. 注重生态化

近年来，教育研究的生态化倾向逐渐明显。所谓生态化倾向，就是强调在真实

---

① 徐红. 我国高等教育研究范式的回溯与前瞻. 中国高教研究，2011（9）：25-27.
② 徐红，董泽芳. 中外专家型教师研究的回溯与前瞻. 河北师范大学学报，2011，13（10）：52-58.
③ 徐红，董泽芳. 我国专家型教师研究的回顾与展望. 课程·教材·教法，2011（7）：82-87.
④ 程连. 教育科学研究方法发展趋势初探. 内蒙古师范大学学报（教育科学版），2003，16（5）：23-24.

的自然与社会的生态环境中研究教育规律,提高教育的外部效度,提高教育研究的实际应用价值。[①]从教育研究的历史看,教育研究的生态化倾向直接导源于实验室实验的局限性。对于实验室实验来说,其优点在于它能够按照严格的设计程序,操纵自变量,控制无关变量,观察因变量的反应,以探求自变量与因变量的因果关系,揭示教育规律和特点,对教育研究诚然起到了积极作用。然而,实验室是人为创造条件,被试在这种特定的条件下心理反应与自然的情境中表现是不一样的。也就是说,实验室条件与现实的教育环境是不同的,实验室条件不能真实反映教育环境的本来面目,其研究结果的有效性和普遍性就会受到影响。另外,随着现代系统科学的思想及方法的发展,人们逐渐认识到教育必须在真实的教育环境中进行,它不是孤立的,是受多种因素影响的,而这些因素之间又是相互作用、相互影响的。教育本身是一个多因素组成的复杂的完整的系统,运用实验室实验,操纵有限的变量,必将控制掉一些有意义的变量,外部效度明显降低。因此,教育研究必须要走出实验室,到现实的生活中进行研究。正如麦考尔(Mc Call, 1979)所说:"如果我们不是在对真实家庭、真实学校和在真实的环境中对真实被试成长进行研究,那么我们由此而得到的知识还有什么价值呢?"[②]教育研究的生态化倾向虽然发展历程并不长,但展现了它的发展潜力,取得了可喜的成果。比如,我国著名儿童心理学家、教育家朱智贤教授主持的《中国儿童少年心理发展与教育》、林崇德主持的《中小学生能力与培养的实验研究》、魏书生的《六步教学法》研究等都是典型例证。

4. 注重跨文化

现代社会中,多元文化并存。多种文化是在彼此相互交流、相互交融中不断发展的。教育作为一种特殊的文化,自然具有多元文化的特性。文化的不断丰富与发展必然导致教育的结构、形式和内容的变迁与发展。为此,现代教育研究理应他国的先进经验,进行跨文化研究。所谓跨文化研究,就是将同一问题放在不同文化背景下展开研究,以寻找教育与人的发展之间的关系。具体来说,开展跨文化教育研究的主要目的在于考察文化因素对教育的影响,探讨不同文化背景下教育现象与教育问题的共同性和差异性。

5. 注重运用数学

现代教育科学发展的一个显著特点是引入了数学方法。从近些年的研究成果发现,教育研究越来越注重以数学及其方法作为研究教育现象及其规律的工具,对研究结果进行数量化分析。其主要原因在于,教育科学特别需要运用数学方法进行科学的定量分析,以便从量的关系中把握教育科学发展变化的规律,做出更为精确的科学说明,而不只是做一些数学统计和运算。数学方法能提高对教育问题研究和分析的精确性和严密性。数学方法在教育研究中的运用使教育科学向前迈进了一大步,正如马克思所指出,一种科学只有在成功地运用数学时,才算达到真正完善的

---

① 程连. 教育科学研究方法发展趋势初探. 内蒙古师范大学学报(教育科学版), 2003, 16(5): 23-24.
② 转引自杨虎民. 发展心理学生态化研究的现状与反思. 山西煤炭管理干部学院学报, 2010, 23(3): 44-45.

地步。此外，面对日益复杂的教育问题，还需要借助数学模型展开研究。数学模型的建立与处理，模拟试验的进行，必然与数学方法等等相联系。从国内外教育研究的发展现实看，人们越来越注重对教育问题进行定量研究，数学方法已在教育经济学、教育管理和教育，教学评价中加以应用，其中更多的是用于评价分析，既包括教育质量、教学质量评价，又包括对教改实验成果的分析。面对一些非常复杂的教育问题。尤为一提的是，很多教育研究对象是没有明确外延的，如教育本质的不清晰性、教育性状的不确定性、教育功能的相对性、教育内部联系的非线性，以及教育效果的主观性，等等。

要深入研究复杂的教育问题，寻找它们的内在联系和规律，必然会遇到一些困难。模糊数学的诞生则把数学的应用范围从精确的领域扩大到模糊现象的领域。模糊数学对事物的不确定的性质状态做数量描述，目的是要从模糊中求精确，以便获得与事物本来面目接近一致的参数。据此，把模糊数学引进教育研究领域就成为必然、可行而具有实践意义。

6. 注重运用系统科学

系统科学主要包括"老三论"和"新三论"。"老三论"是指系统论、控制论和信息论，"新三论"是指耗散结构论、协同论和突变论。

20 世纪 40 年代，控制论，信息论和系统论几乎同时问世，"老三论"的方法论从整体出发，着眼于整体性的功能，达到最优化的目标，是从部分与整体的有机联系中揭示整个系统的运动规律。"老三论"所包括的理论和方法为教育科学的发展提供了强有力的思想武器。"老三论"的出现拓展了教育科学的思维空间，打破了以教育论教育的传统思维方法，打破了教育科学原有的狭窄概念范围。在进行教育研究时，首先要把教育看成是一个由若干相互联系、相互依存、相互作用的要素组成的正确特定功能和运动规律的整体系统，而不是各部分的简单组合。只有从教育系统内的部分与部分之间，以及教育系统与教育环境之间的相互联系、相互作用中进行整体性考察，才能科学地把握教育。教育系统是按一定的层次结构组成的复杂的等级系统，不同结构具有不同的功能，它不等于各组成部分简单相加的总和。因此，在研究整体结构时，研究者要力图利用系统整体中各组成要素相互联系相互作用所提供的"附加量"来发挥和提高整体功能，避免用孤立、片面、静止的观点和方法来研究教育。苏联教育家巴班斯基为克服理论研究中长期存在的分割局面，克服专题研究和局部研究多而综合研究和整体研究少的现象，把现代系统论方法引进教学论研究，认为应把教学过程作为一个系统，全面地研究其各种要素、结构和功能，揭示这些要素之间必然的、有规律的联系及其在特定结构中的地位和作用，从而提出了教学过程最优化的理论。我国目前在一些中小学进行整体综合改革实验。例如，小学教育整体结构改革实验，宗旨是从小学教育是一个由若干部分、若干因素相互联系而构成的"有机整体"这一基本事实出发，根据系统的"组合质变"原理，从调整结构中诸因素的相互关系入手，力求达到提高教育整体功能的目的。因此，整体改革的内容既包括学制和课程，又包括用想品德教育和教学改革；不仅研究课堂教学结构和方法，还研究课外活动中学生的创造活动和个性的充分发展；既研究学校教育，又研究学校，社会和家庭教育的结合；既研究尖子生的培养，又研究后进生的转化。这种整体改革实验有利于促进学生的全面和谐发展。

"新三论"的诞生进一步丰富和发展了"老三论"的基本理论。例如，耗散结构论就着重强调系统各要素之间协调发挥同步作用。它认为，在耗散结构中，各个要素可以在局部有某种不规则的独立运动，但在要素之间存在着因一定的关联而形成的协同运动，正是这些为着系统总目标而进行的协同运动贡献的总和，使系统在整体上能够呈现出各个要素所不具有的新功能。这就是通常所说的"整体性悖论"：整体大于部分之和。如果我们把各级各类学校教育作为系统的要素考察，就不难看出，它们无论在机构安排、专业设置和人员使用还是在课程安排、新生录取和毕业分配上，都有着某种程度的自主权即独立运动。然而，它们的一切工作又都是为着教育的总目标进行的，并且尽可能快地彼此之间保持良好的匹配和耦合。

7. 注重开展教育实验

当代教育研究中一个引人注目的现象是教育实验的广泛兴起。各种教育实验的出现，既是教育科学发展进程中的必然趋势，又是教育研究从经验型走向科学型的重要一环。教育实验主要是根据研究课题的设想，在周密计划和专门设置的特定条件下所进行的一种特别组织起来的教育实践；通过对教育实验结果的分析比较，能确定教育的某种影响因素与其结果之间的因果关系，从而得出科学的结论。通过教育实验，既能检验预先设想的科学价值和实用价值，又能探索所要了解的教育现象的变化发展原因及其条件，还能鉴定教育或教学的某种方式、方法、内容、形式的效果等。此外，教育实验还具有控制性和可重复性的特点，它对于认识教学规律、检验教育理论及发现教育科学原理、方法，均有其他方法难以取代和匹配的科学价值。特别是在当今科学技术迅速发展的时代，要使教育科学能迅速地适应新形势的发展，大力开展教育实验就成了一条较易摆脱旧教育体系的束缚，从而提出新的假说并加以验证的较为有效的科研途径。苏联心理学家列·符·赞科夫为解决教育实践中的迫切问题，提出了"教学与发展关系"这一严峻课题。赞科夫主持苏联教育学院普通教育研究所下设的"教学与发展问题实验室"，在小学持续进行了长达15年的教育实验。如果把事前的准备工作和事后的理论总结的时间计算在内，这项实验共经历时约20年之久。在实验过程中，他不仅确定了改革传统教学体制的指导思想，还确立了新的教学体制。他把苏联传统小学的学习年限由4年改为3年，并设置了新的课程，制定了新的教学计划，编制了新的教学大纲、教科书，提出了新的教学原则及教学方法。其实验时间之长、规模之大、改革范围之广及成效之显著，实为教育史上之罕见。因此，他的实验教学工作不仅受到苏联教育当局的高度重视，而且在国外产生了广泛的影响。

思考题：

1. 什么是教育研究？
2. 教育研究的特点有哪些？
3. 学习教育研究方法有什么意义？
4. 教育研究方法的类型有哪些？
5. 顺利开展教育研究需要具备哪些条件？
6. 教育研究方法的现状及未来发展趋势怎样？

第二章　教育研究的基本过程

通常认为，教育研究的一般过程包括选择研究课题（选题阶段）、研究设计阶段（查阅文献资料、制定研究计划、确立研究假设）、搜集资料阶段、整理与分析资料阶段、撰写研究报告（或者论文、专著）阶段及总结与评价阶段。本章仅介绍一切教育研究都会涉及的选题、研究假设及研究计划等三大基本过程，其他过程将在以后相关章节中逐一介绍。

第一节 选 题

选题不仅是教育研究的开始,而且在某种程度上还决定着教育研究的成败。本节将着重阐述选题的意义、途径及要求,以及如何对所选课题进行科学表述的方法。

一、选题的定义

选题就是选择教育研究课题,是教育研究的起点。一个教育研究课题就是一个未知的、有价值的、可实施的、有待于解决的教育问题。在教育研究中,许多研究者尤其是中小学教师往往为找课题犯愁。课题从哪儿来?如何在日常生活中及日常教育教学实践中发现有价值的课题?这是任何一位研究者开展教育研究前都需要首先解决的问题。

二、选题的途径

尽管不同研究者选择课题时所取的途径有别,但归纳起来,选题的途径主要有以下几种。

1. 从教育实践中寻找问题

教育实践中存在着大量的教育问题,许多教育问题都可以作为研究课题。对于教师来说,这是最重要、最直接的选题途径,因为教师从事教育研究最迫切的任务就是要解决教育实际中有待解决的问题。基层的教师长年工作在教育第一线,遇到的教育问题最多,他们每天甚至每节课都会遇到大量的问题,这些问题其实是选题的宝贵的原材料,比如,学生的学习态度不端正、学习成绩不好、做作业不认真、听课时的表现较为消极等;再如,教师想尝试新的教学方法但又怕影响教学质量,教师严格要求学生但没有换来学生的尊敬等,这些都是教师司空见惯、习以为常的问题。但是,如果对这些常见问题进行追问与反思,那么这些常见问题就会转化成为有价值的研究课题。例如,有一位班主任教师发现一位平时学习十分认真且成绩也相当不错的学生近段时间总爱逃课,他没有简单地去责备甚至批评学生,而是间接寻找产生该问题的原因。通过访谈调查,这位班主任了解到,该学生近期之所以有如此表现,主要是因为该学生的父亲所开的工厂近期经营状况非常糟糕,其父母频繁在家激烈争吵而诱发的家庭不稳定倾向导致其因厌倦生活而厌倦学习。于是，这位班主任分别与学生本人及家长进行深层沟通，最终让该学生恢复了昔日的学习状态。

2. 从教育实践经验中寻找需要继续研究的问题

教育实践之后总会或多或少、或好或坏地伴随着经验产生。研究者关注自己或别人教育实践经验，并总结与提炼这些经验，便可能找到相应的研究课题。对于每一名教师来说，无论他的能力如何，都必然会有成功或失败的经验，这些经验就是研究课题的重要来源。比如，上海教育科学研究院的顾泠沅教授，曾做过一个"大面积提高初中数学教学质量"的课题，总结出四条原理。其中一条叫"及时回授"，而这条经验正是他们总结了一位优秀数学教师实践中的经验，即学生在课上、课下只用一个练习本；学习的内容当堂练习、当堂批改；对作业中的个别问题当面辅导；对共性问题及时回授。

3. 从教育理论中寻找需要研究的问题

理论不但可以用来解释已有的事物，而且可以用来预测未来的事物。从一个已有的理论中，教师可以推演出很多预测。这些新的预测就有可能成为研究问题的重要来源。比如，在学习相关教育理论或阅读相关教育刊物时，教师如果多留一份心思，就有可能发现其中蕴含着某些有待解决的问题。

4. 从已有的研究中寻找问题

从国内外已有研究成果看，有的教育研究不仅探索了其所要研究问题的相应答案，而且从其研究问题中导出了不少值得继续研究的问题。这些需要继续研究的问题，有些时候是在回答旧问题的同时直接提出来的新问题，有些是在回答旧问题之后明显表达了尚存的某些不足而暗示需要继续研究的问题。比如，许多学者的博士论文或专著中就有这类问题。

5. 从日常交往与交流中获取问题

问题也可以在交流中产生。比如，可以在与专家学者或教师及学生或家长的交往与交流过程中直接获取问题，或者在与他们的谈话中突发奇想而萌发问题。

6. 从课题指南中获取研究问题

在教育价值越发凸显，教育的科技地位日益加强的当下，各级各类部门每年都会下达一定量的课题，研究者尤其是教师完全可以从各级各类部门提供的课题指南中选择自己感兴趣并有能力研究的问题开展研究。

此外，研究者尤其是教师还可以在一些合作课题中去寻找适合自己研究的子课题。

对于教师来说，他们的工作既处于不断变革的教育之中，又处于复杂的教育情境之中。因此，他们理应可以把探寻教育的理想与价值作为研究对象，也可以把解决教育教学中的问题作为研究的对象；既可以把教材、班级、学生、家长、课堂、考试或其他教师作为自己的研究对象，又可以把自己作为自己的研究对象，继而从中选择适合自己的研究课题。

三、选题的要求

并非教育中的任何问题都必然成为研究课题,有些教育问题虽然也是真问题,但不一定需要研究,或者并不适合某人研究。显然,要想顺利开展教育研究,必先选择好相应的研究课题。对于教师来说,由于时间、精力及工作性质等的限制,他们开展研究的目的主要是提高教育教学质量。因而他们选择的研究课题往往与其教育教学直接相关,为此,教师更应选择合适的课题开展研究。选择课题是进行研究的第一步,而且是关键的一步,因为课题在一定程度上反映了整个研究的价值,它引导着研究的方向,制约着整个研究过程。选题能力是从事教育研究的基本能力之一。有些教师在学校工作了几十年,虽然积累了十分丰富的经验,但由于缺乏问题意识,难以发现身边触手可及的课题库;有些教师虽然在教育教学中遇到了不少问题与困惑,但不知道怎样将工作中的问题与困惑转化为可以研究的课题。为此,弄清哪些问题可以成为研究课题,以及怎样合理选择研究课题十分必要。

1. 可以作为研究课题的教育问题之特性

一般来说,一个好的选题,或者说可以作为研究课题的教育问题,通常具有以下特性。

(1)价值性

作为课题的问题首先应该具有研究价值,即所选择的问题应该具有一定的学术价值(理论意义)或者具有一定的应用价值(实践意义)。所谓理论意义,就是指所研究的问题对于相关领域理论发展的贡献,即当下的研究课题与已有同类课题相比增加了什么新内容,有什么新观点,与同时代相比,有什么突破之处,在某个理论体系中起了什么作用,对后来理论发展又有什么意义,为一种理论体系的完善增补了什么,对后人有什么启示,等等。而实践价值是指所研究的问题对于改革实践具有指导作用,即通过实践能满足人的某种需要,可以帮助他人及自己更好地认识某种关系、认识某种现象、处理某种问题、理解某种存在等。对于教师来说,所选择的课题应该符合社会发展与教育事业发展的需要、应该符合教育改革和提高教育质量的需要,应该符合学生全面发展的需要。

(2)科学性

选题的科学性是指选择课题要以科学思想为指导、以事实为依据。以科学思想为指导的目的是为了使所选课题具有理论基础。所选课题不能和已经经过实践检验的科学原理相违背,只有这样,才能保证其科学性;以一定的事实为依据的目的是使所选课题具有实践基础。科学研究就是要研究事实,研究客观实际存在的现象。值得一提的是,传统和常识并不一定是科学的,其背后很可能隐藏着人们还未发现的科学规律,需要随着科学的发展而更新。具体来说,要保证选题的科学性必须做到三点:①课题要在充分占有资料的基础上形成。任何一项研究都是在已有研究的基础上进行的,只有了解了关于这个课题的研究现状,才能知道现在研究这个问题是否有意义,是否能提出新观点、新方法,避免简单重复别人的研究。②选题要有事实依据，课题不是凭空杜撰出来的，只有在实践经验的支持下，才可以保证课题选择的科学性。对教师来说，选题一定要以教育改革实践和教育教学的经验为基础。③选题要以教育科学基本原理为依据，这是选题的理论基础。如果选题没有一定的理论支撑，必然会造成选题的盲目性。

（3）创新性

创新是科学研究的灵魂，是科学研究理应具有的根本属性。选题的创新性是指所要研究的问题应当是前人尚未研究或研究不足的问题。具体来说，选题的创新性是指被选择作为研究的课题具有一个或多个创新点，这些创新点可以体现在研究方法或分析技术上，也可以体现在研究内容的具有新颖性。为此，只有通过广泛深入地查阅相关文献资料及大量调查之后，才能准确把握他人对该问题的研究状况，从而在他人研究的基础上，确定自己研究的着眼点和切入点。值得一提的是，创新有不同层次及不同水平。讲求创新性并非要求一切都是独创的，提出一个别人还没有研究过的课题是创新，将一种理论观点首次应用到实践中去也是创新。此外，创新也不反对验证性的研究，因为研究者从事验证性研究之前在心中便对已有研究结论或已有研究过程或研究方法或研究视角持有异议，否则，他通常不可能去花费时间做验证性研究，而这些异议本身就是创新。

（4）可行性

课题的可行性是指研究者具备顺利进行课题研究的条件。一般包括两方面：①客观条件，包括与课题相关的资料、设备、时间、经费、技术、人力等，也包括进行课题研究的科学上的可能性；②主观条件，指研究者原有知识、能力、基础、经验、专长及自己的兴趣爱好。对于一线的教育工作者来说，除了客观条件外，其主观条件上的优势表现为实践经验十分丰富。显然，他们适合研究实践性较强的课题，即适合选择与自己的教育教学实践有密切联系的教育问题作为课题。

（5）明确性

选题的明确性是指所要研究的问题、研究对象及研究范围应该具体清晰，不至于让人产生歧义或理解起来费力。

2. 选题应注意的问题

选题并非易事，要想选题好，必须注意以下几点。

（1）课题的大小要适度

课题选得过大，则针对性就差，实施起来难以下手或无法下手，甚至根本没有能力与精力研究；课题选得过小，则研究范围太过狭窄，导致研究的意义十分有限甚至难有意义。教师由于受多种主客观条件的限制，选题时尤其要避免研究宏观层面的问题，比如，选择"素质教育的综观认识与实践""学生非智力因素培养研究"等问题，这些课题的综合性相当强，仅凭教师的力量是明显不够的。

（2）课题的难易要适度

并非具有研究意义或研究价值的问题都可作为研究的课题。如果某个课题虽然很有价值，但做起来很难或者耗时太长，则不宜作为首选课题，对于一般教师来说，不宜作为研究课题。此外，如果某些问题属于日常琐碎问题或个别问题，因为没有普遍性，通常也不适合作为研究课题。不过，这类琐碎问题或个别问题可以作为个案进行积累并作为个案研究的资料。

（3）课题的主攻目标要明确

选择的问题一定要具体化，界限要清楚，不能太笼统、不着边际或含糊不清。此外，选题时，应注意克服"盲从"现象，千万不要盲目跟风，脱离自己的研究实际，人云亦云。比如，教师不应脱离自己的教育教学实际盲目选题。

四、题目的表述

课题选好之后，接下来应该用具体的语言陈述所选的课题。用一定的语言对所选课题进行的陈述就是所选课题的题目。选择好了一个研究问题并不意味着就有了恰当的陈述。如果问题陈述得好，则可以为研究者提供从事该研究计划的清晰方向，明示该课题的资料搜集方法及分析方法等环节。显然，题目的表述问题十分重要。从对某一问题产生研究的动机，到根据各种标准衡量选择研究问题需要一个过程，与此类似，研究问题的陈述也往往不是一开始就清楚明了的。有经验的研究者建议我们，在研究的初始阶段可以先对研究问题做一个粗略陈述，尔后通过查阅文献系统逐步对其加以限制，直到最后完成一个陈述。例如，如果研究者打算研究小学生的创造力问题，便不能以类似"小学生的创造能力"这样的陈述作为课题的题目，因为这类陈述显得过于宽泛，很难发现其中所蕴含的问题，对研究的方向和研究内容也缺乏现实指导意义。不过，研究者可以通过逐步查阅文献而对创造能力的概念及其指标甚至小学生中影响创造能力的可能因素有了更多的了解之后再进一步对课题做具体的陈述，比如，将问题陈述为"发散性思维的得分与所选择的5~7年级学生的特点间关系的研究"，就是一个好的研究问题的陈述。

一个好的陈述（即题目）应指明研究主题和问题的背景，即好的陈述（即题目）不但要明确研究的问题或内容，而且要通过明确研究对象、研究方法等明确研究问题的背景。例如，"新政策背景下专家型教师行为特征调查研究"就是一个较完整的陈述。其中，研究对象是专家型教师，研究问题或内容是专家型教师的行为特征，研究方法是调查法。当然，题目陈述中的信息有时也可以是暗含在陈述当中的，例如，上文举过的那个例子——"发散性思维的得分与所选择的5~7年级学生的特点间关系的研究"，其中并未明示研究方法。不过，从题目中"关系"二字，我们基本上能够确定它是一个相关研究，搜集的数据应是可以量化的数据且需要对数据进行统计分析。

值得指出的是，题目表述既可采用陈述或描述的形式也可采用问题的形式。一般情况下，对于焦点问题的研究，以问题的形式效果较好，尤其是当大问题中包括有小问题时效果更好。当然，题目究竟做何表述还得取决于个人的爱好，从次意义上讲，如何表述题目相对来说不那么重要。

在此值得一提的是，在具体实施研究的时候，研究者常常需要对题目所涵盖的问题进行必要的分解，以便需要研究的问题更加具体、明确、清晰。尤其是，当一个题目涉及的问题范围比较大或足够复杂的时候，要将其依据一定的内在逻辑体系分解成相互联系的许多问题，从而找到解决这个问题的步骤和相关的网络。比如，有研究者确定"沿海城市小学科学课程的实施"为研究的基本问题之后，通过逐步分析将基本研究问题分解为如下 5 个问题：

研究问题 1：沿海城市现行的小学科学课程的基本特点是什么？

研究问题 2：沿海城市小学科学教师在教学计划阶段做了哪些决策？

研究问题 3：沿海城市小学科学教师在课堂教学中做了哪些决策？

研究问题 4：影响沿海城市小学科学教师课程决策的主要因素是什么？

研究问题 5：如何改进沿海城市小学课程的实施成效？

第二节 研 究 假 设

明确了研究问题以后，研究者还要在了解课题研究现状，搜集、比较、分析、概括有关资料的基础上提出理论构思与构想。理论构思与构想主要是指建立明确的研究假设，准确地表述研究课题并按确定的目标决定研究方法。其中，研究假设在整个理论构思与构想中起着主导作用，它不仅决定着研究内容，还决定着研究方法。显然，能否提出一个合理的研究假设不仅关系到研究的科学化水平，而且关系到能否制订科学合理的研究方案以及取得良好的研究成效。

值得指出的是，并非任何教育研究中都提出了明确的研究假设。通常将教育研究中预先提出假设的研究称为有框架研究，没有明确提出假设的研究称为无框架研究。不过，值得指出的是，即使是无框架研究也不意味着没有假设，而是没有把隐含的假设明确提出来罢了。至于是否需要预先正式提出假设，要视研究的性质而定。一般来说，量化研究、验证性研究、涉及两个变量相互关系的研究通常要求明确提出假设，而质化研究、描述性研究、单一变量的研究则不一定要预先提出假设，其假设往往隐含在研究过程之中或在研究过程中形成。另外，根据研究问题的性质不同，研究者除要考虑何时提出假设之外，还应考虑提出何种假设。

一、研究假设的概念

既然研究假设如此重要，那么理应明晰研究假设的含义。何谓研究假设？研究假设（research hypothesis）是研究者在选定课题后，根据已有理论、经验事实和相关资料对所研究的问题的规律或原因做出的一种推测性论断和假定性解释，是在进行研究之前预先设想的、暂定的理论。简单地说，研究假设就是研究问题的暂时答案。一般来说，研究者在确定课题的过程中，就逐渐建立了关于这个问题的某种想法，确定了解决这个问题的可能答案。这些想法、猜测或"答案"，都是研究者从相关的理论、经验事实及相关资料出发，对问题和答案做出的一种假设。把这些猜测或设定的答案用明确的语言表达出来，就构成了一个研究假设。

二、研究假设的特性

研究假设通常具有以下四个方面的特性。

1. 推测性

研究假设必须是针对所要研究的问题而做出的尝试性的理论解答，并不是对所要研究问题的决断性回答，它不同于一般的或普遍的理论解释。

2. 因果性

研究假设通常是在分析问题产生原因的基础上提出来的，而不是毫无理论根据或事实根据的推测与臆测，必然是对问题背后原因的分析假设。

3. 多样性

研究假设的多样性是指对于同样的研究问题，同一个研究者或不同的研究者均可以做多个研究假设。也就是说，一个问题的研究假设并非是单一的，研究者可以根据表达的习惯及具体问题情境选择一种合适的方式对研究假设进行表述。

4. 条件性

研究假设的条件性是指任何研究假设都是针对某些特定的研究条件提出来的，如果缺乏一定的研究条件作前提，就很难提出科学的研究假设。

三、研究假设的类型

按照不同的分类标准，教育研究的假设可分为不同的类型。下面是几种常见的分类方法所做的分类。

（一）归纳假设与演绎假设

按假设的形成分，可分为归纳假设和演绎假设两种。

1. 归纳假设

归纳假设是在观察基础上的概括，是人们通过对一些个别经验事实材料的观察得到启示进而概括、推论提出的经验定律。例如，黎世法对"六课型单元教学法"的研究通过对一万多名各类中学生的学习方法的调查，尤其是三百多名优秀生的学习方法特点的深入研究,将学生的"八环节系统学习方法"从心理活动上概括出十条学习心理规律,并将八环节学习和十条心理规律作为中学生学习的本质学情。以此为依据,将现成教材分成若干单元,每单元按照自学课—启发课—复习课—作业课—改错课—小结课等六种前后紧密联系的课型进行教学,以提高教学质量,达到优化教学的效果。

2. 演绎假设

演绎假设是从教育科学的某一理论或一般性原理出发推导出某种新结论或推论出某种具体假设。演绎假设是根据不可直接观察的事物现象或属性之间的某种联系的普遍性,通过理论综合和逻辑推演而提出的理论定律和原理的假设。例如,北京师范大学冯忠良教授就是依据能力与品德的类化经验说、学习的"接受—构造"说、教育的系统论观点和教育的经验传递说,推论出结构—定向教学实验研究的一系列假设[①]。

(二)定向假设、非定向假设与零假设

按假设中所预测的变量间有无相关、相关的特点来划分,研究假设可分为定向假设、非定向假设和零假设。

定向假设和非定向假设都是在假定变量间存在相关的情况下做出的。其中定向假设指出了相关或差异的趋向。非定向假设则没有表明这种相关或差异的趋向,只是指出在变量间可能存在差异和相关。例如,"男生的推理能力强于女生"就是一个定向假设。"男生和女生的推理能力有差异"则是一个非定向假设。零假设是一种假定变量间无差异或无关系的假设。例如,"运用方法 A 教 3 年级学生所得的平均阅读成绩等于通过方法 B 教 3 年级学生所得的平均阅读成绩"就是一个零假设。

研究假设到底是采用定向的形式还是采用非定向的形式?采用不同的形式是否会产生差别?这首先取决于前期理论研究的结果。如果研究领域的文献表明,在所研究的问题上我们可以期望一个有方向的结果,我们应采用定向假设;而当我们对所研究对象的内在关系不甚了解,凭借已有知识经验只能肯定研究对象内诸变量之间有相关,但不能肯定是何种相关时,则应采用非定向假设。

另外,采用何种假设形式还要考虑假设的检验问题。我们前面提到,假设的主要特点之一就是可检验性。对教育研究中的假设检验可以有多种形式,如用描述性的、论述性的方式来说明是否达到了实验所设计的目的等。但从严格意义上讲,对假设的检验是依赖于概率统计的原理。而在统计学中十分强调零假设的作用。这是因为,假设检验的一个基本思路就是,若要检验一个假设是否成立,先建立一个"无差别假设",由这个假设出发,运用统计的方法,如果在逻辑上出现矛盾,就可以认为原来的假设是正确的。

对于一个具体问题,我们可以根据理论构思的结果,建立一个我们最可预期的假定作为原假设,它可能是一个定向假设,也可能是非定向假设乃至零假设,然后

---

① 汪基德. 中小学科研指导. 河南教育,2008(8):23-24.

在除此之外的其他可能中建立选择性假设。这样，原假设加上选择性假设就涵盖了所有的可能。例如，如果我们最初假设"接受方法 A 教学的 3 年级学生比接受方法 B 教学的学生的阅读成绩要高"，那么可能的选择性假设是"接受方法 A 教学的 3 年级学生比接受方法 B 学生的阅读成绩要低"和"接受方法 A 和方法 B 教学的 3 年级学生阅读成绩相等"，其中，最后一个选择性假设是零假设。这样所有可能的结果均被覆盖。

（三）描述性假设、解释性假设和预测性假设

依据假设的性质和复杂程度可分为描述性假设、解释性假设和预测性假设。

1. 描述性假设

在科学探索的最初阶段，描述性假设较为常用。它可以向我们描述认识对象的结构，提供关于事物的外部联系和大致的数量关系的推测，使我们对研究对象的大致轮廓或外部表象有粗略的了解。例如，画出几何图形中的线段，研究初中生对图形认知结构的心理特征。这一研究带有实证研究的特色。据一些担任初中几何教学的教师反映，初学几何的初中生，在分析观察复合图形时，认知结构上可能具有"顺序""对称""封闭"及其组合的某种认知特征，这种特征对学习效果起着积极作用。他们在教学过程中发现，认知特征较强者，相对误答率低；相反，认知结构上特征不显著者，相对误答率较高。从几何教学的经验中归纳出假设命题："学生认知图形是存在着结构性心理特点的。不同认知结构对学习效率有不同影响。"这就是一个从对现象的描述中提出的假设。

2. 解释性假设

解释性假设是揭示事物的内部联系，指出现象质的方面，说明事物原因的一种更复杂、更重要的假设。这是比描述性假设高一级的形式。在研究中，处于解释这个层次的假设是从整体上揭示事物各部分相互作用的机制，揭示条件与结果、研究主体的最初状态与最终状态的因果关系原理。

3. 预测性假设

预测性假设是对事情未来的发展趋势的科学推测，是基于对现实事物更深入、更全面了解的基础上提出来的一种更复杂、更困难的假设。比如，要对实行计划生育、独生子女政策对我国今后五十年社会结构和社会关系的变化，对教育结构及发展的影响这样一个问题提出科学预测，这是一项比较困难的研究课题，要求我们不仅对当前的人口构成和社会经济发展条件下的社会结构和社会关系非常了解，而且对西方由于人口出生率下降引起的社会在各方面的变化也应有所了解。预测性假设主要用于全国范围内的、具有战略意义的某些综合性课题的研究。比如，开发人力资源对我国的经济社会发展有何影响；又如，关于 21 世纪中国普通教育课程体制改革的设想，等等。这类具有战略价值的研究课题绝不是哪一学科研究所能承担起的任务，一般是多学科综合协调地进行。当然，教育研究中大多是一些与当前关系密切的现实课题，采用预测性假设的不是太多。

（四）条件式、差异式和函数式假设

按照假设中变量关系变化的方向可将研究假设分为条件式、差异式和函数式假设。

1. 条件式假设

假设两个变量有条件关系，即假如 A 成立，则 B 也成立。这是这种假设的典型模式，在表述上采用"如果……，那么……"的句型。例如，如果学生努力学习，那么成绩就会好些。如果教师对学生的要求严格些，那么学生的学习成绩就会相对好些。

2. 差异式假设

假设两个变量之间在程度上存在差异关系。比如，可假设 $A=B$，也可假设 $A\neq B$；可假设 $A>B$，也可假设 $A<B$。如果 A 代表讲授式教学方法，B 代表讨论式教学方法，我们可以分别做如下假设：

①讲授式教学方法的效果等于讨论式教学方法的效果。（$A=B$）
②讲授式教学方法的效果不等于讨论式教学方法的效果。（$A\neq B$）
③讲授式教学方法的效果优于讨论式教学方法的效果。（$A>B$）
④讲授式教学方法的效果差于讨论式教学方法的效果。（$A<B$）

3. 函数式假设

函数式假设是指两个变量之间存在因果共变关系，并且这种因果共变关系可以用数学形式表达。如果 X 表示原因，Y 表示结果，那么函数公式就是 $Y=f(X)$，表示"Y 随 X 的变化而变化"的函数关系。例如，男孩的侵犯性行为是女孩侵犯性行为的二倍。

需要指出，上述有关假设及其分类的论述多是基于量化研究的角度，对于在教育研究中日益兴起的质化研究，情况则有所不同。例如，在量化研究中，假设的确定一般在研究之初，资料搜集之前，和问题修改变动不大的情况下。而质化研究的假设大多产生于研究的过程中。在研究之初，一般没有尝试性的或一般性的假设。但当资料被搜集和分析时，从事质化研究者希望增加、减少、修改和精练假设。另外，作为对假设的重要补充，在质化研究中，往往会提出有助于研究者进一步考查有关研究问题的某些因素的预言问题。

四、研究假设的作用

如同其他实践活动需要理论指导一样，课题研究必然需要一定的科学理论来指导，而科学理论在未经检验之前只具有科学假设的性质。教育研究是探求教育现象之间的因果关系、教育内部结构及其起源发展的规律，一旦形成假设，研究人员便可以根据确定的目标，在限定的范围内有计划地设计、进行一系列的研究活动。因此，假设是教育研究探索的必经阶段，是准确把握教育规律的正确途径和有效手段。

具体而言,假设的作用有以下三方面。

1. 假设是研究的核心

在有假设的研究中,整体研究过程实际上就是围绕着验证假设开展的。当然,验证的结果并非总是假设被证实,也有被证伪的可能性。但是不管最终结果如何,假设就像大海中的航标,为研究指明方向,使研究不偏离航向。

2. 假设能明确课题内容

假设在整个研究过程中起定向作用。对于有假设的研究,其内容更具体化,方向更明确,目标更集中,既便于研究者把握研究的主攻方向,集中研究力量,又易于别人理解课题内容。

3. 假设是通向理论的桥梁

提出假设不是认识的最终目的,而是为过渡到理论做准备。从性质和意义上说,假设与理论无明显区别,只不过假设是有待验证的理论,理论则是已经证实的假设。假设具有理论的某些特征,是对有关现象的概括。当假设的基本观念或预言被证实或证伪,这个假设就有可能上升为理论。

五、研究假设的确立

如何确定研究假设呢?不同的研究课题具有不同的研究假设,因而很难具体阐明应该如何确定研究假设。不过,在教育研究领域中,好的研究假设通常具有一些共同的特性。这些共同的特性正是我们确定研究假设的依据。经过查阅已有文献发现,好的研究假设主要有以下三大特性。

1. 科学性

假设合乎规律,合乎逻辑,是建立在已有的科学理论或事实的基础上的,而不是毫无事实根据的推测和臆断。尽管假设是一种有待验证的猜测,但这并不意味着可以随意进行。也就是说,假设要有一定的科学依据,建立在明确的概念、已有的科学理论和科学事实的基础上,并且得到了一定科学论证,与早先的正确研究结论是一致的,而不是毫无事实根据的推测和主观臆断。

2. 明确性

研究假设的明确性是指:①能够明确说明两个或两个以上变量间的期望关系;②好假设的陈述十分清晰、简明、准确。表述假设的语言应当清楚明白,不能含混不清、模棱两可。这一方面表明研究者对这个问题的认识是明确清楚的;另一方面也使别人清楚地知道所研究问题的内容和性质。

3. 可检验性

可检验性是对教育现象间的期望关系能为研究及以后的实践所证实,这是科学假设的必要条件。提出假设是研究问题的开始,研究的最终目的是要按照这种假设搜集材料,最后验证假设是否成立。因此,对于一项教育研究假设,应该具有可检验性。

第三节 研究计划

在教育研究活动中，选择课题是从事研究活动的第一步，这一步明显十分重要，而研究假设是研究活动之前的理论构思与构想，决定着研究的方向、内容、方法乃至成效，同样十分重要。这是从整个研究活动进程来说，但更重要还是设计课题研究方案或课题研究计划。课题研究计划（方案）是对研究工作所做的整体安排与构想，良好的研究方案是确保教育研究得以顺利进行并取得成功的重要保证。

一、研究计划的作用

研究计划通常是对各项研究工作的合理安排，对整个研究过程的作用十分明显。其具体表现如下。

1. 研究计划是研究成果的形式之一

研究者在制订研究计划时，通常需要论证研究课题的研究价值和研究意义进行，明确研究课题的研究目标、研究内容、研究对象、研究方法及研究条件，规划整个课题的研究进程与研究步骤等工作。这其中的很多内容虽然不能算是最终的研究成果，但完全算得上是阶段性研究成果。

2. 研究计划是申报课题的基本形式

研究计划不仅是研究者对整个研究活动的总体安排与构想，还是申报课题的基本形式。无论是哪种类型、哪种形式及哪种层次的课题申报，必须提交研究计划。一些学校或科研院所通常根据申请者所制定的研究计划确定是否同意申请者准入研修及是否提供相关资助，相关科研管理部门则主要通过研究计划的申报与评审来确定所申报的课题是否有价值、是否具有可行性，从而最终确定是否同意该课题立项及是否资助等事宜。

3. 研究计划是研究工作的细化

一项课题研究经常会涉及许多项工作，为了使课题研究得以顺利进行，研究者不仅要把握重点，还要顾及细节。通过制订研究计划，研究者可以使研究的目标、内容、范围、方法、程序等更加明晰、具体及富于操作化。显然，研究计划是研究活动逐步由观念层面的构想转变为实际研究的必要环节。

4. 研究计划是研究活动的行动指南

在研究过程中，研究计划是研究活动着手实施的指南。一般来说，一份完整的研究计划必定包含详细的研究内容、研究程序、研究方法、研究条件，以及研究过程中可能遭遇的困难及其解决对策。可见，一旦制定好研究计划，研究活动就有了方向和依据。

5. 研究计划是评鉴研究工作的依据

研究活动是有目的性的活动，其活动的目的是否达成，以及达成目的的过程是否有效等，通常需要进行一定的评估和鉴定。在评价及鉴定过程中，相关部门往往是以研究者先前上交的研究计划为依据来进行评鉴的。

此外，在研究计划的制定与撰写过程中，研究者有时会突然意识到先前考虑尚不周全的问题，以及可能遇到的问题及相应的解决对策，有时会突发奇想而获得颇有创意的研究构想，等等。当然，书面的研究计划还是研究者与同行研讨课题时必要的依据。

二、研究计划的要求

研究者要制定一份规范、科学、合理的研究计划，必先明晰研究计划的以下四点基本要求。

1. 阐述研究什么

当人们接触一份研究计划时，往往有这样一个反应，即这个课题想要研究什么？为此，研究者在制定研究计划时必须明确回答这个问题，以便他人了解自己想要研究什么。当然，要想回答好这个问题，研究者必须做好四点：①精心拟定合适的标题。合适的标题最好能够涉及研究的范围、对象、内容与方法。②明确提出研究的问题，以便他人了解研究问题的性质。③逐一列举研究假设或待答的研究问题，以便他人了解研究的重点。④界定研究变量及关键名词（核心概念），以便他人了解研究的范围。

2. 阐明为什么研究

在明晰研究者想要研究什么之后，人们常常会继续追问为什么要从事这项研究。因此，在制定及撰写研究计划的过程中，研究者必须阐明开展这项研究的理由。具体来说，此部分应该阐明三点：①阐明研究动机；②阐明研究的重要性与必要性，揭示研究的意义与价值；③阐明一系列具体的研究目标。

3. 阐释如何研究

当明晰研究者从事某项研究活动的理由后，人们想进一步明确的是研究者将怎样实施该项研究活动。显然，研究者必须在研究计划中阐释如何研究相应的课题。当然，要阐释清楚如何研究就要阐释研究的方法和实施程序，包括研究对象及其取样的方法与实施程序、研究的具体方法与实施步骤、研究工具的选择与编制、资料的收集与分析等。

4. 解释有何成效

研究活动是一种具有价值与意义的目的性活动，其成效的性质与大小自然受到人们的关注。为此，研究者在制定与撰写研究计划时，必须具体解释相应研究的预期成效，以及最终成果的表现形式与所达水平。

三、研究计划的内容

了解制定与撰写研究计划的基本要求之后，研究者有必要进一步弄清研究计划的具体内容。一般来说，无论是什么性质的教育研究课题，在制定与撰写研究计划时，都应该包括以下内容。

1. 课题名称

课题名称与研究问题有别。它是关于研究问题的简明扼要的文字陈述，是对课题研究实质的高度概括。显然，研究问题不等于课题名称，选择好了一个研究问题并不意味着有了好的课题名称。也就是说，研究者即使选择了好的研究问题，也不一定能够给予该研究问题恰当的陈述。研究者如果陈述好研究问题，就可明晰研究计划的方向，资料的搜集与分析方法等。不过，要想陈述好研究问题并非易事，也不可能一蹴而就。一般而言，在研究的初始阶段，研究者可以先对所要研究的问题进行粗略陈述，尔后在查阅文献及逐步思考的基础上不断对其加以修改与提炼，直至使其成为一个合理、新颖、准确、简洁、生动和引人注目的陈述。好的课题名称不仅要明确所要研究的问题或内容，还要明确研究的对象、研究的方法及研究的背景。

2. 研究背景、目的和意义

研究背景是指根据什么及受什么启发而选择这项课题研究。研究背景主要描述三方面的内容：①本课题与时代发展及社会变革的联系，反映时代对教育的要求。这是课题提出的总体背景；②前人对该课题研究的现状（包括观点、范围、方法和成果）；③结合当前教育教学实际指出那些确实需要解决的问题。

研究的目的和意义是指为什么要进行这项课题研究，这项课题研究有什么理论意义和实践价值。一个研究课题要么既具有理论意义又具有实践价值，要么必有其一，否则，这样的研究课题是不值得研究的。撰写研究目的与意义的基本逻辑思路是，所要研究的问题十分重要因而有必要进行研究；或者以往的研究存在不足或有某些错误而理当加以研究解决或完善。

3. 研究内容

研究内容是研究计划的主体。通常是把课题提出的研究问题进一步细化为若干个小问题加以一一列举。一个大的研究内容（大的研究问题）往往可以分解成多个小问题，分解越细，研究思路越清晰。比如，"新政策背景下专家型教师标准研究"这样一个研究内容的问题，至少可以分解为如下5个基本问题：

问题1：什么是新政策？为什么要提出新政策这一研究背景？

问题2：什么是专家型教师？专家型教师与学者型教师、研究型教师、优秀教师、特级教师、骨干教师、高级教师、教育家型教师等概念之间存在什么样的关系？

问题3：专家型教师标准的含义是什么？

问题 4：专家型教师标准研制的依据什么？

问题 5：专家型教师标准的理论体系是什么？

4. 研究假设与研究思路

研究假设是指根据已有理论和已有资料对研究课题设想出一种或几种可能的答案与结论，是对研究结果的预测，以及对课题涉及的主要变量之间的相互关系的设想。一般来说，研究问题都是以研究假设作为具体行动的指引。因此，无论采用什么格式撰写研究计划，必须具体明确地列举研究假设，然后根据研究假设阐述具体的研究思路（研究问题时所遵循的具体思维路线）。

5. 研究对象和研究变量

研究对象是教育研究的客体。由于研究对象的多样性和复杂性，研究者在制定研究计划时必须对研究对象加以界定，避免不同的人从不同的角度与视域来理解而带来迷糊。界定研究对象有两个方面：①对研究对象的总体范围进行界定。如果研究对象的总体范围不同，那么同一个研究课题所得的结论就很可能不同。例如，研究中学生课业负担过重问题，以北京市区中学生和武汉市区中学生为研究对象所得到的结论就会存在差异。②对研究对象所涉及的某些模糊性概念进行界定，如"差生""优秀教师"等。此外，在研究计划中描述研究对象时，研究者还需要描述研究的样本数量及抽样方法[①]等，必要时还需要提示研究对象的来源和特征。

在一些实证研究课题中，研究对象主要指向研究变量，因而必须加以阐述。所谓研究变量，是指研究过程中在质或量上会变化的、有差异的因素。研究变量有三种：①自变量，是引起或产生变化的原因，是研究者操纵的假定的原因变量；②因变量，是通过自变量的作用而发生变化的结果变量；③无关变量，是指与特定研究目标无关，因影响研究进程与结果而在研究过程中必须加以控制的一些变量。

6. 文献综述

文献综述是对相关文献的综合性评述，是指研究者确定选题之后，在对选题所涉及的研究领域的文献进行研读的基础上，对该研究领域的研究现状（包括主要学术观点、前人研究成果和研究水平、争论焦点、存在的问题及可能的原因等）、新水平、新动态、新技术和新发现、发展前景等内容进行系统、全面的陈述和评论。文献综述是课题研究中必不可少的前期准备工作，也是论证选题是否有价值的前提条件之一。其作用在于：一方面，它能够展示研究者对该研究领域的了解程度；另一方面，它能够为研究者确立新课题提供强有力的支持和论证。

7. 研究方法

研究方法主要反映一项研究课题"怎样做"的问题，包括研究者采用的研究途径、手段及准备如何开展研究的步骤等。研究方法的含义有广义与狭义之分。广义的研究方法涵盖三个层面：①方法论层面，即指导整项研究的思想体系，包括理论基础、研究逻辑和思路等；②研究方式层面，即贯穿于整个研究过程的程序和操作方式；③具体技术和策略层面，即在某一研究程序中所使用的工具、手段等，主要

---

① 所谓抽样，就是从一个总体中选取一部分个体作为研究对象。其中抽取的那部分个体叫做样本。

是具体的资料收集策略。①狭义的研究方法是指研究者在研究过程中获取研究资料或数据时所采用的具体方式、途径与手段。此处所说的研究方法主要是从狭义上而言的。在制定课题研究方案时,研究者应该根据课题研究的具体目标、研究内容和研究对象的性质来考虑选择哪些具体的研究方法以及在研究中如何科学安排,通过对它们的合理运用来达到研究的目的。一般来说,教育研究中所采用的具体的研究方法主要有观察法、调查法、实验法和文献法等几种。"在具体工作中,教师选择研究方法主要应考虑两个因素:所要研究的问题及教师自身的特点。"②例如,对教师的素质现状进行研究,必然离不开调查法;研究如何对教师进行培养,一般总要用到经验总结法;探讨一种新的教学方法是否优于原有的教学方法,则宜采用实验法。需要特别提出的是,研究的对象往往是丰富多彩、复杂多变的教育事实,因此,选择的研究方法不能是单一的,而应该是综合的,特别是一些比较复杂的重大研究课题,常常需要综合地运用多种研究方法。比如,我们所开展的行动研究不仅是一种方法,更是一组方法,可以调查、谈话、讨论,也可以理论分析、文献研究等。例如,进行某项调查研究主要采用问卷调查,可以得到大量数据,但也要辅之以访谈,以使结论更加可靠,材料更加丰富。

8. 研究进度

为了确保研究工作既能有条不紊地展开,又能如期完成,往往需要对整个研究进度进行整体规划。大量经验表明,规划研究进度时,有两个因素必须考虑:一是时间;二是工作项目。具体来说,若研究有时间的限制,则以最终完成时间为依据,倒过来分配每一工作项目的时间;若无明确的时间限制,则可以工作项目为依据,安排每一项工作的时间。

为了科学地安排时间,各阶段在时间安排上要留有余地,以免不能按时完成任务而影响整个课题研究的进程。课题研究的管理者也可据此对课题研究进行检查、督促与管理。

一般研究都分为准备阶段、实施阶段和总结阶段。如果研究过程较长,那么实施阶段还可再分为几个小的阶段。

9. 成果形式

成果形式是指研究成果的结构方式或表现方式。教育研究的成果形式主要有论文、研究报告、专著、教材、教具、教学仪器及教学软件等。预计的研究成果可以从两个方面说明:一是提示研究的预期成果和成果的表现形式;二是阐明研究成果可能产生的效益,包括经济效益和社会效益。

值得一提的是,对于研究范围较小的课题,只需阐明最终成果及其表现形式即可;而对于研究范围较大的课题,还应该阐明其阶段性成果或者阐明其各个子课题的成果。

10. 完成课题的保证

撰写完成课题的保证是对课题实施和完成条件进行分析论证,包括撰写课题

---

① 耿涓涓. 对高等教育研究方法学术观点的文献分析. 高教探索,2005(5):12-14.
② 王卫华. 教师在教育研究中的地位变迁及展望. 教师教育研究,2010,22(4):19-24.

研究的主观条件和客观条件，如研究经费、场所、资料及研究成员的组成结构与水平等。

11. 课题组成员及其分工

如果一项课题较小，研究工作可以由一个人独立完成，就不存在分工问题，在研究计划中只需要填写研究者个人的学历、职务、专业等情况即可；如果一项课题较大，需要由一个课题组承担，研究工作就存在分工问题，在研究计划中，需要列出课题组每个成员的基本情况和具体分工情况。一项研究工作是否存在分工问题取决于课题的大小。

12. 经费预算

巧妇难为无米之炊。一项研究工作的正常开展离不开一定的人力、物力与财力的保障。所有这些都会涉及经费问题。为了尽可能节省研究成本，研究者需要实事求是地估算研究过程中可能涉及的每一项开支。一项研究经常涉及的经费项目主要有图书资料费、小型会议费、交通差旅费、测验问卷编制费、上机费、印刷费、劳务费、设备材料费、邮电费、管理费、专家咨询费、成果鉴定费等。

13. 主要参考文献

为了显示研究计划的学术性，正规的研究计划往往要求列出主要的参考文献，必要时也可将相关的资料，如调查研究中的问卷、访谈中使用的访谈提纲等作为附录。

值得一提的是，并非所有课题的研究计划都会涵盖以上全部内容。在实际撰写研究计划的过程中，研究者可以根据课题的性质、研究的目的等做适当的增删。

思考题：

1. 什么是选题？
2. 选题的来源有哪些？
3. 选题时应该遵循什么原则或要求？
4. 研究假设的作用有哪些？
5. 研究假设的类型有哪些？
6. 如何确立研究假设？
7. 研究计划的基本内容有哪些？

第三章　文献研究法

　　教育科学发展的历史不只是知识积累的历史，更是知识创造的历史，而知识的创造有赖于研究方法的不断改进。文献研究作为知识创造的一种途径，不仅是课题研究的一个环节，也是一种研究方法。文献研究法通过系统搜集、鉴别、整理文献，并对文献进行分析进而了解课题的发展历史与研究现状，从而帮助研究者准确把握课题的研究方向，合理制定课题的研究框架。在文献研究中，研究者并不与文献中记载的人与事实面对面地接触，故文献研究法属于非接触性的研究方法。

第一节　文献研究法概述

一般来说，无论选择什么样的课题开展研究，均离不开对相关文献进行梳理。从此意义上讲，文献研究法是教育研究方法中最为基础的研究方法。本节主要阐述文献研究法的定义、文献的定义与种类、文献研究法的作用、文献研究法的优缺点。

一、文献研究法的定义

所谓文献研究法，"就是针对所研究的对象（如教育研究的某现象），对相关联的文献进行查阅、比照、分析、判断、整理，从而找出教育现象的本质属性或内在规律，证明研究对象的一种科学方法"[1]。一般而言，科学研究需要充分地占有研究资料，以便准确掌握相关的科研动态、前沿进展，了解前人已取得的研究成果、现行的研究状况等，而文献研究法恰好能满足这些要求。"毫无疑问，研究问题的选择在一定程度上依赖于文献。如果研究问题在专业文献中从来没有出现过，那它的重要性就值得怀疑。"[2]文献研究是科学、有效、少走弯路地进行教育研究的必经阶段，也是课题研究中最常用的方法，几乎所有的课题都是以文献研究为起点。

二、文献的定义与种类

（一）文献的定义

文献的现代定义是"记录已有知识的一切载体，是把人类知识用文字、图形、符号、声频和视频等手段记录下来的所有资料"[3]。文献有广义与狭义之分，广义的文献指已发表过的，或虽未发表但已被整理、报道过的那些记录有知识的一切载体。这里所说的"一切载体"，不仅包括图书、期刊、学位论文、科学报告、档案等常见的纸面印刷品，还包括有实物形态在内的各种材料。狭义的文献仅指以某种具体形式存在的参考资料。

---

[1] 卞新荣. 用文献研究法研究数学教育原则与方法. 湖南教育（下），2009（9）：56-58.
[2] 威廉·维尔斯玛、斯蒂芬·G. 于尔斯. 教育研究方法导论. 袁振国译. 北京：教育科学出版社，2010：50.
[3] 袁振国. 教育研究方法. 北京：高等教育出版社，2010：149.

（二）文献的种类

教育研究文献林林总总，形式丰富多样，按照不同的标准可以分成以下不同种类：

1. 根据文献信息载体划分

在科学技术飞速发展的今天，计算机技术、网络技术、多媒体技术在科学研究工作的广泛应用，信息资源的大量涌现，使文献信息的存贮方式发生了巨大的变化，越来越多的信息除了以印刷型形态存在外，还大量以机读型、声像型、缩微型等载体方式存在。

2. 根据文献内容级别划分

依据文献传递知识、信息的质和量的不同，以及加工层次的不同，人们将文献分为三个等级，分别称为一级文献、二级文献和三级文献。

（1）一级文献

一级文献也称原始文献，如报刊文章、会议文献、档案材料。无论是手稿还是印刷品，都是一级文献，是使用中的第一手资料等。

（2）二级文献

二级文献也称二次文献，是将分散的一级文献加以整理组织，使之成为系统的文献，以便查找利用。如书目、索引、文摘等都属于这一类，它是第二手材料。

（3）三级文献

三级文献也称三次文献，是在利用二级文献的基础上，通过对一级文献内容的整理分析编写出来的成果，如专题综述、评述、年度总结、动态综述、进程报告，它是第三手材料。

从一级文献、二级文献到三级文献，是一个由分散到集中，由无序到有序地对知识进行精加工的过程。不同级别的文献所含信息的质和量是不同的，对于改善人们的知识结构所起到的作用也不同。一级文献是最基本的信息源，是文献信息检索和利用的主要对象；二级文献是一次文献的集中提炼和有序化，是文献信息检索的工具；三级文献是把分散的一级文献、二级文献，按照专题或知识的门类进行综合分析加工而成的成果，是高度浓缩的文献信息，它既是文献信息检索和利用的对象，又可作为检索文献信息的工具。

3. 根据文献的形式划分

目前，按信息贮存方式和载体形式的不同，文献可以分为文字文献和非文字文献两大类。

（1）文字文献

文字文献是用文字形式来记载资料的文献，是最广泛的文献形式。文字文献包括各种书籍、档案资料、报刊、个人文献等。书籍是指古今中外出版的各种各样的著述，它包括专著、教材、文集、史书、丛书、地方志、辑佚书、工具书等。档案资料是指具有查考使用价值、经过立卷归档集中保管起来的各种文件资料。报刊是指定期出版的报纸杂志，是教育研究中十分丰富的情报来源。个人文献是指个人主动编写的文献,如书信、自传、回忆录、日记、讲稿等。

(2) 非文字文献

非文字文献不以文字的形式而存在,主要包括两大部分:一部分指造型艺术品,如绘画、版画、雕塑等;另一部分是电影、电视、录像、幻灯片、图片、照片、唱片、录音磁带等文献。非文字文献是物质、精神生活艺术的反映,通过搜集整理和分析一定时代的非文字文献可以对该时代的物质生活和精神生活做出判断。

三、文献研究法的作用

文献研究法在教育研究中发挥着其他方法不可替代的作用。无论是初期的研究选题、初步调查、论证课题,还是制定中期研究方案,以及搜集整理和分析研究资料到最后形成研究报告,都离不开有关课题文献的检查和利用。在某种程度上,"拥有并掌握大量文献信息,往往意味着拥有权威、拥有证据"[①]。文献研究是开展教育研究的基础,其作用主要体现在三方面。

1. 合理把握研究情况,使研究方向具有明确性

文献研究法能够为科研选题提供科学翔实的依据。在文献检索中,通过查找该课题已有的研究成果、达到的研究水平、研究的重点、研究的方法、经验和问题,研究者以此了解课题中哪些问题已经解决,哪些问题有待于进一步修正和补充,课题争论的焦点是什么,从而进一步明确研究课题的科学价值,找准自己的研究方向。只有了解了有关研究的动态,才能选定有价值、值得研究的前沿课题。

2. 充分提供论证依据,使研究资料具有丰富性

文献研究法是了解国内外研究动向并获得信息的基本途径。进行教育研究必须了解国内外最新的理论、观点和研究方法。查阅文献资料不仅可以找到课题研究的线索,使研究的概念、理论具体化,而且为更科学地论证自己的观点提供丰富的事实和数据资料,使研究结论建立在可靠的材料基础之上。

3. 有效避免重复劳动,使提出观点具有新颖性

文献资料提供科学研究的有关信息,使研究者充分占有研究资料,从而避免研究前人已解决的问题,重复前人已经提出的正确观点,甚至走前人已走过的弯路乃至重犯前人犯过的错误。

四、文献研究法的优缺点

1. 文献研究法的特点

文献研究法的优势来源于该方法所具有的与众不同的特点。在教育研究中,文献研究法作为一种常用的方法,具有如下突出特点。

---

① 温忠麟.教育研究方法基础.北京:高等教育出版社,2004:32.

1）文献研究法具有知识传承、传播和信息传递的功能。"知识性和载体性是文献最根本的两个属性"。①在教育研究中，研究问题的选择、研究难点的突破、研究计划的执行等都是在知识创造和信息传递的基础上进行的。文献研究法的运用使人们能充分运用前人的劳动成果，站在"巨人的肩膀"上前行。

2）文献研究法是最基础和用途最广泛的搜集资料的方法。任何课题的选择、确定及研究方案的设计都是先从文献收集入手，以使研究目的更为明确和有意义，使研究内容更为系统、全面和新颖。即使进入了具体研究阶段，也仍然需要进行文献梳理。利用它可以收集到其他方法难以收集到或者没必要用其他方法收集的资料。研究者在采用其他方法进行研究的过程中，以及在研究后期对资料做整理、分析和撰写研究报告时，也常常需要利用文献提供必要的佐证和补充。另外，有些社会调查研究由于人、财、物或某些客观条件所限，而只能以文献法作为基本的收集资料手段。总之，文献法对于所有的教育研究来说，都是必不可少的。

3）文献研究法并不单是一种重要的搜集资料的方法，还是一种独特的和专门的研究方法，这是它与其他研究方法之间最显著的区别。诸如问卷法、测量法、访谈法、观察法、实验法等，其主要功能就是搜集资料，对它们搜集到的资料的整理、分析和研究则是用一些通用的专门方法来完成的。文献法却不然，它可以独立完成某些课题从搜集资料到分析研究的全过程。那些旨在再现或分析历史现象的课题，如分析中世纪大学的运行机制，或者是研究不可能重演的现实社会的某些事件，如第二次世界大战时期的教育状况等，以及时间跨度大的纵贯性课题，例如，中华人民共和国成立以来农村基础教育的变迁等，只能是依靠文献法来完成的。

2. 文献研究法的优点

基于文献研究法所具有的独特特征，它在教育研究中具有一些其他研究方法无与伦比的优势，具体表现在以下方面。

1）文献法可以超越时间、空间的限制，人们可以通过对古今中外文献进行调查，进而研究极其广泛的社会情况。这一优点是其他研究方法不可能具有的。

2）文献法主要是书面调查，如果搜集的文献是可靠的，那么它就能够获得比口头调查更准确、更准确的信息，从而避免口头调查可能出现的种种记录误差。

3）文献法是一种间接的、非介入性调查。它只对各种文献进行调查和研究，而不被调查者接触，不介入被调查者的任何反应。这就避免了直接调查中经常发生的调查者与被调查者互动过程中可能产生的种种反应性误差。

4）文献法是一种非常方便、自由、安全的调查方法。文献调查受外界制约较少，只要找到了必要文献就可以随时随地进行研究；即使出现了错误，也可通过再次研究进行弥补，因而其安全系数较高。

5）文献法省时、省钱、效率高。文献调查是在前人和他人劳动成果基础上进行的调查，是获取知识的捷径。它不需要大量研究人员，不需要特殊设备，可以用比较少的人力、经费和时间投入，获得比其他调查方法更多的信息。因而，它是一种高效率的调查方法。

---

① 侯怀银. 教育研究方法. 北京：高等教育出版社. 2009：69.

3. 文献研究法的缺点

正如每一枚硬币都有两面一样，文献研究法也不是万能的。"文献研究法具有文献不完善性、收集文献难度大、文献抽样缺乏代表性等不足"。[①]我们在认识到文献研究法的优点时，还需要了解文献研究法的一些不足。

1）许多文献的价值难以判断，质量难以把握。

2）对于一项专门的调查研究来说，既有的文献往往不够系统、完全，无法圆满地说明问题，特别是历史性文献。

3）有些文献资料很难获得，而且往往是越有价值的文献越难搜集。

4）许多文献资料并非为调查研究课题的需要而编制，因此缺乏标准化的形式，难于编录和分析。

第二节　文献检索的方法

文献检索是将文献按照一定方式集中组织和存储起来，并按照研究的需求查找出有关文献或文献中包含的信息内容的过程。文献研究法的实施是从文献检索开始的。研究者只有广泛检索文献，对所需要的文献资料做到心中有数，才能保证文献研究法的顺利进行。

一、文献检索的渠道

在科学研究中，人们"通常采用两种方法选择文献源。第一是直接在互联网上检索，第二是直接去图书馆"[②]。这两种方法能收集到的文献信息相当有限，因而在教育研究中，文献检索的渠道应当更加丰富多样，主要包括图书馆、档案馆、博物馆，社会、科学、教育事业单位或机构，学术会议、个人交往和计算机互联网。由于每一种渠道所保存的资料和信息不同，它们在文献检索中所起的作用也各不相同。

图书馆是搜集文献的最主要的、最重要的渠道之一，也是最早出现的文献集中形式。图书馆是收集、整理、保存、传递科学文献知识的服务性和学术性机构，也是教育文献交流系统和教育研究工作者查寻资料的主要场所。

档案馆是收集国家需要长期保管的档案和有关的资料，并对其进行整理、编目、保管、研究和提供查询、备案的专门机构。

[①] 袁振国. 教育研究方法. 北京：高等教育出版社，2010：156.
[②] 威廉·维尔斯玛，斯蒂芬·G. 于尔斯. 教育研究方法导论. 袁振国译. 北京：教育科学出版社，2010：50.

博物馆作为一种社会文化事业，是科学研究部门、文化教育机关、物质文化和精神文化遗产或自然标本等的主要收集场所。

凡一切可能有社会、科学文献资料的团体或机构，诸如文化事业单位，教育学术团体，教育行政领导部门等，不论其有无图书馆，为开展业务工作，总要收集或生产出一些文献资料（如"动态""工作通讯""内部文稿"之类的定期或不定期的小型报刊等），这些都可以作为教育文献的资源和搜集渠道。

参加本专业或相关专业的学术会议是搜集研究文献资料的一条重要渠道。在学术会议上，研究者不但可以阅读会议论文等资料，而且可以面对面地质疑、提问与讨论，相互交流教育研究中的新成果、新进展和新课题。从与有关专家、同行的交谈中，研究者还可以获得许多有价值的动态情报，了解别人正在做什么、将来打算做什么、能够做什么等。这些信息对研究者的科研工作者具有特殊的意义。与同行专家、学者进行个人交往是获取研究资料、情报的重要渠道。

计算机互联网的网上资源量可谓数不胜数，从政治、经济、文化、商业、到教育、科技、卫生、体育、天文、新闻、娱乐等，应有尽有，浩瀚无边，几乎一切人类的信息资可以在这里找得到。

二、文献检索的工具

每一种文献检索方法都必须依赖于一定的检索工具，我们在文献检索中用的工具主要有以下几种。

1. 图书目录

在教育研究中，要检索的图书主要包括"教育名著要籍、教育专著、教科书、工具书和教育通俗读物等"[①]。这些书籍的检索目录包括分类目录、书名目录、作者目录、主题目录等，如《全国总书目》《全国新书目》。

2. 期刊书目

期刊是一种连续出版物，包括专业杂志，定期发表大量的研究信息等，其目录包括分类目录、刊名目录等。

3. 索引

教育文献的主要期刊索引是《教育索引》，它的内容涉及360多种教育期刊。[②]此外，索引有书籍索引，如《毛泽东选集》专题论述索引、《中国名人大词典》；报刊索引：如《人民日报按月索引》、华东师范大学编的《教育文献索引资料》、中央教科所编的《中文报刊教育论文索引》、上海社会科学院编的《内部资料索引》、上海图书馆每月编印分类的文章索引、中国人大书报资料中心编印的《复印报刊资料》的目录、索引、《全国报刊索引》等。

---

① 侯怀银. 教育研究方法. 北京：高等教育出版社，2009：73.
② 威廉·维尔斯玛，斯蒂芬·G. 于尔斯. 教育研究方法导论. 袁振国译. 北京：教育科学出版社，2010：55.

4. 文摘

文摘一般是对原文的主要观点的高度概括，也能提供原文的出处，因此，它也是一种重要的收集文献的方式。[①]文摘是一份文献内容的缩短的精确表达而无须补充解释或评论，如中央教科所编的《教育文摘》、山西教科所编的《国内外教育文摘》，以及各地方自办的类似文摘。

5. 其他

除上述载体文献全球化，还有许多有重要意义的文献，如《辞海（教育心理分册）》、《中国教育年鉴》、《中华人民共和国教育大事记》（中央教科所编），以及各地教育史，百科全书等。

选定课题方向或选定课题后，研究者就要根据需要进行检索，确定查找文献的范围和深度。当然，研究者首先应借助于自己的日常积累，驾轻就熟，然后，再根据所在单位可能凭借的条件——文献资源，合理使用上述检索工具。通过检索工作，研究者列出有一定参考价值的文献目录清单。

三、文献检索的方法

检索文献主要看与课题研究是不是相关，在此基础上尽量搜集第一手资料，从而提高文献检索的准确性、可靠性。其具体检索有几点要求：①"在检索的开始，从检索问题表述中识别概念或术语，之后从《教育资源信息中心主题词表》中选择最恰当的主字码或者主题标题进行检索"[②]；②力求搜集与课题研究相关的各方面资料，做到全面占有资料，才能得出比较正确的结论；③要尽量搜集新的文献，因为新的文献比旧的文献资料更新、更全面、更可靠；④不但要搜集和自己观点一致的材料，也要搜集和自己观点不一致的资料，这样可以学会比较、分析，使自己研究的结论比较科学、全面。为保证在文献检索中做到资料收集的全面细致，在具体操作过程中，研究者可采用以下方法进行文献检索。

1. 顺查法

顺查法是从课题相关内容的研究开始的时间为起点，逐步推进到当前新出版的文献。这样比较费时间，但可查全，有利于了解课题研究的全过程，多用于范围较广、所需文献系统全面、复杂的研究课题。

2. 逆查法

逆查法是从当前的文献逐年回溯过去的文献，直到满足需要为止，多用于新课题研究的文献搜集。

3. 抽查法

抽查法是选择某课题领域发展迅速、研究成果较多的时期进行重点检索，以节省时间。一般多用于时间紧张的小型项目研究，容易漏检。

---

① 杨骞. 文献法及其在论文写作中的应用. 中学数学教学参考, 2000（6）：26-28.
② 威廉·维尔斯玛, 斯蒂芬·G. 于尔斯. 教育研究方法导论. 袁振国译. 北京：教育科学出版社, 2010：62.

4. 追溯法

追溯法是利用手头的文献所附的引文注释和参考文献目录作为线索，逐一追查原文，再从这些原文所附的参考文献目录逐一扩展，就像滚雪球一样扩展开来。

5. 综合查找法

综合查找法又称分段法或循环法，是分期交替使用直接法和追溯法，将各种方法结合加以使用，以期取长补短，相互配合，获得更满意的检索结果。

需要注意的是，在操作中，研究者要及时把所需资料复制、转录下来，报刊资料可以复印，电子文档除了存储在电脑中，还要注意备份在 U 盘或移动硬盘中，防治电脑损坏导致文献的丢失。

四、文献检索的步骤

从本质上说，任何研究都没有唯一的、确定不变的方法，文献检索也没有固定不变的步骤，因为不同研究对象所需要资料、信息不一样。我们在此所说的文献检索步骤，仅指一般情况下所采取的检索步骤，主要分为以下四个步骤。

1. 文献浏览

文献浏览就是文献搜集告一段落后，研究者应将搜集到的文献资料全部阅读一遍（包括对音像文献的视听），以对其有个初步认识，即大致了解文献的内容，初步判断文献的价值。浏览的关键是速度要快。据统计，一般人的阅读速度是平均每分钟 300~400 字，而浏览的速度要求快得多，争取做到几十分钟翻完一本数十万字的书。为此，应注意几点：①要粗读而不要精读；②只读"干货"而去除"水分"，即只注意文献的筋骨脉络、主要观点和有关数据，跳过那些无关紧要的过渡段落、引文和推理过程等；③全神贯注，思维敏捷；④抓住重点，迅速突破。一般而言，浏览的重点是文献的导言和结论部分，它可以让人对其窥豹一斑。

2. 文献筛选

文献筛选就是在文献浏览的基础上，根据调查课题的需要，从所搜集的文献中选出可用部分。筛选时应当注意以下几点：①必须注重文献的质量，或者说文献的信度和效度，即文献的可靠性和有用性；②要注重所选文献的代表性；③在筛选时，应从应用的角度区分文献的层次，可以把全部文献预设为必用、应用、备用、不用等部分。

3. 文献精读

文献精读就是对于筛选出的可用文献要认真、仔细地阅读，同时着重在理解、联想、评价等方面下功夫。只凭篇名、导言和结论所提供的信息是不够的，研究者必须在浏览的基础上，对那些非常有价值的篇、章或节、段进行详尽的阅读和研究。通过大量信息的获取，研究者努力识别作者的基本观点，理解文献中那些适合自己研究的有用部分的内容。在精读时研究者要反复思考，一边读，一边提问题，并且要掌握精读的速度，对难度大、关键性的问题应放慢速度，反复推敲；对简明而次要的内容则加快速度，尽可能节省时间。在精读阶段，研究者要努力发挥自己的思考力和批判力，以尽快的速度对文献材料做出评论，从整体上进行把握。

4. 文献记录

经过文献浏览和文献精读之后，研究者应对那些有价值的文献的篇、章、节或段就应做好记录工作，以备后用。记录也称笔记，主要有以下三种形式。

1）提纲，即采用纲要的形式，按原文的层次将论点和基本的内容摘记下来。

2）摘录，即将需要直接引用的重要内容按原文一字不漏地抄写下来。值得提及的是，这部分内容在自己的论文或研究报告中引用篇幅比重不能很大。

3）摘要，即根据自己的理解，用"自己"的话将有关的内容和要点扼要记述下来。当然应切记它不是读者的感想和随笔，因此，它最好是"原话"的重新概要组合。如若受其启发，引发了个人的新观点、见解，要写下来，可做适当的标注，千万不要与原文摘要混淆。摘要是最普遍使用的方法，也是较难掌握的一种方法。通常，做摘要除了要写明参考文献的篇章标题之外，还应包括三部分：宗旨或假说、研究方法、结果或结论。研究者做摘要时或许用不着所有这三方面的信息，但是，由于并不知道将来需要什么和需要多少信息资料，最好的办法是将这些文献资料抄写下来，以备不时之需。

五、文献的鉴别

文献的鉴别是对文献资料进行鉴定、甄别的一个过程。文献资料的使用、研究，一定要以其真实、可靠为前提，必须对文献资料作适当的鉴别与"考证"。在通常情况下，我们可从以下方面鉴别文献资料。

1. 文献的可靠来源

文献的来源就是文献的出处。如果文献资料的出处具有权威性，或是出自国家统计局、政府官方法律、文件、报告，或是已被广泛公认，这样的资料都可认为是可靠的，如《学记》中的有关教育、教学原则、方法等；我国统计局公布的各行各业的有关统计数据；政府颁布的《教育法》等，这类文献都是可信的，可供人们使用。但如果文献出自各种不严肃的小报、游记、野史、随笔之类的东西，研究者就要进行认真鉴别，对那些可疑的，或很随便的文献资料不能轻易使用。

2. 文献的直接矛盾

文献资料可能出现的直接矛盾很多，主要可考查以下几方面：①从文献的文体、用词、形式、风格等方面寻找矛盾之处。每个阶段的文献都相应具有时代的特点，如果文献资料与当时历史特点相差较远，就不能轻信和使用。②从文献资料本身的内容、年月及地点方面寻找矛盾。如果发现有不实之处，就不加以使用。③从类似的文献材料中寻找矛盾。对比类似的材料，如果观点、说法一致，研究者可考虑使用，如果有矛盾则慎重鉴别。

3. 文献的间接印证

如果所选的文献有一些间接资料或事实作考证、论证或印证，那么就可信其为真，加以使用。但是，如果有书籍、报刊、杂志文章等说到该文献的不可靠性，或表示怀疑，这样的文献资料不能随便使用。

4. 文献的使用价值

考查文献资料的价值也有利于鉴别、使用文献。通常可从这样几方面去考查：①文献资料是否违反客观规律或其时代的科技水平；②文献资料是否与常情常理相违背；③文献资料的作者影响，其立场、观点、品行、风格等如何；④文献资料的出处是原始资料还是抄录传闻等。

六、文献综述的撰写

文献综述是对单个文献的阅读评析和内容分析的基础上的综合，亦称文献综合评述，它指在全面搜集有关文献资料的基础上，经过归纳整理、分析鉴别，对一定时期内某个学科或专题的研究成果和进展进行系统、全面的叙述和评论。[①]文献综述分为综合性的和专题性的两种形式。综合性的综述是针对某个学科或专业的，专题性的综述则是针对某个研究问题或研究方法、手段的。

文献综述给要研究的问题提供一个背景[②]。文献综述的作用是依据对过去和现在研究成果的深入分析，指出目前的水平、动态、应当解决的问题和未来的发展方向，提出自己的观点、意见和建议，并依据有关理论，研究条件和实际需要等对各种研究成果进行评述，为当前的研究提供基础或条件。一个成功的文献综述能够以其严密的分析评价和有根据的趋势预测，为新课题的确立提供了强有力的支持和论证。

文献综述具有内容浓缩化、集中化和系统化的特点，可以节省同行工作者阅读专业文献资料的时间和精力，帮助他们迅速地了解到有关专题的历史、进展、存在问题，做好科研定向工作。[③]

1. 文献综述的格式

文献综述的目的是向读者介绍与主题有关的详细资料、动态、进展、展望，以及对以上方面的评述。因此，文献综述的格式相对多样，但总的来说，一般都包含标题、前言、主题、总结和参考文献，撰写文献综述时可按这五部分拟写提纲。

（1）标题

标题是综述内容的高度浓缩和概括，应鲜明的静态主要问题，使人一目了然。

（2）前言

前言主要是说明写作的目的，介绍有关的概念、定义及综述的范围，扼要说明有关主题的现状或争论焦点，使读者对全文要叙述的问题有一个初步的了解。在综

---

① 侯怀银. 教育研究方法. 北京：高等教育出版社. 2009：85.
② 威廉·维尔斯玛，斯蒂芬·G. 于尔斯. 教育研究方法导论. 袁振国译. 北京：教育科学出版社，2010：80.
③ 侯怀银. 教育研究方法. 北京：高等教育出版社. 2009：86.

述的前言（或者导言、引言）部分要写清以下内容：说明写作的目的，定义综述主题、问题和研究领域；指出有关综述主题已发表文献的总体趋势，阐述有关概念的定义；规定综述的范围、包括专题涉及的学科范围和时间范围，必须声明引用文献起止的年份，解释、分析和比较文献，以及组织综述次序的准则；扼要说明有关问题的现况或争论焦点，引出所写综述的核心主题，这是广大读者最关心而又感兴趣的，也是写作综述的主线。

（3）主题

主题是综述的主体，其写法多样，没有固定的格式。可按年代顺序综述，也可按不同的问题进行综述，还可按不同的观点进行比较综述。不管用哪一种格式综述，都要将所搜集到的文献资料归纳、整理及分析比较，阐明有关主题的历史背景、现状和发展方向，以及对这些问题的评述，主题部分应特别注意代表性强、具有科学性和创造性的文献引用和评述。

（4）总结

总结与研究性论文的小结有些类似，将全文主题进行扼要总结，对所综述的主题最好能提出自己的见解。

（5）参考文献

参考文献虽然放在文末，但是文献综述的重要组成部分。因为它不仅表示对被引用文献作者的尊重及引用文献的依据，而且为读者深入探讨有关问题提供了文献查找线索。所以研究者应认真对待。参考文献的编排应条目清楚，查找方便，内容准确无误。

2. 文献综述的要求

（1）开门见山，直奔主题

文献综述避免大篇幅地讲述历史渊源和立题研究过程。

（2）言简意赅，亮出观点

文献综述不应过多叙述同行熟知的及教科书中的常识性内容，确有必要提及他人的研究成果和基本原理时，只需以参考引文的形式标出即可。在前言中提示研究对象和观点时，表述应明确，语言应简练。

（3）主题鲜明，突出重点

在作文献梳理的时候，要有重点，内容要紧扣文章标题，围绕标题介绍背景，用几句话概括即可；在提示所用的方法时，不要求写出方法、结果，不要展开讨论；虽可适当引用过去的文献内容，但不要长篇罗列，不能把前言写成该研究的历史发展；不要把前言写成文献小综述，更不要去重复说明那些教科书上已有，或本领域研究人员所共知的常识性内容。

（4）尊重科学，价值中立

不要在研究中过多掺杂个人感情色彩，评价本课题的价值要恰如其分、实事求是，用词要科学，对课题的创新性最好不要使用"本研究国内首创、首次报道""填补了国内空白"等自我评语。

（5）引经据典，讲究伦理

学术伦理是教育研究中最重要的要素，引用文献要忠实文献内容。文献综述有作者自己的评论分析，因此在撰写时应分清作者的观点和文献的内容，不能篡改文献的内容。

（6）参考文献，不要省略

参考文献反映了是一个人对研究现状的了解程度，有的科研论文将参考文献省略，是一种不尊重研究规范的表现。文献综述绝对不能省略，而且应是文中引用过的，能反映主题全貌的并且是作者直接阅读过的文献资料。当一份资料的信息被引证时，必须详细地列入参考文献，否则被视为学术不端。

3. 文献综述的写法

无论做课题还是写论文，文献综述必不可少，尤其是，对于综述性论文来说，文献综述更是占据了其绝大部分篇幅。显然，掌握文献综述的写法极为重要。到底怎样才能写好文献综述呢？下面介绍两种最基本的撰写方法[①]。

（1）先画框架再将文章逐篇填进

第一步：先粗略阅读相关文献（如只看文章摘要）数十篇，并根据其中最重要的数篇文献制订文章大致框架（一、二、三标题）。

第二步：由最重要的文献开始，一边仔细阅读，一边将重要内容记下，以框架插入相关内容。

第三步：反复调整各级标题下的相关内容，使之在结构上具有一定的逻辑性。

第四步：处理每一级标题，将其内容串联起来，并在此基础上写成段落。

第五步：不断修改文章，必要时，重新阅读部分文献，加插细节。

（2）先画框架再依框架结构找文章

这种方法是先写下文章的主要思路，使文章有一个研究的构架，在写每一环节时，旁引主要参考文献。

以上两种写作方法及步骤是极端的例子，我们常常混合不同的方法，具体采用哪种方法，应该依研究者对相应课题的熟悉度而定。

第三节　文献研究法在教育研究中的运用

文献作为记录有知识的一切载体，是记载、传承人类知识的重要手段与方式，是交流、传播研究成果的重要渠道与形式，因而对科学研究来说，它是其重要的基础；作为一种研究方法，它贯穿于科学研究的全过程。[②]正确认识并合理运用这种方法具有重要意义。

---

① 侯杰泰，邱炳武，常建芳. 心理与教育论文写作. 北京：中国人民大学出版社，2013：46.
② 杨骞. 文献法及其在论文写作中的应用. 中学数学教学参考，2000（6）：26-28.

一、运用文献研究法解决教育问题的基本程序

在教育研究中,作为针对研究问题的一种基本方法,文献研究法在解决教育问题的过程中一般包括文献检索、分类摘录、文献分析、研究结论、撰写文献综述五个过程。

第一阶段:文献检索,是指将文献按照一定方式集中组织和存储起来,并按照研究的需要查找出有关文献或文献中包含的信息内容的过程。

第二阶段:摘录信息,是指从检索出的文献中摘取并记录与调查课题有关的信息的过程。

第三阶段:文献分析,是指对文献中的某些特定内容进行分析和研究,来了解其中所反映的外在内容及其本质、规律,以及文献作者的思想、观点、研究方法,进而达到说明调查研究课题的目的。

第四阶段:研究结论,是指在对文献分析的基础上,总结本研究的论点,如本研究的基本观点、基本框架、已解决的问题、尚未解决的问题等。

第五阶段:撰写文献综述,是指将经过归纳整理、分析鉴别的研究资料,进行系统、全面的叙述和评论,以报告的形式呈现。文献综述是一种"过渡",撰写文献综述要始终围绕研究问题,才会过渡得好。[①]

二、文献研究法在解决教育问题中应用举例

在教育研究实践中,要做到理论与实践相结合并非易事。我们在此抛砖引玉,结合实例分析以说明文献研究法在教育研究中的具体应用,借研究者参考。

【案例一】研究课题——《数学教学原则的研究》[②]

按照文献研究法在解决教育问题的五大步骤:文献检索、分类摘录、文献分析、研究结论、撰写文献综述。"数学教学原则的研究"这一课题的文献法研究分为五个环节进行。

1. 检索文献

通过图书馆、档案馆、博物馆,社会、科学、教育事业单位或机构,学术会议、个人交往和计算机互联网,查找"数学教学原则"的相关文献。文献来源主要有以下几种。

1)由各种书籍或期刊直接查找原本。数学教育类的期刊国内有《数学教育学报》《中学数学教学参考》《数学通报》《数学教学》《数学通讯》《中学数学》《上海中学数学》《中学数学教学》《中学数学月刊》《中学数学研究》《数学教学研究》,等等;

[①] 威廉·维尔斯玛, 斯蒂芬·G. 于尔斯. 教育研究方法导论. 袁振国译. 北京:教育科学出版社, 2010:88.
[②] 本案例参考卞新荣. 用文献研究法研究数学教育原则和方法. 湖南教育, 2009(9):56-58.

国外有《美国数学月刊》、《数学教师》(美国)、《数学教育研究杂志》(美国)、《数学教学》(英国)、《学校数学》(英国)、《日本数学教育会志》(日本)、《数学教室》(日本)、《数学益智》(德国),等等。此外,一些教育类的期刊也会涉及数学学科的相关研究,也可以适当检索下列期刊:《教育研究》《中国教育学刊》《教育发展研究》《课程教材教法》《现代中小学教育》《学科教育》《上海教育科研》,等等。

2)由"复印资料"直接查找原文。目前,国内影响最大的"复印资料"属中国人民大学书报资料中心编辑出版的一套《复印报刊资料》。其中,文化教育类有17种,如《教育学》《中小学教育》《中学数学教与学》。这一套复印资料是从全国相关报刊中精选出来的,具有相当的代表性和权威性。

3)借助"文摘"。"文摘"一般是对原文的主要观点的高度概况,同时能提供原文的出处,所以这也是一种重要的收集文献的方式。中央教科所主办的《教育文摘周报》值得参考,还有上海市教委主办的《高等学校文科学报文摘》等。

4)借助于各种工具书或辞典。这类文献,一般容量比较大,较有权威性,同时能提供一些文献指南,如《中国大百科全书》《教育大辞典》《中学数学教师手册》等。

文献找到之后,将搜集到的文献积累保存。对于使用频率比较高,有收藏保存价值的文献,最好复印下来,以便反复阅读,并随时引用。文献搜集完全后,就进入第二阶段,对文献分类摘录并进行分析。

2. 分类摘录

将搜集到的相关文献按照一定的类别摘录,如"数学教学原则"这一课题可分类摘录如下。

1)苏联数学教育家奥加涅相提出科学性、教育性、直观性、自觉性和积极性、学生掌握知识的巩固性、教学的系统性和循序渐进性、教学的可接受性、在全班进行集体教学活动的条件下注意有区别对待等八条原则。

2)美籍匈牙利数学教育家波利亚提出主动学习、最佳动机、循序阶段等三条原则。

3)荷兰数学教育家弗赖登塔尔提出大众数学、重新发现数学、数学化、从现实中学习数学等四条原则。

4)十三院校协编组提出严谨性与量力性相结合、抽象与具体相结合、理论与实践相结合的三条原则,再版时,把理论与实践相结合改为理论与实际相结合的原则,又增加了巩固与发展相结合的原则。

5)数学教育家曹才瀚等提出目的性、准备性、技术性等三条原则。

6)数学教育家张奠宙等提出现实背景与形式模型相互统一、解题技巧与程序训练相结合、学生年龄特点与教学语言表达相适应等三条原则。

7)张楚延等提出具体与抽象结合、严谨与非严谨结合、形式与非形式结合、基础知识与实际应用结合等四条原则。

8)王鸿钧等提出逻辑的严谨性与认识的能动性相结合、具体与抽象相结合、理论与应用相结合、数量与质量相结合、数与形相结合、继承与发展相结合等六条原则。

9）杨弢亮提出启发学生学习的自觉性、感知与理解相结合、可接受性与高难度相结合、统一要求与因材施教相结合、循序渐进、巩固性、理论与实际相结合、科学性与思想性相结合等八条原则。

10）郭思乐等提出教书育人、自觉性、科学性、内容充实性与可接受性等四条原则。

11）刘坤等提出先进性、整体性、思想性、探索性、直观性、美育、注重基本功训练等七条原则。

12）余致甫等提出科学性、积极性、量力性、直观性、巩固性等五条原则，并根据数学的特点提出实施教学原则的三个结合，即严谨性与量力性相结合、抽象性与具体性相结合、理论性与实践性相结合。

13）王子兴提出注重数学思想方法、发展与创造、整体优化、抽象与具体相结合、严谨性与量力性相结合等五条原则。

14）田万海等提出具体与抽象相结合、归纳与演绎相结合、形与数相结合等三条原则。

15）陈重穆等提出我国义务教育阶段的教学三原则，即积极性原则、培养性原则和科学性原则。

3. 文献分析

对1）至15）逐条剖析，即以教育学、心理学原理审视其内容基石；以一般教育教学原则检验其内容机理；以辩证法原理剖其内涵，析其外延，考究其科学性、适用性和发展性。这里对1）至15）侧重几个进行评析。

对于1），它注重学生学习积极性的发挥，突出数学教学的直观性。从其条文而言，这些原则适合于任何学科，没有体现数学教学的特征，原则之间相互包容严重。

对于2），它把学生摆在教学的主体地位上，十分重视学生的活动，但数学学科特点体现不充分。

对于3），它强调把"教"转换为"学"，把教师活动转换为学生活动，凸显了学生创造性地学习数学，对其数学教育界认同比较广泛。

对于4），它传承国外数学教学原则，结合当时国情而提出，确定有其力度和效度。但是，这个体系也有值得商榷的问题，如提出的四条特殊要求中，虽然具体阐述时结合了数学的一些特点，但是就条文的字面意义而言，后两条太一般化，对任何一门科学的教学都适用。而"严谨性与量力性相结合"比起后两条，尽管体现了数学学科教学的特色，但仍不十分鲜明；另外，"严谨"与"量力"作为对立统一的两个方面似乎不太确切。

对于5），它在结构上比4）有进一步，不仅层次更加清晰，而且在"技术性原则"中涤除了不具特性的"理论与实际相结合""巩固与发展相结合"两条原则。作为数学教学特殊反映的具体原则尚待进一步研究。

对于6），它数学教学过程中的一些重要的操作得到了凸显。如第一条原则是从现实与数学的关系出发，结合数学教学的形式、方法而提出；解题教学是数学教学的重要部分，解题训练是提高学生数学素养的主要途径，把解题的技巧、训练的方法作为一条数学教学原则提出来，这尚是首次。

对于 7），它重视一般教学论原则对数学教学的指导，四条特殊原则吸收了近年来数学教学科研和实践的新成果，把一些新颖观点纳入其中，有较浓的数学品味。

对于 15），它注重了数学教学中人的能动性与教学内部机制的协调，如把教师和学生的积极性作为一条原则，充分重视了人的主观能动性的作用；其中，培养性原则是把数学素养的培养与非智力因素培养相结合，体现了现代数学教学的知情统一的要求。

4. 研究结论

对上述 15 个数学教学原则体系由表及里、由此及彼的分析获得了下面几点认识。

1）上述诸数学教学原则体系的提出，有的根据心理学，有的根据认识论，有的根据学校工作体系；有的着眼于知识，有的着眼于能力，有的着眼于教，有的着眼于学。各有侧重，各有千秋。

2）数学教学原则是动态的、发展的，它同数学教育的目的、教学方法、学生的认知水平、社会发展、数学教学技术、数学科学的发展等紧密联系。因此，不同的社会历史发展阶段，数学教学原则必然发生变化。

3）建构数学教学原则体系的依据是科学的一般教学原则和数学学科教学的特殊规律。建构数学教学原则的标准是其体系的科学性和反映数学教学的特殊性。由此可见，我们要在认真研究一般教学论原则的基础上，对数学的内容、思想和方法进行科学的分析，对学生学习数学的心理和思维特征进行全面的研究，找出数学教学的本质规律，运用系统论、信息论、控制论原理制定服务于数学教学的原则。

5. 撰写文献综述

将上述四个环节的内容组合于一体，就形成了数学教学原则文献研究法的研究报告。按照前言、主题、总结、参考文献四个部分将上述内容整合为一体，有述有评，有理有据。撰写文献综述的方法及要点上节内容中已有论述。

【案例二】研究课题——《数学教学方法的研究》[①]

数学教学方法是为实现既定的数学教学目标，在数学教学过程中师生共同活动时所采用的一系列办法和措施。

数学教学方法的文献法研究也分为五个环节。

1. 检索文献

通过图书馆、学术会议、计算机互联网等途径查找"数学教学方法"这一课题的相关文献。相关书籍、期刊、复印资料、文摘的检索在"案例 1. 研究课题——《数学教学原则的研究》"中已论述，在此便不详述。

2. 分类摘录

通过检阅文献，得到在国内外有影响的"数学教学方法"材料，分类摘录如下。

1）程序教学法（斯金纳与 20 世纪 50 年代提出）。其教学过程是教师根据教材的内容和要求编出程序教材，上课时学生人手一套程序教材（包括答案），以自学为主，学生按编写的程序，边看教材，边做练习，边对照答案，遇到困难时，由教

---

① 本案例参考卞新荣. 用文献研究法研究数学教育原则和方法. 湖南教育，2009（9）：56-58.

师作个别辅导，当有较多的学生出现共同问题时，教师做短时间的集体辅导，以扫除自学中的障碍，教学程序设计按照四个原则进行：小步子原则、操作反应原则、及时反馈原则、自定步调原则。

2）发现法（布鲁纳于20世纪50年代末所倡导）。其操作步骤是：设疑和思考、阅读和观察、分析和议论、综合和发展。

3）纲要信号法（沙塔洛夫于20世纪60年代提出）。它分为三个阶段展开教学：信息输出、信息接收、信息反馈。"纲要信号"图表，是一种由字母、单词、数学或其他"信号"组成的直观性很强的数学辅导工具，利用他形象直观、简明扼要、提纲挈领地把学生所需要掌握的最重要的知识表现出来，这也是信息输出阶段的主要内容。

4）自学辅导法（中国科学院卢仲衡教授于1965年设计提出）。它是学生在教师的指导和辅导下，进行自学、自练和自改作业，获得书本知识，发展能力（特别是自学能力）的一种教学方法。

5）尝试指导·效果回授法（上海青浦顾泠沅教改实验小组于1977—1987年在实验的基础上提出）。"尝试指导、效果回授"八个字具体包括下列内容：A.启发诱导、创设问题情境；B.探求知识的尝试；C.归纳结论、归入知识系统；D.变式练习的尝试；E.回授尝试效果；F.单元教学效果的回授调节。

6）启研法（广州市一中谢国生老师于1977年提出）。它是教师启发诱导，学生研究探索，最后总结提高的一种教学方法。

7）六课型单元教学法（湖北大学黎世法教授于1980年左右提出的）。它是通过对一万多名学生学习情况进行全面、认真地调查研究，从中总结出中学生学习书本知识的八个环节：制定计划—课前自学—专心上课—及时复习—独立作业—解决疑难—系统小结—课外学习；十条心理规律：内因律、基础律、理解律、运用律、改错律、结合律、精学律、智能律、脑效律、勤奋律；六个因素：自学—启发—复习—作用—改错—小结；提出了完成每一个单元的六种课型：自学课—启发课—复习课—作业课—改错课—小结课的一种教学方法。

8）八字教学法（上海育才中学1980年左右提出），即"读读、议议、练练、讲讲"教学法。这种方法的基本精神是变"授"为"学"，教会学生思考，充分调动学生的主动性和积极性，让学生成为学习的主人。在教学的全过程中，教师都要指导读练，扫除障碍，检查效果，开阔思路，鉴别正误，发挥主导作用。

9）导学单元教学法（吉林教育学院王国珍老师等于1984年提出）。此法是以某知识单元教学为载体，遵循认识论原理"实践—认识—再实践—再认识"而设计的。其具体实施程序是：导学→精讲→训练→总结。

10）三主学习教学法（数学新课程组于2003年提出），即教师组织学生自主学习、合作学习、探究学习的教学方法。自主学习是在主动、独立、元认知监控学习性能支持下的学生自己主宰自己的学习方式；合作学习是遵循交往教学论、合作教育学、群体动力理论的一种以个体或群体之间相互合作为展开形式的学习方式；探究学习是以发现学习理论、建构主义学习理论为理论依据的学生像科学家一样去探索、发现、解决问题的学习方式。学生在此过程中获取知识、发展技能、培养能力，特别是创造性思维能力，同时受到科学方法、精神、价值观的教育，并发展自己的个性。三主学习教学法需要教师剖析数学教学内容特征的基础上，因"材"施"案"，精心设计教学进程，方才达之理想的教学效果。

3. 文献分析

对上述1）~10）的数学教学方法剖其个性，析其共性，我们得到下面的几点认识。

1）事实上，数学教学方法的种类极其繁多，彼此歧异，乃至相互重叠。但无论过去还是现在，每种教学方法都有其优越性和局限性，都具有二重性，它们都是在某种范围内由于对其性能的需要和在一定的运用条件下而产生的。每一种教学方法一经创造出来，就有其相对的独立性和稳定性。

2）从系统方法论来看，数学教学方法是由许多教学方式和手段构成的，但又不是各种方式和手段的简单结合。它的表达方式和手段是灵活多样的。就其整个体系来说，它是与哲学体系、教育思想有联系的；就其具体的方式和手段来说，又相对独立于哲学体系和教育思想，具有比较普遍的客观的性质。

3）1）~10）的数学教学方法都是广大教育工作者长期不懈地探索的成果。这些教学方法的共同之处是启发式的教学思想贯穿于教学过程的各个阶段，成为教学的一条指导原则，但在具体做法上，个别教学法是从教学的组织形式来考虑的，例如，纲要信号法是根据知识的内部联系，绘制成提纲挈领的图表进行教学；单元教学法的基本思想是从一个知识单元的整体出发来把握教材，组织教与学；程序教学法、自学辅导法不但包括了教学方法，而且包括了教材的处理；引导探索法、启研法、读读·议议·讲讲·练练法则是从教学过程的结构来命名的；三主学习教学法是从时代对人才学习要求而提出来的。可见这些教学方法又各具特色。

4. 研究结论

纵观以上各种教学方法，都是着重在于使学生动脑思考问题和解决问题，把教学过程看作一种以学生为主体的探索与思考过程。

5. 撰写文献综述

将上述四个环节的内容组合于一体，就形成了数学教学方法文献研究法的文献综述。按照前言、主题、总结、参考文献四个部分将上述内容整合为一体，注意在文献综述中要做到有述有评，有理有据，在他人研究成果的基础上提出自己的观点与研究结论。

思考题：

1. 文献研究法在教育研究中有什么作用？
2. 什么是文献？
3. 文献检索的方法与渠道有哪些？
4. 文献检索的一般步骤是什么？
5. 如何撰写文献综述报告？

第四章 教育观察法

观察法不仅是教育研究领域经常运用的一种方法,而且是教师经常用来观察课堂的方法。教师理应掌握这种基本的研究方法。本章将在阐述教育观察法基本概念之基础上,对教育观察的类型及几类具体观察方法加以阐释。

第一节 教育观察法概述

观察法是人文社会科学领域经常运用的方法之一。本节将着重阐述教育观察法的概念与特点，以及教育观察法相比其他方法来说所具有的优势与局限。

一、教育观察法的概念

从词源学来讲，观察一词最早出现于《周礼·地官司徒第二》，"司谏，掌纠万民之德而劝之朋友。正其行，而强之道艺，巡问而观察之……"观，即运用感觉器官获取观察对象的信息，如用眼睛看，用耳朵听；察，是指仔细、用心地看和听。观是一种纯粹的或一般的感官行为，而察是一种伴随有思维判断等认识活动的感官行为。"观"与"察"合起来即仔细查看事物或某种现象的一种行为，从心理学的角度就是指一种有目的、有计划、持久的知觉活动。观察这种活动在人类社会的现实生活中可以说无处不在，是日常生活中最普遍的行为。去电影院看电影、剧院看演出、到公园游览、出门时看天气等，都属于观察行为。研究表明，尽管观察的目的性、持久性及概括性等是通过不断的、反复的观察活动逐渐得到提高的，但是，人类个体在成长的过程中，很早就学会了观察。阿格诺索瓦的实验研究表明，3~4周岁幼儿持续观察图画的平均时间为7.60秒，到6岁的时候就达到了12.50秒。[①]不过，这些观察行为都属于日常生活观察，而不是科学观察。这里准备讨论的观察法不是指的日常生活观察，而是科学观察。

观察法是指研究者运用自己的感觉器官和借助某些辅助工具，对在自然条件下发生的自然现象和社会现象进行有目的、有计划的系统考察，以获得经验事实的一种研究方法。运用于教育研究之中的教育观察法则是指研究者运用自己的感觉器官和借助某些辅助工具，对在自然条件下发生的教育现象进行有目的、有计划的系统考察，从而获得教育经验事实的一种研究方法。

教育观察法是教育研究中经常使用的方法，教育观察对扩大人们的感性认识，积累丰富的第一手材料，启发人们的思维等具有重要的作用。教育领域中许多做出过伟大贡献的人，都与他们长期善于观察教育对象有关。例如，苏联科学院通讯院士、当代著名作家苏霍姆林斯基，1918年出生于乌克兰一个农民家庭，17岁开始担任小学教师，曾函授毕业于波尔塔瓦师范学院语言文学系。之后，他担任过中学语文教师、教导主任、校长、区教育局局长，26岁辞去局长职务，到中学任教。

---

① 汪乃铭，钱峰. 学前心理学. 上海：复旦大学出版社，2006：28.

自 29 岁起到 1970 年去世，他一直担任帕夫雷什中学校长，在这所学校工作时间长达 23 年。他与学生生活在一起，对学生了如指掌。他长期观察的学生多达三千余人，而且每天记录观察情况。因为观察，他能指名道姓地说出 178 名"最难教育的学生"。因为观察研究，他一生撰写了《帕夫雷什中学》《把整个心灵献给孩子》《给教师的 100 条建议》等 41 本专著和小册子，发表了 600 多篇科学论文。

二、教育观察法的特点

应用教育观察法观察教育现象是一种科学观察活动，一般具有以下特征。

（一）观察的目的性

教育观察与一般观众或看客偶然地、随机地、无意识地看到、感觉到或听到某种教育现象不同。它是研究者根据研究的需要，为解决某一教育问题而进行的，是带着一定的目的与任务而进行的观察。在这里，观察的目的是预先确定的，产生于观察活动之前，对接下来的观察活动起着指导作用。尽管日常生活观察也有一定的目的性，比如，在出门之前观察天气情况，目的是确定需不需要带雨伞，但是这样的目的仅仅是获得某种简单的信息，从而便于安排个人的日常活动。而教育观察是为了解决教育实践或教育理论中存在的具有一定研究价值的问题。

（二）观察的计划性

教育观察是一种有计划的观察活动。在具体实施观察活动之前，研究者对由谁来执行观察活动，观察的时间、地点、对象、顺序、过程、路线、记录方式与表格、所需要的仪器，以及观察的重点、难点、疑点等都必须有事先的计划、安排及准备。只有这样，才能提高观察的效率与质量，增强所获取资料的可靠性与准确性。

（三）观察的系统性

教育现象复杂多样，要想得到对它的正确、全面的认识，在教育观察的时候就必须尽可能全面、系统地对它进行缜密的观察。各项观察的目标不是单一的、孤立的，而是相互联系的。观察的内容不仅仅限于一人、一时、一事，而是全面的，系统的。观察所得的资料、数据应该是系统的、完备的，而不应当是零散的、杂乱的。在制定观察方案的时候，研究者要在明确观察目的与任务、深入了解观察对象的基础上，进行系统的精心设计，保证观察的系统性。

（四）观察的选择性

教育观察作为一种有目的、有计划的观察研究，必然有明确的观察任务、清晰的观察目标，而不会是将作用于我们感觉器官的任何对象都作为我们的观察对象。而且，观察的时间、精力都是有限的，为了提高观察的效率与质量，研究者必然会根据观察的目的与任务，去选择典型的观察对象。

三、教育观察法的优势

相比其他研究方法而言，教育观察法具有如下优势（优点）。

（一）过程的直接性

观察者主要是通过自身的肉体器官直接作用于观察对象，即主要是通过眼看、鼻闻、耳听、口尝及手摸有等直接感知和体验，从而获得关于观察对象的各种信息，而且这些信息的记录是在事件发生的过程中就被记录了下来，因此排除了语言交流中和人际交往中信息的失真现象。这也要求观察者在做观察记录的时候，如果不可能伴随事件的进程同时记录，观察者应当在对事件还保有新鲜记忆的时候尽快地做出记录，这样才能最大限度地减少回忆带来的歪曲与偏见。同时，为了保证观察记录的可靠性，在做观察记录的时候，观察者应该尽可能采用多种手段进行记录。除文字记录之外，观察者可以同时采用录音、录像、摄影等手段。

（二）情景的自然性

在教育观察的过程中，观察者是根据观察的目的与任务，按照事先设计好的观察计划直接观察被观察者，不需要对被观察者发出任何指令、要求与信息，更不应该采取任何有可能改变被观察者真实、自然行为的干扰与控制措施。也就是说，教育观察法中所观察到的现象是在一种自然环境中的现象，观察的是被观察者在日常现实生活、学习活动中的真实的、典型的和一般的现象，更少反应性，从而使所获得信息的可靠性高。

（三）操作的便利性

教育观察法一般不需要十分复杂的研究仪器与设备，观察者只需对处于一定活动状态的被观察者进行观察，获取有关被观察者的第一手资料，然后加以整理、分析即可实现观察的目的、完成观察的任务。同时，观察者、被观察者可多可少，观察者只有一个人也可以实施。被观察者也可以是一个群体，也可以是一个个体。观察时间可长可短，观察范围可大可小，因此，其操作简单、方便，便于实施。

（四）纵贯分析

教育观察是在一种很自然的状态下进行的，对被观察对象的活动不会产生影响或影响很小，所以同其他研究方法相比，能对研究对象进行更长时间的观察，可以长期地对研究对象进行观察，从而获得比较可靠的第一手资料。因此，观察者能有充分的时间对行为的趋势或事件发生的可能方向进行系统的、深入的、持久的考察研究，从而使在大量的行为和事件中区分出偶然事件和平常事件成为可能。这样就有利于我们对相关的行为与现象进行深入、系统的分析，加深对他们的认识。

四、教育观察法的局限性

教育观察法也有一定的局限性（缺点）。其主要表现有资料的表面性、资料难以量化、观察对象少、范围小及观察活动控制性差等。

（一）资料的表面性

在实施观察活动的过程中，研究者不能控制或影响研究对象，常常是只能被动地等待所期望观察现象的出现，同时能观察到的现象一般都是一些外显的语言、行为或表情。这些语言、行为或表情是否真实地反映了观察对象的心理活动，或者说能在什么样的程度上反映观察对象的真实想法，都是很难确定的。因此，通过观察过获得的资料可能带有一定片面性、偶然性，也就是"眼见并不一定为实"。据《吕氏春秋》记载，孔子在周游列国的时候，在途中穷困潦倒，7天没有吃饭。他的学生颜回出去弄回了一点米，给他煮饭吃。等到饭快要煮熟的时候，孔子看见颜回从锅里抓起一把饭吃了，孔子假装没有看见。一会儿饭煮熟后，颜回把饭端给孔子吃。孔子站起来说，今天他梦见死去的父亲，饭是干净的话，他就用此饭来祭奠父亲。颜回赶紧说，不行，他刚才见有烟灰掉进锅里，觉得扔掉可惜，就把它抓起来吃了，这饭不干净了。孔子听了感叹地说，他所相信的是眼睛呀，可是眼睛也不是完全可以信赖的，他所依靠的是心呀，可是心也还不是完全依靠的，弟子们要记住：认识了解一个人真是不容易呀！这个例子说明，观察法所获得的资料虽然具有可靠性，但有时具有表面性、片面性和偶然性。教育研究中对德育现象进行观察研究的时候应特别注意这一点。

（二）资料难以量化

大多数通过教育观察法所获得的资料都是非数量表示的语言文字资料，这类资料很难进行量化分析。虽然有些观察尤其是结构性观察研究常常可以通过设计观察表获得一定程度的量化资料，但这样的数量表示一般只能限于经常性和百分比。例如，观察者可以计算在一定时间内师幼互动的次数、频率，可以计算教师在课堂教学中提问的次数。但相对于调查研究者，观察研究者更倾向于获得非数量型资料，更倾向于寻求一种带有情感性的资料，与被观察者建立一种人与人之间的关系。观察研究者更喜欢进行情感的主观分析，不太关注通过量表所获得的各种数据资料。他们认为这些资料是缺乏人性的，是伪科学的。

（三）观察对象少、范围小

受感觉器官及观察仪器的局限，观察的范围不可能过大，观察的对象不可能太多。教育观察法一般仅适用于小样本的研究。当研究对象数量多，或者研究对象较为分散的情况下，教育观察法就难以实施。从理论上讲，只要有足够多的观察人员，观察的对象就可以有足够多，观察的范围就可以足够大。可是，由于观察活动一般进行得比较深入，获得的资料常常是难以数量化的主观性的文字资料，观察人员越多，观察的信度就越难以保证；同时，如果观察研究时间太长，投入的观察人员又多，那么研究信度的问题也会复杂化。这也意味着每一位观察人员必须进行长时间的观察。因此，这样的观察研究活动就成为一件既费时间又花成本的事。

（四）观察活动控制性差

为了获得真实可靠的资料，教育观察所观察的是发生在自然情景中的现象，对观察的对象不适宜运用某些手段加以干预与控制。因此，观察者很难把握影响观察对象发生各种变化的内在因素和外部条件，难以确定所观察现象的因果关系。观察所得到的资料一般只能说明"有什么"与"是什么"，而难以解释"为什么"，从而影响研究的信度。另外，对于某些带有一定偶然性的希望观察到的现象，如学生的违纪行为、不礼貌行为等，就不得不花大量的时间被动地等待它们的出现。

第二节　教育观察法的类型

教育观察法种类繁多，根据不同的分类标准可以做出不同的分类。一般从以下几个角度对教育观察法进行分类。

一、参与观察法与非参与观察法

根据观察者在观察活动中所扮演角色的不同，教育观察的方法可以分为参与观察法与非参与观察法。

参与观察法就是指观察者参与被观察的客体中，在被观察者中充当一定的角色，参与被观察者的活动，使被观察者把他当作他们中的一员，并以相应的态度对待他，观察者利用这种有利的条件，一边参与被观察者的活动，一边观察被观察者的活动，从而掌握有价值的资料的一种观察方法。根据被观察者对观察者身份的识别程度,参与观察法可以进一步划分为完全参与观察法和不完全参与观察法。

完全参与观察法就是观察者在不暴露自己作为研究者的真实身份的前提下,完全参与被观察者的活动之中,在参与活动的同时获得所需要的观察资料的一种方法。在这个过程中,被观察者对观察者研究者的身份是完全不知晓的。

不完全参与观察法就是观察者虽然完全参与被观察者的活动之中,但是,观察者作为研究者的身份对被观察者来说是已知的,观察者在被观察者的活动中处于一种"半客半主"的状态,通过这样的观察活动获得所需资料的一种方法就是不完全参与观察法。不完全参与观察法既有利于对所观察活动的深入理解,又因保持了作为研究者的相对独立的地位,从而有利于观察活动记录的及时性、准确性与客观性。

参与观察法追求的是发现、接近或揭示日常生活意义的理解,它将确定日常生活的意义放在首位。因此,并非所有的活动都适合于使用参与观察法获取资料。美国学者乔金森认为,参与观察法特别适合运用于这样一些学术问题。[①]

人们知之甚少的现象(新进形成的群体或运动、情感作用、基督教原教旨主义的学校、人类的即兴行为)。

局内人(insiders)和局外人(outsiders)的观点存在着严重分歧(族群;工会;管理部分;亚文化,如神秘主义者、扑克游戏者、裸体沙滩成员;甚至一些职业人士,如内科医生、部长大臣、新闻播音员或科学家等)。

在局外人看来模糊不清的现象(私密的互动及小群体,如身体和精神的疾病、青少年性行为、家庭生活或宗教仪式)。

不为公众所知的现象(犯罪与越轨;秘密群体和组织,如吸毒者和贩毒者、神秘偏执的宗教)。

非参与观察法又可以称为局外观察法,是指观察者不加入被观察者的活动,完全以一个局外人或旁观者的身份进行观察。在非参与观察法中,观察者可以有与被观察者保持一定的距离,从不同的角度、不同的方面进行观察,因此,观察者更容易站在比较公正、客观的立场上,对被观察者进行比较客观的观察,而且,不会对被观察者的活动产生影响,能保证观察的自然性。比如,教育事件中经常运用的听课就是一种非参与观察。当然,由于观察者没有参与被观察者的活动,所观察到的可能只是一些表面的、甚至是偶然的现象。而且在观察过程中,观察者产生某种疑问的时候,也难以及时与被观察者进行交流。

二、结构观察法与无结构观察法

根据在实施观察前是否将准备观察的内容设计成有一定结构的观察项目和要求,教育观察法可以分为结构观察法与无结构观察法。

结构观察法是指在实施观察之前首先设计好详细、具体的观察内容与项目,制定观察记录表,并在观察过程中严格按照观察记录表对每一个被观察者进行观察与

---

① 乔金森. 参与观察法. 龙筱红,张小山译. 重庆:重庆大学出版社.2009:2.

记录以获取资料的一种观察方法。因为需要设计详细、具体的观察项目，所以结构观察法适合这样的现象观察：在观察之前，观察者就对准备观察的现象或行为包括它们的各种表现形式比较了解，对具体的观察内容、观察范围比较清楚，并且能对所要观察的现象或行为进行合理、有效、详细、周密的分类。结构观察能收集较大样本的便于量化的资料。但是，结构观察要求在实施观察的过程中不要任意更改事前设计好的步骤、观察项目。因此，结构观察缺乏必要的弹性，而且比较费时。

无结构观察是指在观察活动实施之前观察者对观察的目的与要求只有一个总的设想，对准备观察的内容与范围也缺乏明确的认识，没有详细的观察项目设计，也没有具体的观察记录表，而是在实施观察活动的过程中根据当时的具体情况灵活地选择观察的内容。因此，与结构观察相比，它更灵活、更简便、更易于实行无结构观察所获取的资料比较零散，难以进行定量分析，无法进行比较严格的对比研究。

三、直接观察法与间接观察法

根据观察时是否借助有关的仪器设备，教育观察法可以分为直接观察法与间接观察法。

直接观察法就是指在观察的时候不借助任何仪器设备，而只是直接运用观察者的感觉器官观察被观察者活动的方法。这种观察方法的优点在于观察者能方便地获得直接、具体而且真实的第一手资料。观察者在观察的过程中，能根据观察的目的任务、观察活动中的具体情况，灵活及时地调整观察的内容，及时抓住一些事先未曾预料到的重要细节。当然，这种观察方法是通过人的感官直接进行的，而人的感觉器官是有局限的（主要是指人的感官的灵敏度、人的注意与短时记忆的广度，以及视听距离），因而对观察的实施，尤其是观察的实际效果具有明显的制约作用。

间接观察法就是指观察者借助一定的仪器设备观察被观察者获得的一种方法。常用的可供观察使用的仪器设备有单向观察屏（又称单向镜）、照相机、摄影机、录音机等。这些仪器设备的使用能在很大程度上克服人的感觉器官的局限性，扩大观察的范围，提高观察及记录的准确性、及时性。同时，因为借助仪器设备可以突破人的视听距离的限制，所以可以从更远的距离观察被观察者的行为，就可以避免因距离被观察者过近而对被观察者产生的干扰。例如，借助录音机可以记录下观察现场讲话人员所有的话，借助摄像机可以记录下更大场面的信息获得，借助单向镜可以对被观察者进行从容的观察而不担心被发现。

四、全面观察法与抽样观察法

根据观察对象的范围与广度，教育观察法可以分为全面观察法与抽样观察法。

全面观察法是指通过对一定场景中出现的各种现象与行为都进行观察与记录以获取研究资料的一种研究方法。全面观察法所涉及的观察范围较广，比较容易把握各种现象之间的联系。它涉及的范围广，而观察者的视野是有限的。因此，实施起来比较困难，要求观察者有比较高的观察经验与能力。

抽样观察是指在实施观察之前，首先对观察现象的场景、人物、时间、活动等因素根据观察的目的、任务，按照一定的标准进行抽样，然后再对样本进行观察，从而获得研究资料的一种方法。抽样观察通过抽样，缩小观察的范围，使得观察的对象变少，便于深入、细致地观察，操作更为容易。抽样观察是通过所抽样样本的情况来代表整个样本的情况，因此，样本的代表性是取得高质量观察效果的关键。

五、定期观察法与追踪观察法

根据观察时间安排的不同，教育观察法可以分为定期观察法与追踪观察法。

定期观察法是指按照一定的时间间隔对被观察者进行观察从而获取研究资料的一种方法。定期观察的时间安排是非连续性的，一般根据观察目的、任务的不同，每间隔一定的时间对被观察者进行一次观察。这种观察法一般适合了解被观察者在某一特定时间段内发生的现象。

追踪观察法是指通过对某个被观察对象或某种被观察现象进行较长时期的连续的观察，从而获得研究资料的一种方法。追踪观察能长期地针对某一被观察对象或现象进行观察，因而能比较全面、详细地了解被观察的对象，能获得有关被观察对象的详细、系统的、发展性资料。

六、自然观察法与控制观察法

根据被观察者所处实际情景的特点，教育观察法可以分为自然观察法与控制观察法。

自然观察法就是被观察者处于完全自然状态的条件下，观察者对被观察者的行为不进行任何的暗示与控制，自然而然地观察被观察者的行为而获取研究资料的一种研究方法。在自然观察法中，被观察者一般不知道自己正处于被观察状态，因为当被观察者知道自己正处于被观察之中，就很难观察到被观察者在完全自然状态下的真实行为。例如，平常的一般性的听课活动就可以算是一种自然观察，如果被听课的教师与学生知道自己正被听课，教师的课堂教学行为与学生的课堂表现就会与平常不一样。因此，为了能观察到真实的课堂行为，听课者常常并不事先通知有关的教师与学生，并已采取提前进入课堂，并坐在不容易被教师与学生注意又便于观察的位置等方式减少对观察对象的影响。

控制观察法是指使被观察者处于经过一定程度控制，即一定程度人为设计的环境中，然后再观察被观察者的行为而获取资料的一种研究方法。控制观察中的被观察者对于自己是否正处于被观察状态有可能是明白的,也有可能是不清楚的。控制观察法常用于观察在自然观察法中难以观察到的行为,观察者所想观察的行为不可能是随时随地会发生的,这时候,观察者常常借助一定的外界刺激来诱发被观察者发生观察者所希望产生的行为。教育实验研究中的观察就是一种控制观察。

第三节　教育观察的常用方法

教育观察研究中,常用的观察方法主要有描述记录法、取样记录法和核对清单法。

一、描述记录法

描述记录法就是通过对被观察对象的行为或活动发生的时间、发生发展过程进行详细描述而进行记载的一种方法,具体又可以分为实况详录法、日记描述法和轶事记录法三种。

(一) 实况详录法

实况详录法就是指在一定的时段内,连续地、详尽地对被观察对象的所有表现或活动进行记录从而进行研究的一种方法。实况详录法通过记录被观察对象一切行为或活动的所有细节,获得对这些行为或活动的详细的、客观的描述。其目的是尽量完整、客观、长久保留地对所发生的行为或活动进行描述性的记录。在记录的过程中,记录人员要无选择地记录下所有的细节,包括背景资料,而且要尽量客观,不必进行主观推断、解释及评价。其优点在于能够提供详细的有关被观察对象行为或活动,以及发生时的环境背景等资料,从而为日后地多角度、多层面分析打下良好的基础。其不足在于记录技术要求高,传统的手工记录容易顾此失彼,需要花费较多的时间和人力记录与处理资料。如 B·德斯拉于 1895 年 1 月 19 日对他 13 个月零 19 天的孩子进行了连续 4 个小时的观察[①]。下面这段是他这次观察活动记录的一部分。

他把刚拣起的一只瓶子扔下去,模仿妈妈的样子说:"坏孩子!"又拣起那只瓶子,坐下来,啃它。然后,右手拿着瓶子爬到左边,向左转,往回走。走回他丢下的另一只瓶子那里。他试着把一个瓶盖盖在瓶子上。之后,他爬到钢琴罩子下面,用瓶子敲打钢琴。他被拉开,驯服地接受惩罚。他又躺下来吃东西,站起来,走了

---

① 转引自:张燕,邢利娅. 学前教育科学研究方法. 北京:北京师范大学出版社,1999:78.

几步,又向左转,走了几步到钢琴前,往钢琴罩子下爬,又从罩子下钻出来。他拿起娃娃,弄得它哇哇叫,又扔下娃娃,去拿软木塞和锡盒,再次试图把它们装在一起,一边摆弄一边自言自语地咕噜着什么。他站起来,用右手玩钢琴,坐下,起来,又坐下……

(二)日记描述法

日记描述法简称日记法,是指对同一个或同一组被观察对象进行长期跟踪与反复观察,以日记的形式描述性地记录下被观察对象的行为表现从而进行研究的一种方法。在教育研究领域较早使用日记描述法研究儿童的是瑞士教育家裴斯泰洛齐。他采用日记描述法跟踪观察其子3年,在此基础上写成《一个父亲的日记》一书,并于1774年出版。德国心理学家普莱尔也采用此方法对自己的孩子从出生到三岁的发展过程进行了长期观察,写成儿童心理学名著《儿童心理》。我国著名幼儿教育专家陈鹤琴采用日记的方式对其子陈一鸣进行了808天的观察与记录,写成《儿童心理之研究》一书。日记描述法常常这样记录被观察对象的行为与活动。[1]

第一月

第一星期

第一天……

第二星期

第八天(18)晚上吸乳后,用指触他的上下唇,他眼睛闭着微笑了几次。

(19)眼睛闭着微笑了几次。

第九天(20)脐带脱了,脐很大的。

第十三天(21)用胶皮粘在他的耳垂上,后来揭开的时候,他感觉痛了,哭得很厉害。

第十四天(22)睡着的时候,他自己脸上现了笑、哭、皱眉、皱唇,种种的样子。

(23)用指触他的上唇,他的鼻眼,都向下皱,触他的下唇,他的鼻眼,向上皱。

(24)他的眼睛能随意转动。

(25)大便带绿色是颗粒状的,比较从前干燥一些,不像从前的稀薄。

第四星期……

日记描述法通过长期不间断的记录,可以掌握被观察对象的发展过程,了解被观察对象的发展顺序、行为与活动的连续性。而且日记描述法记录简便,易于实施。但是日记描述法的资料是来自个体,因此难以通过分析得出一般性的结论,而且难以克服观察者的主观倾向性。

---

[1] 陈鹤琴. 大学丛书:儿童心理之研究(上卷). 上海:上海商务印书馆. 1925:55-56.

（三）轶事记录法

轶事记录法又称为记事法，是指观察者在实施观察的过程中，以记事为主，对事件或行为从发生到结束的全过程按照其发生发展的顺序进行连续、详细的记录的方法。轶事记录法与实况详录法的不同之处在于实况详录法所记载的事件或现象一般是事先确定好的，而轶事记录法所记载的一般是在平常的观察过程中，观察者认为有价值、有意义的、有某种典型性的事件或现象。它与日记描述法的不同之处在于日记描述法的目的性更明确、系统性更强、连续性更高。轶事记录法可以是有主题的，也可能是没有主题的，它不受时间的限制，不需要特殊的情景，不需要遵循严格的步骤，因此，简单易行。轶事记录法更像一种日常观察的记录方法，它在观察记录的时候并没有明确的目的，更多的是积累资料，为日后的研究打下基础。在运用轶事记录法进行观察记录的时候，观察者一定要客观、真实地记录。但由于在确定这些事件或现象的时候本身就带有了观察者的主观价值判断，这种观察记录资料的主观性是不可避免的。下面这段记录摘自巴克尔于20世纪40年代所做的一段记录。[①]

人物：玛格丽特·雷特（中西部人，女，社会阶层4，年龄4岁）
事件：玛格丽特打布莱德雷
有关的人：布雷德雷——玛格丽特的弟弟，1岁半。
时间：1946年6月2日 下午1：03

玛格丽特一直缠着她妈妈带她到邻居那儿去玩。但雷特夫人坚决地拒绝了她的请求，进屋去了。这时，布莱特雷正在院子里玩。

布莱特雷拣起了一只罐头洋铁桶，摇晃着，桶里有块石头哐啷哐啷地响起来。

玛格丽特转过身，走上去打布莱德雷的腿，打他的背，又打他的后脑勺。布莱德雷似乎知道她会这样做，当她向他走过来时，他好像知道会发生什么，畏缩起来，好像在准备挨打。

玛格丽特没完没了地打布莱德雷。

开始时，她每打他一下，他都要哭一下，但不太大声。但最后终于放声大哭。当看到布莱德雷真的大哭起来，玛格丽特就丢下他不管了。不过她还是念叨着，"我能打你，我能把你给扔了"。

二、取样记录法

取样记录法就是并非准备对观察对象所有的行为或活动进行完整的记录，而是通过以某种标准对准备观察对象的行为或活动进行取样，仅对观察对象被取样的行为或活动进行记录的一种方法。取样记录法既可保证获得可靠的资料，又能节省人力、物力与财力，还节省了记录时间。根据取样的标准不同，取样记录法一般可分

---

① 张燕，邢利娅. 学前教育科学研究方法. 北京：北京师范大学出版社. 2002：79-80.

为时间取样法、事件取样法、个人取样观察法及场地取样观察法。

(一)时间取样法

时间取样法是以一定的时间长度为取样标准,观察并记录被观察对象在这个预先设定的时间间隔内的行为表现或活动情景从而进行研究的一种方法。时间取样法的一个基本假设是被观察对象在每一时间段内的行为是一般通常情况下的一个样本,通过抽取足够多次数的时间段,通过观察这些时间段被观察对象的行为,便可以得出规律性的结果。时间取样法的运用一般应满足这两个条件:①被观察对象的行为必须是经常出现的,行为出现的频率一般不应低于1次/15分钟;②被观察的行为必须是外显的、容易被观察到的行为。

时间取样记录法首先要确定目标行为,即准备观察记录的行为。一般通过下操作定义的方式对准备观察记录的行为或活动做具体详细的规定与说明,以增强观察记录的客观性,减少主观性;其次是要确定观察的时间结构以及记录的形式。帕顿(Parton)在关于"儿童游戏的研究"中的观察记录就运用了时间取样的观察记录方法(表4-1)。她在规定的游戏时间内,以一分钟为时长,对学前儿童社会参与性活动进行观察记录,目的是研究学前儿童在游戏中的社会参与状况。[①]

表4-1 学前儿童社会参与性活动观察记录表

时间	儿童代号	活动类型					
		无所事事	旁观	单独游戏	平行游戏	联合游戏	合作游戏
行为描述	(1)无所事事:幼儿未参与任何游戏活动或社会交往,只是随意观望任何可能引起兴趣的情景。如没有可观望的,便玩弄自己的身体,走来走去,跟从老师,或站在四处张望。 (2)旁观:幼儿基本上是观看别的孩子游戏。可能与那些孩子说几句话、问几个问题,或提供某种建议,但不参与其游戏。始终站在那些孩子较近的地方,故可听见他们说话,了解他们玩的情况。与无所事事幼儿的区别是,旁观幼儿对某一组(或几组)同伴的活动有固定的兴趣,不像前者对所有的组均无特别兴趣,一直处于游离状态。 (3)单独游戏:幼儿独自游戏,在近处有其他幼儿在用不用玩具游戏,但幼儿不作任何努力设法他人或与别人说话,只专注自己的活动,不收别人的影响。 (4)平行游戏:尽管有别的幼儿在旁边用同样的玩具游戏,幼儿仍独立玩,不想影响别人,也不受别人影响。因而,他们只是在旁边各自玩而不是一起玩。 (5)联合游戏:幼儿与其他孩子一起玩,分享玩具与设备,相互追随,有控制别人的企图,但并不强烈。幼儿们从事相似的活动,但无组织与分工,每人做自己想做的事,而不把兴趣首先放在小组活动上。 (6)合作游戏:幼儿在为某种目的而组织起来的小组里游戏,如用某种材料编制东西、竞赛、玩正式的游戏等。具有"我们"的概念,知道谁属于哪个组。有1~2个领头者左右着小组的活动,故要求角色分工,并相互帮助,支持这种分工角色的执行。						

[①] 转引自:王坚红. 学前儿童发展与教育科学研究方法. 北京:人民教育出版社.1991:78.

（二）事件取样法

事件取样法就是根据一定的研究目的，以事件作为取样的标准，对特定的行为或事件进行观察记录获取研究资料进行研究的一种的方法。事件取样不受时间间隔与时段长短等规定的影响，只需对符合研究目的的特定的行为或事件的完整过程进行观察记录就行。时间取样记录法关注的是特定的时间，而不是某一限定时段内被观察对象的行为表现或活动，只要是特定事件一出现就可以开始观察记录，事件结束，观察记录也就告一段落。美国科学家霍尔·戴维在 1934 年采用事件取样记录法对幼儿的争执行为进行了观察记录。[①]该研究以保育学校中幼儿的争执行为事件为观察目标，在儿童自由活动时间内观察自发的争执事件，进行描述与记录。事先制定好观察记录表（表 4-2），前后进行了 58.75 小时的观察，共记录了 200 例争执事件。

表 4-2　幼儿争执事件记录表

儿童	年龄	性别	争执持续时间	发生背景	行为性质	做、说了什么	结果	影响

具体在记录的时候，可将行为分类记录系统记录与对事件前因后果及环境背景等的描述性记录结合起来。它既可作预先的计划、安排与准备，获取较为有代表性的行为样本，又能够在一定程度上保留行为的连续性与完整性，还可得到关于事件的环境与背景资料，因此可用于对比较广泛行为事件的观察。其主要局限性在于不同时间、场合发生的同类行为，有时可能具有不同的内在含义，因此结果可能缺乏测量的稳定性。因此，运用事件取样记录法应特别注意记录与分析行为事件发生的情境与背景。

（三）个人取样法

个人取样法是指通过对单个被试连续取样，以个人为单位，在规定时间内，记录关于这个个体的所有行为及发生在这个个体身上的全部事件，然后选择另一被试进行观察，如此反复进行，最终获得多个个体组成的样本。

在个人取样中，有一点特别值得注意，即在选择被试时，一定要保证随机选择被试，否则所选的被试将不会具有代表性，且收集到的相关资料会缺乏其应有的价值。比如，如果选择一个九年级的学生进行观察并记录其数学课堂听讲的情况，那么，在每节数学课正式开讲前二十分钟，观察者就应该首先随机选择一个不同的学生，尔后对其数学课堂上的相关行为和事件进行观察，以此反映这个班全体学生的情况。观察者通过对这个班多个不同学生进行观察之后，便可获得有关这个班全体

[①] 戴维. 学前儿童争执事件 200 例分析. 儿童发展，1934（5）.

学生在数学课堂上的相关行为和事件的资料。

（四）场所取样法

所谓场所取样法，是指选取某一场所作为观察的对象，从而获取相关资料的方法。比如，通过观察学生在操场、图书馆、教室或食堂等场所的行为表现，以获取学生在这些场所的相关行为表现的信息资料。

三、核对清单法

核对清单法就是在实施观察活动之前，把将要观察的行为表现或发生的反应排列成一个清单表格，由观察者在表中相应的位置直接标注记号的一种记录方法。根据清单设计的不同，核对清单法又可以分为行为核检法与等级量表评定法。

（一）行为核检法

行为核检法只需通过观察清单里列举的行为是否出现，然后在相应的位置做上记号即可。这种记录方法非常简便，但是清单的设计是确保观察质量的关键。编制清单可以从以下几个方面入手：①列举出主要的项目，也就是确定所要研究的问题具体包括哪些内容，每一项内容有哪些方面的表现；②进一步将各项内容及表现具体化，一直细化到与被观察对象在特点情境中可能出现的具体行为表现；③将这些行为表现按照一定的逻辑进行排列，制成表格，如对幼儿数学技能进行观察可以使用这样的行为观察清单（表4-3）。[①]

表4-3 幼儿数学技能观察核对表

儿童姓名：		观察日期：	
任务	能	否	第一次出现时间
（1）能否根据名称指出相应的图形			
圆			
正方形			
三角形			
长方形			
（2）能否从1数到10			
（3）能否给下列的图形命名			
圆			
正方形			
三角形			
长方形			

---

① 张燕，刑莉娅. 学前教育科学研究方法. 北京：北京师范大学出版社. 2002：97-98.

续表

任务	能	否	第一次出现时间
（4）能否举例说明下列关系概念			
大于			
小于			
长于			
短于			
（5）能否一一对应地计数			
两个物体			
三个物体			
五个物体			
十个物体			
十个以上物体			
（6）能否在指导下理解下述概念			
最先			
中间			
最后			
（7）能否举例说明			
多于			
少于			

（二）等级量表评定法

等级量表评定法是对所要观察的行为与现象划分为若干项目，然后对每一个项目根据某种标准划分为若干等级，并根据一定的逻辑顺序设计成一个观察清单，观察者根据被观察对象发生的行为或现象在相应的位置做出标记的一种观察记录方法。等级评定量表法与行为核检法的不同在于前者是对所观察事件如何呈现，以及在程度上的差别做出判断，并确定其等级。而行为核检法仅对所要观察的行为是否出现做出判断，例如，对儿童之间社会交往情况的观察可以使用这样的观察量表（表4-4）。[①]

表4-4 儿童社会交往活动观察表

序号	行为	等级				
1	发起活动	总是	经常	一般	较少	从不
2	与别人一起玩					
3	分享物品					
⋮						

---

① 张燕，刑莉娅. 学前教育科学研究方法.北京：北京师范大学出版社. 2002：102.

第四节 教育观察法在教育研究中的运用

本节的主要内容是从操作层面阐述教育观察法的应用程序,以及如何运用教育观察法解决具体教育问题的案例。

一、教育观察法的程序

在实施教育观察法的过程中,不同的观察类型、不同的具体观察方法的实施具体程序均有差异,但一般要遵循以下程序。

(一)观察前的准备

(1)制定观察计划与提纲

观察计划是实施教育观察活动的总蓝图,是观察活动有计划、有步骤、优质高效进行的可靠保证。制定观察计划的时候,观察者一定要从实际出发、认真深入思考,制定详细、具体、可行的观察计划。其具体内容主要包括明确观察的目的、任务,选择观察的对象,确定观察内容、时间、途径及记录手段等(表4-5)。

其中,教育观察的途径的确定主要应该考虑在影响教育教学活动正常进行的前提下开展,因此,一般采取上课、听课、参加学生的各种活动或有意组织的某些活动、列席学校各种会议或召开座谈会,以及参观学习或视导检查等方式。[①]通过上课是观察学生最经常、最普遍、最方便及最理想的观察途径。上课为观察者(即上课教师)提供了与学生面对面交流与面对面观察的机会,获取信息的准确性与丰富性是其他途径所不能比拟的。听课是了解任课教师教学思想、教学方法、教学手段、教学能力,以及学生的学习方法、学习能力、学习态度、学习习惯、学习效果的经常采用的途径。参与学生的各种活动是掌握学生课外思想行为的最佳途径。通过上课与听课只能掌握教师与学生的课堂上的表现,这对于研究教师与学生是远远不够的,尤其是研究学生的政治思想、研究学生的性格、气质、解决学生的心理问题等更需要通过他们课堂外的言与行的观察才能取得良好的效果。课堂外的活动具有不可控性,如果需要收集某一方面的资料,就可以专门组织一次活动,对这次活动的主题、形式、内容进行有意识的设计,对活动的场地、环境进行专门的布置,对参加的人员进行有目的的安排,对活动的进程进行有意识的控制,就可以在较短的时

[①] 华国栋.教育科研方法.南京:南京大学出版社.2005:78-80.

间、高效地收集到观察者所需要的研究资料（表4-5）。当然，这种有意识是观察者越明确被观察者越不明确越好。

表4-5 观察计划参考格式

教育观察计划	
研究课题	
观察时间	
观察地点	
观察目的、任务	
观察对象、范围	
观察的方法	
观察内容、重点	
观察记录的手段	
观察的步骤	
观察的组织与分工	
计划拟定人：	
年　月　日	

　　为了保证观察活动的有效进行，在制定观察计划的同时必须拟定观察提纲。观察提纲的设计过程就是将研究的内容进一步具体化的过程。其既可以作为观察计划的一部分，也可以作为一个相对独立的文本。观察提纲的制定必须以研究者具有相应的专业基础知识、对观察对象的了解，以及观察的目的明确为基础。一份观察提纲一般应能回答以下六个方面的问题，即谁（who）、什么（what）、何时（when）、何地（where）、如何（how）及为什么（why）。"谁"的问题主要回答：有谁在场？他们是什么人？他们的角色、地位与身份是什么？有多少人在场？这是一个什么样的群体？在场的这些人在群体中各自扮演是什么样的角色？谁是这个群体的负责人（关键人）？谁是追随者？"什么"的问题主要应回答：发生了什么事情？在场的人有什么行为表现？他们说或做了什么？他们说话或做事的时候使用了什么样的语调与形体动作？他们之间的互动是怎么样开始的？哪些行为是他们的常态行为？哪些是特殊表现？不同参与者在行为上有什么不同？他们行动的类型、性质、细节，以及产生与发展的过程是什么？"何时"的问题主要回答：有关的行为或事件是什么时候发生的？这些行为或事件持续的时间是多久？发生的频率是多少？"何地"的问题主要回答：这个行为或时间是在什么地方发生的？这个地点有什么特色？其他地方时候也发生过类似的行为或事件？这个行为或事件与其他地方方式的行为或事件有什么区别？"如何"的问题主要回答：这件事是如何发生的？这件事情的各个方面相互之间有什么关系？这个事件与其他事件有什么不同？"为什么"的问题需要回答：这些事为什么会发生？人们对发生的这些事有什么不同的看法？人们行为的目的、动机与态度是什么？比如，对课堂教学情况进行观察可以从这些方面确定研究的主题。[①]

---

① 转引自：陈瑶. 课堂观察指导. 北京：教育科学出版社. 2002：157-160.

【案例一】课堂观察指导
（供实习教师教学录像使用）

内容来自：Maryellen Weimer. Improving College Teaching: Strategies for Developing Instructional Awareness. Jossey-bass，1900.

一、学科知识

- 教师有没有展示出对内容的精通；
- 所涉及的材料的深度和广度是否适合学生和课程的水平；
- 课堂上所涉及的材料是否与课程提纲及课程的总目的相关；
- 教师是否强调对材料的概念性的把握；
- 所考虑和呈现的内容是否在学科内和相关学科内是非常重要的。

二、组织

结构

- 教师是否很好地进行了准备；
- 教师是否提供了一个教学的总纲；
- 内容的顺序是否具有逻辑性；
- 教师是否能清楚地呈现和解释内容；
- 教师是否提供了一个主题到另一个主题的过渡，区分主要和次要的观点，能否阶段性地总结讲授中的概念和观念；
- 教师是否通过举例和图示来阐释难点和抽象的思想。

三、阐释

教学策略

- 教师的教学方法是否适合教师的班级目标；
- 教师是否能通过肢体运动、手势、声高、语调和节奏变换教学模式；
- 教师是否或能否使用多种方法如媒体、讨论、实验、提问；
- 板书是否清晰和有组织；
- 如果合适的话，教师是否利用学生的作业（写作任务、家庭作业中的问题等）；
- 各种教学策略（讲解、媒体、印刷品）的使用是否被有效地加以整合；
- 教师是否在结束之前对讲解和讨论中的要点加以总结和整合。

四、师生互动

讨论

- 讨论是如何发起的；
- 教学的目的和纲要学生是否清楚；
- 教师是否鼓励学生提问；
- 各种问题；
- 问题是否具备修辞性和真实性；

- 一次提一个还是多个问题；
- 教师是否使用中心问题（继续喜迎学生的注意力）、探察性问题（来要求学生超越肤浅的和未完成的答案），或者转向性问题（来要求别人的阐释或认同）。

问题的水平
- 教师所提问题的水平如何；
- 低水平问题一般有"正确"的回答，以及要求学生回忆或列举事实，高水平的问题要求学生概括、比较或分析信息；
- 教师对学生的问题如何反应和处理；
- 回答的问题是否礼貌和热情地被接受。

教师如何处理学生的反应
- 教师候答的时间有多长（明确地叙述答案对于困难的问题来说需要花几分钟的时间）；
- 教师是否使用口头强化；
- 是否有非言语的反应（微笑、点头）；
- 教师对于学生的建议或与自己不同的观点是否持接受态度。

五、呈现和热情

- 教师有无显示对学科的热情；
- 教师有无显示对教学的热情；
- 教师的声音能否容易地被听见；
- 教师的声音是否由于内容和重点的变化而时高时低；
- 讲课的速率太快还是太慢；
- 讲课的速率是否适合于做笔记；
- 教师是否与学生保持眼神的接触；
- 教师是否运用面部表情、体态、手势或动作来维持学生的兴趣。

六、学生行为

- 偶然去观察班级，记下学生在做些什么；
- 班级学生记笔记的模式是什么（是做一点点笔记，还是记下每一件事，或记下教师在黑板上所写的内容，还是为了跟上讲课，彼此协助相互拷贝笔记）；
- 学生是注意地听讲，还是缩在课桌椅里，手托着脑袋；
- 有没有课堂活动主流之外的行为（学生中随意地交谈，阅读与课堂无关的东西）。

七、全面

- 这堂课的教学效果中你最喜欢的是什么；
- 你有什么具体建议来改进这堂课或者教师的教学效果；
- 在课堂观察之前或之后的阶段，你了解到什么能影响或改变你的印象；
- 总的来看，你会怎样评价这个教师。

（2）准备观察记录表格及必要的辅助工具

为了能迅速、准确、有条理地将观察到的情况记录下来，为日后的研究打下良好的基础，在实施观察之前，制定相关的观察记录表非常必要。观察记录表的设计应尽量简约，便于节省记录时间，从而在观察的过程中，观察者能将更多的精力集中在观察的对象上。无结构观察记录表的设计比较简单，因为在这种观察活动正式实施之前，观察者并不能准确预测观察活动的具体过程，只能对观察的过程作一个大致的设想，所以这种无结构观察记录表只能将观察者与被观察者的个人资料、观察活动实施的时间与地点、观察的目的与任务，以及观察记录的手段与工具等信息明确地表现出来，而对于观察的具体过程与内容不能做出明确的预设。结构观察则不然，它不但要求将观察者与被观察者的个人资料、观察活动实施的时间与地点、观察的目的与任务，以及观察记录的手段与工具等信息明确地表现出来，而且对于观察的具体过程与内容也要进行详细的设计，如对学生课堂行为的结构观察可以设计这样的观察记录表（表 4-6）。①

表 4-6　学生课堂行为观察记录表

研究课题											
观察者					观察对象						
观察时间					观察地点						
观察目的					观察重点						
观察内容											
			1	2	3	4	5	……	38	39	40	计
言语行为		X1 朗读										
		X2 提问										
		X3 答问										
		X4 说明										
		X5 小话										
		X6 自语										
非言语行为		Z1 笑										
		Z2 咳嗽										
		Z3 默读										
		Z4 举手										
		Z5 朝后										
		Z6 站立										
		Z7 上台										
		Z8 望外										

注：表中的一节课为 40 分钟，观察学生行为的频率为每分钟 1 次，表中省略了第 6 至第 37 分钟时间段。

在实施观察活动之前，另一项不可忽视的准备工作就是准备好有关的观察工具，如纸、笔、录音笔、照相机、摄像机等，并且要做好相关设备的安装、调试及检查工作，熟悉他们的功能、特点与使用方法。

---

① 左斌. 师生互动论——课堂师生互动的心理学研究. 武汉：华中师范大学出版社.2002：191.

（3）训练观察人员

如果参与观察的人员不仅仅是研究者本人，还有多人参与观察活动，如果不经过前期训练，他们就可能在观察、记录的过程中产生很多错误，而且，可能会因为对观察目的的理解不同，对观察行为的鉴定不一致，降低观察的效果，影响整个研究的质量。参与观察的有关人员应该一起审查研究目的，一起熟悉被观察个体或群体的特征，并对所要观察的行为取得一致的认识。如有必要，甚至需要对参与观察的人员进行教育观察方法的特点、过程、记录，以及一些基本的观察技巧等进行训练。一般来说只有当不同观察人员的观察达到80%以上的一致性的时候，观察的结果才是真实可信的。

（二）观察的实施

在对观察活动进行了充分的准备之后，接下来就是观察活动的实施。观察者通过适当的途径进入观察的现场，如果采用的是非参与观察法，则观察者要想方设法尽量不要引起被观察者的注意，最好不要让他们知道你的真实身份，如果使用的是参与观察，则应该想方设法与被观察者建立起和谐融洽的关系。当观察者与被观察者的关系变得比较融洽随和的时候，进入正式的观察比较合适。观察者在进入观察现场之后，要尽快地熟悉观察的环境，选择好观察的位置，这样才能使整个观察活动的顺利进行，才能更好地收集到全面、准确、有效的资料。

在实际观察的过程中，应该注意以下几个方面：①对于提前制定好的观察方案，既要认真落实，又不要过于死板，缺乏灵活性，应根据观察现场的具体情况，灵活对待；②在观察的时候，既要用眼睛看，也要用耳朵听，用嘴询问，还要用脑认真思考，各方面都运动起来，相互之间形成配合；③要善于抓住观察的重点；④不要忘记及时做好记录。

（三）观察资料的处理[①]

观察活动结束之后，观察者应及时对所收集资料进行分类、整理与分析。

1. 资料的分类

资料的分类一般采用两种方法，一种是按照所使用的系统分类，也就是按照专题计划提纲进行分类；另一种是按照研究课题本身的逻辑系统分类，例如，研究"中小学校长成长与培训规律与校长管理制度的研究"就可以将所收集的研究资料按照校长的成长、培训与管理等类别整理。

2. 资料的整理

资料的整理应该是一边收集一边整理，否则，随着资料的越积越多而变得越来越困难。资料的整理一般包括核对考据、挑选淘汰与汇总加工等几个环节。核对和考据环节主要是检查观察记录过程是否科学，以及通过将多种方式收集到的同类资料进行相互印证，考证所收集资料有无矛盾和不合理之处。如果参与观察人员不止

---

① 刘问岫. 教育科学研究方法与应用. 北京：北京大学出版社.1993：36-41.

一人，也可将不同观察者收集的资料进行相互印证。挑选和淘汰就是收集来的资料要经过选择。准确的、有用的资料要妥善保存，错误的、没有用或不适合的资料要淘汰。汇总和统计主要是将收集的分散的资料通过分类之后进行汇总并运用适合的方法进行统计。

3. 资料的分析

不同种类的资料分析的方法不同，描述性的文字资料主要采取逻辑分析的方法，数据资料则主要采用统计分析的方法。逻辑分析的常用方法主要分析与综合、抽象与概括，以及演绎与归纳等。至于各种数据资料的统计分析在统计学或教育统计学这些学科中有专门的讲解，这里不再赘述。

（四）观察报告的撰写

对某一现象进行观察之后，将结果写成文字材料就形成观察报告。观察报告是观察研究的成果表现形式。观察报告一般由标题、署名、摘要、关键词、主体与参考文献等几个部分组成。其中的主体部分又由研究背景、研究步骤、研究结果与讨论等几个部分组成。

1. 研究背景

研究背景也可以称为"问题的提出"，主要是简要说明本研究的缘由、目的、意义，相关文献的综述，关键术语的界定等。

2. 研究步骤

研究步骤也可以称为"研究程序""研究方法"，是介绍本研究的研究过程，主要包括研究资料收集使用的工具、研究对象的选择、研究的具体过程、研究信效度及数据整理分析的方法等。

3. 研究结果与讨论

研究结果部分主要呈现通过收集、整理与分析所得的事实资料，而讨论部分主要是阐述研究结果的价值与意义，因此研究结果是客观的，不做主观评论。讨论部分则是研究者在基于前面研究结果的事实的基础上，利用相关的理论知识所做的阐述，包含了研究者的价值判断。

【案例二】大学课堂教与学状况的个案观察报告[①]
（作者、摘要、关键词略）

一、问题提出

课堂是学校培养人才的主渠道、学生学习的主场所，是师生双边活动的联结点，是人才成长的起跑线和社会发展的奠基石。大学课堂教与学状况的好坏直接影响人才培养的质量。然而，长期以来人们认为，大学教师的重心在科研，大学生的学习在课下。与中小学课堂的关注与重视程度相比，大学课堂几乎被忽视。了解大学课堂教与学的状况是深化高等教育教学改革与确保人才培养质量的前提。有学者分

[①] 彭杜宏，何敏，刘电芝. 大学课堂教与学状况的个案观察报告. 高教探索，2009（2）：97-101.

析，高校课堂教学存在教学方法单一、教学内容陈旧、沉闷缺少互动、逃课现象严重等问题。那么，当前大学本科课堂教学状况及学生的课堂学习状况究竟如何？笔者随机选取了某"211"高校进行了五十余堂课的现场观察，以期加强对大学课堂教与学真实状况的了解，并为提高大学课堂教与学的质量和促进高校课堂的教学改革等提供启示。

二、研究方法

（一）工具

课堂观察是指通过观察的方式对课堂的运行状况进行记录、分析和研究，并在此基础上谋求学生课堂学习的改善、促进教师发展的专业活动。在参考已有课堂观察量表设计的基础上，考虑各观察项目具有现场观察的可行性，以及较全面地涵盖本科课堂教与学的状况，笔者通过研究组集体讨论，以及预观察调整，自编了《大学本科课堂教与学状况观察表》，观察与分析的重点集中在以下三方面：①教学行为状况，包括教学方式、讲授教学内容状况、课堂吸引学生程度等。②学习行为状况，主要从讨论的整体氛围、听课投入总体状况（依据学生在课堂上的注意力、做笔记、思考及问题回答等整体状况的定性评判）和课堂总体氛围等维度考查。③非学习行为状况，如出勤率、迟到、睡觉、上课看与课堂无关的娱乐性书、上课看与本课堂无关的学习性书、讲小话、玩手机、吃东西、没带课本、早退等。

（二）对象

随机选取某"211"高校3个文科学院和3个理科学院的本科生作为观察对象。每堂课由靠前和靠后2位观察者进行观察。非学习行为上（除迟到、早退两项目按实到人数与应到人数之比计算外），采取由观察者依据自身情况选择视域范围（一般10～20人）观察。根据高校本科教学的有关材料，把大学本科的课程划分为公共课和专业课，对每院系的每一类课型随机观察两节课。

（三）程序

对大学本科课堂进行隐蔽式非参与观察，即观察者在不暴露自己身份的情况下，参与到课堂中，以获得真实、可靠的信息。回收观察表并剔除不合格观察表，共得到116份观察表，即对58节课进行有效观察的结果。为保证观察的科学性，对每堂课的两份观察表的观察结果进行平均计算处理，合成一份数据。将所有数据输入 SPSS 10.0 进行统计。

三、结果与分析

（一）教学行为比较

表4-7显示了不同课型教师的教学方式、讲授内容状况、课堂吸引力程度三方面情况。从表4-7可看到：①教学方式上，课堂"全讲授"平均均为55.6%，其中，公共课"全讲授"约占61.9%，超过专业课同类12.7个百分点；同时"全讲授"与"讲授+一般性提问"两种情况的比例之和为92.7%。公共课上"讲授+启发性提问"为零的现象，专业课上为10.0%；课堂有讨论的平均约2%。②就结合教学内容的讲解来看，公共课上"紧扣教学内容"的为29.6%，近半数（44.5%）的课堂30%以

上的时间闲聊。相比之下，专业课绝大部分（82.5%）讲授"紧扣教学内容"。③就教师教学的吸引程度看，公共课和专业课上，"非常有吸引力"的课堂都是3.4%，约32.3%的课堂"较有吸引力"，即有吸引力的课堂约过30%。"一般"水平之下占64.3%，其中，"不太有吸引力"和"无吸引力"的接近30%。④经列联表卡方检验，教师各类教学行为状况与课型之间无连带关系，即不同课型教师的教学行为无显著差异。

表4-7 不同课型教师教学状况比较

	课型	公共课（%）	专业课（%）	M（%）	卡方
教学方式	全讲授	61.9	49.2	55.6	7.333 $p>0.05$
	讲授+一般性提问	35.0	39.2	37.1	
	讲授+启发性提问	0	10.0	5.0	
	讲授+讨论	0	1.6	0.8	
	全讨论	3.1	0	1.56	
讲授内容状况	照本宣科	25.9	10.8	18.4	6.000 $p>0.05$
	紧扣教学内容	29.6	82.5	56.1	
	30%以上时间闲聊	44.5	6.7	25.6	
课堂吸引力程度	非常有吸引力	3.4	3.4	3.4	7.333 $p>0.05$
	较有吸引力	32.1	32.5	32.3	
	一般	35.4	50.0	42.7	
	不太有吸引力	16.1	10.7	13.4	
	无吸引力	13.0	3.4	8.2	

（二）大学生课堂学习行为状况

其描述方式同上文的"教学行为比较"，不同专业大学生不同课型的课堂学习行为状况比较（表4-8）和不同公共课大学生学习行为状况比较（表4-9）如下。

表4-8 不同专业大学生不同课型的课堂学习行为状况比较

		文科			理科		
		公共课（%）	专业课（%）	卡方	公共课（%）	专业课（%）	卡方
讨论氛围	很活跃	6.7	26.7	5.333 $p>0.05$	0	0	5.000 $p>0.05$
	一般	0	6.7		6.3	0	
	不活跃	6.7	13.3		6.3	0	
	无讨论	86.6	53.3		87.4	100	
投入情况	很投入	20.0	46.7	6.000 $p>0.05$	6.3	25.0	6.000 $p>0.05$
	一般	53.3	46.7		75.0	66.7	
	不投入	26.7	6.6		18.7	8.3	
总体课堂气氛	死气沉沉	20.0	6.7	3.333 $p>0.05$	12.5	0	6.000 $p>0.05$
	沉静	46.7	46.7		81.3	75.0	
	较活跃	20.0	13.3		6.2	16.7	
	很活跃	6.6	13.3		0	0	
	嘈杂	6.7	20.0		0	8.3	

表 4-9　不同公共课大学生学习行为状况比较　　　（单位：%）

项目		"两课"	英语	计算机	教育学
讨论氛围	很活跃	0	11.1	0	0
	一般	0	0	0	16.7
	不活跃	0	0	0	33.3
	无讨论	100	88.9	100	50.0
投入情况	很投入	25.0	11.1	12.5	0
	一般	37.5	88.9	87.5	33.3
	不投入	37.5	0	0	66.7
总体课堂气氛	死气沉沉	12.5	22.2	0	33.3
	沉静	50.0	77.8	87.5	33.3
	较活跃	25.0	0	12.5	16.7
	很活跃	0	0	0	16.7
	嘈杂	12.5	0	0	0

（三）非学习行为比较

其描述方式同上文的"教学行为比较"，不同专业不同课型非学习行为比较（表4-10）如下。

表 4-10　不同专业不同课型非学习行为比较

项目	文科		理科	
	公共课	专业课	公共课	专业课
迟到	149（10.4）	68（7.3）	116（7.0）	45（5.2）
睡觉	30（14.1）	21（9.6）	32（12.1）	15（7.0）
看娱乐书	23（10.1）	18（7.6）	25（9.8）	9（4.4）
看学习书	58（25.0）	47（21.3）	67（24.8）	21（10.1）
讲小话	67（29.8）	26（12.2）	58（21.6）	30（15.2）
玩手机	27（12.1）	18（7.9）	16（6.4）	10（5.1）
吃东西	7（3.2）	15（6.8）	7（12.2）	3（1.5）
没带课本	46（20.6）	22（9.4）	23（8.8）	2（8.4）
早退	21（1.6）	24（3.5）	17（1.1）	2（1.9）

注：在"迟到"和"早退"两个维度上，括号外数字为人数，括号内数字表示该人数和实到人数的百分比；在其他维度上，括号外数字为人数，括号内数字为该人数与观察人数的平均百分比。

四、讨论

（一）关于教师课堂教学状况

"教学"是由教师所引起、维持或促进的学生学习的所有行为。良好的课堂教学包含多个指标，本研究从教师教学方式、讲授教学内容、课堂吸引力等方面考察本科课堂教师教学行为状况。

从教学方式上看，所调查高校的教师教学以"讲授"及"讲授+一般性提问"为主，两者平均比例之和达92.7%。课堂有启发性提问的极少，如公共课上"讲授+启发性提问"为零现象，专业课仅10.0%的课堂教学是"讲授+启发性提问"方式。课堂也少有讨论。本研究同步进行的问卷调查也反映，72.1%的学生对教学方式的满意度处于"一般"水平以下，其中"不满"占36.6%。访谈调查中，学生反映教师"教学方法刻板，不关心学生、缺少与学生的沟通等"。社会建构论提出知识学习的对话隐喻，认为知识是随着对话的继续而被不停地生产出来的东西。可见，交流处于学习过程的核心，加强课堂提问，由此实现课堂上活跃的师生、生生互动，是大学课堂教学的努力方向。

在讲授教学内容上，本研究反映，专业课绝大部分（82.5%）讲授"紧扣教学内容"。而公共课上"紧扣教学内容"课堂不到30%；70%以上的公共课或者"照本宣科"，或者"30%以上的时间闲聊"。无疑，"照本宣科"会使学生失去听课的兴趣，课堂"30%以上的时间闲聊"是浪费学生的生命。课堂有无吸引力直接影响学生对课堂的认同和听课的认真、投入程度，进而直接影响到课堂的学习效果。本调查发现，"非常有吸引力"的课堂无论在专业课或在公共课，都不到5%，多数情况处于"一般"状态。也难怪常听学生感慨"没意思""没听头"。大学课堂上互动与沟通的缺失，以及低水平教与学的状态还较突出，课堂教学质量的改善和提高仍是一个重要问题。

（二）关于学生课堂学习状况

（略，讨论方式同上文"关于教师课堂教学状况"）

五、对策与建议

（一）教师课堂教学方面

1）教师要在教学内容的深度、广度和实用性上下功夫，以改善学生课堂学习"投入"很少的状况，以及半数以上课堂教学吸引力程度不高的状况，从而不断提高课堂教学与学习的效果。

2）要打破大学课堂"一讲到底"的教学模式，鼓励"讲授+启发性提问"的课堂教学，即课堂要有提问。同时，要尽量避免流于一些极简单或无价值的提问，如"好不好？""是不是这样啊？"或基于课本材料的事实性提问、回忆性问题等。教学要着力设计高质量的、富有启发性的提问。只有提高水平问题才能引发高水平反馈，因而教师要适时抛出高水平问题（如推理性、批判性问题或反复追问等），既促使学生投入到更高级的认知加工活动中，又让学生体验到一种思维的快乐，实现有意义的课堂学习；同时也改变学生在课堂上被动接受的"沉寂"状况。这样的互动型课堂应成为大学课堂教学的追求目标。

3）大力改善公共课的教学，重点抓好"照本宣科"和课堂"30%以上的时间闲聊"问题。

（二）学生课堂学习方面

1）加强学生的课堂学习意识和动机。调查显示，多数本科生课堂中的注意状态明显）受自我主观意识的影响，因此，引导学生认识到课堂40分钟的重要意义是关键。课堂时间既是宝贵的生命，更是向老师、同学学习的难得机会，把握并充分利用好课堂时间不可小视。学校可开展诸如"大学课堂学习的重要性"、"大学之学——如何学习"等专题性讲座，尤其是对刚入学的新生，引导他们认识到与他人展开对话的学习具有全方位的学习、发展效应，而课堂是与他人互动、对话的重要学习机会，积极投入课堂，主动与老师、同学对话关乎大学期间学习的优劣；要避免把自己当被动的接受者，或抱着课堂学习的消极心理和放任的态度，白白浪费课堂的学习。

2）引导学生认识到虽然某些基础性学科的内容较为枯燥，暂时看起来无用，但动动脑筋去学习，不仅可以训练一种思维，而且，对学好其他学科有促进作用；改变某些学生只对有趣、轻松的课感兴趣的状况。

3）加强学校对课堂学习纪律的监督，减少课堂非学习行为，尤其是某些严重违纪现象。

二、运用教育观察法解决教育问题的实例

在教育研究中，如何运用观察法进行教育研究呢？不同观察方法的具体实施过程是不同的，这里准备举一个例子说明这个问题。

【案例三】课题名称：教师课堂角色类型研究[①]

（一）观察前的准备

1. 制定观察计划与提纲

制定观察计划与提纲主要包括明确观察的目的、任务，选择观察的对象，确定观察内容、时间、途径，以及记录手段等。

（1）明确研究目的、任务

课堂教学是学校教育的主要活动，也是学生在学校中的个体社会化的主要途径。由于教师与学生之间存在着社会身份与文化知识的"极差"（教师是成人与文化高位者，学生是未成年人与文化低位者）及由此而产生的社会地位"极差"（教师是社会代表者，学生是社会学习者）[②]，学生在课堂中的社会化过程必然要受到教师的极大影响。这种影响主要源自教师的课堂角色。而教师作为对学生施加教育影响的正式权威，其社会角色的一个主要范畴便是课堂角色。

正因为如此，西方国家长期以来一直比较重视对教师课堂角色的研究，并有不少成果。[③]不过，总的来说，西方国家的文化背景、学术取向乃至学校课堂本身的社会结构都与我国存在较大差异，因而，这些成果大多很难且也不应被直接用于对我国教师课堂角色的分析。真正具有借鉴作用的主要并不是这些成果本身，而是这些成果所据以的一些研究方法。

---

① 吴康宁，程晓樵，吴永军等. 教师课堂角色类型研究. 教育研究与实验，1994（4）：1-8.
② 鲁洁. 教育社会学. 北京：人民教育出版社.1990：392-397.
③ 比较著名的研究有：Waller W, The Sociology of Teaching (1932); Lippit R & White R K, An Experimental Study of Leader-ship and Group Life (1958); American Educational Research Association, The Dynamics of Instructional Groups (1960); Flanders N A, Analyzing Teaching Behavior (1970); Delamont S, Interaction in the Classroom (1976); Woods P, Teacher Strategies (1980).

显然，我们需要有我国自己的教师课堂角色研究。但遗憾的是，迄今为止除了少数有关西方国家教师课堂角色研究的述评性文章以及名为研究成果、实为抄袭或编译国外学者论著的所谓论文之外（原谅我们这里不注出这些"成果"的名称与出处），很少见有我国学者自己对本国教师课堂角色的科学研究，尤其是实证研究。尽管这些年来我们经常谈论教师课堂角色问题，但其实我们对我国教师课堂角色的一些最基本的状况缺乏脚踏实地的了解。比如，我们教师到底在扮演着一些怎样的课堂角色？教师课堂角色到底有哪些类型等。我们迫切需要在一定的理论探讨基础上，对我国教师的课堂角色进行一些基础性的实证研究。本研究即源于上述动机。本研究旨在尝试以一定层面、一定数量的课堂观察结果为依据，区分出教师课堂角色的若干类型。

（2）选择观察对象

本研究的课堂观察以小学五年级教师为对象。我们之所以选择小学教师，是因为相对于其他教育阶段的教师来说，小学教师的课堂言语行为往往比较"丰富多彩"，涉及更多的教育范畴，从而有可能呈现出更多的课堂角色类型；选择五年级教师，在意在尽量减少无关因素对课堂观察的"干扰"，诸如低年级学生的课堂注意力易因观察者的存在而分散，六年级的深堂教学易因毕业任务的压力而"变形"，等等。

本研究的主要目的并非在于对教师课堂角色的各种类型做出数量上的比较与推断，而是对类型本身做出区分，并借此展示一种研究方法，故对样本的数量规模并无太高要求。为此，我们选取了8所小学的32名教师作为课堂观察对象，每所小学各4名。观察对象的选取只依据3条原则：①语文与数学教师比例各半；②尽量避免同一学校的4名教师均为相同性别；③尽量避免同一学校的4名教师均为该校同年级中素质最好的，尽可能兼选所谓的"好、中、差"3种教师。

确定观察内容、时间、途径及记录手段。教师课堂角色是一个比较复杂的范畴。对于这一范畴，人们当然可以在理论上加以尽可能全面的界定与分析，但作为以课堂观察实际结果为依据的实证性研究来说，因受种种条件的限制，一般只选取教师的某一种主要的或某几种重要的课堂行为作为考察其课堂角色的"窗口"，这也是国外同类研究的普遍做法。问题是选择教师的何种课堂行为作为考察其课堂角色的窗口？由于教师的课堂角色实际上体现教师与学生的课堂关系，且由于我国中小学（尤其是小学）课堂中基本上不存在真正意义上的能动的学习群体[1]，师生之间的课堂交往在很大程度上依赖于教师与学生个体之间的直接对话，同时也为观察与记录方便起见，本研究将"教师指向学生个体的言语行为"（以下简称"教师的言语行为"）作为考察教师课堂角色的窗口。

由教师的言语行为来区分其课堂角色类型既可采用定性描述的方法，也可采用定量分析的方法。作为一种尝试，本研究主要采用后者。

本研究采用定量分析方法所必备的一个技术前提，是在课堂观察中将教师的所有言语行为逐一予以分门别类的量化"登记"。所以，将教师的言语行为根据其所涉"工作领域"分为五大类，即提问、要求、评价、答复及其他。这当中，除了"其他"之外，前四大类可按"性质"或"目的"而各自逻辑地分为三小类，即分别将提问、要求、评价与答复分为方法、结论与事实,建议、模糊与指令,肯定、两可与否定,以及开放、中间与封闭,并根据观察的具体内容设计观察记录表。

限于研究人手不足,计划于1993年11月至1994年1月对每位教师只观察其一节课。为使被观察的每位教师的课堂言语行为达到一定数量,以便能据此对其所扮演的课堂角色做出界定,本研究将被观察课型一律限定为新授课,共观察32节新授课。

2. 准备观察记录表格及必要的辅助工具

根据观察计划,设计了"教师言语行为登记表"(表4-11)。本研究的观察活动是结构观察,在观察的过程中,观察者只需在设计好的表格的相应位置做记号,故除准备必要的纸笔之外,不需要准备其他辅助工具。

表4-11 教师课堂言语行为(指向学生个体)登记表

序号	提问			要求			评价			答复			其他
	方法	结论	事实	建议	模糊	指令	肯定	两可	否定	开放	中间	封闭	
1													
2													
⋮													

3. 训练观察人员

在进入课堂实施观察之前,对所有参与观察的人员进行统一培训,对表4-4-1中的各大小类别的含义进行了统一的界定,并进行预备性的观察与记录。各位参与观察人员对相关的行为获得了比较统一的认识。

(二)观察的实施

1. 进入现场观察

通过与相关学校领导的提前的沟通,由相关领导出面有关被观察教师进行了沟通交流,取得了他们的认同,于是,观察人员在与被观察教师建立起了比较友好、和谐的关系的前提下进入课堂实施观察。

2. 记录

按照统一设计好的表格,观察者对被观察课堂上发生的相关行为进行了记录。

(三)观察资料的整理与分析

1. 资料整理

将所有观察人员的观察记录统计整理,可以得出教师大类言语行为统计表(表4-12)与教师小类言语行为统计表(略)。

表4-12 教师大类言语行为统计表

序号	合计(次)	提问		要求		评价	
		次数(次)	百分比(%)	次数(次)	百分比(%)	次数(次)	百分比(%)
1	89	43	48.3	3	3.4	43	48.3
2	101	34	33.7	31	30.7	36	35.6

续表

序号	合计（次）	提问		要求		评价	
		次数（%）	百分比（%）	次数（次）	百分比(%)	次数（次）	百分比(%)
3	114	38	33.3	38	33.3	38	33.3
4	99	33	33.3	33	33.3	33	33.3
5	74	45	60.8	17	23.0	11	14.9
6	62	55	88.7	0	0	0	0
7	49	30	61.2	10	20.4	9	18.4
8	33	26	78.8	0	0	4	12.1
9	69	35	50.7	0	0	34	49.3
10	97	48	49.5	3	3.1	45	46.4
11	46	32	69.6	11	23.9	3	6.5
12	62	44	71.0	7	11.3	9	14.5
13	56	53	94.6	2	3.6	0	0
14	70	33	47.1	24	34.3	11	15.7
15	115	44	38.3	33	28.7	38	33.0
16	86	54	62.8	1	1.2	31	36.0
17	84	28	33.3	28	33.3	28	33.3
18	110	36	32.7	37	33.6	36	32.7
19	38	23	60.5	9	23.7	3	7.9
20	17	16	94.1	1	5.9	0	0
21	42	33	78.6	7	16.7	2	4.8
22	25	18	72.0	5	20.0	2	8.0
23	95	48	50.5	1	1.1	46	48.4
24	81	41	50.6	4	4.9	35	43.2
25	66	63	95.5	3	4.5	0	0
26	62	54	87.1	2	3.2	5	8.1
27	68	63	92.6	5	7.4	0	0
28	61	59	96.7	1	1.6	1	1.6

由于观察人员的技术失误，一所小学4名教师的观察过程不符合要求，故有效观察对象只有7所小学的28名教师。"答复"类言语行为出现3次以上（包括3次）的总计只有3名教师，而"其他"类言语行为在28位教师中仅出现1次，故这两个类别可以忽略不计。这一现象实际上表明，总的来说教师的言语行为主要包括提问、要求与评价这三大类，教师课堂角色在总体上乃是由这三大类言语行为体现出来的。

2. 资料分析

资料分析（教师小类言语行为分析从略，这里仅呈现教师大类言语行为的分析过程及结果）。由表4-12可看出，提问、要求与评价这三大类言语行为之间存在着多种不同方式的组合，由这些组合可相应导出教师课堂角色的总体类型。为方便起见，此处用A，B，C分别表示提问、要求与评价这三大类；同时，将某一类别在全部言语行为中占75%以上，且其余两类各所占比例均小于20%的言语行为总体类型视为主导型（即 A 型、B 型、C 型），将任一类别所占比例均小于 75%，但其中两类所占比例之和大于 80% 的言语行为总体类型视为结合型（即 AB 型、AC 型、BC 型）。将三个类别各自所占比例大致相近，或虽然其中两类所占比例之和大于 80%，但比例较低的一类的比例与第三类的比例相差不大的言语行为总体类型视为复合型（即 ABC 型）。如此，教师的课堂言语行为就存在着四种总体类型，并由此相应导出教师课堂角色的四种总体类型。

1）A 型——定向者。这种类型的教师（序号为 6、8、13、20、21、25、26、27、28 者）的言语行为基本上以"提问"为主，"提问"乃是这类教师控制课堂、展开教学过程的最重要的手段。在我国小学课堂中，教师的提问对学生思考与回答问题往往带有潜在的强制性，且所提问题本身也基本上规定了学生思维的内容与性质，故提问实际上对学生的课堂参与起着一种定向作用。因此，我们说这类教师在课堂中主要扮演着"定向者"的角色。

2）AB 型——定向·定规者。在这类教师（序号为 5、11、14、19、22 者）的言语行为中，"提问"虽然仍占较大比重，但已不如在 A 型中那样一枝独秀，取而代之的是"要求"占有相当比重。任何要求（包括"模糊性要求"）的功能都在于确立某种规范（规则、规矩、规定、规章等），故这类教师就不是在"集中性"地扮演"定向者"的角色，而是在相当程度上同时扮演着"定规者"的角色。据此，我们可将这类教师简称为"定向·定规者"。

3）AC 型——定向·定论者。这类教师（序号为 1、9、10、16、23、24 者）在课堂中经常对学生进行"评价"，力图通过加强评价来调整学生的课堂行为，致使"评价"在其言语行为中的比重急剧上升，与"提问"平分秋色。教师的评价不同于其他评价，它不仅表明教师的一种判断，而且对于学生来说，常常是一种"给定的结论"。因此，我们把这类教师称为"定向·定论者"。

4）ABC 型——定向·定规·定论者。在这类教师（序号为 2、3、4、7、12、15、17、18 者）的言语行为中，"提问"、"要求"与"评价"这三大类言语行为或者并驾齐驱，或者从比重上看无法"忽略"其中任何一类。沿用上面的解释，这类教师可谓为"定向·定规·定论者"。

（四）撰写观察报告

前文已有详细阐述，在此不再赘言。

思考题：

1. 教育观察法的特点和优势有哪些？
2. 教育观察法有哪些类型？它们各自的特点如何？
3. 常用的教育观察法有哪些？
4. 如何拟定一份观察记录表？
5. 运用教育观察法的思路是什么？

第五章 问卷调查法

　　问卷调查法是社会调查中最常用的资料收集方法，常用于较大规模的抽样调查中。美国社会学家艾尔·巴比称："问卷是社会调查的支柱。"[①]问卷调查是一种利用结构化（或标准化）的调查方法，调查大量样本、搜集数据资料，并对资料进行统计分析的调查研究方式。在现代社会调查中，问卷法经常与抽样调查相结合，成为一种重要的、应用广泛的收集资料方法。目前在西方国家，它是一种最主要的社会调查方式，也有人将它称为"统计调查"或"社会调查"，还有人直接称它为"定量研究"。它的主要特点是：①利用标准化、结构化的调查方法搜集资料；②调查资料可以精确地分类或转换为数据形式；③可以对资料进行数量分析。本章将在阐述问卷调查法的基本概念之基础上，对问卷设计及问卷调查法的实施过程进行逐一介绍。

[①] 转引自：洪小良. 社会调查研究方法. 北京：华文出版社. 2000：106.

第一节 问卷调查法概述

问卷是人文社会科学领域经常运用的研究方法,理应是广大教育工作者掌握的基本研究方法之一。本节将对问卷调查法的概念、问卷的类型、问卷的结构、问卷的特点及局限进行逐一阐述。

一、问卷调查法的概念

教育调查法是在科学方法论理论指导下,围绕一定的教育问题,运用问卷、访谈、测量等方式,有计划、有目的地收集有关的事实材料,从而做出科学分析并提出具体工作建议的一种教育实践研究方法。

二、问卷的类型

问卷主要有两种类型,即自填式问卷和访问式问卷。自填式问卷是通过邮寄或分发的方法由被调查者自己填答的问卷,访问问卷则是由访问员根据被调查的口头回答来填写的问卷。这两种问卷既有许多相同、相似的地方,又有一些不同的地方。一方面,两种问卷的调查对象是不同的。自填式问卷直接面对被调查者,访问问卷则直接面对访问员。另一方面,二者作为社会调查中收集资料的方法,都具有相同的结构,即都由封面信、指导语、问题和答案、编码等部分构成。自填式问卷依据发送的方式可以分为邮寄问卷和分发问卷两种。邮寄问卷通过邮局把问卷寄到被调查者手中,被调查者填完以后,仍通过邮局寄回。而分发问卷由调查员或其他人将问卷送到被调查者手中,回答者填完后,又由调查员逐一收回。当然也有采取邮寄和分发相结合方式的。

三、问卷的结构

问卷虽然都包含一组问题,但仅仅有一组问题并不能成为一份问卷。一般来说,问卷由以下几个部分构成。

1. 封面信

这是一封致被调查者的短信。它主要说明调查者的身份、调查的内容、调查的目的、调查的意义，以及希望被调查者合作等内容。封面信的篇幅虽然短小，但在整个问卷中具有相当重要的作用，因为调查者能否说服每一位被调查者参与到你的调查中来，能否让他们如实地填写问卷，能否让他们把填好的问卷如期寄回来，在很大程度上都取决于封面信的效果。在封面信中应该做到：①要说明调查者的身份。例如，"我们是某某大学教育学院的研究人员，为了……"。除了写清单位、组织外，最好还能附上单位的地址、电话号码、邮政编码等。②要说明调查的大致内容和进行这项调查的目的。对调查内容既不能含含糊糊甚至不谈，又不能详细地去谈。通常的做法是用一句话指出其内容的范围，这样有利于调动回答者的积极性和责任心。③要说明调查对象的选取方法和对调查结果保密的措施。

对于来访和调查，一般人们或多或少总存在一定的戒心。为了消除被调查者的戒心，应该在封面信中简明扼要地说明保密的措施及方法。例如，"本调查以不记名方式进行，并且，根据国家的统计法，我们将对统计资料保密，所有个人资料均以统计方式出现"。同时，在信的结尾处，一定要真诚地感谢被调查者的合作与帮助等。

2. 指导语

指导语即用来指导被调查者填答问卷的各种解释和说明，其作用和仪器的使用说明相似。有些问卷的填答方法比较简单，指导语很少，常常只在封面信中用一两句话说明即可。例如，"请根据自己的实际情况在合适的答案号码上划圈或者在空白处直接填写"。有些指导语则集中在封面信之后，并标有"填表说明"的标题，其作用是对填表的方法、要求、注意事项等做一个总的说明。

3. 问题和答案

这是问卷的主体。从形式上看，有开放式与封闭式问题之分，二者各有优缺点。所谓开放式问题，就是那种只提出问题，但不为回答者提供具体答案，由回答者根据自己的情况自由填答的问题。简言之，就是只提问题不给答案。封闭式问题则是提出问题的同时，还给出若干个答案，要求回答者根据实际情况进行选择。开放式问题的优点是允许回答者自由地发表自己的意见，因而，所得资料丰富生动。其缺点是资料难以编码和统计分析，对回答者的知识水平和文字表达能力有一定要求，填答所花费的时间和精力较多。而封闭式问题的优点是填答方便，省时省力，资料易于作统计分析，其缺点是资料失去了自发性和表现力，回答的一些偏误也不易发现。

4. 编码

所谓编码，就是赋予每一个问题及其答案一个数字作为它的代码，便于计算机统计和分析。编码既可以在问卷设计的同时就设计好，也可以等调查资料收集完成后再进行。前者称为预编码,后者称为后编码。

最后,有些调查问卷还需要在封面上印上访问员的姓名、访问日期、审核员姓名、被调查者住址等有关资料。

四、问卷法的特点

1. 调查对象的广泛性

问卷调查法的一个突出的特点是调查对象的广泛性。例如,可以调查青少年犯罪问题、中年妇女离婚问题、老年人社会保障问题、留守儿童和流动儿童教育问题、独生子女教育问题、离退休老人生活状况、普通社会公众的态度问题,等等。

2. 调查手段的多样性

问卷调查法是收集资料的一种常用的方法,其中自填问卷法是指调查员将问卷发给(或直接邮寄给)被调查者,由被调查者自己阅读或填答。自填问卷法又可以分为个别发送法、集中填答法和邮寄填答法。可见,问卷法中的调查手段多种多样,不拘一格。

3. 调查方法的实用性

问卷调查这种方式广泛地应用于社会生活各个领域,其中,最主要的有社会生活状况调查、社会问题调查、市场调查、民意调查、学术性调查等。因此,该方法有广泛的应用性,适应当今经济社会的快速发展。

4. 调查结果的延时性

问卷调查整个过程不是短时间就可以完成的,它包括研究问题的确立、前期开放式访谈、调查问卷的设计、进行试调查、调查问卷的修改、问卷的发放及回收、问卷编码及输入、问卷分析等。整个调查过程需要一定的时间,因此调查结果具有延时性。

五、问卷法的局限

问卷法的缺点是要求回答者具有一定的文化水平;难以保证填答的环境与质量。如果问卷中的问题不明确或题量过大,或被调查者不合作都会影响结论的代表性;应用范围较广,搜集的资料往往是表面的,还不能深入了解深层次的内心世界真实情况;如果部分调查对象不作回答,难以知道不回答的原因,回收率难以保证,且也会影响问卷的效度;在城市比在农村适用;在大城市比在小城市适用;在成分单一的总体中比在成分复杂的总体中适用;在对较大规模总体进行统计调查时较适用。

第二节　问卷设计

设计问卷是运用问卷调查法开展研究的前提，如果问卷设计欠当，则研究将毫无意义。为此，问卷设计是任何研究者开展问卷调查前都应该严格把关的问题。

一、问卷设计的步骤

1. 初步探索

这是整个调查研究从设计阶段到资料收集阶段的过渡，是把调查内容转换为具体的问题。要设计一份调查问卷，首要的工作并不是马上动手列出调查的问题，而是先做一定探索性的工作，即先摸底，熟悉和了解一些基本的情况，以便对各种问题的提法和可能的回答有一个初步的认识。探索性工作主要包括进行开放式问卷调查、召开座谈会、个别访谈、实地考察。设计者围绕所要调查的问题，自然地、随便地与各种对象交谈，并留心观察他们的特征、行为和态度。通过交谈，常常可以避免在设计问卷时出现许多含糊的问题，也可以避免设计出不符合实际的答案来。初步探索是设计问卷之前必须进行的一项重要工作，它既是进行问卷设计的基础，也是整个调查研究工作中研究设计阶段向资料收集阶段的必经环节。

2. 设计初稿

这是根据初步探索得到的认识和结果，调查者动手设计问卷、答案，并形成初稿。设计初稿有如下两种基本方法。

1) 卡片法：将每一个问题及答案单独写在卡片上，然后排列组合。具体的步骤为：①根据探索性工作所得到的印象和认识，把每一个问题写在一张卡片上；②根据卡片上问题的主要内容，将卡片分为若干堆，即相同事物的问题卡片放在一起；③按照合适的询问顺序将卡片前后排序；④根据问卷的整体逻辑结构将卡片排出前后顺序；⑤从回答者阅读和填答问题是否方便、是否会形成压力等角度做适当调整。

2) 框图法：将调查内容的逻辑结构列出，然后补充完善。具体的步骤为：①根据研究假设和所需资料的内容，画出整个问卷的各个部分及前后顺序的框图；②具体写出每一部分的问题及答案，并安排好顺序；③根据回答者阅读和填答问题是否方便等方面进行检查、调整和补充。

卡片法和框图法的差别在于：前者是从具体问题开始，然后到部分、整体；后者是从总体结构开始，然后到部分、到具体问题。这两种方法各有自身的优缺点，为了避免二者的缺点，可以将两种方法结合起来使用。

3. 试用和修改

问卷的试用在问卷设计中有十分重要的意义。问卷至少经过一次试用修改后，才形成用于正式调查的问卷。有些研究者对编制问卷是非常重视的，但往往将初稿视为定稿，认为写好以后就可以进行正式调查。其实，这样做是很危险的，不论我们在编写问卷初稿时多么认真，总会有些问题是我们意识不到的。问卷发出以后，即使我们发现了这些潜在的缺陷和错误，也不能进行修改。所以，进行试用是问卷设计中不可缺少的一环。试用问卷初稿的具体方法有两种，一种是客观检验法，另一种是主观评价法。

1）客观检验法：将问卷初稿打印若干份，然后采取非随机抽样的方法选取一个小样本，用这些问卷初稿对他们进行调查。最后认真检查和分析试调查的结果，从中发现问题和缺陷并进行修改。它主要包括以下几个方面：回收率、有效回收率、填写错误、对未回答的问题的分析，对填答错误的问题分析。

2）主观评价法：将设计好的问卷初稿抄写或复印若干份，分别送给该研究领域的专家、研究人员及典型的被调查者，请他们直接阅读和分析问卷初稿，并根据他们的经验和认识对问卷进行评论，指出不妥之处。

二、问题的设计

1. 问题及答案的形式

在调查问卷中，问题的形式可分为开放式问题与封闭式问题两种。

开放式问题只需在问题下面留下适当空白即可。例如，您认为导致中小学产生应试教育倾向的主要原因是什么？答：_____。

封闭式问题常用的形式有：填空式、是否式、多项选择式、矩阵式及表格式五种。

值得指出的是，在设计问题时，调查者要注意各种形式的作用和特点。

2. 问题的语言及设计要求

一般来说，书面语言是问卷的基本材料。要设计出含义清楚、简明易懂的问题，必须注重问题的语言。问题措辞的基本原则是简短、明确、通俗、易懂。问卷设计对语言的基本要求如下。

1）所用语言应简单明了。无论是设计问题还是设计答案，所用语言的第一标准是简单。尽可能使用简单明了、通俗易懂的语言，而不要使用一些复杂的、抽象的概念，以及专业术语或缩略语。

2）问题尽可能缩短。我们在陈述问题时，最好不要用长句子，要使问题尽可能清晰、简短，使回答者能很快看完，并容易看懂。

3）问题避免有双重或多重含义。双重（或多重）含义指的是在一个问题中，同时询问了两件（或几件）事情，导致被调查者无法问答。

4）语言避免带有倾向性或诱导性。在问句的设计中，所提问题应持中立的立场，尽量避免对回答者产生暗示和诱导作用。此外，在问题中引用或列举某些权威的话，或者运用贬义或褒义的词语，都会使问题带有倾向性，都会对回答者形成诱导。

5）问题不能以否定形式提出。在日常生活中，除了某些特殊的情况以外，人们习惯于肯定形式的提问，而不习惯于否定形式的提问。因此，使用否定形式的提问往往会与回答者的意愿相反。

6）回答者是否具备必要的知识。

7）不要直接问具有敏感性或威胁性的问题。在调查过程中，敏感性的问题包括涉及个人利害关系的问题、个人隐私问题、各地的风俗习惯、社会禁忌等的问题。例如，"您家有多少存款？""您离过婚吗？""您信仰何种宗教？"等等。

3．问题的数量

一份调查问卷，到底应包含多少个问题，问卷的长短如何确定，没有统一的标准。一般而言，问卷的长短与问题的多少要根据研究目的、研究内容、样本的性质、分析的方法、拥有的人力和财力等多种因素而定。总的来说，问卷不宜太长，一般以回答者在 30 分钟内完成为宜。问卷太长，容易引起被调查者心理上的厌烦情绪，从而影响填答的质量或回收率。

4．问题的安排次序

1）简单易答的问题放在前面，复杂难答的问题放在后面；

2）能引起被调查者兴趣的问题放在前面，把容易引起他们紧张或产生顾虑的问题放在后面；

3）把被调查者熟悉的问题放在前面，把他们感到生疏的问题放在后面；

4）先问行为方面的问题，再问态度、意见、看法方面的问题；

5）按一定的逻辑顺序安排，时间上先发生的问题先问，不同主题的问题分开，同性质的问题按照逻辑次序排列；

6）个人背景资料，一般放在结尾；

7）若有开放性问题，则应放在问卷最后面。

5．问题的种类

问卷中要询问的问题，大体上可分为四类。

（1）背景性问题

这类问题主要涉及被调查者个人的基本情况，如性别、年龄、民族、文化程度、婚姻情况、行业、职业、职务或职称、收入、宗教信仰、党派团体等，有时还包括被调查者家庭的某些基本情况，如家庭人口、家庭类型、家庭收入等。它们是对问卷进行分析研究的重要依据。

（2）客观性问题

这类问题是指已经发生和正在发生的各种事实和行为。例如，"您家住宅面积有多少平方米""去年您村人均纯收入多少元"等，都是事实方面的问题。又如，"您村外出劳动力主要到什么地方干活""您今年外出旅游到了哪些地方"等，都是行为方面的问题。

（3）主观性问题

这类问题是指人们的思想、感情、态度、愿望等一切主观世界状况方面的问题，如"您对医疗制度改革有何看法？""您认为部分工人失业是经济体制改革过程中不可避免的现象吗？""您对自己目前所得到的报酬是否满意？""您希望自己的孩子将来从事什么职业？"，等等。

（4）检验性问题

这类问题是为检验答卷人的回答是否真实、准确而设计的问题。例如，在问卷中先问："您今年多少岁？"在问卷后再问："您哪年结婚？""当时多少岁？"又如，先问收入、再问支出，或先问支出、后问收入等。这类问题，一般安排在问卷的不同位置，通过互相检验来判断回答的真实性和准确性。

在上述四类问题中，背景性问题是任何问卷都不可缺少的，因为背景情况是对调查者分类和对不同类型被调查者进行对比研究的重要依据。其他三类问题则依调查的目的、内容而定。例如，人口调查主要涉及客观性问题，民意测查则主要涉及主观性问题，只有比较复杂的调查问卷（特别是经济调查问卷），才需要设计检验性问题。

6. 问题的结构

问题的结构，即问题的排列组合方式。它是问卷设计中的一个重要问题。为了便于被调查者回答问题，也便于调查者对调查资料的整理和分析，设计的问题一般可采取以下几种方式排列。

1）按问题的性质或类别排列，而不要把不同性质或类别的问题混杂在一起。例如，把背景方面的问题放在问卷的前面或后面，把经济方面的问题、生活方面的问题、家庭方面的问题等等都相对集中地放在一起。这样，就便于被调查者按问题的性质先回答完一类问题，再回答另一类问题，而不至于使他们回答问题时思路经常中断和来回跳动。

2）按问题的复杂程度或困难程度排列。一般地说，应该先易后难，由浅入深；先客观事实方面的问题，后主观状况方面的问题；先一般性质的问题，后特殊性质的问题，特别是敏感性强、威胁性大的问题，更应安排在问卷的后面。这有利于增强被调查者回答问题的信心，有利于把回答逐步引向深入，而不至于一开头就把他们难住了，不知如何回答。

3）按问题的时间顺序排列。一般地说，应该根据调查事物的过去、现在、将来的历史顺序来排列问题。当然，也可以反过来，先问当前的有关问题，然后由近及远地追溯过去的情况。但是，无论是由远到近还是由近及远，问题的排列时间顺序上都应该有连续性、渐进性，而不应该来回跳跃，打乱被调查者回跳跃，打乱被调查者回答问题的思路。

总之，问题的排列要有逻辑性。但是，在特殊情况下，也不排除对某些问题非逻辑安排。例如，许多人在回答逐年生产或收入情况时，往往有"不断增加"的回答定势。为了打破这种回答定势，就可以把有关问题的时间顺序颠倒一下，或分别安排在问卷的不同部分询问。此外，检验性问题也应分别设计在问卷的不同部分，否则就难以起到检验作用。

7. 设计问题的原则

要提高问卷回复率、有效率和回答质量，设计问题应遵循以下原则。

（1）客观性原则

客观性原则是指设计的问题必须符合客观实际情况。例如，在 2002 年农村居民拥有耐用消费品情况，如果仅仅设计手表、自行车、缝纫机、收音机等老"几大件"，就大大落后于实际；如果设计上微波炉、笔记本电脑、小轿车等项目，则又可能超过了现实。

（2）必要性原则

必要性原则即必须围绕调查课题和研究假设设计最必要的问题。设计的问题数量过少、过于简略，无法说明调查所要说明的问题；数量过多、过于繁杂，不仅会大大增加工作量和调查成本，而且会降低回答质量，降低问卷的回复率和有效率，也不利于正确说明调查所要说明的问题。

（3）可能性原则

该原则是指设计的问题必须符合被调查者回答问题的实际。凡是超越被调查者理解能力、记忆能力、计算能力、回答能力的问题，都不应该提出。例如，有的问卷向农民询问："您的价值观是什么？""您家农业生产的成本是多少？""腐败现象的根源是什么？"对于这样一些问题，一般农民是不可能理解、回答的；即使勉强回答了，也不可能正确地反映真实情况。

（4）自愿性原则

这类问题考虑的是被调查者是否自愿真实回答问题。凡被调查者不可能自愿真实回答的问题，都不应该正面提出。例如，有的问卷提出这样的问题："您家是否溺过女婴？""您是否有婚外情？""您贪污受贿过多少次？多少钱？"等。对这类问题，被调查者一般都不可能自愿做出真实回答，或者干脆不予理睬，因此一般都不宜正面提出。

三、问题的表述

问卷所使用的语言和提问的方式直接影响调查对象对问题的理解和回答问题的情绪，影响问卷的回收率和回收问卷的质量。因此，如何用恰当的语言和提问方式表述好所要询问的问题就成为问卷编制中至关重要的问题。问卷调查一般是自填式的书面调查，被调查者只能根据书面问卷来理解问题和回答问题。因此，问题的表述就成为问卷设计的重点和难点。

（一）表述问题的原则

1. 具体性原则

具体性原则即问题的内容要具体，不要提抽象、笼统的问题。例如，"您认为青年人应该建立什么样的人生观？""您所在单位的社会风气好吗？"对于"人生观""社会风气"这样一些抽象、笼统的问题，人们的看法往往很不相同，在没有明确操作定义的情况下，被调查者是无法回答的，即使勉强回答出来了，也是无法进行科学分析的。

2. 单一性原则

单一性原则即问题的内容要单一，不要把两个或两个以上的问题合在一起提出。所谓双重（或多重）含义问题，就是在一个题目中问了两个（或多个）不同的事情。存在双重或多重含义问题是问卷设计中经常出现的毛病，有时在一份问卷中可能会出现多次。例如，"您父母支持您志愿到边疆工作吗？""你们单位的职工经常读报吗？"对于这类复合问题，被调查者是无法准确回答的。因为对于一个志愿到边疆工作的人，其父母的态度可能不一样；对于一个单位的职工，有的经常读报，有的偶尔读报，有的从不读报。这样，对上述复合问题的任何回答都可以说是对的，也可以说是错的。调查研究者在编制问卷时一定要记住，一个题目只能询问一个问题。

3. 通俗性原则

通俗性原则即表述问题的语言要通俗，不要使用被调查者感到陌生的语言，特别是不要使用过于专业化的术语。问卷使用的是一种书面语言，调查对象填写问卷时，研究人员不一定在场。因此，要使人能正确理解、准确地回答问题，最基本的条件是问卷要根据研究对象总体的文化程度等状况，使用通俗易懂的语言来表述问题，即问题中的词汇是所有回答者都能明白的、熟悉的词汇，不要用专业术语、缩略语、抽象概念，不要让人回答不理解、不知道或难以回答的问题。例如，对一般居民就不宜问："您家有几位育龄妇女？"对一般农民就不宜问："您家生产的稻谷每百斤的成本是多少？""您家的消费结构怎样？"，等等，因为一般被调查者不可能准确理解"育龄妇女""成本""消费结构"等专业术语的含义。

4. 准确性原则

准确性原则即表述问题的语言要准确，不要使用模棱两可、含混不清、容易产生歧义的语言或概念。例如，应该避免使用"也许""好像""可能"这些模棱两可的语言。对"经常""有时""偶尔"这些含混不清的词语应当做具体说明。例如，"经常"指每周一次或更多，"有时"指每月一至二次，"偶尔"是指每季一次或更少等。对于"专业大户""先进企业""落后单位"这些容易产生歧义的概念，调查研究者则应该设计出明确的操作定义。

5. 简明性原则

简明性原则即表述问题的语言，应该尽可能简单明确，不要冗长和啰唆。俗话说，"多言必有失"，问题的陈述越长，越容易产生含混不清的地方，啰唆冗长也会使人望而生厌，影响回答的情绪。因此，陈述问题时最好不用长句子，尽可能缩短。问题陈述要简短，同时要保证问题的陈述要明确，不能含糊不清。实践证明，对于简明的问题，回答率和有效率一般都较高；冗长、啰唆的问题则容易含混不清、产生歧义，回答率和有效率会大大下降。

6. 客观性原则

客观性原则即表述问题的态度要客观，不要有诱导性或倾向性语言。中国有句话是"听话听声，锣鼓听音"。如果我们的问题中隐含着假设或期望的结果，那么，尽管答卷人听不到研究者的声音，却能从问题的措辞中揣摩出研究者的本意，在选择答案时就会考虑怎样答或不该怎样答，使真实性受到一定程度的影响，产生测量误差。因此，问题不能带有倾向性，也不能诱导，一定要保持客观中立的态度。例如，"您喜欢教师这一受人尊敬的职业吗？""多数青年人认为'没有爱情的婚姻就应该离婚'，你同意吗？"这种表述方式，包含了明显的倾向或诱导的含义，被调查者在趋同心理支配下往往做出肯定回答，却不一定是自己的真实看法。另外，在问题的表述中要避免出现那些有权威的、享有盛誉的人或机构的名称；更不要直接引用他们的原话。例如，"毛主席强调'毫不利己，专门利人'，您认为对吗？""党中央号召'一对夫妇只生一个孩子'，您拥护吗？"对于这类问题，被调查者一般是很难做出否定的回答。我们在编写题目时，一要避免使用"多数人认为……"一类的词语；二要避免使用"您对……赞成吗""您对……反对吗？"之类的问法；三要避免使用类似"一对夫妇只能生一个孩子是我国的国策，你是否拥护？"等引用权威人士或组织机构的言论。

7. 非否定性原则

非否定性原则要避免使用否定句形式表述问题。人们一般习惯于用肯定句形式提出问题和回答问题，因而用否定句形式表述问题往往会造成一些误解，并且调查问题读起来很别扭，不符合人们阅读和地位的习惯。例如，"您是否赞成在公共场合不抽烟？"回答"是"的人很可能是不反对在公共场合抽烟的人；回答"否"的人则可能是反对在公共场合抽烟。如果改为"您是否赞成在公共场合抽烟？"就不会产生上述误解。

（二）特殊问题的表述方式

诸如涉及个人隐私（如收入、非法用药、艾滋病等）或对某些政治性问题、对上级领导的看法等，都属于敏感性问题，如果直接提问往往或引起两种后果，一是拒答，二是说假话。调查对象这样做的原因有三个：一是为了使自己更符合一般的社会期望；二是避免可能对自己造成的威胁或伤害；三是维护自己的形象，不要被冷眼相看。因此，对于敏感性问题，不要直接问，最好采取间接询问的方式，并且语言特别委婉，使调查者容易接受，愿意回答。

对于某些敏感性强、威胁性大的特殊问题，在表述方式上应该做些减轻威胁程度的特殊处理，以便被调查者易于面对这些问题，并敢于坦率如实回答。特殊问题的处理有以下几种方法。

1）释疑法，即在问题前面写一段消除疑虑的功能性文字。例如，"宪法规定：'中华人民共和国公民对于任何国家机关和国家工作人员，有提出批评和建议的权利'，您对您所在地方政府机关主要负责人有何评价？"又如，"对同题有不同看法是一种正常现象，每一个人都应该有自己的观点。您认为：'没有爱情的夫妻有婚外情是可以理解的'这种意见对吗？"

2）假定法，即用一个假言判断作为问题的前提，然后再询问被调查者的看法。例如，"假如允许在职工作人员自由流动，您是否还愿意留在原单位工作？""如果对生育不加任何限制，您希望生几个孩子？"。

3）转移法，即把回答问题的人转移到别人身上，然后再请被调查者对别人的回答做出评价。例如，"对于实行破产法，一些人认为利大于弊，另一些人认为弊大于利，您认为哪种意见更符合实际？""对于婚姻关系中的第三者，有些人认为不道德，有些人认为无所谓，您同意哪种看法？"。

4）模糊法，即对某些敏感问题设计出一些比较模糊的答案，以便被调查者做出真实的回答。例如，个人收入是一个比较敏感的问题，许多人不愿做出具体回答。但是，如果这样设计：您本人全年的收入是：

① 1 000 元以下　　　　　　□　　② 1 000～2 000 元　　　　　　□
③ 2 000～5 000 元　　　　　□　　④ 5 001～10 000 元　　　　　□
⑤ 10 000～30 000 元　　　　□　　⑥ 30 000～50 000 元　　　　□
⑦ 50 000～100 0000 元　　　□　　⑧ 100 00000 以上　　　　　　□

这样，被调查者就有可能做出比较符合实际的回答。

总之，问题的表述是问卷设计中一个非常重要而困难的问题。问卷设计的质量、问卷调查的效果，在很大程度上取决于问题的表述。因此，在设计问卷时，研究者对问题的表述应该舍得下功夫，应该认真琢磨、反复推敲。

四、回答的设计

回答的设计就是答案的设计。我们知道，问卷中的每一道题都是在对某一个变量进行测量，如果我们将题目比作测量的尺子，那么，答案便是尺子上的刻度。刻度制作的是否准确，是否符合测量的基本准则，将决定研究者是否能够获得想要的数据。答案设计得不好，调查对象难以回答，或不想回答，问卷的信度效度就会降低，问卷资料的价值就会受到很大的影响。因此，一份好的问卷不仅要求每个题目提得好，而且答案要设计好。问卷对被调查者来说是一份答卷。

（一）回答的类型和方式

回答有三种基本类型，即开放型回答、封闭型回答和混合型回答。

1. 开放型回答

所谓开放型回答，是指对问题的回答不提供任何具体答案，而由被调查者自由填写。例如，您认为加入 WTO 后中国面临的最大挑战是什么？＿＿＿＿＿＿＿＿。您对于轿车进入家庭有何看法？＿＿＿＿＿＿＿＿＿＿＿＿＿＿＿。

2. 封闭式回答

封闭式回答有以下八种类型。

(1) 填空式

例如，您有（　　　）个孩子。

(2) 两项式

例如，您的性别是？（请在适当的方格内打"√"）

男　□；　女　□

您家有电视机吗？（请在适当的方格内打"√"）

有　□；　没有　□

这种回答方式，适用于互相排斥的两择一式的定类问题。

(3) 列举式

即在问题后面设计若干条填写答案的横线，由被调查者自己列出答案的回答方式。例如，请问您选择职业时最看重什么条件？（请列举最重要的2个条件）

第一个条件：_____；第二个条件：_____。

这种回答方式，适用于回答有几种互不排斥的答案的定类问题。

(4) 选择式

所谓选择式回答，即列出多种答案，由被调查者自由选择一项或多项的回答方式。

您认为您所在的城镇亟须解决的社会问题是什么？（请在您选择的项目后打"√"，可任选3项）

住房紧张　□　　交通拥挤　□　　空气污染　□　　水源不足　□

人口膨胀　□　　社会秩序不好　□　服务设施差　□　　管理混乱　□

这种回答方式，适用于有几种互不排斥的答案的定类问题。在几种答案中，规定选择一项，也可规定选择多项。

(5) 顺序式

顺序式回答是指列出若干种答案，由被调查者给各种答案排列先后顺序的回答方式。如：当前在农业生产中经常遇到哪些困难？（请按困难程度给下列问题编号，困难最大的为1，最小的为8）

□资金不足　　□缺乏技术　　□土地划分不当　　□生产资料供应不畅

□信息闭塞　　□买难卖难　　□各种摊派过多　　□剩余劳动力无出路

您认为当前国家公务员腐败最严重的表现是什么？（请按严重程度把下列问题的编号填写在后面的空格内，最严重的填在左边第一格，然后依次向右填写）

①借改革之名化公为私　②行贿受贿　　③拉帮结派　　④公款旅游

⑤假文凭、假证件　　　⑥贪污　　　　⑦大吃大喝　　⑧提干走后门

⑨养情人、包二奶　　　⑩公款赌博

□　□　□　□　□　□　□　□　□　□

这种回答方式，适用于要表示一定先后顺序或轻重缓急的定序问题。

(6) 等级式

等级式回答就是列出不同等级的答案，由被调查者根据自己的意见或感受选择答案的回答方式。例如，您对您所在社区的社会治安工作是否满意？（请按您的感受在下列适当的空格内打"√"）

①很满意　□　　　　②比较满意　□　　　　③无所谓　□

④不满意 □　　⑤很不满意 □　　⑥不知道 □

您是否赞成目前正在进行的国有小型企业产权制度改革？（请按照您的看法在下列适当的方格内打"√"）

①非常赞成 □　　②赞成 □　　③中立 □

④反对 □　　⑤坚决反对 □　　⑥拿不定主意 □

常用的表示等级的词语还有：非常喜欢，比较喜欢，无所谓，讨厌，非常讨厌；完全同意，同意，中立，不同意，坚决不同意，无可奉告；经常，有时，偶尔，没有，不适用；很好，可以，不好，很差，无所谓，等等。此外，还可以用数字来表示等级。例如，

赞成　□□□□□　不赞成
同意　□□□□□　不同意
满意　□□□□□　不满意
高兴　□□□□□　不高兴
喜欢　□□□□□　不喜欢

2　1　0　-1　-2　或者：5　4　3　2　1

（7）矩阵式

矩阵式回答是指将同类的几个问题和答案排列成一个矩阵，由被调查者对比着进行回答的方式。如，您认为当前最严重的社会问题是什么？（请在适当的方格内打"√"）

	非常严重	比较严重	一般	不太严重	无所谓	不知道
①下岗失业问题	□	□	□	□	□	□
②社会治安问题	□	□	□	□	□	□
③贫富分化问题	□	□	□	□	□	□
④国民素质问题	□	□	□	□	□	□
⑤官员腐败问题	□	□	□	□	□	□
⑥社会公德问题	□	□	□	□	□	□

您希望自己的生活在哪些方面得到改善？（请在适当的方格内打"√"）

	非常迫切	比较迫切	不太迫切	不需要	无所谓
①吃的方面	□	□	□	□	□
②穿的方面	□	□	□	□	□
③用的方面	□	□	□	□	□
④住的方面	□	□	□	□	□
⑤行的方面	□	□	□	□	□
⑥娱乐方面	□	□	□	□	□

这种回答方式，适用于同类问题、同类回答方式的一组定序问题。

（8）表格式

表格式回答就是将同类的几个问题和答案列成一个表格，由被调查者回答的

方式。它实际上是矩阵式的一种变形，如下表（说明：请在您认为最合适的栏目中打"√"）。

项目	非常严重	比较严重	一般	不太严重	无所谓	不知道
下岗失业问题						
社会治安问题						
贫富分化问题						
国民素质问题						
官员腐败问题						
社会公德问题						

封闭型回答有许多优点，它的答案是预先设计的、标准化的，它不仅有利于调查者正确理解和回答问题，节约回答时间，提高问卷的回复率和有效率，而且有利于对回答进行统计和定量研究。封闭型回答还有利于询问一些敏感问题，调查者对这类问题往往不愿写出自己的看法，但对已有的答案有可能进行真的选择。封闭型回答的缺点是设计比较困难，特别是一些比较复杂的、答案多或不太清楚的问题，很难设计得完整、周全，一旦设计有缺陷，被调查者就无法正确回答问题；它的回答方式比较机械，没有弹性，难以适应复杂的情况，以发挥被调查者的主观能动性；它的填写比较容易，被调查者可能对自己不，甚至根本不了解的问题任意填写，从而降低回答的真实性和可靠性。

3. 混合型回答

所谓混合型回答，是指封闭型回答与开放型回答的结合，它实质上是半封，半开放的回答类型。例如，

您目前最迫切需要解决的问题是：（请在最合适的空格中打"√"）
①提高专业水平 □ ②加入中共组织 □
③增加收入 □ ④改善住房条件 □
⑤调换工作单位 □ ⑥找对象 □
⑦得到理解和支持 □ ⑧其他（请说明）_____
您对解决这些问题是否有信心？为什么？
_____。

（二）设计答案的原则

1. 相关性原则

相关性原则即设计的答案必须与询问问题具有相关关系。例如，如果询问"领导干部应该具有哪些能力？"其答案就应该列举与领导工作相关的调查研究能力、科学决策能力、使用干部能力、协调服务能力，等等，而不应该列举文艺写作能力、音乐欣赏能力、古玩鉴别能力，等等。因为后面几种能力与领导工作没有直接的相关关系。

2. 同层性原则

同层性原则即设计的答案必须具有相同层次的关系。例如，如果询问"您希望自己从事什么职业？"其答案就应该是工人、农民、商业人员和服务员、专业技术人员、管理人员等职业类别，而不应该包括清洁工、营业员等工种类别，也不应该包括粮农、菜农等种植业类别，因为"职业类别"与"工种类别""种植业类别"是不同层次的类别。

3. 完整性原则

完整性原则即设计的答案应该穷尽一切可能的、起码是一切主要的答案。例如，如果询问"您是什么文化程度？"如果答案只设计小学、中学和大学就违背了完整性原则。但是，如果改为小学及其以下、中等教育、大专及其上，就符合完整性原则了。当答案过多时，可以只设计几种主要答案，然后加一个"其他"，这样就达到了完整性的要求。

4. 互斥性原则

互斥性原则即设计的答案必须是互相排斥的。例如，如果询问"您专业技术职称是什么？"设计的答案是初级、中级、副高、高级，就不符合互斥性原则，因为"副高"与"高级"不是互相排斥的，而是兼容的。只有计为初级、中级、高级的答案才符合互斥性原则。

5. 可能性原则

可能性原则即设计的答案必须是被调查者能够回答、也愿意回答的。如果设计的答案是"今年您家的恩格尔系数是＿＿＿""2002年您劳动了（　　）天？""去年您家全年的储蓄存款是＿＿＿元""您对加入WTO的感受是＿＿＿"等。这样一些一般调查者难以理解、回忆、计算和难以表达的答案，或者是涉及被调查者不能够、不愿意回答的隐私性、敏感性的答案，就违背了可能性原则。

（三）特殊回答的设计

在回答方式的设计中，有一种相关问题转接的设计应该引起特别的关注。在设计这类问题的答案时，通常可以采取以下四种方式。

1. 用文字说明

例如，1）您有孩子吗？

①有　　□　　②无　　□（若无，请直接回答下一题）

a. 有几个孩子＿＿＿＿＿。

b. 现在有几个孩子与您一起生活＿＿＿＿＿＿＿＿＿。

2）您妻子在哪里工作？＿＿＿＿＿＿＿＿＿＿＿＿＿＿＿＿。

2. 分层次排列

如：您在业余时间学习某种专业技术？

①是　　□

为什么？＿＿＿＿＿＿＿＿＿＿＿＿＿＿＿＿＿＿

②否　　□

为什么？_____

3. 用框格表示

如：您结过婚？

①是　　□　　②否　　□

如果是：第一次结婚时的年龄是____岁。

4. 用线条连接。如：您有正式职业吗？

　　　　　(1) 有　　□
　　　　　(2) 没有　□
　　→ 您从事现在的职业有几年？
　　　　　(1) 2年以内　　□
　　　　　(2) 2～5年以内　□
　　　　　(3) 5年以上　　□
　　→ 您待业已有几年？
　　　　　(1) 1年以内　　□
　　　　　(2) 1～2年以内　□
　　　　　(3) 2年以上　　□

第三节　问卷调查法的实施

问卷调查的实施过程包括问卷信度与效度的检验、问卷对象的选择、问卷的发放、问卷的回收及问卷的处理等环节。

一、问卷信度与效度的检验

信度是指运用相同的测量手段重复测量同一对象时所得结果的前后一致程度。测量的信度通常以相关系数来表示。在实际应用中，信度指标主要有以下几种类型：①复查信度，即在不同的时间点采用同一种测量工具先后测量两次，根据两次测量的结果计算出相关系数；②复本信度，即将一套测量工具设计成两个（或两个以上）等价的复本，用这两个复本同时对同一研究对象进行测量，然后计算出所得两个结果之间的相关系数；③折半信度，即将调查的所有问题按性质、难度编好单双号，在单数题目的回答结果与双数题目的回答结果之间求相关。影响调查问卷的信度主要因素有：①抽样调查所依据的样本容量太小；②抽样方法不当（或典型的选择不当）造成较大的抽样误差；③所使用的测量工具不当或不全面。

效度是指测量工具能够准确、真实地测量事物属性的程度，或是指所用的指标能够如实反映某一概念真实含义的程度。它有两层含义：①测量指标与所要测量变量之间的相关与吻合程度；②测量的结果是否接近该变量的真实值。如果二者均一致与接近，则该计量的效度较高。效度可以分为三种类型：①表面效度，是指测量内容与测量目标之间的合适性和相符性；②标准效度，即以某次测量结果为标准，来评价与之相关的另一次测量的有效性；③建构效度，即用某一测量工具对某一命题测量的结果与该命题两个变量间理论上的关系是否相一致。影响问卷调查的效度因素主要有：①调查内容不能准确地反映调查目的，即跟调查目的的关系不大甚至无关的内容较多，而跟调查目的的密切相关的内容又考虑不周全；②调查问题太笼统，调查中使用的概念不清楚或者超出被调查人的经验范围，在这种情况下会收集到无效的资料。

问卷测量的信度和效度之间既相互联系，又相互制约。一般来说，缺乏信度的测量肯定也是无效度的测量；而具有很高信度的测量并不意味着也是高效度的测量。另外，当研究者努力提高测量中的效度时，其测量的信度同样受到影响。因此，一个优良的测量指标必须同时具有效度和信度，是效度和信度的有机统一，只有这样，才能保证调查材料是可靠和有用的。

二、问卷对象的选择

我们知道，社会调查实质上是调查者通过问卷向被调查者了解情况的过程。这一过程可以简单地表示为：调查者—问卷—被调查者。"调查者—问卷"这一环节，指的是调查者按照研究的目的和意图设计出问卷。如果仅从这一点考虑，问卷设计的出发点是调查者。但问题还有另外的一半，"问卷—被调查者"这一环节中，问卷则是众多被调查者的主宰。因此，调查者在进行问卷调查时，要取得好的效果，设计问卷时就不能只把注意力放在编制问题上，还要注意问卷调查过程中人的因素。同时，在问卷对象选择时，调查者要考虑到实际中可能出现的种种困难，如被调查者的配合问题、被调查者的时间安排问题，等等。

三、问卷的发放

问卷调查的质量不仅取决于问卷的设计，还取决于问卷发放到回收的环节上的工作。问卷发放的途径有通过报刊发行、邮寄、送发、个别访问等。其中，通过报刊发行和送发问卷是我国目前问卷调查使用最为普遍的两种形式。问卷发放时必须关注两个问题：一是要有利于提高问卷的填答质量，二是有利于提高问卷的回收率。送发问卷可以由调查者本人亲自到现场发放问卷，也可以委托组织或他人发放问卷，两者各有优缺点。发放问卷最好是利用被调查对象集中的机会，这样效率比较高。但调查者到被调查单位，一般很难遇到这种机会。因此，如果能委托对方的组织出面或与自己关系密切的人出面发放问卷就比较方便；但如果调查者能亲自发放，则能亲自解释，这对于提高问卷填写质量和回收率都有好处。因此，只要调查者有时间，应尽可能亲自发放问卷并指导被调查者进行问卷的填写。如果委托他人发放问卷，则一定要委托负责任的组织或个人，绝不能草率从事。另外，不管是调查者本人到场发放问卷还是委托他人发放，都必须征得问卷调查单位的同意，获得他们的支持和配合。

四、问卷的回收

问卷回收时要抓好两个环节，即问卷填写情况的当场检查和注意提高问卷的回收率。在问卷回收时，调查者必须当场粗略地检查填写的质量，主要检查问卷是否有漏填和明显的错误，以便及时更正，保证问卷由较高的有效性。问卷的回收率是影响问卷调查质量的一个关键问题，根据有关专家研究测定，成功的送发问卷的回收率应达到 70%以上，而 50%的回收率是送发问卷的最低要求。如果回收率达不到 50%，那么问卷调查就失败，问卷应中止。

为了达到一定的回收率，调查者可以采用一些奖励的办法来刺激广大读者填答问卷和回复问卷的兴趣和积极性，如赠送一些小礼品等。为提高问卷的回收率，调查者还必须做到：调查的组织工作要十分严密，调查人员都要有认真负责的精神；调查课题与被调查者的兴趣或利益密切相关，对被调查者有吸引力；问卷不长，问题简单，填答容易；使用送发或个别访问的调查方式。

五、问卷的处理

在计算机录入数据之前，对问卷信息及有关的数据进行审核是非常重要的。如果不把那些不准确、不必要的数据剔除掉，在数据录入时就会造成人力、经费等的浪费，特别是不能保证数据的质量。因此，在问卷回收后，需要我们认真地对答卷进行审核。审核的内容有两项：①检查每一份答卷的每一个项目，以确定该答卷的完整性和有效性；②统计回收问卷和有效问卷的份数，确定是否需要进一步补充调查，以满足样本量及样本结构的要求。

1）要从形式上审查答卷的有效性和真实性。如果问卷中没有回答的题目达到无效答卷规定的数量，或者各题所选择的项目是按某种规律进行，或者必要的基本信息没有填写，说明调查对象回答不认真，所提供的信息是不可信的，这份答卷应视为无效问卷而予以剔除。

2）要认真检查问卷中每个题目的回答是否符合问卷的规范和要求，例如，问卷的基本信息填写是否有误，是否按指导语填写，是否有明显的错误和矛盾等。

3）要对问题进行编码。所谓编码，是指将调查对象给出的答案标上代码，以便计算机能够识别。根据需要，代码可以是数字，也可以是字母。编码可分为事前编码和事后编码。事前编码是在设计问卷时就把各个问题的所有可能回答的选项都赋予一个代码，编码时只要逐一记录调查对象回答的选项代码即可。封闭式问卷通常采用事前编码的方式，事后编码是在调查之后进行的编码。例如，开放式问题以及封闭式问题中的"其他"（由调查对象自己书写的具体内容），在问卷回收之后，经过整理归纳并将回答加以分类，才能进行编码；另外，为进行统计分析，需要根据问卷中的变量产生某些新的变量，对此所进行的编码，可以做事前编码也可以作为事后编码。

在对资料进行编码时，研究者必须事先制订详尽的计划和明确的规则，通常需要编制一份编码手册，用来记载资料数量化的所有格式、内容，以及使用计算机资料的具体步骤。事前编码和事后编码手册的编码手册最后将合并为一个编码手册。编码手册最直接的作用是提供一套标准化的编码作业程序。由于问卷调查的样本规模一般都是成百上千，一份问卷又有几十至上百个问项，故编码手册是许多人共同完成的。编码手册还是编码作业的一份操作档案，由于搜集到的资料千变万化，极有可能遭遇事先未考虑的情况，编码人员对此采用的处理策略，在经过与研究人员讨论并得到认可后，便可补充到编码手册中。最后，编码手册还是数据分析人员了解数据文件的指南，因为编码手册除了能使所有编码的参与人员便捷地理解资料的内容和格式外，也能让资料分析人员方便地认识、理解数据所包含的各个变量，特别是进行数据二次分析的研究者更是如此。

第四节　问卷调查法在教育研究中的运用

本节着重阐述如何问卷调查法研究教育问题的思路及相应案例。

一、运用问卷调查法解决教育问题的思路

运用问卷调查法解决教育问题的基本步骤包括初步探索、设计初稿、试用和修改、问卷发放及回收、问卷编码及输入、问卷分析等几个环节。

1）初步探索。调查人员首先要熟悉和了解一些基本情况，以便对各种问题的提法和可能的回答有一个初步的认识。这是整个调查研究从设计阶段到资料收集阶段的过渡，是把调查内容转换为具体的问题。

2）设计初稿。这是根据初步探索得到的认识和结果，调查者开始动手设计问卷、答案，并形成初稿。

3）试用和修改。问卷初稿设计好后，必须对问卷进行试用和修改。问卷的试

用在问卷设计中有十分重要的意义,问卷至少经过一次试用修改后,才形成用于正式调查的问卷。

4)问卷发放及回收。调查人员将问卷送给(或者邮寄)被调查者,由被调查者自己阅读和填答,然后再由调查者收回。

5)问卷编码及输入。调查人员将调查问卷回收以后,下一步就是对调查问卷进行初步审阅,校正填错、误填的答案,剔除乱填、空白和严重缺答的问卷。然后对调查问卷进行编码,经过转换处理,将回收问卷中的一个个具体答案转换成为具体的数码,最后将调查问卷输入计算机。

6)问卷分析。调查所得的原始资料经过审核、整理与汇总以后,就需要进行系统的统计分析,揭示出调查资料所包含的众多的信息,然后得出调查结论。

二、运用问卷调查法解决教育问题的实例

按照问卷调查法解决教育问题的六大步骤:初步探索、设计初稿、试用和修改、问卷发放及回收、问卷编码及输入、问卷分析。"普通高中学生资助问题研究"这一课题的问卷调查法研究分为六个环节进行。

(一)初步探索

要设计一份关于普通高中学生资助问题的调查问卷,第一步工作并不是马上动手列出调查的问题,而是先做一定的探索性工作,即先摸摸底,熟悉和了解普通高中学生资助工作的基本情况,以便对普通高中学生资助问题的提法和可能的回答有一个初步的认识。问卷设计者围绕所要调查的问题,自然地、随便地与普通高中学生、高中教师、高中班主任和高中校长进行交谈,并留心观察这些研究对象的特征、行为和态度。这样,通过交谈,可以避免在设计问卷时出现许多含糊的问题,也可以避免设计出不符合客观实际的答案。通过观察、开座谈会、个别访谈等方法,收集调查对象对问题概念的理解,以及具体的表述方法、术语或俚语,甚至一个问题应该有多少个答案,怎样达到概念的穷尽性。通过对普通高中学生资助情况的初步探索,熟悉和了解各种类型的调查对象对普通高中学生资助的某一问题所给予的具体回答,就为问卷设计者根据实际情况恰当地设计出这一问题的各种答案奠定了基础。

(二)设计初稿

设计初稿一般使用两种方法,一种是卡片法,另一种是框图法。

如果"普通高中学生资助问题研究"这个课题研究采用卡片法设计初稿,则卡片法的第一步就是将根据普通高中学生资助问题的探索性工作得到的印象和认识,把想到的每一个问题都写在一张卡片上。第二步将卡片上关于普通高中学生资助问题的主要内容分为若干堆,把相同的问题卡片放在一起。第三步,根据普通高中学

生资助问题的逻辑关系，将每一堆按合适的顺序前后排序。第四步根据普通高中学生资助问题问卷的逻辑结构排出每一堆的前后顺序，使卡片联成一个整体。第五步从回答者阅读和填答的问题是否方便、是否形成压力的角度，反复检查普通高中学生资助问题前后顺序及连贯性，对不当之处进行适当的调整和补充。最后将整理好的问题依次记录在纸上，形成普通高中学生资助问题问卷初稿。

如果"普通高中学生资助问题"这个课题研究采用框图法设计初稿，则是根据普通高中学生资助问题的逻辑秩序和难易程度排列出问题的先后次序。例如，先列好普通高中学生资助问题的先后次序，然后根据问题的先后顺序，画出问卷的流程图。画流程图时，研究者既要注意问题的先后次序，也要考虑到过滤性问题和相依性问题之间的关系，并在流程图上标好每个问题的编号，最后根据问卷流程图的内容编写问卷草案。

（三）试用和修改

调查问卷初稿设计好以后，不能马上用于正式调查，必须对问卷初稿进行试用和修改，可以采用客观检验法和主观检验法。

1）运用客观检验法，即将普通高中学生资助问卷初稿打印若干份，然后才去非随机抽样的方法，选取一个小样本，用这些普通高中学生资助问卷初稿进行调查，最后检查和分析调查结果，从中发现问题和缺陷并进行修改。例如，如果这些问卷的回收率不足50%，就表明普通高中学生资助问卷存在较大的问题。如果调查问卷的有效回收率不高，回收的废卷较多，就说明回答者对普通高中学生资助问卷填答完整的较少，这就意味着问卷初稿中的问题也较多。如果调查问卷中出现了不少填写错误，就表明回答者对问题含义不理解或存在误解，这可能是因为问题过于复杂，指导语不明确等。这就需要研究者对普通高中学生资助问题部分地方进行适当的修改。

2）运用主观评价法，即是将普通高中学生资助问卷初稿抄写或复印若干份，分别送到教育专家、高中校长、高中班主任、高中学生、高中教师手中，请他们直接阅读，并根据他们的经验和认识对问卷进行检查和评论，指出不妥之处并提出修改意见。最后，根据上述方法找出普通高中学生资助问卷初稿中存在的问题后，研究者逐一对问卷初稿中的毛病进行认真分析和修改，最后形成定稿。

（四）问卷的发放和回收

研究者将普通高中学生资助问题调查问卷印制好以后，就可以开始分发调查问卷了。分发调查问卷一般有三种形式：自填问卷法、邮寄填答法和集中填答法。根据调查问卷的类型，研究者一般选择集中填答法。具体的做法是：先利用普通高中学生开会或进行集中活动时，每人发一份问卷；接着由研究者统一讲解调查的主要目的、要求、问卷的填答方法等事项；然后请被调查的普通高中学生当场填答问卷；填答完毕后再统一将问卷收回。收回的问卷可以采用投入问卷回收箱的方法，以消除集中填答所带来的某些心理顾虑。

(五)问卷的编码及输入

研究者将普通高中学生资助问题调查问卷回收后,首先要对调查问卷进行审核,校正错填、误填的答案,剔除乱填、空白和严重缺答的问卷,其目的是使得调查问卷具有较好的准确性、完整性和真实性,从而为调查问卷的编码和输入打下较好的基础。为了确保调查问卷的真实性、准确性,除了要对调查问卷进行上述的审核工作,研究者还要进行复查工作。复查结束后,研究者就要对被调查者对问卷中问题的回答转换成供计算机识别和统计的数字。为了减少资料转换中工作的误差,保证数据的质量,研究者需要编制编码手册。在编码手册中,研究者要将需要的编码的项目和问题一一列出,逐一规定它们的代码、宽度、栏码、简要名称、答案赋值方式及其他特殊规定等。将编码手册编制好以后,研究者就可以让录入员将调查问卷答案录入计算机。

(六)问卷分析

调查所得的普通高中学生资助问题调查问卷经过审核、整理与汇总以后,就需要进行系统的统计分析,才能揭示出调查资料所包含的众多信息,得出调查结论。统计分析的内容可以根据变量的多少划分为单变量分析、双变量分析和多变量分析。前两者是初等统计,后两者是高等统计。研究者可以根据普通高中学生资助问题调查问卷具体内容,选择合适的统计方法来分析调查问卷。

思考题:

1. 问卷的结构与特点各有哪些?
2. 在教育研究中,运用问卷调查法有何局限?
3. 如何才能设计好一份调查问卷?
4. 编制问卷调查的一般步骤是什么?在编制问卷的过程中应该遵循哪些原则?
5. 运用问卷调查法的一般思路是什么?
6. 谈谈在教育研究中如何才能运用好问卷调查法?

第六章　访谈调查法

访谈调查法也是人文社会科学研究领域经常运用的研究方法之一。运用该研究方法可以探寻教育问题背后的深层原因。

第一节 访谈调查法概述

访谈调查法是一种通过谈法的方式开展问题研究的方法。本节着重阐述访谈调查法的概念、特点、适用范围、类型等内容。

一、访谈调查法的概念

访谈调查法是指通过与研究对象交谈来收集所需资料的调查方法,又称为访谈法、谈话法或访问法。访谈是一种研究性交谈[①],也就是两个人(或更多人)之间进行的一种有目的的谈话,其中由访谈员通过询问来引导被访者做出回答,以此来了解被调查对象的行为或态度,最终达到调查研究目的。

教育调查中所使用的访谈区别于一般情况下的谈话,它是研究性的谈话。研究性的访谈与一般的谈话的最本质的区别在于:研究性的访谈是一种有目的、有计划、有准备的谈话,具有很强的针对性,谈话过程紧紧围绕着研究的主题展开;而一般情况下的谈话是一种非正式的交谈,并没有明确的目的,具有很强的随意性。

访谈的方式多种多样,一般以面对面的个别访谈为主,也可采用小型座谈会、调查会的形式进行团体访谈,还有通过电话进行的电话访谈。[②]访谈既可以作为一种独立的研究方法,又可以作为一种辅助方法,为其他方法进行的研究收集资料。

访谈调查法常用于教育调查、心理咨询等领域,适用于了解被访者的心理体验、情感,以及对某一事物的意见、态度、评价等方面的信息。访谈调查的内容一般既有事实的调查,又有意见的征询。

从本质上说,访谈和问卷都是沟通的过程,沟通的目的在于获取研究所需的第一手资料,不同的是访谈是以口头语言问答的方式来搜集信息,被访者是先听后说;问卷则是以书面语言问答的方式来搜集信息,被访者是先读后写;访谈通常是面对面的直接言语接触,问卷则是纸与笔的间接言语接触[③]。

---

① 白芸. 质的研究指导. 北京:教育科学出版社. 2002:42.
② 陶保平. 学前教育科研方法. 上海:华东师范大学出版社. 1999:147.
③ 郑金洲. 学校教育科研方法. 北京:教育科学出版社. 2003:167.

二、访谈调查法的特点

(一) 访谈调查法的优点

1. 灵活

1) 访谈调查是访谈员根据调查的需要,以口头形式向被访者提出有关问题,通过被访者的答复来收集客观事实材料。这种调查方式灵活多样,可以按照研究的需要向不同类型的人了解不同类型的材料,方便可行。

2) 访谈调查是访谈员与被访者双方交流、双向沟通的过程。这种方式具有较大的弹性,访谈员在事先设计调查问题时,是根据一般情况和主观想法制定的,有些情况不一定考虑得十分周全。在访谈中,访谈员可以根据被访者的反映,对调查问题及时做出调整或展开。如果被访者不理解问题,可以提出询问,要求解释;如果访谈员发现被访者误解问题,也可以适时地解说或引导。

2. 准确

1) 访谈调查是访谈员与被访者直接进行交流,可以通过访谈员的努力,使被访者消除顾虑,放松心情,在周密思考后再做出回答,这样就能够提高调查材料的真实性和可靠性。

2) 访谈调查事先确定访谈现场,访谈员可以适当地控制访谈环境,避免其他因素的干扰,灵活安排访谈时间和内容,控制提问的次序和谈话节奏,把握访谈过程的主动权,这有利于被访者能更客观地回答访谈问题。

3) 访谈流程速度较快,被访者在回答问题时常常无法进行长时间的思考,因此,所获得的回答往往是被访者自发性的反应。这种回答较真实、可靠,很少掩饰或作假。

4) 由于访谈常常是面对面的交谈,拒绝回答者较少,回答率较高。即使被访者拒绝回答某些问题,访谈员也可大致了解他对这个问题的态度。

3. 深入

1) 访谈员与被访者直接交往或通过电话、网络间接交往,具有适当解说、引导和追问的机会,因此,可探讨较为复杂的问题,可获取新的、深层次的信息。

2) 在面对面的谈话过程中,访谈员不但能够收集被访者的回答信息,而且可以观察被访者的动作、表情等非言语信息,以此鉴别回答内容的真伪及被访者的心理状态。

(二) 访谈调查法的局限

1. 成本较高

访谈调查常采用面对面的个别访问形式,面对面的交流就必须寻找被访者,路上往返的时间往往超过访谈时间,调查中还会发生数访不遇或拒访,因此,访谈调查耗费时间和精力较多。另外,较大规模的访谈常常需要训练一批访谈人员,这就大大地增加了费用支出。与问卷调查相比,访谈要付出更多的时间、人力和物力。访谈调查费用大、耗时多,难以大规模进行,故一般访谈调查样本较小。

2. 缺乏隐秘性

由于访谈调查要求被访者当面作答,这会导致被访者因感觉到缺乏隐秘性而产生顾虑,尤其针对一些敏感性的问题,被访者往往会回避或做出不真实的回答。

3. 受访谈员影响大

由于访谈调查是研究者单独进行的调查方式,不同访谈员的个人特征可能会引起被访者的不同心理反应,从而影响回答内容;访谈双方往往是陌生人,也容易使被访者产生不信任感,以致影响访谈结果。另外,访谈员的价值观、态度、谈话水平都会影响被访者,造成访谈结果的偏差。

4. 记录困难

访谈调查是访谈双方进行的言语交流,如果被访者不同意现场录音,则要求访谈员具有很高的笔录速度。而一般没有进行过专门速记训练的访谈员,往往无法很完整地将谈话内容记录下来,访谈过后的追记和补记往往会遗漏很多重要的信息。

5. 处理结果难

访谈调查具有的灵活性,同时增加了这种调查过程的随意性。不同被访者答案是多种多样的,并没有统一的答案。因此,对访谈结果的处理和分析就比较复杂,而且标准化程度低,难以做定量分析。

三、访谈调查法的适用范围

访谈调查对信息资料的收集主要是通过访谈员与被访者面对面直接交谈方式实现的,因而具有较好的灵活性和适应性;而且访谈调查的方式简单易行,即使被访者存在阅读困难或不善于文字表达,也可以做出回答。因此,访谈调查法尤其适用于文化程度较低的成人或儿童这类调查对象,其适用面较为广泛。

访谈调查法在教育调查、心理咨询和征求意见等方面得到广泛的应用,尤其是用于个性、个别化的研究。另外,访谈调查法还适用于调查的问题比较深入,调查的对象差别较大,调查的样本较小,或者调查的场所不易接近等情况。

四、访谈调查的类型

依据不同的分类标准,访谈调查法可以分为多种类型。

（一）以访谈员对访谈的控制程度划分

1. 结构性访谈

结构性访谈又称标准式访谈，它要求访谈有一定的步骤，由访谈员按事先设计好的访谈提纲依次向被访者提问，并要求被访者按规定标准进行回答。这种访谈严格按照预先拟定的计划进行，最显著的特点是，访谈提纲的标准化能够把调查过程的随意性控制在最小限度，能够比较完整地收集到研究所需要的资料。这类访谈有统一设计的调查表或访谈问卷，访谈内容已在计划中做了周密的安排。访谈计划通常包括访谈的具体程序、分类方式、问题、提问方式、记录表格等。

结构性访谈采用共同的标准程序，信息指向明确，谈话误差小，故能够以样本来推断总体，便于对不同对象的回答进行比较分析。这种访谈常用于正式的、较大范围的调查，相当于面对面提问的问卷调查。一般来说，量的研究通常采用结构性访谈。

2. 非结构性访谈

非结构性访谈也称自由式访谈。非结构性访谈事先并没有完整的调查问卷和详细的访谈提纲，也没有规定标准的访谈程序，而是由访谈员根据一个粗线条的访谈提纲或某一个主题，与被访者交谈。这种访谈在交流双方时有较大的自由和随便性。同时，这种访谈较有弹性，访谈员能够根据需要灵活地转换话题，变换提问方式和顺序，追问重要线索等，因此，收集到的资料也更加深入和丰富。通常，质的研究、心理咨询和治疗常采用这种非结构化的"深层访谈"。

3. 半结构性访谈

半结构性访谈是一种介于结构性访谈和非结构性访谈之间的访谈形式。半结构性访谈有调查表或访谈问卷，具有结构性访谈的严谨和标准化的题目。因此，访谈员对访谈结构有一定的控制，但给被访者也留有较大的表达自己观点和意见的空间。访谈员虽然事先拟定了访谈提纲，但是可以根据访谈的进程随时进行调整。

在质的研究中，研究初期多采用非结构性访谈，以了解被访者关注的问题和态度。随着研究的深入，访谈员逐渐进行半结构性访谈，对前期访谈中的重要问题和疑问做进一步的提问和追问。

半结构性访谈兼有结构性访谈和非结构性访谈的优点，既可以避免结构性访谈缺乏灵活性，难以对问题做深入探讨等局限，也可以避免非结构性访谈的费时、费力，难以定量分析等的缺陷。

（二）以调查对象数量划分

1. 个别访谈

个别访谈是指访谈员对每一个被访者逐一进行的单独访谈。其优点是访谈员和被访者直接接触，可以得到真实可靠的材料。这种访谈有利于被访者详细、真实地表达其看法，访谈员与被访者有更多的交流机会，被访者更易受到重视，安全感更强，访谈内容更易深入。个别访谈是访谈调查中最常见的形式。

2. 集体访谈

集体访谈也称为团体访谈或座谈，是指由一名或数名访谈员亲自召集一些调查对象就访谈员需要调查的内容征求意见的调查方式。集体访谈是教育调查研究中一种很好的方法，通过集体座谈的方式进行调查，可以集思广益，互相启发，互相探讨，而且能在较短的时间里收集到较广泛和全面的信息。

集体访谈要求访谈员有较熟练的访谈能力和组织会议的能力，一般需要准备调查提纲。如果在会前，访谈员将调查的目的、内容等通知被访者，访谈的结果往往更加理想。参加座谈会的人员要有代表性，一般不超过十人。访谈员要使座谈会现场保持轻松的气氛，这样有利于被访者畅所欲言。如果讨论中发生争论，要支持争论下去；如果争论与主题无关，要及时进行引导。主持人一般不参加争论，以免堵塞与会者的思路。另外，访谈员要做好详细的座谈记录。

由于在集体访谈中匿名性较差，涉及个人私密性的内容不宜采用这种访谈方式。同时，这种访谈也会出现被访者受其他人意见左右的情况，访谈员应充分考虑这些因素，尽可能减少这种情况的出现。

（三）以人员接触情况划分

1. 面对面访谈

面对面访谈也称直接访谈，是指访谈双方进行面对面的直接交流来获取信息资料的访谈方式，是访谈调查中一种最常用的收集资料的方法。在这种访谈中，访谈员可以看到被访者的表情、神态和动作，有助于了解更深层次的问题。

面对面的访谈可以是访谈员到被访者确定的访谈现场进行访谈，也可以是在征得被访者认可的情况下，由访谈员确定访谈现场。为了方便被访者，一般来说，访谈现场以到被访者确定的访谈现场为主。

2. 电话访谈

电话访谈也称间接访谈。它不是交谈双方面对面坐在一起直接交流，而是访谈员借助某种工具（电话）向被访者收集有关资料。电话访谈可以减少人员来往的时间和费用，提高了访谈的效率。访谈员与被访者相距越远，电话访谈就越能提高其效率，因为电话费用的支出总要低于交通费用的支出，特别是人力往返的支出。电话访谈与面对面访谈的合作率相差不多，对于学校系统的成员（教师、校长等）通过电话访谈比通过个别访谈更容易成功[1]。据估算，与面对面的访谈相比，电话访谈大约可节约二分之一的费用[2]。

电话访谈也有它的局限性。比如，不如面对面的访谈那样灵活、有弹性；不易获得更详尽的细节；难以控制访问环境；不能观察被访者的非言语行为等。但是，当需要在面对面访谈与电话访谈这两种访谈方式之间做选择，电话访谈值得优先考虑。随着电话通讯事业的不断发展，电话访谈将会有很广阔的发展前景。

---

[1] 郑金洲. 学校教育科研方法. 北京：教育科学出版社. 2003：172.
[2] 陶保平. 学前教育科研方法. 上海：华东师范大学出版社. 1999：149.

3. 网上访谈

网上访谈是访谈员与被访者用文字而非语言进行交流的调查方式。随着互联网的普及，在一些城市，网上访谈开始出现。网上访谈与电话访谈一样属于间接访谈，拥有电话访谈免去人员往返因而节约人力和时间的优势，它甚至比电话访谈更节约成本。另外，网上访谈是用书面语言进行的，这便于资料的收集和日后的分析。可以预见，这种访谈方式将会成为一种新的、日益为访谈员重视的高效的谈话方式。但是，网上访谈也存在与电话访谈同样的局限，如无法控制访谈环境，无法观察被访者的非语言行为等。同时，由于网上访谈对被访者是否熟悉电脑操作，以及是否有电脑配备、通讯和宽带等物质条件有一定的要求，这在一定程度上也限制了访谈的对象范围。

（四）以调查次数划分

1. 横向访谈

横向访谈是指在同一时段对某一研究问题进行的一次性收集资料的访谈，因此又称一次性访谈。这种研究需要抽取一定的样本，拥有一定的数量被访者，访谈内容以收集事实性材料为主，研究一次性完成。

横向访谈收集的内容比较单一，访谈时间短，需要被访者花费的时间较少。横向访谈常用于量的研究。

2. 纵向访谈

纵向访谈又称多次性访谈或重复性访谈，是指多次收集固定研究对象有关资料的跟踪访谈，即对同一样本进行两次或两次以上的访谈以收集资料的方式。纵向访谈是一种深度访谈，可以对问题展开由浅入深的调查，探讨深层次的问题。纵向访谈常用于个案研究或验证性研究以及质的研究。按照美国学者塞德曼（I. Seidman）的观点，深度访谈至少应进行 3 次以上。[①]

访谈调查法的类型多种多样，一个访谈可能同属于两种不同的类型。比如，有时面对面访谈也是纵向访谈，或非结构性访谈；集体访谈也是结构性访谈，访谈员可根据具体的研究需要扬长避短，灵活运用各种访谈方法。

第二节 访谈调查法的实施

访谈调查是一种有目的、有计划的研究活动。访谈员要按照一定的程序和步骤与被访者进行访谈，因此，在访谈前应该做好充分的准备。根据访谈的进程，访谈

---

① 转引自：陈向明. 质的研究方法与社会科学研究. 北京：教育科学出版社. 2000：173.

过程可以分为三个阶段：准备阶段、访谈阶段、结束阶段。

一、准备阶段

实施访谈调查首先要做好访谈的准备工作，制订访谈计划，把握调查内容，选择适当的访谈形式，设计好访谈调查表或访谈提纲，以及记录表格，选择访谈对象，初步了解被访者的情况，选好访谈的时间、地点、场合等。

（一）访谈前的准备

1. 制订访谈计划

制订访谈计划是保证访谈能够顺利进行的前提，访谈计划应对访谈中涉及的主要问题做出明确的规定。如要对访谈调查的目的，访谈调查的类型，访谈调查的内容，访谈调查的对象，访谈调查的时间等做出明确的规定，还要编写好访谈调查的提纲、进行组织分工等。

访谈调查计划首先要确定采用什么类型的访谈方式。一般来说，访谈方式的确定要依据调查研究的目的来选择和确定。如果是探索性研究，通常选择非结构性访谈，并制定好调查大纲；如果是要验证某个假设或者需要较快获得较多人的态度，通常选择结构性访谈，并制定好调查问卷。除了要考虑调查研究目的和性质外，访谈调查类型的选择还要考虑人员、时间、经费的充裕与否。

在制订访谈调查计划时，还应该考虑访谈的内容，也就是访谈调查的问题。从访谈的内容看，它大致分为三类：①事实调查，由被访者提供自己确实知道的一般情况；②意见征询，征求被访者对某些问题的意见、观点；③个人的基本情况，包括个人经历、兴趣、爱好、动机、信仰、思想特点、个性特征、心理品质，以及家庭情况、社会关系，等等。[①]

为了提高访谈调查的质量和效率，研究者还需要具体考虑访谈的时间、地点、场合等因素。一般来说，如果被访者是个人或人数较少，访谈时间、地点和场合最好由被访者选择，这样比较有利于访谈过程的顺利进行。如果是集体访谈，也可以征求被访者的意见，由访谈员和被访者双方确定比较合适的时间、地点和场合。访谈的地点和场合的选择有时与访谈的内容有关，如有关个人或家庭的问题，应以在家里访谈为宜；有关工作方面的问题，应以在工作地点访谈为宜。但是，如果被访者不愿在家或在工作单位会见访谈人员，那么也可以选择其他合适的场所进行访谈。

访谈调查计划还包括准备访谈所需的工具，如访谈问卷、访谈大纲、访谈记录表、各种证明材料、证件、采访机、录音机等。

2. 编制访谈问卷或提纲

在结构性访谈中，研究者必须事先编制访谈问卷。访谈问卷的形式可以有开放

---

① 华国栋. 教育科研方法. 南京：南京大学出版社. 2000：138.

式问题，也可以有封闭式问题。因为这份问卷并不是被访者自己书面填写，而是由访谈员以口头提问的方式提出，所以问题的设计要注重表述的口语化。除了按顺序排列的访谈题目、答案选项外，还包括访谈的相关资料，如被访者的个人基本资料、访谈日期、地点等。

在非结构性访谈中，尽管被访者有较大的表述自由，但是在访谈调查前，访谈员应该拟定一个粗线条的提纲。在提纲中确定访谈的程序、主要问题及排列的顺序。访谈的提纲是访谈员将研究所需要获取的重要信息资料，按照问题的形式向被访者提出。在访谈进程中，如果被访者在介绍自己的情况时，也提及调查需要了解的其他内容，那么访谈员就不必拘泥于问题的顺序，可根据访谈进程灵活掌握；在访谈调查要结束时，如果提纲中列出的重要问题尚未提及，访谈员要主动提示被访者，以便获得需要的信息资料。

3. 选择访谈对象

在访谈调查中，被访者的选择是重要的一环。访谈调查的信息资料是由被访者提供的，因此，它与访谈最终的成功与否有着最直接的关系。

选择访谈对象应该首先考虑调查研究的目的，然后确定访谈调查的总体范围，再在总体范围中采用随机抽样的方法，选取调查研究所需的、有代表性的样本。访谈调查所需样本的大小，由调查研究的目的和性质决定，同时必须考虑调查研究的人员时间及经费等条件。

从各种访谈类型的优势和局限性考虑，一般来说，探索性研究采用较小的样本，验证性研究则需要较大的样本；横向访谈样本应尽量多一些，纵向访谈样本则相对少一些；结构性访谈样本可以多一些，非结构性访谈样本则相对少一些。

选择访谈对象还要了解被访者的有关情况，如性别、年龄、职业、文化水平、经历等。尤其是在个别访谈、非结构性访谈或纵向访谈中，对被访谈者的基本情况了解越清楚，选择也就越有针对性。同时，了解被访者基本情况对访谈提纲的编制、适当的访谈方式选择、访谈调查任务的顺利进行，都具有重要意义。

4. 培训访谈员

访谈调查要由访谈员与被访者的沟通和互动才能完成。尽管研究所需要的信息资料是由被访者提供的，但在访谈中，调查者本人的素质与访谈工作能否成功关系更大。因此，访谈员应该具备访谈调查的基本素质。

一般来说，培训访谈员应该从几个方面入手。

1）使访谈员掌握访谈调查的性质、目的和方法之间的关系。
2）使访谈员熟悉访谈调查的类型，具有选择访谈调查类型的能力。
3）使访谈员掌握访谈调查的方法，并且熟悉访谈的技巧。
4）使访谈员掌握收集、判断、分析访谈资料的能力。

为了使访谈过程标准化，研究人员通常要将培训内容打印成"访谈手册"，具体说明访谈的程序、重点、要领等，供访谈员随时参考。

访谈调查需要听、说、读、写的技能，因此，培训访谈员也必须包括所有这些技能的培训。仅仅靠阅读一些介绍如何进行访谈的文章是不可能培养出一个熟练的访谈人员的。访谈的技能技巧更多的是从访谈实践中获得的。现在访谈员的培训常采取录像的形式。它将一段示范性的片段录下来,供被培训者反复观看,熟悉访谈的言语、动作、表情,了解访谈的技能技巧,然后让被培训者扮演角色模拟访谈,并将模拟情境录下来,供分析比较用。

5. 试谈、修改问卷或提纲

在拟定访谈调查问卷或访谈提纲后,正式进行访谈之前,一般要安排一次试谈。试谈的目的是检查设计的问题和提问的方式是否恰当,被访者的回答是否能与希望获取的信息资料比较吻合;试谈的对象不应与正式访谈是同一个人,但两者的情况应该尽可能相似;试谈要做详尽的记录,以便发现设计问题的不足;如果需要可以追问一些补充问题,以了解被访者较为真实的想法。[①]

试谈结束后,如果发现设计存在着不足,应该进行调整和修改。如果没有条件试谈的话,也可以请有经验的研究者或同行一起商量,并请他们提出修改意见。

6. 访谈前的预约

在进行正式访谈调查前,一般要事先与被访者约定访谈的时间、地点和场合,联系的方式有电话联系和书信联系。电话联系比书信联系便捷,可及时了解对方的情况,但书信联系比较正式,便于将各种信息较完整地告诉对方。因此,在访谈前,访谈员可以事先与被访者电话联系,征求对方的意见,双方确定访谈的时间、地点和场合。然后访谈员可以再发一份书面的通知给对方。书面通知简要说明访谈的目的、意义、内容,表明研究者的身份及研究单位,访谈的时间与地点,并告知对方访谈员的姓名。

(二) 准备阶段应注意的问题

1. 拟定好访谈问题

要使访谈调查按照预定目的进行,一个重要的因素就是要准备恰当的问题。在拟定问题时要注意:问题要紧紧围绕研究的目标展开,应将研究的总目标分解成若干个具体的内容,再根据这些内容设计出相应的具体问题;问题的语言要通俗易懂,让不同文化、职业等背景的人能够理解无误;问题的提法应保持价值中立,以保证获取的信息确是被访者的真实想法;问题的安排应有一个大致的程序,应考虑将相关的问题放在一起,将容易回答的、事实性的问题放在前面。

2. 选择好访谈对象

选择访谈对象应考虑对方是否拥有研究所需要的有价值的事实材料,以及对方是否愿意提供有关材料。要事先了解被访者有关背景情况,以及他的经历、地位和个性特征等,以确定访谈对象能否提供有价值的事实材料,是否乐意回答所提出的问题,以便为友好深入的交谈打下基础。

此外,访问前,研究者要对交谈的主题、提问的方式、措辞做各种可能的考虑。

---

① 马云鹏. 教育科学研究方法导论. 长春: 东北师范大学出版社. 2002: 159.

二、访谈阶段

（一）进入访谈现场

1. 尽快接近被访者

在初次访谈时，进入访谈现场，面对素不相识的被访者，访谈员需要尽快地接近被访者，可以采用自我介绍，向被访者说明来意，如有需要，访谈员可以出示自己的有关证件，如盖有公章的介绍信，递上自己的名片，携带具有研究单位标志的公文包、文件夹、佩带代表身份的标识等，以消除被访者的疑虑，获得信任，以取得理解和支持，这是访谈顺利进行的第一步。对初次接触的被访者，访谈员也可请一位与被访者熟悉的人引见，这样可以增加被访者对访谈者的信任感。

访谈员对被访者要有恰当的称呼，称呼要入乡随俗，自然亲切，既不可对人不恭，也不可过于奉承，访谈员应根据实际情况灵活使用。在自我介绍之后，访谈员要表达进入访谈的愿望，进一步阐述访谈的目的和意义，以引起被访者的兴趣。若被访者推辞受访，访谈员要想办法与被访者约定下次登门拜访的时间，不要轻易放弃任何一名被访者。

2. 建立融洽的访谈气氛

良好的气氛是保证访谈调查成功的重要条件。在双方有了初步的接触和被访者表示愿意接受访谈时，访谈员可以从对方熟悉的事情、关心的社会问题、时下的新闻热点谈起，以消除对方紧张戒备的心理；访谈员可以从关心被访者入手，联络感情，建立信任，在建立起初步融洽的关系后，再进入正题。

访谈员要建立和保持访谈过程融洽的气氛。访谈员应该尽量保持亲切、尊重和平静的态度，使被访者能在轻松的环境中，自然地敞开思想。访谈员要掌握发问的技术，提问的方式，也要选择恰当的用词与被访者交流，争取被访者对回答问题的配合。访谈员不能受被访者情绪的影响，不管被访者是否合作，怎样合作，也不论被访者回答的问题是否在访谈员意料之中，访谈员都不能表示不满，更不能对被访者批评和指责，以保持轻松和谐的访谈气氛。

3. 按计划进行访谈

在访谈双方初步认识和融洽的访谈气氛下，访谈员可以按照事先拟定的访谈计划自然地进行正式访谈。在访谈过程中，访谈员要按照访谈计划中确定的访谈内容、访谈方式、问题顺序进入访谈，以保证访谈获得成效。

4. 认真做好访谈记录

记录访谈调查内容，要做到客观和准确，要尽可能完整、全面地按被访者的回答记录，而不能加入访谈员本人的主观意见，记录时，访谈员可对某些不太明确的回答做记号,以便在追问中提出,不曲解被访者的原义。如无法即时记录,访谈员事后要追记,访谈后要及时整理分析访谈记录。

(二)访谈阶段应注意的问题

1. 告知访谈目的

让被访者了解访谈调查的目的,了解此次访谈的意义和价值是访谈获得成功重要因素。一般而言,被访者越是清楚访谈的价值和意义,越会采取积极和有效的态度。如果访谈的内容恰好是被访者感兴趣的话题,往往会收到很好的访谈效果。

2. 营造访谈氛围

访谈是一种人际沟通的形式,是一种社会交往的过程,访谈双方只有在互动中建立起相互信任、相互理解的合作关系,才能获得客观、可靠的资料。访谈双方中,访谈人员是主动的,访谈的成功很大程度上取决于访谈人员的谈话程序和技巧。交谈中要自然、轻松,表现出诚恳谦虚、热情有礼的良好态度,以取得对方的好感、信任和合作。

3. 关注访谈情景

交谈中所提问题要简单明了、易于回答。访谈员要善于了解对方的心理变化,灵活提出问题,引导交谈的深入,要注意避免触及个人的隐私,造成被动不快的局面。

4. 重视访谈回应

访谈员要善于洞察被访者的心理变化,要机智,善于随机应变。通过"对""好"等言语,点头、微笑等身体语言向对方表示你正在倾听,并希望他继续说下去;通过重复或总结对方的话,以验证是否弄清被访者的意思。

5. 把握访谈时间

一次访谈的时间以两小时左右为宜。时间太短,往往不能充分了解情况;时间太长也会引起双方的疲劳进而影响访谈的效果。如果访谈内容较少,访谈效果达到,或被访者对回答问题很有兴趣时,访谈员则可以根据情况适当缩短或延长访谈时间。

6. 严守访谈秘密

访谈员要严守保密性原则,为消除被访者的顾虑,可通过对交谈内容进行保密的承诺。

三、结束阶段

(一)结束访谈

结束访谈是访谈活动的最后一环,如何结束访谈要注意以下几个问题。

1. 掌握时间

根据国外的研究，一般情况下，被访者保持注意力的时间为电话访谈20分钟左右；结构性访谈45分钟左右；集体访谈和非结构性访谈不要超过2小时以上[1]。这些数据可供访谈员实施访谈调查时参考。至于一次访谈究竟多长时间为宜，应根据访谈调查的实际情况灵活控制，具体情况具体对待。因为整个访谈调查需要被访者保持积极的态度，需要被访者的配合，所以结束时间应该以不妨碍被访者的正常工作和生活秩序为原则。

2. 掌握行为

访谈员在访谈进入尾声阶段时，除了要注重被访者的回答内容，还要时刻体察访谈过程中被访者的表现。如果这时被访者兴致勃勃地对某个问题发表意见，只要与调查内容相关，访谈员就应该继续认真倾听；如果访谈员任务已经完成，被访者所谈内容与调查关系不大，访谈员可以用委婉的方式暗示访谈可以结束，如"我今天想了解的就是这些问题"。

如果被访者说话的音调降低和节奏变慢，或者不停地看时间，或已超过事先约定的时间，或者当感到交谈难以进行，话不投机时，访谈员应该考虑尽快结束访谈。访谈员打算结束访谈时，如果不用语言表示，可以做出准备结束访谈的姿态，如开始收拾录音机，合上记录本等。

3. 结束语

访谈调查结束时，访谈员要向被访者表示感谢，如"您今天的谈话对我们调查帮助很大""谢谢您对我们访谈调查的支持"。如果这次访谈尚未完成任务，还需进一步调查的话，那么访谈员应该与被访者约定下次再访的时间和地点，最好还能简要说明再次访谈的主要内容，让被访者有思想准备。

（二）访谈后的工作

获取资料只完成研究任务的一半，后面的工作主要是资料的整理和分析。每次访谈结束后，访谈员要对记录的资料进行初步整理，看是否获得了研究所需的信息，是否需要重新访问。因为对于在访谈过程中原以为搞清楚的问题，在整理资料的过程中会发现有些问题的回答还不清楚，有些问题被遗漏了，这时访谈员不能凭自己的主观愿望决定答案。为保证资料的准确性，对于关键性问题，访谈员需要重访。

采用不同的访谈方式可得到不同性质的资料。结构性访谈通常可以获得数据资料，可用统计方法处理；非结构性访谈获得的是描述性资料，对这类资料的处理，要做到条理清楚，主次分明，准确分类。

研究者根据研究的目的对加工处理过的资料进行分析综合。在对问题产生的原因做深入的分析和论证之后，得出研究结论，撰写研究报告。

---

[1] 郑金洲. 学校教育科研方法. 北京：教育科学出版社. 2003：185.

第三节 访谈调查法的技巧

访谈调查是人与人之间的交往活动,是社会互动的一种形式。通常,被访者不会随意向"陌生人"提供资料。访谈的关键在于访谈员的言语表达艺术和交谈技巧。

提问、倾听、回应被认为是访谈中的三项主要工作①。在访谈中,这三项工作是相互依存,密不可分的。有时候,回应的方式与提问的方式相同,或者说回应以提问的方式表达。当然,回应不如提问那样,较多的是出于访谈员事先的计划,而是对被访者所谈及问题进一步的探究。倾听虽然没有言语表达,但如果不会倾听就无法提问和回应,更无法进入被访者的心灵。

此外,记录也是访谈调查中重要的工作,不懂得记录的技巧,也无法使访谈调查达到预期的目的。因此,提问、倾听、回应和记录都是访谈调查必须掌握的技巧。

一、提问的技巧

在预备性谈话之后,接下来转入访谈正题,也就是正式提问。提问质量的优劣是访谈能否顺利进行的关键。

(一)问题的类型

有的研究者根据问题的性质将访谈中的问题分为三类。②

1. 开放型与封闭型问题

开放型问题是指没有预期答案,允许被访者做出自由回答的问题。在访谈调查中,开放型问题是研究者常用的一种问题形式。开放型问题常常采用"怎么样?""为什么?""是什么?"这样的疑问句,让被访者根据自己的情况和意向做出回答,例如,"你对目前教师待遇的看法怎么样?""为什么你认为教师的待遇较低?""你生活的理想是什么?"。尽管开放型问题对被访者回答来说自由度较大,但是,访谈员在对被访者提出问题时,要注意被访者的理解力,比如,对以上的问题,一般的教师也许回答比较容易,但是如果让一个学生回答"你生活的理想是什么?"可能就会使其感到困惑。如果换成更具体化的提法,如"你希望将来当老师吗?",被访者就能较容易地找出问题的答案。

---

① 陈向明. 教师如何作质的研究. 北京:教育科学出版社. 2001:74.
② 白芸. 质的研究指导. 北京:教育科学出版社. 2002:52-53.

封闭型问题是指对被访者的回答方式和内容有严格限制，往往只需要回答"是与否"的问题。例如，"你所在的学校是民办学校吗？"在问这类问题时，要避免用主观的判断去询问被访者一个非此即彼的问题，如"你赞成现行的高考制度吗？"，可能被访者认为目前高考制度有合理的地方，也有不合理的地方，这样的提问会让被访者不置可否。

一般来说，开放型问题适合文化程度高和年长的被访者。封闭型问题适合文化程度低和年幼的被访者。

2. 具体型与抽象型问题

具体型问题主要是询问被访者具体和细节问题，例如，"你在教学中是怎样减轻学生课业负担的？""你在课堂教学中是怎样发挥学生的主动性的？""你每周上几节课？"。有时候，对事实问题还可以了解一些具体事件的细节，以及从头至尾的整个过程，如"上午班级进行的班委改选是怎么进行的？结果怎样？"。

抽象问题是指有较高概括性的问题，目的是了解一类现象或事件总的情况，例如，"你认为男女分校对学生发展有利吗？""你赞成对小学生学业评价取消百分制的做法吗？""你对家长参与学校教育的建议是什么？""你对实行'小班教学'的改革有何看法或建议？"。

3. 清晰型与含混型问题

清晰型问题是指问题结构简单明了，意义单一，被访者容易理解的问题，例如，"你今天上了几节数学课？"这个问题简单明确，只要回答"上几节数学课"。这样的问题很容易得到被访者清晰的回答。

与清晰型问题不同，含混型问题往往语言结构复杂，具有多重意义。例如，"你今天上语文课和外语课了吗？上了几节数学课？老师布置的作业多不多？"，这里不只问了一个问题，而且每个问题看似互相关联其实意义交叉叠加，使被访者不容易理解。访谈过程要尽可能避免这种问题的出现。

4. 辅助性问题

为了保证访谈调查顺利地进行，除了访谈中需要的实质性问题以外，还可以通过一些辅助性问题穿插其中。辅助性问题可以细分为以下几种。

（1）过渡性问题

此类问题的目的在于打开话题，消除拘束，营造访谈气氛。例如，初见面时，可以先谈谈被访者的学习、生活等比较熟悉的问题，再进入实质性问题。

（2）验证性问题

此类问题的目的在于检验被访者是否真实地回答了实质性的问题。例如，分别提两个相互依存的问题，看被访者的回答是否一致。例如，问学生课外作业所需要的时间后，隔一些问题再问每天睡眠时间和晚上的作息安排，以检验课外作业时间是否真实。

（3）过滤性问题

此类问题的目的在于判断被访者是否需要回答后面的分叉性问题。例如，调查中学生对武侠小说的态度，首先要搞清楚该学生是否读过武侠小说，因此，"你读过武侠小说吗？"这个问题就成了过滤性的问题。如果学生没有读过，那么后面有关对武侠小说态度的一系列问题就不需要再问。

这类问题在整个访谈过程中起辅助作用，是为实质性问题服务的。辅助性问题的灵活运用能促进访谈调查的顺利进行。

（二）提问应注意的问题

提问的方式多种多样，可以开门见山，可以投石问路；或顺水推舟，或顺藤摸瓜，或借题发挥，或层层深入……访谈者应根据被访者的实际情况，选择恰当的提问方式，使访谈在自然、平等、友好的气氛中进行。

在提问过程中，要注意以下几点。

1. 提问要明确清晰

提问题要尽可能清楚明确，用口语表达，语气婉转。如果采用结构性访谈，就要按事先准备好的访谈问卷，依次提问，不可任意增删文字或更换题目顺序。如果采用非结构性访谈，则要求所提问题短小、具体，避免使用含糊、抽象的专业术语。访谈员事先要熟悉访谈问卷的内容，熟悉每一个问题。发问的语气和态度不要咄咄逼人，要以平等的态度提问。

2. 对回答不做任何评价

访谈员对所提的问题要保持客观、公正的立场，如果被访者对问题不理解或理解错了，访谈员可以重复问题，也可以做些解释，但不能给予暗示。尤其是涉及不同观点或是有争议的问题，访谈员更应保持中立态度。无论被访者回答正确与否，都不宜做肯定或否定的评价，只能做中性的反应，如"我明白你的意思了""请继续说"等，以鼓励对方把话说下去。

3. 维持被访者的访谈动机

被访者的合作是访谈调查得以成功的必要条件。当访谈双方的关系趋向紧张，访谈员必须设法缓和紧张气氛，可以转换一个被访者感兴趣的话题。如果被访者回答情绪低落，开始厌倦回答问题，这时，访谈员也可暂停交谈休息放松一下，借此维持其访谈动机。

4. 注意非语言交流

访谈调查是通过语言交流传递信息的，但是除了语言之外，服饰、语气、目光、动作、姿态等也能表达某种意义。有时非言语行为比言语行为更能表现交谈双方的态度、关系及互动的状态。因此，访谈员要善于察言观色，分析和利用有关的非语言信息。例如，访谈过程中，被访者连连点头，意思是"赞成""同意"；匆匆记录问题，表示问题可能非常重要；与访谈者保持人际距离较远，可能暗示对访谈不感兴趣或怀有敌意；东张西望，表明注意力已经转移；频频看钟表，意味着希望尽快结束访谈等。

二、倾听的技巧

（一）倾听的方式

在访谈调查中，倾听也是值得重视的方面，因为访谈员只有通过倾听被访者的回答，才能够确切地了解他们的真实想法。尽管倾听看来是无声的，但忽视这一环节，访谈员对访谈过程就难以把握，因为倾听决定了提问的方向、方式和内容。

在访谈调查过程中，访谈员既要从被访者的陈述中听出他们对问题的看法、态度，也要听出被访者谈话中的"言外之意"。被访者不仅仅是提供信息者，更是一个活生生的人，访谈员也不仅仅是信息储存者，更是有血有肉的有意识有情感的人，只有当访谈员用全身心的投入去对待被访者的回答，才能使访谈达到理想的效果。

对于访谈中的倾听，有的专家提出了几种方式。[①]

1. 行为层面上的"听"

在听的行为层面上，可以有"表面的听"、"消极的听"和"积极的听"。

"表面的听"指的是访谈员只是做出听的姿态，而脑子在"开小差"或在想其他的事情。这种情况下，访谈员无法把握被访者的谈话内容，还会使被访者感到对方对访谈过程或自己的回答不重视，对回答内容不感兴趣或不尊重被访者，进而影响访谈的质量。

"消极的听"指的是访谈员被动地听到了一些被访者的陈述，但是没有把这些话的意义听进去，或忽视了一些重要的、值得进一步了解的问题。事实上，这样的听无法了解被访者内心深处的想法，使访谈内容流于表面现象，同样影响访谈质量。例如，一个中学生在访谈时表示对某位老师"很有看法"，访谈员如果不是马上追问学生："很有看法指的是什么？""为什么很有看法？""你对这位老师采取了什么态度？""你希望老师怎么样？"，那么这样的听就是消极的，因为遗漏了被访者许多重要的信息。

"积极的听"指的是访谈员在访谈过程中，将自己全部的注意力集中在被访者身上，通过目光、神情、态度和倾听，用非语言行为给予对方真诚的关注。在这样的倾听中，访谈员不仅给予对方平等和尊重，还向对方表达了这样一种信息："你的回答对我们的研究很有价值"。在这样的气氛中，被访者就能够畅所欲言。

2. 认知层面上的"听"

在听的认知层面上，可以有"强加的听"、"接受的听"和"建构的听"。

"强加的听"指的是访谈员用自己的意义来理解访谈者所说的话，纳入自己习惯的概念分类系统。这种听很容易将访谈员个人的观点强加给被访者，从而曲解对方的意思，得出的访谈结果可能是不符合被访者原义的内容。

[①] 陈向明. 教师如何作质的研究. 北京：教育科学出版社. 2001：88-93.

"接受的听"指的是访谈员主动接受和捕捉被访者给予的信息,注意他们谈话的实质和探询所说语言背后的含义。这是开放型访谈中最基本的倾听方式,是访谈员理解被访者需要掌握的基本能力。访谈员要给予对方积极的反馈,让被访者明白自己的角色。例如,访谈员不时地使用"嗯""是""懂了""明白了"等非指导性的话语,或用点头、目光和手势等非语言信息鼓励被访者继续讲下去。

"建构的听"是指访谈员在倾听时积极地与被访者进行对话,在平等的交流中访谈员和被访者共同建构新的"现实"。在这种情况下,访谈员用自己的观点影响对方,得到了对方的接受和认可,从而使访谈的内容成为双方共同探讨的结果。"建构的听"需要访谈员较高的素质,有自我认识和反省的能力,能够与对方共情,通过双方互动达到对"现实"进行重构。"建构的听"是以"接受的听"为基础的。

3. 情感层面上的"听"

在听的情感层面上,可以有"无感情的听"、"有感情的听"和"共情的听"。

"无感情的听"指的是访谈员在访谈过程中不仅不流露自己的感情,而且对被访者的感情表露无动于衷。一般来说,如果访谈员不表露自己的感情,被访者也不会主动表露自己的感情;如果访谈员表情冷淡,被访者就会压抑自己的感情;如果在访谈中,被访者讲出自己的苦衷,而访谈员没有表示同情和理解,被访者就不会进一步敞开自己的心胸。

"有感情的听"指的是访谈员在访谈过程中能对被访者所说的话,表露自己理解和认同的感情。在这种情况下,被访者往往会因为受到对方的感染,愿意表达自己的情感。被访者感到自己的情感可以被对方接纳,就会比较自由地表达自己的思想和情感。

"共情的听"指的是访谈员在倾听中与被访者在情感上达到了共鸣,双方同欢乐,同悲伤。这种听并不是访谈员居高临下的理解,而是从心底里确实体会到对方的哀乐,产生了心灵的共鸣。这种听需要访谈员有较高的素质,能有宽广的胸怀去接纳他人的不同情感,理解他人的苦痛。

(二)倾听应注意的问题

1. 不轻易打断被访者

在访谈调查中,访谈员不要轻易打断被访者的谈话,无论从尊重、了解还是理解对方的角度出发,都应该让被访者畅所欲言,因为对方这样说而不是那样说,总有他的动机、愿望和理由。有时即使是谈话的内容与我们希望了解的问题有距离,也要尽可能以"积极的听""接受的听""共情的听"的态度,给予被访者极大的关注,以便在被访者充分自由地展示自己内心的过程中,访谈员能走近和走进被访者的心灵。在访谈开始阶段,这一点应当特别注意。

2. 接受沉默

被访者在谈话过程中,有时会沉默。访谈员应该能够接受被访者的沉默,同时应该弄清楚对方沉默的原因是什么:如果是因为思考、回忆,就应该给予对方一定的时间;如果是要说的话说完了,就应该提出新的问题;如果是害羞,就应该打消对方的顾虑;如果是不想继续访谈,就应该视访谈效果来决定是否结束访谈。总之,当被访者开始沉默时,访谈员应该等待一段时间,然后根据情况决定怎样对待。

三、回应的技巧

回应指的是访谈员对被访者在访谈过程中的言行所做出的反应,包括言语反应和非言语反应。回应的目的是使自己与对方建立起一种对话关系,及时地将自己的态度、意向和感觉传递给对方。回应会影响被访者的谈话内容和积极性。常用的回应类型有以下几种。

(一) 回应的类型[①]

1. 认可

认可指的是访谈员对被访者所说的话表示已经听见,希望对方继续说下去。其方式包括言语行为,如"嗯""对""是的""是吗""很好";非言语行为包括点头、微笑、鼓励的目光等。认可是为了继续谈话,使对方感到自己被重视、被接受、被欣赏,从而起到鼓励对方多说话的作用。

2. 重复、重组和总结

重复指的是访谈员将被访者所说的事情重复说一下,如被访者没有听清楚所提的问题,访谈员可以适时重复一遍问题。例如,"你也许没有听清楚我刚才提出的问题,我再说一遍……"。重组指的是访谈员将对方所说的话换一个方式说出来。总结指的是访谈员将对方所说的内容用一两句话概括出来。这三者虽然形式不同,但都有类似的功能:为对方理清所谈的内容;检验自己对对方所谈内容的理解是否准确;表明访谈员在注意倾听并满怀兴趣,从而鼓励和促使对方继续往下说。

3. 澄清

澄清是指如果访谈员不能确知被访者的意思,可请被访者重复描述一番,以澄清回答内容。例如,"我不完全懂你的意思,请你再解释一下"。澄清是访谈员对被访者谈话的反应:弄清楚是否理解了对方的陈述。

4. 追问

追问指的是访谈员就被访者前面所说的某一个观点、概念、事件或行为进一步探询。当被访者的回答不清楚、不完整或不合乎题目的意思时,访谈员需要接着提出一些问题,以获得满意的回答,这就是追问。追问的目的是为了更多地了解事情的细节或对方的看法。追问要适时,不要打断对方的思路,还要适合,不要追问对方表现出为难的问题。

追问也是访谈过程中不可缺少的手段。一般在下列情况下需要追问:当需要进

[①] 施铁如. 学校教育科学研究. 广州:广东高等教育出版社.1998:66-68.

一步弄清问题的来龙去脉时；当被访者回答自相矛盾，不能自圆其说时；当被访者回答不够完整时；当被访者回答含糊不清、模棱两可时；当被访者回答过于笼统时；当访谈人员没有听清楚关键问题的回答时；当访谈人员需要了解细节，使谈话进一步深入时。

5. 自我暴露

成功的访谈员在访谈中并不总是听和点头微笑，在适当的时候也应该以适当的方式暴露自己。自我暴露指的是访谈员就对方所谈的内容，通过述说自己的经历或经验做出回应。这可以使被访者了解到访谈员曾有过与自己一样的经历和感受，从而拉近了双方的心理距离，使访谈关系变得比较轻松、平等，如"我小时候也很调皮，常常挨老师的批评"。但是这种自我暴露要适当，避免喧宾夺主。

（二）回应需注意的问题

1. 要以非指导性的态度

回应语应该是中性的，访谈员不要诱导被访者的回答方向，不做评论，不发表见解，更不可采取责怪的语气或态度要求被访者做进一步的回答。运用中性的回应语，可以采用重述题目、停顿不语、解释说明、重述被访者的回答、直接请求被访者进一步回答等方式。

2. 避免论说型和评价型的回应

论说型回应是访谈员做理论性的分析，这容易显示出访谈员的优越感，给对方一种居高临下的感觉，使被访者感到自己是在被分析，而不是被理解。这会造成被访者心理上产生排斥感，不愿意继续合作。评价型回应是访谈员对对方的谈话内容进行价值上的判断，它会妨碍被访者自由地表达自己的思想，因为被访者害怕访谈员对自己的想法评头论足，所以可能有意隐瞒自己的真实想法。

3. 追问要适时适度

追问是对提问的引申和补充，追问能使访谈员更具体、准确、完整地了解被访者回答的问题，可以促使访谈向纵深发展，可以充分体现访谈的灵活性。无论采用哪种追问方式，访谈员都必须尊重被访者，以不伤害被访者的感情为原则。追问中最忌讳的是不考虑被访者的情感，不管对方正在说什么和正在想什么，访谈员一股脑地把事先设计好的问题一个一个地抛出去，强行把自己的访谈计划硬塞给被访者，强迫对方回答。

4. 用被访者的言语和概念追问

有时候在谈话过程中，被访者用了某个访谈员不熟悉的言语或者带有专业性的概念，访谈员为了弄清言语或概念的意义，应该尽可能地使用被访者自己用的言语和概念追问。如被访者多次提到"反思性教学"这个词，为了进一步了解，可以追问："您刚才用了'反思性教学'这个词，请问这个词是什么意思？"被访者解释了这个词，访谈员还想了解具体是怎样做的，可以继续追问："您已经解释'反思性教学'这个概念，请问你们在教师培训中是如何做的？"

四、记录的技巧

当被访者同意接受访问后,访谈员要找一个利于交谈,能观察对方行为,又便于书写记录的位置,随即进行访谈。访谈中如需要录音,访谈员应征求被访者的同意。一般来说,如果条件允许,被访者又没有异议,访谈员最好能对访谈内容进行录音。

(一)记录的方法

访谈的目的是通过收集访谈资料来解释问题,而资料则是访谈员的现场记录,因此,现场记录的好坏直接影响研究的最终结果。熟练地掌握记录的方法,是访谈员必备的技能。访谈的记录方法主要有两个。

1. 人员记录

在一般性访谈中,访谈员通常直接对被访者的回答进行记录。人员记录的方式主要有四种。①速记,即用缩略语和特定的符号来全面记录被访者的回答。这种记录方式需要速记的技巧,事后还要对速记进行翻译和整理。②详记,即用文字当场作全面详尽的记录。与速记不同的就是不用速记符号。这种记录方式往往记录不全,因为人员记录速度往往跟不上讲话的速度。③简记,即只记录那些访谈员感兴趣的内容和要点。这种记录方式比较常用。④补记,即访谈现场不做记录,事后根据回忆记录访谈内容。事后补记的方式用于被访者不希望现场记录,或当场记录会使谈话显得过于正式、拘谨,会影响被访者回答的情绪的情况。

在集体访谈中,访谈员可以安排专人做记录,个别访谈必须访谈员亲自做记录。亲自做记录,一方面可以边听边思考问题,把谈话问题引向深入,对不清楚的问题可以追问;另一方面也表示对被访者的尊重,以及对问题的重视,同时鼓励被访者发表自己的意见。

访谈现场的记录主要是内容型记录,记的是被访者所说的内容,有时也可以记访谈者在访谈过程中看到的东西,如访谈的环境、被访者的行为、神情、反应等;有时还可以记访谈者自己在访谈现场的感受和体会,对事实做简略的评论。

2. 机器记录

限于人员书写的速度,难以获得完整的谈话资料,为了获得更完整的访谈资料,访谈员可利用机器记录(通常是录音、录像)的方法来辅助访谈。当然,录音、录像必须征得被访者的同意。

访谈时采用录音、录像可以保留完整的谈话资料,避免人员记录的误差,整个访谈情境可以重复、再现,便于资料的分析和整理,访谈员也不必为笔录而分心,可专注于谈话内容。录音、录像是一种比较理想的访谈记录方式,但它的运用取决于被访者,如果被访者不喜欢谈话被录音、录像,访谈人员则不能强求。

（二）记录应注意的问题

1. 尽可能用原话记录

访谈员要对被访者的话逐字逐句记录，尽量记录被访者的原话，不要润色，少做概括性的记录，不要对被访者的回答内容做摘要，以免掺入主观成分。

2. 边听边记

访谈过程中，访谈员要边问、边听、边记，以免遗忘有关信息。

3. 其他记录要有区别

访谈记录中除了被访者的回答外，追问、评注、解释，访谈情境和特殊事件的描述等都需要加括号，以示区别。

4. 记录访谈员的资料

访谈员要在访谈记录表上要写明其访谈员姓名、访谈日期、时间、地点等资料，以便于分析查找。

第四节 访谈调查法在教育研究中的运用

一、运用访谈调查法解决教育问题的思路[①]

1. 确定访谈的目的、必要性和可行性

访谈这种调查方式与观察法、问卷法等调查方法一样，都是因为研究者无法确定某种情况的真伪而需要进行调查。调查就是为了解情况，或者说，调查就是为了以事实来确定某个判断的真伪。因此，访谈法这种调查方法也需要在实施之前提出某些假设。进行访谈的直接目的就是通过访谈验证这个这些假设的真伪。

进行访谈的必要性包括两个相互联系的方面：①进行访谈验证了某种假设对于解决某个理论问题或实践问题是有益的，即这个拟议中的访谈具有理论价值或实践价值；②进行访谈对于验证某种假设是必不可少的，不访谈（独立地进行访谈或与其他调查方法结合使用）就不能对于该假设进行验证。

确定访谈的可行性，就是确定拟议中的访谈是否能够按计划实施。确定可行性时主要考虑两个方面：①拟议中的访谈对象是否接受访谈者的访谈。访谈者与访谈对象的关系、访谈对象的性格、访谈的话题、访谈的时间和地点等因素均会影响到访谈对象是否接受访谈。②访谈者自己能否进行访谈。访谈者是否具备访谈的知识、

---

① 节选自颜玖. 访谈法在社会科学研究中的应用. 北京市工会干部学院学报，2002（2）：44-50.

经验、技巧,访谈者是否具备访谈时间,均影响到访谈者能否进行访谈。

2. 确定访谈项目

确定访谈的项目即确定在访谈中需要了解哪些方面的问题。访谈者做出的假设决定了访谈项目的范围:凡是有利于验证假设的项目都是需要访谈的项目。通常,访谈者需要事先拟定访谈提纲,以便实施访谈时依照提纲进行有步骤的提问,使访谈得到的信息比较系统而较少缺憾。如果由于某种原因访谈者只能对某个访谈对象进行一次访谈,那么访谈计划一定要十分周详,因为访谈者即使在访谈之后发现还需要在某些方面提问,也没有补救的机会了。有时,访谈者甚至需要事先设计访谈时的一些提问,因为某些问题可能是比较敏感的问题,事先设计好提问既可以得到所需要的信息,又不至于刺激访谈对象,使访谈对象感到难堪。

3. 确定访谈对象

确定访谈对象应以有利于获得所需要的真实信息为原则。①选择的范围应当与问题的范围一致或相关。只有在与问题一致或相关的范围内,访谈者才可能获得所需要的信息。有时访谈者希望获得的信息可以直接确定访谈对象的选择范围。例如,希望了解高校女教师对于素质教育的看法,就只能在高校教师,且女性的范围内进行选择。有时访谈者希望获得的信息与许多群体相关,例如,访谈者希望了解农村失学儿童失学的原因,相关的群体就包括了失学儿童、失学儿童以前的老师、失学儿童以前的同学、失学儿童的家长、失学儿童的邻居等多个群体。②在与问题的范围一致或相关的范围内,访谈对象的选择可以是随机选择,也可以是人为指定,两种方式各有利弊。随机选择可以比较客观地了解该群体内的各种不同观点、态度,但实施的可行性会遇到一些问题(如某些随机选择的访谈对象可能会拒绝接受访谈),而人为指定可以提高实施的可行性,但人为指定有可能有意或无意地排除了某些类别的对象,从而使访谈结果的信度和效度降低。③在人为指定的范围内,对于访谈对象的选择应主要考虑以下两个因素:所选择的访谈对象应不会坚决拒绝访谈;应能够为访谈者提供所需要的信息。

4. 确定访谈的时间、地点

访谈是两个人或多个人之间的互动,所以需要事先确定访谈的时间,包括确定访谈的次数、每次访谈的日期、每次访谈的开始时间、每次访谈的持续时间。确定访谈时间主要应考虑以下因素:①访谈时间应以能够满足调查目的的需要(要有足够的信息量)为度。②以访谈对象方便为原则。访谈地点的确定,主要应考虑以下因素:①访谈地点以利于访谈对象畅所欲言为宜。如果是公共场所,需要事先踩点,以确定该地点是否适宜进行访谈。②以访谈对象方便为原则。

5. 确定访谈的记录方式

访谈的记录方式包括手工记录和机器记录(录音记录、录像机记录等)。手工记录的优点是访谈所需要的经费较少(省去了购置记录仪器、设备的经费),缺点是记录的信息量较少,在访谈对象语速较快时,访谈者往往连语言信息都无法记录完整,更不用说记录非语言信息了。机器记录的优点是记录完整,有利于访谈者对于访谈对象进行观察,有利于访谈者集中精力进行提问。其缺点是访谈的成本较高。

6. 制定访谈计划

访谈计划是访谈者对于整个访谈活动的整体安排,是对于前五项安排和其他相关事项的归纳,是实施访谈的依据。访谈计划一般包括以下内容:①对于访谈目的、必要性和可行性的说明;②对于访谈项目的说明;③对于访谈对象的说明;④对于访谈时间和地点的安排;⑤对于访谈记录方式的说明;⑥对于访谈资料整理的安排,以及对于访谈包括资料整理、访谈资料的分析和撰写访谈报告的日程安排;⑦对于访谈所需要的资金和其他物质条件(如记录仪器)的说明;⑧对于访谈中可能存在的信度和效度问题的说明。

7. 实施访谈

实施访谈即按照事先拟定的访谈计划进行访谈。

8. 对访谈结果的处理

对访谈结果的处理即对于访谈的记录进行整理,以便对于访谈记录进行分析。对于访谈录音记录的整理,访谈员应按照时间顺序将声音信号变为文字信号进行记录,应严格按照访谈时的原话进行整理,而不能任意进行省略。整理访谈录音记录时,访谈双方同时出现的语句、访谈对象语气的变化、节奏的变化、访谈对象动作、访谈对象的表情等,均应以括号或其他形式加以标注。对于访谈手头记录的整理,访谈员应根据访谈时记录的要点回忆当时的情景、当时的对话,根据回忆最大限度地补齐记录。因为人的记忆随着时间的流逝而急剧衰减,所以访谈手头记录的整理是访谈之后最急迫的事情。

9. 访谈结果的分析

对于访谈的记录进行分析,访谈员主要是要解决以下问题:①访谈对象的表述有哪些是可信的,有哪些是不可信的,理由是什么;②访谈对象的陈述哪些方面可以证明访谈之前的理论假设,哪些方面不能证明这些理论假设,哪些方面可以证明这些理论假设;③访谈所得到的结论可以在多大范围内适用,理由是什么。

10. 撰写访谈报告

在对于访谈结果进行分析并得出了结论之后,研究者就需要撰写访谈报告,以便使更多的人了解访谈的结论。访谈报告需要回答以下问题:①对于访谈计划的回顾;②对于访谈过程的描述;③对于访谈结果的分析和陈述。

二、运用访谈法解决教育问题的实例

下面是一个运用访谈法研究教育问题的一个实例[①]。

---

① 节选自吴雁. "访谈法" 在教育研究中的运用——以陶行知研究中的专家访谈为例. 上海师范大学学报(基础教育版),2010(6):58-63. 有删改。

陶行知不仅是一个伟大的教育思想家，还是杰出的教育实践家。他的教育思想不是停留在口头上和书面上，而是始终身体力行于具体的教育实践当中。然而，在相当长的时间里，陶行知教育思想研究往往容易流于从文献到文献，缺乏新意和鲜活感，让活生生的人的思想和行为，沦为学院式的从观念到观念的重复论证，这种过于学究气的探讨与陶行知先生生动务实的精神品质相去甚远。有学者评论道："如果从方法论的角度分析，有一个现象值得我们注意，那就是庸俗社会学方法论的滋生和蔓延，其几种主要的表现是分割研究、注经疏义、假设推理、添冠加冕、循环论证等，干扰了陶行知研究的健康开展，妨碍了研究水平的提高。"这种批评意见表明有关专家已经意识到陶行知研究正陷于一个停滞的困境中。正是因为这个缘故，现阶段的陶行知研究主张努力还原真实的陶行知，笔者参加的陶行知研究课题的"访谈"部分，也试图实现这一目标。

课题组决定，访谈部分由笔者负责。在笔者选择的首批采访目标中，有陶行知的学生、原上海市行知艺术学校教导主任吕长春先生，以及陶行知之子——哈尔滨工业大学教授陶城先生。这些受访人都与陶行知有过直接接触，他们是陶行知的生活和言行的目击者和见证人。课题组认为，这样的受访者可以提供第一手材料。采访小组在采访前做了大量案头工作，掌握并熟悉被访者的大致经历，阅读他们的文章，并据此拟定访谈提纲。专家及当事人访谈的目的在于尽可能直接地再现陶行知具体的教学实践行为，如何把教育思想转化为教育行动，如何在教育实践中履行和实现其教育思想。另一方面，也可以通过记忆中的细节描述，向人们呈现日常生活中的陶行知，从日常生活看陶行知的人格和思想。

【案例一】日常生活细节还原

案例背景：吕长春先生是陶行知创办的重庆育才学校自然科学组的学生。他先后担任过上海市行知艺术学校教导主任，嘉定城区二中副校长等职，原中陶会常务理事，原上陶会副会长。吕先生今年虽已八十多岁，但他耳聪目明，反应敏捷，记忆力很好，对记忆中的细节复原能力很强。他曾亲耳聆听过陶行知先生的教诲，他本人也毕生致力于教育事业，践行陶行知先生的教育理念。2009年秋天，采访组前往老先生在上海市嘉定区的寓所进行采访。

采访组就陶行知的教育思想及其实践、创办育才学校的经过等方面的问题对其进行了采访，尤其是对陶行知的日常言谈举止等细节问题上，特别进行了较为详细的询问。访谈内容节选如下。

采访者：请问，你们当初是怎样进入陶行知先生创办的育才学校的？

吕长春：陶先生办育才学校招收孤儿、难童、无家可归的小孩。陶先生亲自去各地保育院、难童收容所挑选。一般挑选有一些特长的孩子，经过简单的智力测验、心理测验和一般文化的了解就招来，没有考试。

采访者：您能跟我们谈谈您第一次见到陶行知先生的情景吗？

吕长春：我们学校里的老师，各种各样的都有。有几个老师很洋气，穿得西装笔挺。陶先生呢，有点土里土气，带个眼镜，穿得很朴素，衣着很旧，蓝布学生装，一个口袋的，没有领子的那种。第一次见面，我根本看不出来他是校长，他跟我脑子里想象的校长不一样。他总是不知疲倦地工作，完全为教育献身，生活极度清贫。

采访者：你们在育才学校的生活怎样？陶行知先生如何安排你们的生活？

吕长春：此前，我们在保育院的时候，生活很苦。到了育才学校之后，陶先生给我们每个人吃四菜一汤，其中还有荤菜。这一下大家反而不适应了，全都拉肚子。于是，大家都要求只吃素菜，不能吃荤菜。陶先生对我们说，孩子们，你们以前是太苦了，现在吃的是正常的营养，你们坚持两三个星期就会适应的。果然，我们后来都习惯了，身体营养也跟上了。

在对吕先生的另一次采访中，采访者再一次问到同样的问题，吕先生的回答更具体，他补充了更多的细节。

采访者：陶行知先生的举止、性情怎样？平时同学们是不是很怕他？

吕长春：陶先生性格和蔼可亲，很朴实。他开校务会议打赤膊。有一次，天气热，陶先生光着膀子在乘凉。我们看见他后脖子处长有个肉痕子。我们很顽皮，就故意跟一位同学说："你看，陶先生身上有个苍蝇。"这位同学信以为真，就上前拍打。陶先生说："你干什么？"那位学生说："我帮你打苍蝇。"众人见了，都哈哈大笑起来。陶先生也一起笑。由此可见，陶先生非常和善，什么人都可以跟他开玩笑。我们一点都不怕他。还有，陶先生说话不用稿子，而且很流利，谈话简明扼要。

除了生活细节之外，其他方面的情况也有所补充。

吕长春：陶先生在上海办的"山海工学团""晨更工学团""朱家角工学团"（徐家汇地区，是山海工学团的分团），委托方明先生办的"流浪儿工学团""亭子涧工学团"，外地的有宜兴的"西桥工学团"等。工学团的教育宗旨就是"小先生制"，加上"工以养身，学以明身，团以保身"。关于办工学团的想法和经验，他在当时以"何日平"的笔名撰写了大量文章，发表在《申报》上，后来结集为《斋夫自由谈》《古庙敲钟录》等。

还有一个问题必须指出，现行的《陶行知全集》中将陈彬和的文章误以为是陶先生的文章而收了进去。陈彬和早年倾向进步，后来在日本侵略军占领下的上海任《申报》总编辑。出现这样的错误是编辑工作不够严谨之故。说到这件事情，我真的很气愤。一些人一看到什么文章想法比较先进，就冠以陶行知的名号。陶先生确实有很多进步思想，但是并不能说所有的进步思想都是陶行知想出来的。陶先生生前很强调实事求是，所以这种行为是非常荒唐的。

本案例采取"无结构式访谈"方法。采访者提问的内容涉及受访对象的特殊的、个人化的经历和经验，因此，该案例又属于无结构式访谈中的"深度访谈"。采访者对受访对象进行了两次登门采访，两次采访有所重复，又相互补充。

采访者预先设计好一个粗略的访谈提纲，让受访者围绕着一个大的问题方向，自由发挥。这是一种无控制或半控制的访谈，通过自由交谈，引发新的问题，并将问题引向深入。这种弹性和自由度大、无拘无束的、深入广泛的交谈和讨论，能充分发挥访谈者和访谈对象的主动性、积极性、灵活性和创造性。在此过程中，采访者得到了一些不曾预料到的、启发性的资料，获得与调查研究问题有关的丰富的社会背景材料，以及调查对象生活与行动的生动感受。

陶行知教育思想中最为突出的一条就是"生活教育"。通过对曾经跟陶行知共同生活过的人士的访谈，陶行知日常生活的诸多细节都被清晰地一一呈现。其中，有些细节是我们不曾耳闻的，比如，陶行知先生夏天光膀子，身上的痕子被学生误认作苍蝇的细节。这样的细节，乍一看跟陶行知的思想无关，细想下来，却也能发现两者之间的联系。陶行知平民教育思想不是空洞的理论，而是渗透在其全部的生活细节当中的彻底的生活实践。通过这些细节，采访者对陶行知的认知是具体的和感性的，从他的笑貌音容，得以感受到这位伟大的教育家的人格魅力。

在案例最后部分，受访者吕长春先生还提供了一个出人意料的材料——《陶行知全集》中的错误，即《陶行知全集》误将他人的文章收录进书去。尽管笔者尚未论证这一说法的正确性，但笔者认为，这对于陶行知研究来说，是一条十分重要的意见，应该引起陶行知研究界的关注，并应尽快对这一质疑做出回应，一旦证实吕长春先生的质疑成立，就应该及时地予以纠正。吕长春认为"陶先生生前很强调实事求是"。同样，实事求是的学术作风也是陶行知研究乃至所有的学术研究的立身之本。

【案例二】生活教育现场追述

案例背景：陶行知先生有四位子女，陶城先生是陶行知的幼子，现年八十六岁，是哈尔滨工业大学的退休教授，另三位均已辞世。日前，笔者所在的上海师范大学邀请陶城先生来访，并聘请其为本校新成立的陶行知研究中心兼职研究员。趁此机会，课题小组对陶城先生进行了采访。

陶城先生很健谈，谈起他的父亲来，更是兴奋不已。说到高兴处，他还要手舞足蹈，或引吭高歌一曲当年的歌儿。这种乐观、积极的人生态度，也感染了我们采访小组的年轻人。

访谈内容节选如下：

采访者：1927年，陶行知先生举家下乡，在南京市郊创办了晓庄师范。之前，你们全家在北京城里生活，当时一下子到乡下同锄头镰刀打交道，你能不能跟我们谈谈当时的情形。

陶城：那时我还小。1927年前，全家跟随父亲在北京，生活环境优越。1927年，我们全家跟随父亲来到晓庄，当时，那里还是一片荒地。我们兄弟几个由城市的阔少爷一下变成乡下的野孩子。开学后，第一件事就是发工具、开荒。父亲带头脱下西装革履，穿起布衣草鞋，全家住在牛棚柴房。生活虽然艰苦，但快乐也很多。父亲经常用"从野人生活出发，向极乐世界探寻"这句话鼓励家人。在全体师生亲手搭建的草棚礼堂门口，父亲还题了一副对联——和马牛羊鸡犬豕做朋友；对稻粱菽麦黍稷下功夫。这种苦中作乐的精神让我们的生活充满了希望。那里的晓庄学校既是一个学校，又像一个农庄和工厂，老师学生们教、学、做合一，一起实践着"生活教育"的思想理念。

采访者：您父亲对您影响最大的是什么？

陶城：说实在的，我与父亲一起生活的时间并不长，父亲对我的影响却是终生如影随形的。父亲的教育思想中对他产生最大影响的，就是要尊重青年，爱护儿童，不可小看后辈。父亲一直认为，要做个好老师，一定要尊重孩子，并向青年和儿童学习，这样才能让思想"保鲜"。父亲说过："先生创造学生，学生创造先生，学生先生共同创造彼此崇拜的活人！""人人都说小孩小，谁知人小心不小。你若小看小孩子，便比小孩还要小。"这是父亲自创的打油诗，我从小就会唱。（起身高声歌唱）

采访者：这些方面有什么具体表现吗？

陶城：父亲在重庆创办育才学校时，招了个父母被日本人杀害的孤儿，那个孩子当时满头长疮，很多人避而远之。父亲把他招来后第一件事就是帮他找医生看病，还发现了他很有音乐天赋。果然，这个孩子后来成了著名的音乐家，中央音乐学院的指挥系主任。还有一件小事，有一次一个学生打架被叫到办公室，学生很紧张，父亲拉他坐下来，掏出一颗糖，说奖励他到校长室很守时；又掏出第二颗糖，奖励他听从劝止，尊重校长；又掏出第三颗糖，说是奖励他是因打抱不平打架的。学生听完后哭了，表示要改正。父亲又掏出第四颗糖，奖励他知错就改。

采访者：平时，您父亲是如何教导的你们呢？

陶城：父亲很关心我们几个孩子的成长。他总是对我们说：现在作为一个小孩子，关键要知道三件事：一要彻底明白民族解放的大道理；二要在遇难时帮助他人；三要勇敢，勇敢的活才是美丽的活，勇敢的死才是美丽的死。这些话影响了我的一生，也是我毕生努力遵守的为人的准则。

　　家庭教育是教育的一部分，而且家庭生活对一个人的影响比学校教育更为深远，如果说"生活即教育"，那么家庭生活就是生活教育的核心。

　　陶城先生作为陶行知唯一健在的亲人，为人们留下了陶行知家庭生活的珍贵材料。陶行知认为："凡人生所需之重要习惯、倾向、态度，多半可以在六岁以前培养成功。换句话说，六岁以前是人格陶冶最重要的时期。"陶城所回忆的内容，基本上是其六岁前后的经历。从陶城的回忆中，我们可以看出，陶行知先生鼓励自己的孩子投身于生活实践，培养孩子吃苦耐劳的品格，这与他的教育思想中关于儿童的观念是相吻合的。陶行知在《怎样选书》一文中指出："儿童是创造产业的人；不是继承遗产的人。儿童生活是创造、建设、生产，不是继承、享福、做少爷。"陶行知不仅是在观念上这样认为，而且，首先在自己的家庭教育中予以践行。这也是陶行知"行知合一"思想理念的体现。

　　从陶城的回忆中可以看出，陶行知独特的儿童观和慧眼识英才的伯乐精神。陶行知善于从儿童身上发现积极的能力和强大的潜能，并能够将这些能量有效地激发起来，尤其是擅用"奖励"机制。从陶城回忆中的事例，我们还可以看出，陶行知将儿童的潜能看得非常重要，鼓励儿童发挥潜能。"小先生制"的教育实践可以视作这一重要的教育理念的延伸和深化。

　　陶城在其受访中还特别谈到陶行知对其子女的人格培养。尤其在"勇敢"品格方面，这一点，此前的许多有关陶行知的研究文献都很少提及。陶行知在《育才学校教育纲要草案》中，曾谈到"勇"的问题。"育才学校办的是智仁勇合一的教育，智仁勇三者是中国重要的精神遗产，过去它被认为'天下之达德'；今天依然不失为个人完满发展之重要的指标。尤其是目前抗战建国时期，我们需要智仁勇兼修的个人,不智而仁是懦夫之仁;不智而勇是匹夫之勇;不仁而智是狡黠之智;不仁而勇是小器之勇;不勇而智是清谈之智;不勇而仁是口头之仁。中国童子军以智仁勇为其训练之目标,是非常有意义的。育才学校不仅是以智仁勇为其局部训练之目标,而是通过全部生活与课程以达到智仁勇之鹄的。我们要求每一个学生个性上滋润着智慧的心,了解社会与大众的热诚,服务社会与大众自我牺牲的精神。"

在这段重要论述里,陶行知将"勇"上升到非凡的高度,并将其与智和仁一起,视作学校教育的重大目标。尽管这种观点十分重要,但表述文字读起来仍然有抽象笼统之嫌。而在陶城的回忆中,"勇"虽然被放在第三位,但显得非常具体而突出。"勇敢的活才是美丽的活,勇敢的死才是美丽的死。"在这里,勇敢不仅是一种个人品格,而且跟人的总体生命——生和死——息息相关,"勇"灌注到人类的生命之中,充盈于生命之内,并令生命价值升华到庄严的美学境界。这种表达不仅在陶行知思想中,而且在整个现代中国思想史上都是非常罕见的。这个短短的访谈无意中为我们提供了全新的学术课题。在一个教育理念混乱的时代,陶行知的"勇论",不仅应该成为当下"陶学"研究的对象,更应该成为全民人格塑造的重要尺度。

思考题:

1. 访谈调查法的特点及适用范围各是什么?
2. 访谈调查法有哪些类型?各自有哪些特点?
3. 如何在教育研究领域中运用好访谈调查法?

第七章　教育实验法

实验法是教师常用的研究方法之一。本章将在阐述教育实验法的概念、特征、优点及局限的基础上，逐一阐释教育实验的类型、教育实验的设计及教育实验法的运用等内容。

第一节　教育实验法概述

教育实验法也是教师必须掌握的研究方法。本节着重阐释教育实验法的概念、特征及优点、局限和教育实验的类型。

一、教育实验法的概念

教育实验研究法是用实验的方法来研究教育问题，是研究者按照研究目的，合理地控制或创设一定条件，人为地变革研究对象，并观察、记录、测定相伴随现象的变化，从而验证假设，探讨教育现象因果关系，揭示教育工作规律的一种科学研究方法。简单地说，就是在实验过程中，研究者通过引入（或操纵）一个变量（即自变量），以观察和分析它对另一个变量（即因变量）所产生的效果[①]。

教育活动是一种非常复杂的活动，活动中涉及的因素复杂多样，而且各种因素之间相互作用、相互联系，而教育规律往往就隐藏在这种作用与联系之中。因此，要揭示教育本质规律，就必须通过控制某些因素，确定某种因果关系，才能达到目的。

教育实验法是教育研究中常用的方法，也是最为严格的教育研究方法。许多先进的教育理论都是建立在长期的、反复的教育实验基础之上的。近年来，为适应教育发展及教育改革形势的要求，教育实验法已经越来越被人们所重视。当前，随着教育改革的深化和素质教育的实施，教育实验在教育研究实践中发挥着越来越重要的作用。

教育实验活动展开的形态可描述为一个从提出理论假设、选择论证课题、控制实验变量、进行实地观察测量，直至统计分析、验证结果、形成实验报告的基本过程；从操作特征上下定义，教育实验是指一个操纵自变量、控制无关变量、使教育行为朝着有利于因变量发生预期变化的方向运动的过程。

二、教育实验法的特征

教育实验研究法是用实验的方法来研究教育问题，是实验性的教育实践活动，

---

① 赵新云. 教育科学研究方法. 北京：中国人民大学出版社. 2004：95.

又是教育性的实验研究活动,是实验性和教育性的统一。作为一种教育研究活动,它与其他科学实验有着共同的实验性,即变革性、控制性、因果性;但由于教育现象和对象的独特性,教育实验又具有与自然科学实验不同的特征[①]。其主要特点有以下五个方面。

1. 实验者与教育者合二为一

一个教育实验工作者不仅是实验的设计者、组织者、实施者,而且必须是一个教育者,必须在教育人的过程中研究教育。

2. 教育实验的被试就是教育对象

学生是教育对象,是教育实验的被试,是参与实验的主体,具有自主性和创造性,研究者必须尊重他们的意愿,发挥他们的积极性、创造性。"与儿童一起实验",不能损害儿童的身心健康。

3. 教育实验不能脱离教育教学实践

教育实验更多的是在真实的社会环境和学校环境里(而不是在专门的实验室)进行,不可避免地要受到政治、文化、民俗及其他大量的非科学因素的干扰,其控制不如实验室实验那样精确、严密。因为学生是生活在特定的班级和学校环境中,离开了这一特定的环境,相应的教育现象就不会发生。

4. 教育实验"真""善"兼顾

教育实验要确认教育现象之间的因果联系,既要以求真作为基础和前提条件,又要以至善为出发点和归宿,同时受到真理标准与价值规范的双重制约。在理论假设的引导下,有目的、有预见地操纵实验条件使实验研究控制在社会道德允许的范围内,同时又能有力地促进儿童身心健康发展。

5. 教育实验的周期性比较长

由于教育现象变量的不确定性,教育概念范畴界限相对模糊,因素复杂。因此,一种新的教育制度、新的教材和新的教学方法的实验,绝非短时期内所能完成,往往需要几年才能看到真正的效果。较为复杂的教育实验往往还需要几轮的反复实验,才能获得可靠的结论。

三、教育实验法的优点

实验法的产生标志着人们对客观世界的研究由自然观察和纯粹思辨进入一个富有预见和主动干预的新阶段,预见性和干预性是实验法最显著的特征,也是它与观察、测量、统计等方法最根本的差别所在。教育实验研究主要有以下几个方面的优点。

1. 有目的地控制变量

有目的地控制变量是实验法最本质的特点,也是实验研究的精髓所在。这里的变量包括自变量和无关变量。自变量是实验者操纵的假定的原因变量;无关变量是

---

① 熊华生. 教育研究与实验. 武汉:华中科技大学出版社. 2004:63.

指除自变量以外一切可能影响因变量,因而对实验可能起干扰作用的变量。没有控制,就无所谓实验。只有人为地创设一定情境,通过操纵自变量,控制无关变量,来观察因变量的变化,这样才能客观地分析变量与变量之间的关系。比如,在"同伴关系对学生学习成绩的影响"试验中,同伴关系是自变量,学生学习成绩的变化就是因变量,学生的身体状况、成长环境、情绪等因素则是无关变量。只有对无关变量进行严格控制,研究才能不受外在因素的干扰,结果才能更客观。

2. 能够揭示变量之间的因果关系

实验研究探求的是事物之间或变量之间的因果关系,整个实验的理论框架和操作程序是按如何验证因果关系设计的。教育实验研究法是教育研究中建立因果关系的最好方法。只有通过实验研究,才能直接揭示变量间的因果关系,说明"为什么"。实验研究的这一取向是由教育实验的本质决定的,它可以使研究者获得自然条件下不能遇到或难以遇到的情况或情境,可以扩大研究的范围和排除或抑制某些对研究有不利影响的内容,使研究者可以在多种不同的情况下或情境中研究教育问题。在实验中,通过人为地改变条件,可多次获得同一状态下的某些现象。因此,它比观察法、调查法等能更确切地研究这些现象。实验法使研究者有可能准确、精细、分别地研究事物的各个方面或组成部分,比较容易观察某些特定因素的效果。

3. 能够主动创设实验情境

观察和调查都是在不干预研究对象的前提下去认识研究对象,发现其中的问题的。在实验法中,研究者并不是被动地等待所要研究的被试心理和行为现象自动发生,而是主动操纵实验条件、创设一定实验情境来引起被试的反应,进而考察条件与反应之间的关系,探讨事物的本质联系。这样就可以对一些在自然情境中难以观察到的现象进行研究,另外,还可以确定某些特定变量的效果。比如,创设一种情景,比较在目前老师采用几种教育因素减少儿童不良行为中,究竟是哪种因素或是哪些因素在起作用。

4. 有严格的实验设计和确定的试验程序

实验法设计更为严格,它对被试的选择、实验变量的确定、实验材料和工具的选定、实验程序的设计,每一步都有具体要求,尤其是对无关变量的控制,更有明确的规定。只有这样,研究结果才更具科学性。

5. 具有可重复性

实验是可以重复验证的,即只要具备与实验同样的先决条件,无论何时何地都应当产生出实验所预期的结果,否则,实验就不会为人们所确认。在教育实验法的研究中,由于有目的地控制了某些变量,这就为重复验证提供了可能。但是,由于实验的科学性,某一实验的假设是不能仅仅根据一次或两次实验结果就简简单单地进行肯定或否定,重复验证是必不可少的。只有经过反复验证的结论,才是科学的结论。

四、教育实验法的局限

教育实验法虽然具有很多的优点,但是我们应该看到,它同样存在诸多的局限性[①]。主要体现在以下几个方面。

1. 由高度控制带来的环境"失真"

实验通过严格控制环境条件,简化和"纯化"了实验环境,有利于准确地"溯因",这一优点反过来看则是致命弱点。也就是说,实验控制有时使实验情境与实际生活情境存在一些差距。实验条件控制越严,离真实的教育活动环境就越远,那么它在自然条件下的教育活动中重复验证的可能性就越低,从实验情境中获得的结论并不完全适用于实际生活情境。另外,实验的"人造环境"本身也构成了新的教育因素,因此,还需要通过广泛的实践做进一步的检验。

2. 实验人员和实验过程带来的负效应

有关这种负效应的例子有很多,如实验人员的期望会影响实验的效果(罗森塔尔效应)、被试知道自己参加实验而引起的积极性提高(霍桑效应)、对比组师生对实验组实验措施的暗中模仿或"较劲"(约翰·亨利效应)、由于教育实验过程较长而引起的"生成效应"(被试身心成熟)和主试的时间积累效应,等等。这些效应中,有些可能对提高教育活动效率有利,但最终对探索真理是有害的。

3. 不可避免的样本不足和选择误差

教育实验基本上属于社会科学实验,所进行的一般是关于群体的研究。群体越大,则控制的难度越大;样本较小,则不足以将结论推广到总体。而且由于各种社会因素的影响,实验往往只能在指定(给定)的学校和班级进行。这样,样本所来自的母体不能代表更大范围(如不同学区、不同省市)的总体,因此削弱了研究结果的可推广性。

4. 无法操作和控制的变量的影响

科学研究中的许多变量是无法操纵、控制的,不能通过实验法去研究。原因与结果处于不同层次,许多原因往往不能直接观察到,而需要在事物的深层结构和内在机制上加以理解性解释。

五、教育实验的类型

教育实验是一项极其复杂的社会性实验,根据其特点,可以从不同的方面把教育实验分成不同的类型[②]。

---

① 杨小微. 教育研究的理论与方法. 北京:北京师范大学出版社. 2008:167-168.
② 朱德全. 教育研究方法. 重庆:重庆出版社. 2006:92-94.

（一）依据实验场地，可划分为自然实验和实验室实验

自然实验，也称现场实验，指在实际教育教学过程中，尽可能地操纵自变量，控制无关变量，以探讨自变量和因变量的因果关系而进行的实验。被实验者并不知道是在做实验，因而他们的活动也是自然的。只有在自然的情况下，实验得出的结果才能进一步应用和推广。教育实验研究多是采用自然实验法进行的。但是，因为是在自然状态下进行，只能尽量地、不能完全地控制无关变量，实验结果不可能做到十分准确，所以在下结论时一定要谨慎，要注意研究结果的客观性和科学性。

实验室实验法是在特设的实验室内进行的实验，多适用于有关心理学的研究。研究者根据需要在经过专门设计的、具有高度人工控制的环境中操纵自变量，控制无关变量，探究自变量和因变量的关系。条件控制的完整可以把各种变量严格分离，对各种变量定义明确，从而提高研究结论的准确性和可靠性，因此，实验室实验所得的结果比自然实验更为准确。但实验室的情境和教育实际情况的差别是比较大的，因而实验室实验结果的实际效用不如自然实验法的效果好，需要同其他教育研究方法结合起来应用，才能符合教育实际的要求。

（二）根据实验研究目的的不同，可划分为探索性实验与验证性实验

探索性实验是把研究放在第一位，按预先研究的目的操纵实验变量，目的是搞清楚所要研究的某个问题的状况，即对某个教育问题弄个水落石出，探索教育规律。这种实验方法的主要目的是探明造成某种现象的原因究竟有哪些，或者操纵某些条件会引起什么效果。其特点是影响因子多，常将许多可能影响结果的因子组合在一起进行比较、筛选、更新。但是它也存在一定的局限性，即实验规模小，对实验精度的要求不高。

验证性实验是对已有的实验结果进行重复实验，是在一定理论基础上进行，其目的是通过实验，验证某些教育经验或研究成果是否可以推广。也就是说，验证性实验是以验证已取得的实验成果为目标，是对已取得的认识成果用再实践的经验来检验、修订和完善。如果对研究课题比较明确，而且已有具体的假设和方案，实验只是为了验证假设是否成立，方案有怎样的效果，这就是验证性实验。它的特点是问题十分明确，因素不多，实验规模较大，控制要求也比较高。

（三）根据实验控制程度不同分为，前实验、准实验与真实验

美国教育实验专家坎贝尔（D. T. Campbell）和斯坦利（J. C. Stanley）根据实验变量的控制程度，将教育实验分为三类：前实验、准实验、真实验。

前实验是指可以进行观察和比较分析，但对无关因素的干扰和混淆因素缺乏应有的控制的实验。前实验无法随机分配被试，不能有效地控制无关变量，误差高，效度低，因而无法验证自变量与因变量之间的因果关系，也很难将实验推论到实验以外的其他情形。但是，前实验是教育实验早期发展的重要形式，在实践中，有利于教育工作者灵活地进行一些改革性思考。

准实验是指那些不能进行随机分配被试，无法像真实验那样完全控制误差来源，但比起前实验来，又给予尽可能的条件控制的实验。准实验是在教育的实际情境中进行的，因而具有推广到其他教育实际中的可行性。之所以说教育实验大都属于准实验，是因为教育实验的情境和教育实验对象的特殊性，教育实验难以满足一般科学实验的规范要求，在许多教育实验中，实验对象是处于正常的自然状态中接受实验的。

真实验是指能随机分派被试，完全控制无关干扰来源，能系统地操作自变量的实验。真实验相对于前实验和准实验，是最规范的。但就我国目前教育实验的水平看，能称得上"真实验"的很少。这种实验有很高的内部效度，能准确、充分地说明自变量和因变量之间的因果关系。但是由于有较大的人为性，设计复杂，外部效度不理想，真实验很难在实际教育情境中普遍推广和应用。

（四）根据实验因素的多少，可分为单因素实验与多因素实验

单因素实验是指同一个实验中研究者操纵一个自变量的实验。单因素实验的变量少，操纵容易，实验难度小，如"初中数学自学辅导的实验研究"。

多因素实验是指同一个实验中需要操两个或两个以上的自变量的实验。由于实验要操纵的实验因素较多，具体实施难度较大。其特点是同时考察两个或多个实验因素的效果，以及因素之间的相互作用，如"小学生语文能力整体发展的实验"。多因素实验往往适用于一些复杂的、价值意义重大的教育研究项目。

第二节 教育实验的效度

一、教育实验效度的分类

效度（validity）即有效性，是指测量工具或手段能够准确测出所需测量的事物的程度。根据不同的标准，教育实验效度具有不同的分类[①]。

（一）从研究结果和适用范围的角度，可以分为内部效度和外部效度

1. 内部效度

内部效度（internal validity），是表示实验所提供的自变量与因变量之间因果关系明确程度的一种指标，即因变量的变化在多大程度上来自自变量。内部效度实质

---

① 温忠麟. 教育研究方法基础. 北京：高等教育出版社. 2009：184-187.

上反映了实验对变量间因果关系揭示的准确程度,是一项实验认识功能发挥得如何的标志。

2. 外部效度

外部效度(external validity)是指研究结果能够一般化和普遍适用到样本来自的总体和到其他总体中的程度,即研究结果和变量条件、时间和背景的代表性和普遍适用性。教育实验研究不仅要关心变量间因果关系的探讨,更要考虑实验结果在较大范围内的推广和应用,否则,便将失去实验的意义。如果说,内部效度反映的是实验的认识论意义,那么,外部效度则是其价值论意义的标志。

(二)从研究工具和手段的角度,可以分为内容效度、统计结论效度、效标效度、结构效度、理论型效度、描述型效度和解释型效度[①]

1. 内容效度

内容效度是用来分析评估表中阐述的要素,以及个体各要素的评估成绩反映其绩效的程度,评估表内容效度反映了评估表的内部一致性,显示同一量表里的所有项目是否在测评同一维度。它提供了检查评估表在何种程度上避免了内容失误的一种方法。比如,评估表是设计来测量员工工作能力的,那么工作行为就与工作能力无关,应该删除。常用的内容效度检验法就是请专家按照一定的标准评价某评估是否具有代表性,例如,运用评估表对员工进行评估时,为了分析内容效度,请10~20名专家对如下问题按"非常不相关""需修改否则不相关""尚可但仍需修改""非常相关"形成专家咨询问卷或者"合理"与"不合理"的是非法进行判断评估要素与评估表结构的归属关系是否合理?要素名称与定义内涵的吻合程度是否合理?评估等级与各等级标准的相关程度是否合理?评估表的总体与评估期望达到的目标的一致性程度是否合理?各要素之间关系的协调性是否合理?然后,综合专家们对这些问题进行的选择回答,按公式计算出评估的内容效度:

$$CVR = (Ne - N/2)/N/2$$

式中,CVR:内容效度;Ne:判断某项目具有代表性的人数;N:参加判断的人数。

CVR 的值在 $-1.00 \sim +1.00$,值越大效度越高。但是在实际工作中,内容效度判断的有关问题涉及范围较宽,常常很难用简单的"合理"或"不合理"进行判断,因此难以通过上述的公式进行数量化分析,更多的是采用专家分析、集体推断的描述形式进行内容效度的检验。

2. 统计结论效度

统计结论效度是有关决定实验处理效应的数据分析程序的效度检验。它并不涉及系统性偏向的来源问题,而是研究误差变异源和如何适当地运用统计显著性检验的问题。

研究的统计结论效度主要取决于两个方面的条件:①数据的质量,数据分析程序的效度是以数据的质量为基础的;②统计检验的假设,数据分析中所采用的各种

---

① 陈向明. 定性研究中的效度问题. 教育研究,1996(7):52-58.

统计方法都有其明确的统计检验假设，一项研究中统计检验假设不明，就会显著的降低统计结论效度。

影响统计结论效度的因素主要有统计功效低（即统计检验力低）；违犯统计检验的假设；测量信度低，导致测量的标准误差大；实验处理实施的可靠性；研究背景中随机的无关因素；被试的随机异质性。

3. 效标效度

效标效度就是考查测验分数与效标的关系，看测验对感兴趣的行为预测得如何。因为效标效度需要有实际证据，所以又叫实证效度。

所谓效标是指与被试群体无关的外部客观标准，是明显可见无所争议的，如任职资格标准，是统一规定的，不会因测评对象群体性质的改变而变化；如在一般的百分制考试中，对任何人而言，60分就是通过，那么60分就是效标。

4. 结构效度

结构效度是指一个测验实际测到所要测量的理论结构和特质的程度，或者说它是指测验分数能够说明某种理论的某种结构或特质的程度；是指实验与理论之间的一致性，即实验是否真正测量到假设（构造）的理论[①]。在编制一个测验后，编制者需要确定其结构效度，其方法主要有以下几种。

1）考察测验的内容效度。因为有些测验对所测内容或行为范围的定义或解释类似于理论构想的解释，所以内容效度高实质上也说明结构效度高。

2）计算测验的同质性信度。若有证据表明测验不同质，则可以断定该测验结构效度不高。

3）利用相容效度法。考察新编制的测验与某个已知的能有效测量相同特质的测验之间的相关。若两者相关较高，则说明新测验有较高的效度。

4）利用区分效度法。考察新编测验与某个已知的能有效测量不同的特质的旧测验间的相关。若两者相关较高，表明测到了其他心理特质，则新测验效度不高。

5）对一组测验进行因素分析，找出影响测验的共同因素，每个测验在共同因素上的负荷量（即测验与各因素的相关）就是测验的因素效度，测验分数总变异中来自有关因素的比例就是该测验结构效度的指标。

6）综合应用相容效度法和区分效度法。若用多种极不相同的方法测量同一种特质相关很高，或用极为相似的方法测量不同特质相关很低，则说明测量效度很高。若有多种特质都接受了多种方法的测量，就可以分别计算出任意两种方法测量同一种特质的相关和测量不同特质的相关，以及任意两种特质接受同一方法和不同方法的相关。

使用者确定结构效度的方法有以下几种。

1）分析被试答题的过程。若有证据表明某一题的作答除了反映所要测的特质外，还反映其他因素的影响，则说明该题没有较好地体现理论构想，该题的存在会降低结构效度。

2）根据所要预测的效标的性质和种类来推断结构效度，有两种做法：①根据

[①] 刘力. 教育实验学. 北京：人民教育出版社. 2004：181.

效标把被试分为两类，考察其得分的差异。若两组被试得分差异显著，则说明该测验有效，具有较高的结构效度。②根据测验得分把被试分成高分组和低分组，考察这两组被试在所测特质方面是否有差异。若两组人在所测特质方面差异显著，则说明该测验有效，具有较高的结构效度。

结构效度的最大贡献是可以用来提出和验证假设。当然结构效度也有其明显的局限性，特别是当测验结果不能验证原来的构想时，我们不能确定是构想有错误，是测验本身缺乏内容效度，还是实验设计有问题。这说明结构效度发展还未完全成熟。

5. 理论型效度

理论型效度也称结构效度、建构效度或构想效度，是指测量工具反映概念和命题的内部结构的程度。它一般是通过测量结果与理论假设相比较来检验的。如果用某一测量工具对某一命题（概念）测量的结果与该命题变量之间在理论上的关系相一致，那么这一测量就具有构想效度。确定构想效度的基本步骤是：①从某一理论出发，提出关于特质的假设；②设计和编制测量并进行施测；③对测量的结果采用相关分析或因素分析等方法进行分析，验证与理论假设的相符程度。

6. 描述型效度

哈佛大学教育学院教授马克斯维尔在前人的基础上发展了自己"当事人"的分类法，认为与其借用定量研究或其他学科对效度的定义和分类法，不如从定性研究者自己从事研究的经验出发，介绍他们是如何在研究过程中思考、甄别和处理效度问题的。从研究者自己的角度来探讨效度问题比站在这之外评头论足更有可信度和说服力。因此，他在定性研究中提出两种效度：描述型效度和解释型效度。①

描述型效度指对外在事物或现象进行考察后所作描述的准确程度。这一概念既适用于定性研究又适用于定量研究。衡量这一效度有两个条件：①所描述的事物或现象必须是具体的；②这些事物或现象必须是可见或可闻的。比如，学校里的教室和操场，上课时老师对学生的提问。假设一位研究人员到学校观察课堂上老师与学生的互动关系，如果该教室临街，外面很嘈杂，该研究人员听不清楚老师和学生所说的话，那么他对师生互动关系的描述就有可能失真。②

在描述型效度方面犯错误的情况还包括在收集和分析资料时有意无意地省略掉某些对研究课题至关重要的信息。比如，如果研究者在对学校食堂的伙食标准进行观察后只在报告中提到"学生伙食标准很高""饭菜价格很贵"，而不对饭菜的成本和价格进行具体的报道的话，则有可能造成资料的不真实。由于不同的人对"高"和"贵"这类判断性概念可能有不同的理解，仅仅用这些词语来描述饭菜的价格是不准确的，容易给读者造成不解或误解。

描述型效度还受到研究者和被研究者之间关系的影响。在进行非参与型观察时，被研究者可能因为研究者在场而表现得与平时不一样。在访谈时，被访者有可能自觉或不自觉地掩饰或回避一些问题。如果研究者是被研究者的上司，或者有可

---

① 陈向明. 定性研究中的效度问题.教育研究，1996（7）：52-58.
② 刘力. 教育实验学. 北京：人民教育出版社.2004：183.

能被看作与上司有关系，被研究者有可能有意投其所好，报告一些不真实的情况。

7. 解释型效度

指研究者了解、理解和表达研究对象对事物所赋予的意义的"确切"程度。这一概念只适用于定性研究。满足这一效度的首要条件是研究者必须站到被研究者的角度，从他们所说的话和所做的事情中推衍出他们看待世界，以及建构意义的方法（而不是像定量研究那样，从研究者预定的假设出发，通过研究来验证自己的假设）。[①]

由于定性研究强调再现研究对象自己的文化规范、思维趋向和行为方式，研究者在收集原始资料的时候必须尽最大的努力理解当事人所使用的语言的含义，尽可能使用他们自己的词语作为分析原始材料的分类名，并力图在研究报告中真实地表现他们的意义体系。另外，在试图理解研究对象的真实想法时，研究者还必须分清楚他们口头上所拥护倡导的理论和他们在实际行动中所遵循的理论。比如，某位教师可能认为体罚学生是不好的行为，如果有研究人员问他这个问题他也会这么回答。可是，他在实际处理学生问题的时候有可能使用过体罚这一手段，这时候他使用的是另一套解释原则。在这种情况下，研究者必须使用多种不同的研究方法（如访谈和观察相结合），调查不同的人（如他的学生、学生家长以及学校里其他的老师和管理人员），询问不同的情形（例如，他在什么情况下体罚过学生？体罚过什么样的学生？因为什么原因？等等），从而了解该老师所说的"体罚学生是不好的行为"到底是什么意思：是他认为应该遵循的一种价值观念？还是可以因具体情况的不同而不同？

二、教育实验效度的影响因素

（一）影响内在效度的因素

实验内部效度高低取决于对无关变量控制的程度。无关变量控制越好，实验结果越能解释为由实验处理所造成的。反之，控制越差，实验结果越无法解释[②]。那么，哪些无关变量会影响实验结果呢？

1. 主试因素

（1）期望效应

期望效应也叫皮格马利翁效应、罗森塔尔效应、自验寓言、毕马龙效应。该类效应说明主试的期待不同，对被试施加影响的方法也不同，被试受到的影响不同从而表现也有差别，期待是一种强有力的力量。

（2）晕轮效应

晕轮效应，又称"光环效应"，属于心理学范畴。晕轮效应指人们对他人的认知判断首先是根据个人的好恶得出的，然后再从这个判断推论出认知对象的其他品

---

① 陈向明. 定性研究中的效度问题. 教育研究，1996（7）：52-58.
② 杨银付. 教育实验内部效度三题. 教育研究与实验，1991（1）：55-59.

质的现象。

（3）投射效应

投射效应是指认知者形成对别人的印象时总是假设他人与自己有相同的倾向，即把自己的特性投射到其他人身上。所谓"以小人之心，度君子之腹"。

（4）刻板效应

刻板效应又称定型效应，是指人们用印刻在自己头脑中的关于某人、某一类人的固定印象，作为判断和评价人依据的心理现象。

（5）首因效应和近因效应

首因效应是指最初接触到的信息所形成的印象对我们以后的行为活动和评价的影响，实际上指的就是"第一印象"的影响，即人们根据最初获得的信息所形成的印象不易改变，甚至会左右对后来获得的新信息的解释。

近因效应是指当人们识记一系列事物时对末尾部分项目的记忆效果优于中间部分项目的现象。近因效应与首因效应相反，是指交往中最后一次见面给人留下的印象，这个印象在对方的脑海中也会存留很长时间。

（6）观察者偏见

观察者偏见是指观察者个人的动机和预期导致观察的错误。刻板效应、投射效应及光环效应都属于观察者偏见，可见其范围很广，因为人们总是"看见"他们想看见的。

2. 被试因素

被试因素主要表现在要求特征上，另外还有一些其他的因素。

要求特征是指被试通过对主试的语言行为和态度的察觉，判断主试的实验目的从而自觉不自觉地改变自己的反应。对被试传递的实验信息和线索成了决定被试行为的显著因素，这样的线索就是实验情境中的要求特征。常见的要求特征包括霍桑效应、评价忧虑/取悦研究者/罗密欧与朱丽叶效应、安慰剂效应、亨利效应等。

（1）霍桑效应

霍桑效应是指被试面临新情境时发现自己比较特别并正在被关注，行为上就会表现出高度的积极性。

（2）评价忧虑/取悦研究者/罗密欧与朱丽叶效应

评价忧虑是指意识到自己正在被人观察和评价，被试担心自己的行为不能被别人认可而产生的忧虑的心理，从而导致行为异常。

取悦研究者是指在评价忧虑的基础上，为了得到较好的评价而按照假想的主试的愿望去表现自己的行为，而不是如平常一样。

罗密欧与朱丽叶效应是指在探测到主试愿望后产生逆反心理，故意改变自己的行为使主试的愿望破灭。

（3）安慰剂效应

安慰剂效应是指被试认为某种无效刺激具有某种功能，从而有意无意中按照这种功能的结果来行为或者是表现出刺激有效的反应。安慰剂效应相当于发生在被试身上的期望效应，都是人强烈意念的能动性的表现，是一种自我暗示。

(4) 亨利效应

亨利效应是指被试接受虚假的信息或其他刺激产生了盲目的自信或积极的态度，从而在反应上表现出异乎平常的正面效果。亨利效应同样相当于被试身上的期望效应。例如，在操作设计中，由于实验组被给予实验处理，被试会较多产生安慰剂效应，而主试产生皮格马利翁效应；控制组被试由于未被重视，容易产生罗密欧与朱丽叶效应或被激发斗志而出现亨利效应。

3. 历史

历史（亦称"经历"）指在实验过程中，与实验变量同时发生，并对实验结果产生影响的特定时间。尤其是在周期较长的实验中，它更可能成为一个问题。当出现这种情况时，研究者无法判断实验结果是由自变量引起还是由特定时间引起的。

4. 成熟或自然发展

成熟是指在实验过程中随着时间的延续，被试身心发生变化，如变得较为成熟、疲倦、饥渴或对实验丧失兴趣等，这些改变都会影响实验结果。

5. 差异性选择

实验过程中，没有采用随机化的方法来选择被试和分配被试，造成实验处理前被试的组与组之间存在很多方面有差异性。如果组别之间受试者的特质不一样，就无法确定实验效果的差异是单纯由于进行实验所造成的，还是组别之间所存在的差异。

6. 测验

研究者为了取得实验前被试的初始状态，对被试实施前测验，而这种测验可能会积极或消极地影响实验处理实施后进行的测验，因为受试者在经过前测验之后，会熟悉测验的技巧和内容，这样会对后测验产生干扰。

7. 被试的亡失

实验过程中，种种原因使较多被试中途退出或死亡，导致研究者因为样本太小或组间被试不均衡无法对结果做出正确的解释。这样，即使两组都是经由随机抽样和分配，也是由于不同比例的被试从实验中退出，所剩样本可能有异于原来无偏差的样本。

8. 统计回归

统计回归也叫"向平均回归"，经常在有匹配过程的实验中出现，由于在实验处理前选择了某一特征方面具有极端分数的被试，实验处理后的后测验分数有回归到平均数的趋向，因为大多极端分数都含有较大的偶然因素。如果统计回归导致实验结果上的错觉，则称之为回归假象。

（二）影响外在效度的因素

坎贝尔和斯坦利提出了影响实验外部效度的四个因素[①]。

[①] 李婕，张新海. 论心理实验效度. 许昌师专学报，1997（3）：96-99.

1. 测验的反作用或交互作用效果

测验的反作用指前测对后测的作用；测验的交互作用指前测与后测的交互作用。有前测经验容易造成后测成绩好。在有前测和后测的实验设计中，前测的经验往往会限制研究结果的推论性，因为前测提高了被试对后测的敏感性。

2. 选择偏差与实验变量的交互作用效果

其表现为取样偏差，被试取样有没有代表性是至关重要的。当研究者选取一些具有独特心理特质的受试者做实验时，选择偏差与实验变量的交互作用效果就容易产生，因为这些独特的心理品质有利于对实验处理引起较佳的反应。

3. 实验安排的反作用效果

实验安排的反作用效果即著名的霍桑效应。由于实验情境的安排，被试知道自己正在被观察或正在参加实验，他所表现出来的行为自然而然地与他不知道正在被观察或不是参加实验时，有很大的不同。这时，他往往为投实验者之所好，可能改变正常的行为方式，努力表现实验者所期望的行为，比平时有更高的兴趣和动机，结果使实验效果产生很大的改变。

4. 多重实验处理的干扰

当同样的被试重复接受两种或多种的实验处理时，由于前面的处理通常不易完全消失，几项实验处理间会相互产生干扰作用，产生练习效应或疲劳效应。因此，这种实验的结果，只能推论到类似这种重复实验处理的情况。

三、教育实验效度的检测

（一）对研究内容进行逻辑分析

对研究内容进行逻辑分析主要是指对实验设计和测量工具本身的具体内容进行系统性的查验，以确定这些内容是不是要研究的内容和所要测量的目标特质。其主要方法是确定一批有经验的该领域的专家，在深入培训的基础上，要求他们按照已确定的标准和范围，对实验设计的步骤和测量指标、测量工具进行深入分析，来确定教育实验的效度。研究者要注意防止受到表面效度的干扰，因为它反映的不是实际要测量的目标是什么，或对目标测量的程度如何，而反映的是从表面上看测量了什么。

（二）考察选择研究对象和研究材料时所用的抽样技术

抽样效度是指所抽取的实验样本对实验目标总体的代表程度。在实验研究中，研究者对研究对象的选择会考虑他们的语言学习经历，语言水平和学习动机等。一开始，两个组的受试者就必须保证在同一水平线上，以保证实验的效度。对实验材料的选择，也需要考虑其抽样效度，如果抽取的实验材料是有偏的（如被试特别熟悉的或特别陌生的），都会对最后的的实验结果造成干扰。因此，可以考察研究者所采用的抽样技术来检测实验效度。抽样时要注意：①被试是否具有普遍的代表性；

②实验是否要求特殊的条件。③实验者是否需要具备特殊的知识和技能。一个教育实验的实施要有理论方面的指导和程序上的操作，一般需要实验者接受与实验有关的专门训练。

（三）考察研究人员的素养

对于实验研究来说，被试的选取具有重要价值，而主试或研究人员的选取同样具有重要意义。由于存在个体差异，不同研究人员的水平和素养同样存在很大的差异，对最后实验结论的效度也会造成很大的影响。比如，在主持实验时，主试的投入不同，被试的投入也会相应地存在差异。另外，不同的研究人员在对被试的反应做出评价时，也会存在差异，而且很容易受到个体偏见的影响。因此，要深入考察研究人员的素养，检查是否符合实验的要求，以保证实验结论的效度。

（四）考察研究过程中的控制手段

研究者要控制好实验的过程，使在运用实验手段时没有任何其他因素可以使被实验者的状态改变。在进行实际操作时，研究者应尽量使实验的环境处于稳定，除所使用的实验手段外，其他条件都应保持不变。

（五）比较实验研究前测和后测的结果

检验实验手段有效性的常用方法是前后对比测试法。研究者需要分别测量被实验者在实验前的状态（如能力水平）和在实验后的状态，然后根据测量出来的状态差异来确定实验手段的有效性。使用这种对比法的关键是控制好实验的过程，使在运用实验手段时没有任何其他因素可以改变被实验者的状态。如果实验过程控制得不好，有干扰因素参与，即使可以测得被实验者的前后状态变化，但究竟实验手段是否起了作用或是起了多大作用，研究者也难以对此做出判断。

（六）比较实验研究中实验组和控制组的表现

将实验组与控制组相比较，通过检验两个组别实验前后的状态变化来确定实验手段的效果。采取这种方法有两个重要的条件：①实验组与控制组要通过随机抽样来建立，以保证两组确有等同性；②两个组除了接受与没接受实验手段的区别外，没有其他方面的不同，以保证其可比性。只有在这两个条件都满足的情况下，才能将两个组的结果进行比较。但是，在许多教学实验中，这两个对实验研究的基本要求往往被忽视。实验者更倾向于把程度比较好的学生放在实验组里，当实验结束后做结果检验时，如果发现实验组比控制组的变化明显，便得出"实验方法有效"的结论。其实，这样得出来的结论并没有充分的根据。实验组在实验前就比控制组有"优势"，而他们先前就具有的"优势"很可能会在实验的测量中表现出来，使其测量结果比控制组好。如果这种可能性真实存在的话，就不能将实验组的结果完全归于实验手段的使用，因为"实验手段是否产生了效果"或"产生了多大效果"并没有被验证出来。

（七）比较不同来源获取的信息

不同来源的丰富的资料可以为研究的结论提供充分的论证依据，进而提高结论的效度。在实验中，如果研究者收集的资料有限，获取信息的渠道和来源单一，容易受到单一偏差的影响，那么这些信息的可信度是值得怀疑的，而实验结论的推广也会受到限制。因此，在检测实验的效度时，研究者要尽可能多渠道地获取信息，对目前已经建立的结论进行检验，以求得最大真实性。

（八）比较不同的假设

实验假设主要有三大假设：目标假设、理论假设和前提假设。目标假设是最重要的假设，目标假设应该多元化，比如，考查学生某一学科的成绩，不仅要考察总成绩，还要考查分项成绩（阅读理解、写作、运用等）和不同学业程度学生成绩（优生、中等生、差生）。通常，中小学教师所做的教育实验，目标假设过于单一、单调（只注重学习成绩），严重影响研究结果的分析。理论假设是实验的依据，研究者在提出理论假设时，要综合考虑当前各种流派对某一现象的解释，做出充分的理论假设，否则其实验理论就会过于片面和极端。前提假设主要是确保实验结果的可靠和有说服力，为了保证实验分析的效度，必须对实验的前提加以说明，查阅相关文献，结合文献综述，做出科学的假设。假设是实验的起点，研究者要将不同假设综合起来考察，来检验教育实验的效度。

（九）计算不同测量工具所测结果之间有相关系数

在实验研究中，研究者采用的测量工具不同，则其评价的标准就会不同，对最后的实验结果也会有一定的影响。因此，研究者可以采用相关检验法来检测教育实验的内部效度，即采用多种测量工具来针对某一变量进行测量，然后计算不同测量所得的实验效度，如果不同工具之间相关较高，说明效度都高；如果相关较低，说明有些工具的效度较低。

（十）核对统计方法采用的前提假设和使用条件

各种统计学的分析与计算方法都有其特定的假设和使用条件，只有满足了所要求的假设和条件，才能用来进行数据分析，所得到的结论才有意义。例如，在做方差分析时，要求每个组所测得的因变量必须是正态分布的。又如，使用回归方法的要求是每个变量至少要有5个被试，如果回归方程中有5个自变量，就需要有75个人参加实际的测量，才能保证结论的统计有效性。否则，统计分析所得的实验结果的准确性是值得怀疑的。

第三节 实验中的研究变量

一、变量的含义

变量是实验研究中的一个专用术语，与常量是相对的概念，指在质或量上可以变化且可以测评的概念、因素、条件和属性。换言之，变量就是会变化的、有差异的因素①。

变量会随着条件、情景的变化而在数量或类型上发生一定的变化，又称因子或因素。教育实验控制方法的思路是对实验变量进行严格的界定，有效地操纵和运作。那么变量又可以分为哪几类呢？

二、变量的类型

教育实验的变量是指与实验有关的条件、现象或特征，按其在教育实验中的作用，可分为自变量、因变量和无关变量。一项成功的教育实验应当准确把握这三个要素，即操纵自变量、观测因变量、控制无关变量②。

（一）自变量

自变量，又称刺激变量，是引起或产生变化的原因，是研究者操纵的假定存在因果关系中的原因变量，即研究者施加于被试的可以操纵的教育影响。当两个变量存在某种联系，其中一个变量对另一个变量具有影响作用，我们称那个具有影响作用的变量为自变量。自变量的变化水平完全取决于研究者的操纵与设计。例如，研究学生智力与学业成绩的关系，学生"智力"的高低影响"学业成绩"，那么"智力"就是该项研究的自变量，是研究者要操纵的原因变量。

研究者能否成功地操纵自变量，使之真正有效地作用于被试，是实验成功的关键之一。操纵自变量有两层意思：①要使自变量发生合乎实验要求的变化，通常有两种变化状况。一种是从无到有的变化，即从没有这种教育影响（教育措施）到有这种教育影响（教育措施），如实验中对控制组不作评价和对实验组作评价。另一种变化是有这种教育影响，但在形式上、层次上有差异。如实验中有三个实验组，

---

① 熊华生. 教育研究与实验. 武汉：华中科技大学出版社. 2004：64-65.
② 范小韵. 关于教育实验法的几个问题. 教育科学研究，2001（1）：61-63.

分为表扬、训斥和静听三个层次，以体现其变化。不管是哪一种变化，操纵自变量就要使自变量发生变化。②要使自变量真正有效地作用于被试，以期引起被试的变化。即要把自变量具体化为几个可以操作的教育方案并加以实施。比如，在实验中将对学生加法练习的评价态度分为表扬、训斥、静听（不直接进行评价）及不做任何评价四种不同形式，并且设计了四种不同的教育方案。在方案中对每一种形式都做了具体规定，这样的实验就具有可操作性。

（二）因变量

因变量又称反应变量、输出变量、依变量或实验结果。它是通过自变量的作用而发生变化的结果变量，是自变量作用于被试后产生的效应，是研究者要测定的假定的结果变量。其中一个变量对另一个变量具有影响作用，我们称那个被影响的变量为因变量。例如，我们想研究噪声对学习效果的影响，"噪声"就是自变量，研究者可通过改变噪声的时间或强度等来操纵这个变量。"学习效果"则是因变量，它是"噪声"这个自变量作用于被试后产生的效应，是研究者要测量的结果变量。

因变量是一种假定的结果变量，它是实验变量作用于实验对象之后所出现的效果变量。比如，实验研究中，学生加法练习的成绩就属于因变量。科学地观测因变量是教育实验成功的又一个关键。为了解自变量对因变量是否有影响，除了要操纵自变量，使之发生变化外，还必须观测因变量是否也随之发生了变化。这需要考虑几个问题：①要观测哪些因变量。自变量作用于被试后，被试可能在许多方面发生了变化，其教育效果往往可表现在许多方面，究竟从哪些方面来观测教育效果，在实验前必须明确。②如何对因变量进行测定。教育效果的测定项目确定后，需考虑通过怎样的方式把这些项目的效果测定出来。是口头测定、书面测定还是操作测定；是个别测定还是集体测定。是口头测定的要拟订发问提纲和记录方式，是笔试的要出好问卷，是操作的要准备好器材、拟订操作要求。③当项目和测定方法确定后，还要确定如何评定成绩，是采用等级评定还是打分数等，各种评定标准，以及试卷的得分标准都须具体明确。

（三）无关变量

无关变量也被称为干扰变量、控制变量，是指与特定研究目标无关的非研究变量，即除了研究者操纵的自变量和需要测定的因变量之外的一切变量，是研究者不想研究，但会影响研究进程的，需要加以控制的变量。例如，研究两种不同的教学方法对学生学业成绩的影响，在这里"教学方法"是自变量，"学业成绩"是因变量，除此以外其他各种因素都是无关变量。无关变量在这项研究中，可能会有教学时间、教学环境、学生的智力、原有的知识基础、家教辅导等因素，这些因素会干扰自变量和因变量的对应关系。当这些因素与自变量——教学方法的作用混杂在一起时，往往导致人们难以确定两种教学方法效果的优劣，无法判断最终的研究结果（因变量）是来自教学方法（自变量），还是来自教学时间、教学环境、学生的智力、原有的知识基础、家教辅导等其他各种因素（无关变量）。如果研究者能有效地控制这些无关变量，研究结果就会比较明确可靠。

通常，无关变量又可以分为以下两类：①绝对无关变量，即与教育活动无关或违反教育规律的因素；②除了绝对无关变量之外其余的都是相对无关变量。相对无关变量会对实验结果带来很多的影响。因此，在教育实验中，实验者应该设法控制相对无关变量对实验因变量的作用，以防止或减少它对教育实验结果的干扰。

三、变量的控制

教育研究中，"控制"这个术语表示研究者对整个研究过程的把握与操纵。从广义上说，控制表示研究者能够操纵或选择自变量的变化水平，选择因变量以及测量因变量的方法，控制研究过程中的无关变量；从狭义上说，控制是指对影响自变量和因变量之间对应关系的无关变量的处理和控制。控制在教育研究过程中具有重要作用，它是决定研究结果是否确实可靠的重要因素[①]。

（一）自变量的控制

自变量的控制是指在研究过程中对刺激变量的操纵变化。对自变量控制得如何，将直接影响研究的成功与失败。

1. 给自变量规定操作定义

操作定义就是对实证性概念或变量加以操作化的过程。对自变量要有一个能进行操作的明确的概念，即操作定义，其目的是为了便于在实验研究中对自变量进行操纵，实现自变量具体化。如果自变量模糊不清，随意变动，就会对实验结果的真实性造成影响。

2. 注意刺激物选择操作的严密性

不论何种实验，为了引起被试的反应，都必须给予一定的刺激物、刺激情境或材料，其关键问题就是所选择的刺激物是否正是引起因变量反应的自变量。

3. 实验自变量之间的独立性

教育实验既有单因素实验，又有多因素实验。在多因素实验中，要求各个实验自变量之间必须有本质的区别，即彼此独立。

（二）因变量的控制

因变量的控制就是要达到反应变量确实能够反映受测者真实的身心反应。

1. 规定好反应变量的操作定义

在教育实验中，需要对因变量进行确立和分解，使其从模糊到清晰、从笼统到精细。对于一些概念性的因变量，尤其要对其进行操作性定义，使其变得具体可操作，能够用一个客观的指标来表示因变量。

---

① 和学新. 教育实验控制的理论探讨. 高等师范教育研究，1994年第1期。

2. 因变量应具备的特点

为了便于观察和测量，作为反映实验因变量的指标应具备以下特点。

（1）有效性

有效性即指标要能反映实验目标，可以预期它会随自变量的变化而变化。

（2）客观性

客观性是指所选的指标是客观存在的，是可以通过一定的方法观察到并且具有可验证性。

（3）数量化

数量化即指标能够数量化，以便于记录、数据处理和统计分析。

（4）灵敏性

灵敏性即反映因变量的指标对于自变量的变化应有较高的分辨能力。自变量发生变化，因变量也要随之发生变化，防止出现"天花板效应"和"地板效应"。

3. 反应指标的平衡

因变量的不同指标具有不同的含义，适用的条件也不一样。因此，研究者需要根据研究的内容和实际情境，选择最有效的反应指标。常用的因变量的观测指标主要有以下几类。

（1）准度

准度即反应的正确数量。它在观测被试的知识和能力方面的发展状况时常用，如某种能力水平的得分等。

（2）速度与灵敏度

速度与灵敏度即在单位时间内完成任务的数量，如阅读、打字的速度等。

（3）难度水平

难度水平即完成任务作业的困难程度，观测学生的知识和能力水平，必须考虑试卷和问题的难度。

（4）频率

频率即某种行为单位时间内出现的次数。

（三）无关变量的控制

为了保证教育实验的效度，研究者需要对未产生直接效果的变量（即无关变量）通过若干方法消除或最大限度地削弱它。

1. 消除

控制无关变量的最彻底的方式是不让无关变量介入到研究情境中去，完全排斥在自变量和因变量对应关系之外。例如，研究智力（IQ）对短时记忆（STM）的关系，研究者意识到：短时记忆除了受到被试的智力影响外，也可能受到被试的年龄、性别、教育程度、环境因素如噪声的影响。为了消除噪声这一无关变量的影响，研究者对被试短时记忆的测量放在隔音室进行。

2. 恒定

有些无法排除的无关变量可以采取使这些变量在研究过程中保持恒常不变的方法，即所有的被试都接受相同的无关变量，把变量变为常量。如要比较两种不同教学方法效果的优劣，当研究者意识到教师的性别、年龄、相貌、语言风格、业务水平等无关变量会对教学方法的效果带来影响时，可以让一位老师担任实验班和对照班的教学，这样教师的性别、年龄、相貌、语言风格、业务水平等无关变量对这两个班来说保持恒定。

采用恒定方式控制无关变量的通常采用：①对实验条件的控制，同一时间、同一地点、同一主试进行；②对研究对象的控制，选择智力、性别、年龄、程度相同的被试进行；③对实验过程的控制，按照同一的研究程序、同一的研究步骤进行。

3. 均衡

当无关变量无法消除，也不能保持恒定时，研究者可以采取均衡的方法来控制无关变量。通常的做法是设置实验组和控制组，让无关变量产生的作用对实验组和控制组都一致，都保持平衡。也就是说，实验组和控制组在实验条件上都相同，唯一不同的是实验组接受实验处理，而控制组不接受实验处理。采用设控制组的方法是控制无关变量常用的方法，它可以控制很多无关变量，而且简单、方便。

均衡控制与恒定控制有相似之处，只是控制手段不同，采用恒定控制时，无关变量在组内以及组间都没有变化；采用均衡控制时，无关变量在组内有变化，但是变化所产生的作用在各组是相等的。例如，通过随机取样获得被试 20 人，其中男性 12 人，女性 8 人，要分成两组进行实验。因为性别可能会对因变量产生作用，所以需要控制这个无关变量。当然可以采用恒定控制的方法，以男性或者女性为被试，但这样会减少样本数量，同时会限制实验结果的概括性，这时可以采用平衡控制方法。将男性 12 人随机分成两组，一组为实验组，一组为控制组；女性 8 人也随机分成两组，分别加入实验组和控制组。这样每一组内性别变量有变异（6 男 4 女），而两组的性别为平衡均等。

4. 抵消

有些实验研究，被试需要在各种不同的实验条件下接受重复测量，由于重复测量、练习、迁移、干扰、疲劳、热身等作用会影响因变量的测量效果，研究者可以采用抵消的方式来控制这类无关变量。例如，在一项关于比较 A、B 两种训练方法效果哪个更好的实验研究中，A、B 两种训练方法无论哪个先做，都会对后做的效果产生影响。研究者可以采用一组按照 A、B 顺序安排实验，另一组则按照 B、A 顺序安排实验，最后将两组 A 的实验结果相加，两组 B 的实验结果也相加，再对 A、B 进行比较，得出结论。轮组设计可以抵消实验顺序的影响。

5. 随机

随机是科学研究必须遵循的基本原则。随机化控制是研究者最常用的控制无关变量的方式，也是最有效的控制无关变量的方式。随机化指被试的随机取样、随机分组、随机分配实验处理等。随机化可以控制大量的无关变量，通过随机化可以把研究中的很多差异平均地分配到每个个体身上去，从而创造均等。只要在研究中采用随机化程序，无论是已知的还是未知的无关变量，无论无关变量会产生什么样的作用，它对实验组和控制组的影响都可以假定为是相等的。对于无关变量的控制，研究者应该首先考虑采用随机化控制，尤其是在无法确定有哪些无关变量会对研究结果造成影响，或不能确定采用什么方法控制无关变量时。

6. 盲法

被试之间存在个别差异，这种差异会对研究结果造成影响，当然要严格控制。有时，被试知道自己在实验组或了解实验真实意图，有可能做出反常行为，也会影响实验结果。例如，表现出情绪高涨，加倍努力，或设法迎合研究者的口味等，从而影响实验效度。有时主试也是无关变量，也会对研究结果造成影响。如主试的年龄、性别、身份、地位、态度、情绪等都会影响被试的学习、记忆、学业成绩、心理测量等。甚至主试的偏见、期望不但会影响作为人的被试，也会对动物的行为产生作用。当主试知道谁在实验组，谁接受了实验处理，会有意无意地给予某些暗示，赋予某种期望，从而影响研究结果的客观性。

盲法是指采用隐蔽手段，控制实验参与者的偏差或期待的一种控制无关变量的方法。在实验中，如果被试不知道自己在参与实验或正在接受某种实验处理，称之为单盲。例如，给儿童吃治疗多动症的药，看效果如何。为了在班级里进行观察比较，有些儿童吃药（实验组），有些儿童服安慰剂（控制组），只有老师知道谁吃药，谁服安慰剂。这种方法使实验组和控制组的实验情景同一化，可以避免被试可能产生的霍桑效应。

如果主试和被试都不知道哪些人接受实验处理，哪些人没有接受实验处理，也不知道实验设计者真实意图，称之为双盲。例如，研究者将治多动症的药和安慰剂分别装进药袋，药袋上写上儿童姓名，要求老师分发，让儿童服用。主试（老师）和被试（儿童）都不知道药物处理的真相，教师自然也就无从产生任何期望效应，可以准确地观察实验处理的真实效应。

在教育研究过程中，无关变量的控制还有很多方法。例如，采用不同的实验配组形式和不同的实验设计模式对无关变量进行控制；采用多主试或电脑主试对实验者效应进行控制；还可以采用统计手段对被试间的个体差异进行控制等。总之，从无关变量的来源上，控制可以从三个方面考虑：①对研究的外部环境和条件进行控制；②对被试的个体差异进行控制；③对研究者或主试在实施研究中可能产生的实验者效应进行控制。

四、研究变量

（一）确定研究变量

在定义研究变量之前，研究者首先要确定研究变量的类型。

1. 确定主要变量

所谓主要变量,是指与研究目的直接有关联的变量。通常研究的主要变量大都在研究标题中显示。小学生一日学习时间的调查、家庭社会经济地位与学生学业成就的相关研究、小学语文创造性教学对学生写作能力的影响研究[①]。

如果是实验研究,那么研究的主要变量通常为"实验处理"(自变量)和"实验结果"(因变量)。

如果研究题目中没有显示主要变量,则可到"研究目的"、"待答问题",或"研究假设"的叙述中去寻找主要变量。课程改革的整体实验研究、教学中应用"动手做"(hands on)的实验研究、主体性教学改革的实验研究。

在确定研究的主要变量后,研究者还要进一步了解变量的性质。如果是描述性研究,其主要变量可以看作独立的、不相关的个别变量,如教师对新教材认同情况的调查研究、上海市小学五年级语文识字量调查。

如果是相关性研究或因果性研究,则要确定哪个变量是自变量,哪个变量是因变量。如,上海市小学生识字量与语文学业成绩的相关研究、学习时间与学习内容的关系研究、学生记忆力与学业成绩的关系研究。

2. 确定相关变量

相关变量是指与研究目的无直接联系,但如果纳入研究中,会使研究结果更严密、更可靠的变量。通常有两种变量可以称为相关变量,一是"背景变量";二是调节变量。

背景变量主要指被试的一些基本特征,这些特征又与研究的主要变量有关,如学生的性别、年级、年龄、家庭背景、居住地区等。如果是以机构或团体为研究对象,则其规模大小、所在地区、成员结构等可以作为背景变量。并非所有背景变量都要探讨,要选择与研究目的联系密切的,纳入研究框架。

调节变量本身就是一种自变量,能影响主要自变量和因变量之间的关系,因此须纳入研究。

3. 确定控制变量

控制变量指在研究过程中必须加以控制,才能提高研究结果可靠性的变量。通常在一项研究中可能干扰或混淆研究结果、需要加以控制的变量很多,研究者必须将哪些重要的干扰变量和混淆变量表示出来,加以控制。即使这样,也会有一些未能控制的变量,一方面,由于研究者认识不到;另一方面是对这些变量无计可施。

(二)定义研究变量

在给变量下定义的实际过程中,抽象性定义可以涵盖研究变量所属的基本特征,解释范围较大,具有普遍性,但往往失之笼统,无法据此测量和操纵研究变量。操作性定义对变量的界定清楚明确,便于操纵和测量,但往往只能涉及变量的少数特征,具有明显的排他性,难以表达完整意义。给变量下定义比较理想的方式是,先用抽象性定义描述变量的基本特征,然后再用操作性定义规定操作程序和测量指

---

① 和学新. 教育实验控制的理论探讨. 高等师范教育研究,1994(1):69-72.

标，这样便于把握操作性定义的方向和意义[①]。

1. 抽象性定义

抽象性定义是根据概念或假设的特征来界定研究变量的内涵。它是用一个概念来界定另一个概念，这种定义的主要特点是在定义中凸显被界定变量的本质特征。

（1）经典的定义方法

给一个研究变量做出一个抽象性定义的经典方法主要有以下几种：①确定该研究变量的上位概念。例如，"教师"的上位概念选用"职业"。②归纳法：运用"从个别到一般"的分析过程，抽取同类事物的共同属性，从而确定本质特征。比如，"专门从事教育教学工作"就是"教师"这一研究变量的本质特征。③将变量的本质特征与上位概念整合成概念性定义。例如，教师是"专门从事教育教学工作的职业"。

（2）从文献中寻找合适定义的方法

对于有些研究变量，研究者已对其进行了深入研究，有关的理论和定义也很成熟。这些定义都是已经经过实验验证后，被人们所接受的，具有一定的科学性和严谨性。研究者在进行相关的研究时，可以查阅相关的文献，了解各个理论家对某一研究变量的定义，然后根据自己研究设计的对象和特点，有针对性地选择适合自己研究的定义。

（3）自行定义的方法

许多研究变量是由研究者创生的变量（如创造性综合学习教学法），是研究者理论上的变量。这类变量的内涵实际上是研究者的理论假设，因此，这种方法定义的变量还具有或然性和多样性。

抽象性定义涵盖较多研究变量所属的特征，适用于思辨分析和质的研究。但是教育活动是复杂的，教育的对象是内心世界复杂的人。因此，许多教育现象具有模糊性，研究者难以把握其本质的特征。此外，抽象性定义无法据以测量或操纵研究变量进行调查问卷设计和实验研究的设计，而且没有操作性，不利于开展实验活动，不便于量化研究。

2. 操作性定义

操作性定义是指根据可观察、可测量或可操作的特征来界定研究变量的定义，即将研究变量的抽象化形式转变为可以观察、测量和操作性的具体形式。它详细说明研究者要观察、测量和操作研究变量的程序和活动，是研究者开展研究活动的一种指南。

（1）操作性定义的基本特征

在教育研究中，好的操作性定义有以下特征：①操作性定义应该是可观测的、可重复的、可直接操作的；②操作性定义所提示的测量或操作必须可行；③操作性定义的指标成分应分解到能直接观测为止；④操作性定义最好能把变量转化成数据形式，凡是能计数或计量的内容都是可以直接观测的；⑤用多种方法形成操作性定义，既可以从操作入手，也可以从测量入手。

在对因变量进行操作性定义后，它具有以下一些优势：①能客观准确地测量变量；②为他人重复验证实验结论提供了具体的做法；③便于别人和同行之间的学术交流。

---

① 李方. 教育研究的概念性定义和操作性定义. 教育导刊, 2009（9）：12-15.

（2）操作性定义的方法

1）条件描述法。条件描述法通常是通过陈述测量操作程序来界定一个概念，是对所解释对象的特征或可能产生的现象进行描述，对要达到某一结果的特定条件做出规定，指出用什么样的操作去引出什么样的状态，即规定某种条件，观察产生的结果。例如，要给"饥饿"下一个操作性定义，饥饿是一种自身感受，那么怎样才算饥饿了呢？心理学家用条件描述法给饥饿下了一个操作性定义："饥饿"指连续 24 小时没进食物的状态。这样，每个人都能对饥饿进行实际操作。

2）指标描述法。指标描述法通常是通过陈述测量操作标准来界定一个概念，是对所解释对象的测量手段、测量指标、判断标准做出规定。例如，"青少年"可以界定为"年龄在 7 岁以上，18 岁以下的人"。

3）行为描述法。行为描述法通常是通过陈述测量结果来界定一个概念，是对所解释对象的动作特征进行描述，对可观测的行为结果进行描述。例如，心理学家为了用饥饿的小白鼠做实验，给"饥饿"下了一个行为描述的操作性定义：指一分钟内压低杠杆 10 次以上而获取食物的小白鼠。只有达到这样行为频率的小白鼠才属于饥饿状态。

（3）给变量下操作性定义应注意的问题

1）对研究课题中重要的变量要下操作性定义，如研究假设中涉及的变量、在整个研究中起关键作用的新概念、新名词等。

2）应根据研究目的、内容以及变量的性质来下操作性定义。操作性定义要与变量的原意相符，要与抽象性定义的内涵和外延相符。

3）操作性定义的设计要具体、明确。所提示的测量或操作必须具有可行性，要使别人能理解操作内容和过程并能重复验证。操作性定义的指标成分应分解到能直接观测为止。

4）操作性定义在使用过程中应该是独特的，它是研究者为了研究需要而规定的特殊解释，并非是对变量的全面的、唯一的解释。

第四节 教育实验法的实施

一、教育实验设计

教育实验是教育领域里一种有周密计划的调查研究。通过实验，研究者可以发现新的事变，获得新的事实，做出肯定或否定的结论，从而科学地总结教学经验，掌握教育规律。因为实验对象本身的复杂性和多变性，所以在实验前必须进行实验设计。

（一）定义

广义的实验设计也叫实验计划，泛指实验之前的整个设想，包括从问题的提出、假说的形成、变量的选择等一直到结果的分析、论文的写作一系列内容。它给研究者展示如何进行科学研究的概貌，试图解决研究的全过程。

狭义的实验设计特指实施实验处理的一个计划方案，以及与计划方案有关的统计分析[①]。

通常所说的实验设计是指实验程序的全部计划和详细安排，包括确定实验课题，提出实验假设，确立实验变量、安排实验内容，提出实验方法，选取实验样本，准备实验设备、规定实验期限，处理实验数据，获得实验结果等内容。

（二）实验对象的选择

根据实验题目的需要选择实验对象，通常采用抽样的方法。所谓抽样的方法，是指从实验对象的全体中，抽取一部分为样本进行实验。理论上讲，样本的数量越大，样本的代表性和可靠性也就越高。不过，就教育实验而言，研究者不可能无限制地选择数量很大的样本。在教育实验中，样本个数大于 30 的样本称为大样本，小于 30 的样本则称为小样本。为提高样本的代表性，研究者必须采取随机抽样的办法。常用的几种抽样方法如下[②]。

1）抽签法。例如，在三年级 100 人中抽出 40 人作为样本，我们先把这 100 人做成 100 个签，并将这些签混合排乱，然后，从中随手抽出 40 个签。这 40 个签所对应的学生，就组成一个大样本。

2）等距抽号法。例如，在全校 1000 名学生中抽取 50 名作为样本，我们先把这 1000 名学生编号，并在 1-20 号之间随机指定一个号数，比如 5，然后再按学生编号，每隔 20 号取一个号数，得 5 号、25 号、45 号……985 号。这 50 个号数所对应的学生就组成一个大样本。

3）分层抽样法。例如，在全校 1000 名学生中抽取 60 名作为样本，我们先按小学六个年级把学生分为六层，然后在每一层里用抽签法或等距抽号法，各抽取 10 名学生作为"被试"，最后，把每一层抽取的学生组合在一起，便构成一个大样本。

4）整群抽样法。例如，我们去了解全乡小学五年级学生的学习情况时，可在这个乡所有的五年级各班中，随机地抽出若干个班作为样本，然后了解这些班里每个学生的学习情况。

（三）教育实验设计的类型

教育实验工作比较复杂，实验要求及条件也各不相同，因此，实验设计的类型

[①] 欧阳虹. 心理实验设计与评价的初步分析. 衡水学院学报，2009，11（5）：125-128.
[②] 王辅湘，王群健. 第十一讲 教育实验设计. 湖南教育，1987（1）：86-87.

也较多。这里，只介绍三种常用的实验设计类型[①]。

1. 单组实验设计

单组实验设计也叫相关样本的实验设计。这种实验是对同一组实验对象，施加一个或几个实验因子（刺激变量），然后按实验要求，对实验对象进行一次或数次不同的测验，将各次测验数据作统计处理，然后分析其发生的变化，以确定本次实验的效果。例如，研究小学低年级识字教学的速度和质量问题。在一年级一个班做实验，先采用集中识字法，再采用分散识字法。在进行集中识字实验之前，将实验班学生测验一次，叫作初次测验；接着，进行集中识字实验。经过实验之后，将实验班学生再测验一次，叫作末次测验。用同样的方法进行分散识字实验。

集中识字实验的程序和结果是：初次测验—集中识字—末次测验—结果 C_1；

分散识字实验的程序和结果是：初次测验—分散识字—末次测验—结果 C_2；

先集中识字后分散识字的实验效果是：$C_1—C_2$。

2. 等组实验设计

等组实验设计也叫独立样本的实验设计。这种实验是用不同的实验因子（如教学方案等），对条件相等的几组实验对象进行实验，然后比较不同的实验因子所产生的效果。例如，幻灯教学与看图讲授两种教学方案的对比实验。

3. 轮换实验设计

轮换实验设计也叫轮组实验设计。这种实验是将各种实验因子（如教改方案）转换施行于几个实验班（或组），根据每一教改方案所产生的变化的总和，来确定各种教改方案的实验结果。例如，研究尝试教学法和讲解法的教学质量问题。在甲班先采取尝试教学法，后采取讲解法，其程序和结果是：

基础测验—尝试教学法—效果测验—结果 C_1；

基础测验—讲解法—效果测验—结果 C_2。

在乙班先采取讲解法，后采取尝试教学法，其程序和结果是：

基础测验—讲解法—效果测验—结果 C_3；

基础测验—尝试教学法—效果测验—结果 C_4。

$$尝试教学法所产生的效果 = C_1 + C_4$$
$$讲解法所产生的效果 = C_2 + C_3$$
$$转换实验法实验结果 = (C_1 + C_4) - (C_2 + C_3)$$

（四）实验设计的思路[②]

任何一个实验设计方案主要取决于六个基本要素：①自变量的个数；②对实验假设做出一个公正的检验所需的实验处理（自变量水平）的个数；③在各实验处理中用相同的被试还是用不同的被试；④无关因子的控制方法；⑤因变量的测定方法；⑥对实验结果的统计处理方法。根据以上六个基本要素勾勒搞好教育实验设计的程序化思路。

[①] 王辅湘，王群健. 第十一讲 教育实验设计. 湖南教育，1987（3）：46-46.

[②] 袁登华. 教育实验设计的程序化思路. 教育研究与实验，1990（1）：60-65.

1. 确立实验假设，明确实验目的

教育实验是对教育现象提出"为什么""怎么样"等问题，并探索其答案的科学手段。因此，进行教育实验，首先要有问题。然而，如果提出的问题仅仅是一些不明确的迷惑的问题，还是不能做出实验设计来。因此，搞好实验设计的第一步就是要使问题明确化，即把问题以假设的形式提出来。假设是关于条件与效果的关系的陈述，它的真假可以用实验来加以验证。确立了实验假设，研究者就能明确实验目的，给整个实验确定了一个方向。

2. 根据实验目的和控制被试变量的要求来确定采用组内设计或组间设计

（1）组内设计

组内设计是一种每个被试都参与所有的实验处理的设计，这种设计也叫处理对受试设计。其基本原理是使每个被试都参与所有的实验处理，然后比较相同被试在不同处理下的行为变化，或者比较被试在一种实验处理前后的行为变化。组内设计的基本形式有多种实验处理的组内设计（表 7-1）和一种实验处理的组内设计（表 7-2）。

组内设计的最大优点在于它能完全控制被试的个别差异对实验结果的影响。

表 7-1 多种实验处理的组内设计

被试	实验处理（随机顺序）	被试平均值
	$X_1 X_2 X_3 \cdots X_k$	
1	$Y_{11} Y_{12} Y_{13} \cdots Y_{1k}$	Y_{10}
2	$Y_{21} Y_{22} Y_{23} \cdots Y_{2k}$	Y_{20}
⋮	⋮	
n	$Y_{n1} Y_{n2} Y_{n3} \cdots Y_{nk}$	Y_{n0}

表 7-2 一种实验处理的组内设计

	前观测	实验处理	后观测
被试（若干）	$Y_前$	X	$Y_后$

（2）组间设计

组间设计是指实验者（研究者）对两组或多组被试分别施予不同的实验处理，然后比较组间的差异，从而检验实验处理的效果的设计。组间设计包括多种形式，如两个或多个独立组设计，两个或多个配对组设计、因素型设计等都属于组间设计。是选择组内设计还是选择组间设计必须依据实验的目的、控制被试变量的要求以及教育情境下的现实条件而定。

3. 根据自变量的个数来选择单因素设计或因素型设计

当确定了是使用组内设计，还是组间设计之后，实验者必须明确其实验假设中有几个自变量。如果只有一个自变量就采用单因素设计，如果该假设含有两个或两个以上的自变量就务必使用因素型设计。因素型设计是一种同时研究两个或多个自变量的设计，也叫因子连乘设计。它是在两种或两种以上分类基础上规定实验条件，配置被试，最后运用方差分析去整理结果变量的设计。这种设计的要点就是依照两个或两个以上的分类方式使被试者去分别接受一定的实验处理，然后对其观测结果进行方差分析。通过同时研究一个以上的因素，实验者（研究者）能测出"主效果"，即实验中每个自变量的作用；同时亦能测出交互作用，即是否一个自变量的效果的变化以另一自变量的变化水平为转移。使用因素型设计可以达到双重目的。

（1）减少实验误差

设计中实验者（研究者）可以把各种实验处理布置在一个分类基础上，而把认定为需要控制的因子，如能力、智力、性别、城乡差异或其他放置于另一分类基础上。额外因子经过这番控制后，实验误差就会比简单随机化设计上的有所降低。

（2）提高工作效率

我们可以根据需要，从教材、教法、呈示方式、学习时间和其他实验因子中择取两个或多个因子作为分类基础，同时进行研究。比如，以教材 A 为分类基础时，得出 $A1$ 和 $A2$ 两种实验处理；以呈示方式 B 为分类基础时，另又得出 $B1$ 和 $B2$ 两个实验条件。依照单因素设计，假使以 200 人分别配置于 $A1$ 和 $A2$ 两处理内，另以 200 人分别配置于 $B1$、和 $B2$ 内，这样就等于说需要进行两次实验，共需 400 名被试。如果采用因素型设计，就 2×2 式设计而论，只需配置 50 人于每一实验处理组，对四个实验样组同时进行观测总共亦只需 200 个被试（表 7-3）。

表 7-3 因素型设计

项目		教材	
		$A1$	$A2$
呈现方式	$B1$	50 名被试	50 名被试
	$B2$	50 名被试	50 名被试

这样一来，一次实验的结果不仅以一半的人力和器材便可达到上述两次实验所侦查出来的实验效果之目的，而且还可以检查出 B 受到控制中 $A1$ 和 $A2$ 的单层效果，A 受到控制中 $B1$ 和 $B2$ 的单层效果，以及 A 和 B 之间的相互关系。从工作效率上看来，这种设计的妥当性远远超过了单因素设计。

4. 根据自变量水平的个数来选择两组设计或多组设计

当实验需检验两个实验处理时，实验者只需选用两个组的被试，这种设计称为两组设计。通常，一组为控制组，不受自变量的影响；另一组为实验组，受自变量的影响。有时两组皆为实验组，分别接受两个不同的自变量水平的影响。然后，对两组的因变量进行测定，若自变量起作用的话，那么两组在因变量上势必有差异。然而，在教育实验中，有时实验者（研究者）仅仅比较自变量的两个处理水平是不够的，因为同一自变量的不同水平可能导致不同的效果。因此，实验者（研究者）需要使用两个以上的处理水平以检验实验假设，多组设计便能满足这一要求。这种设计是有两组以上的被试，且各组分别接受不同自变量水平的实验处理。通常，其中有一个处理条件是控制条件,在这一条件下,被试不受自变量的影响。因此,实验者在决定了采用单因素设计还是因素型设计之后,还必须根据自变量水平的个数来确定是采用两组设计还是多组设计。

5. 根据控制被试变量的方法来选择配对组设计或独立组设计

在教育实验设计中,为了控制被试变量,通常采用两种方法,即配对法和随机化法。

1) 当实验者(研究者)选择了两组设计之后,就必须考虑:是否有某个被试变量会严重影响因变量呢?若否,实验者(研究者)便可采用两独立组设计。两独立组设计就是按随机原则确立两个独立组,每组被试只在一种实验处理下接受实验的设计。它的设计思想建立在下述假设上:如果从同一总体中随机抽出两个组,那么在同样实验条件下,测得各组作业平均数在统计上是没有差别的。因此,如果给这些随机组不同的实验处理,并得到作业平均数的显著差异,就可以认为这些差异是实验处理不同所引起的。若是,实验者(研究者)就必须进一步考虑:实验者(研究者)是否能测量这一变量呢?若难于测量这一被试变量,那么实验者(研究者)只好采用两独立组设计,即利用随机抽样和随机分组来控制这一被试变量。当采用两独立组设计时,实验者(研究者)假定随机化是成功的,即在实验开始前,两组被试的所有额外变量都相等。这样,如果测得的实验结果(因变量)真的存在差异,就表明自变量在起作用(表7-4)。

表7-4 两独立组设计

组别		实验处理	事后测定
随机抽样	实验组1	X_1	Y_1
随机分派	实验组2	X_2	Y_2
比较			Y_1-Y_2

倘若实验者(研究者)能测量该被试变量,那么实验者(研究者)就可采用两配对组设计。两配对组设计所包含的 两组不是随机分派而成,而是按照与因变量有高度相关的变量来配对组成的。配对后经过实验处理,处理后再做观测,以判明实验的效果。配对用的标准一定要与因变量有高度相关。如果实验者用与因变量无关的特点或相关不大的特点作为配对指标,那么他的配对设计就不恰当了,将会引进干扰因素混入自变量,使自变量与因变量的关系难以确定,影响实验效果。总之,配对变量一定要与因变量有高度的相关。符合这一要求的,便可采用这种设计做实验(表7-5)。

表7-5 两配对组设计

组别		实验处理	事后观测
配对分组	实验组1	X_1	Y_1
	实验组2	X_2	Y_2
比较			Y_1-Y_2

这种设计的优点是它能有效地控制被试的个别差异。小样本实验用配对组设计，其效果比随机化设计的效果更为显著。

2）当选择了多组设计之后，实验者（研究者）同样需要考虑：是否有某个共变因子会明显地影响因变量呢？若否，就采用随机化多独立组设计。多独立组设计，也叫简单随机化设计。在这种设计中，同一个自变量有两个以上的处理水平，主试把随机选得的被试随机分派到各组中，而且各组是随机指定接受各种水平的实验处理（表 7-6）。

表 7-6 多独立组设计

组别		实验处理	后观测
随机分派	控制组	X_0	Y_0
	实验组 1	X_1	Y_1
	⋮	⋮	⋮
	实验组 n	X_n	Y_n

若是，就必须采用多配对组设计，它又称为处理对层级设计。为何要采用这种设计呢？这是因为，教育实验者往往会遇到某些因子，主要是被试变量，比如智力、能力等等，它们对于实验因子（自变量），比如，对于教材、教法等来说是额外的、无关的，而对于因变量（如学习成绩）说来是有关的。因此，我们把它们叫作共变因子。所谓共变因子就是一种与因变量有关的非实验因子，即额外变量，它的变化会引起因变量的变化。共变因子若不受到实验控制，则在施行 F 检验时实验误差项往往就不合理地扩大了。处理对层级设计就是为了解决这一问题的一种设计。这一设计要求实验者（研究者）把某种共变因子经过测量，分成几个层级，然后把具有同一层级特征的被试随机分派（一个或几个）到各实验处理组中。这样就使得各个实验组的被试变量（共变因子）相等，而且各个实验组所接受的实验处理是由主试随机分派而成的（表 7-7）。

表 7-7 多配对组设计

层级	实验处理（随机分派）		层级平均
	X_1、X_2⋯、X_k		
	实验组 1、实验组 2⋯、实验组 k		
1	Y_{11}、Y_{12}⋯、Y_{1k}		Y_{10}
2	Y_{21}、Y_{22}⋯、Y_{2k}		Y_{20}
⋮	⋮		⋮
n	Y_{n1}、Y_{n2}⋯、Y_{nk}		Y_{n0}
处理平均	Y_{01}、Y_{02}⋯、Y_{0k}		

处理对层级设计（多配对组设计）的优点就在于它可以消除共变因子的影响，从而提高实验敏感性。而且通过方差分析可以检查出处理与层级间是否有交互作用。如果有交互作用，实验者（研究者）就可把每一层级的资料当作一个简单的随机样组进行分析，从而断定在同一层级上究竟哪种处理最为有利。比如，已知

教法与智力层级间有交互作用，即已知某几种教法（A）的效果依存于学生智力（L）后，这就意味着某种教法对智力层级高者有利，或者另一种教法对智力层级中等者有利，或者更有些对于智力层级低者有利，这就为实验者（研究者）提供了更多的有利信息。

6. 根据教育统计学原理来选择相应的统计检验方法

在选择了恰当的实验设计之后，实验者（研究者）就必须紧接着考虑使用哪种统计检验方法来检验实验结果。根据教育统计学原理，可以采用如下几种相应的检验方法。

1）两独立组设计可用两独立样组均数之差的意义显著性检验。

2）两配对组设计可用两相关样组均数之差的意义显著性检验。

3）多独立组设计可用方差分析，即同时对多个样组进行差异显著性检验。

4）多配对组设计（处理对层级设计）也可用方差分析。通过方差分析可以检查出处理间是否有显著差异，各层级间是否有显著差异，以及处理与层级之间是否有交互作用。

5）因素型设计也是采用方差分析。通过方差分析可以检查出各自变量的不同自变量水平之间是否有显著差异，即测出主效果。同时，研究者也能检查出各自变量之间是否有交互作用。

6）多种实验处理的组内设计可采用方差分析，一种实验处理的组内设计只是比较同一组被试的前观测与后观测之间的均数之差，因而可采用两相关样组均数之差的意义显著性检验。当然，两种实验处理的组内设计也是用两相关样组均数之差的意义显著性检验。

可见，统计检验方法的选择要根据实验样组的数量和性质来确定。只有选择了恰当的统计检验方法，才能有效地检验实验假设，以达到实验目的。

7. 根据实验要求来选择实验材料和测量因变量的指标

在确定实验设计方案和相应的统计检验方法之后，下一个程序是根据实验的具体要求来选择实验材料和测量因变量的指标。在选择实验材料时，必须考虑到如何避免自变量的混淆（即所研究的自变量与额外的自变量的相互混淆）。这一点，实验者（研究者）在实验设计时，实验者（研究者）必须认真对待，如果处理不当，实验结果就不可靠。例如，假定我们设计一个关于汉字短时记忆的实验，即检验不同识记方法对识记效果的影响。假如实验者（研究者）采用组内设计，实验材料是一些字表。如何选定这字表中的字就必须慎重考虑。如果实验者（研究者）在实验前对实验材料不做精心安排，随意选用一些字来做字表，那么，实验材料就很成问题，因为字的使用频率、字的笔画、字的发音、字的意义性、字的词性等均可成为额外的自变量影响实验结果。如果实验者（研究者）在上述诸方面都予以严格的限定，使得每个字表在各方面对被试者来说是等价的。这样就可排除由于自变量混淆带来的后果。

在实验设计中剩下的最后一个问题就是如何测量因变量呢？要测量因变量就须确定度量因变量的指标。研究者在选择指标时，应考虑到如下几个条件。

（1）有效性

有效性即被选定的指标能显示出因变量确由自变量的变化所引起，能充分反映出自变量的变化特点。

（2）客观性

客观性即该指标是客观存在的，是可以通过一定方法观测到的。

（3）数量化

数量化即该指标能应用数字记录下来，便于统计处理。

（五）教育实验的注意事项

1. 有效地控制无关变量

所谓的无关变量并不是与实验效果无关，而是指除实验因子外也影响实验效果的因子，只是这些因子不是实验所要探究、关心的实验因子。只有将这些无关因子控制起来，使实验因子单独发生作用，这样，研究者就完全可以说实验结果是实验因子操纵的结果。

2. 成功地操纵自变量

自变量即为实验操纵的因子，是指不受外部因素的影响而自我产生变化的变量。自变量的操纵即为实验的核心，研究者正是通过自变量的操纵来观察或测量因变量的变化。因此，在实验设计中选择自变量，确定自变量的数量、强度、大小、幅度、难度等非常重要。

3. 科学地观察因变量

因变量即为实验结果。实验结果是否准确，是否能全面地反映实验的情况，不仅取决于自变量的操纵、无关变量的控制，也取决于确定的观察或测量指标是否得当、是否合理、是否全面。因此，实验设计应尽可能全面地、仔细地考虑何时观测因变量，如何观测因变量，观测哪些因变量。

二、教育实验的步骤

（一）实验的准备

实验的准备阶段在实验研究中起到非常重要的作用，它是做好实验研究的基础。实验的准备工作不充分，实验的结果就可能不可靠。准备阶段包括以下几个步骤。

1. 明确实验课题

选择确定课题是开展教育实验的第一步，就是明确所要实验研究的"问题"。而选择一个既符合教育改革与发展需要，又适合研究者知识、能力水平及客观条件的课题，是研究能否顺利进行的前提。因此，在考虑课题可行性时，研究者既要考虑影响可行性的一般因素，还要注意审视在操作实验变量、控制无关变量和评价因变量等方面的可操作性。

2. 提出理论假设

假设是对问题的实质做出猜想，构建某种教育教学措施与教育教学效果之间的因果对应关系。问题只有发展为假设才能变得清晰、明确，从而找到解决问题的办法。教育实验假设一般是在经验总结、理论演绎或初步研究获得某些认识的基础上提出并完成的，是有根据的推测。好的实验假设是教育实验的灵魂，整个实验过程是围绕着检验与发展假设展开的，它为实验研究规定了方向和范围，为收集、分析、解释资料和数据提供了框架。

3. 确立实验设计

实验设计是研究者对整个实验的进程进行全面规划而制定的实际实验方案，一般包括以下几个部分。

1）问题的提出：教育现实发展的需要、教育理论发展的需要。
2）实验假设和理论依据：实验假设及其内涵、实验的理论依据。
3）实验目标和实验原则：实验目标、实验原则。
4）实验内容和措施：实验自变量及其操作、实验对象的选择和分组、实验的观测项和指标，以及实验数据、资料的搜集和整理。
5）实验的组织管理：实验时间、场所、材料、范围；实验参加人员及其分工；实验中的规章制度。
6）主要参考文献。

（二）实验的实施

在完成实验准备工作以后，就要按照实验方案进行实验，其过程就是操作自变量、控制无关变量和观测因变量变化的过程。具体步骤如下。

（1）前测

实验前测又称事前测验，指实验之前为了了解被试在因变量及有关方面的情况、水平而对被试进行的测验。通过前测，可以了解被试的某些特质水平，为研究者有针对性的干预措施提供依据；另外还可以为被试的选择和分组提供依据。前测还可以用以和后测进行比较，以求出自变量作用于被试所引起的变化量，从而得到证明或拒绝假设的证据。前测在教育实验研究中具有重要的作用，但并非所有的实验研究都需要前测。

（2）实验控制

实验进行的各个环节、实验对象、实验时间和场所的安排等因素都会影响实验的效果。因此，必须有计划地对无关变量进行控制，尽量避免各种干扰因素的影响，以保证实验结果的有效性。

（3）实验后测

教育实验的后测是指研究者为了解被试在实验变量实施之后，在实验所研究的特质上的现有水平，而对被试进行的测验。其作用主要是使研究者了解试验完成之后，被试在所研究的特质上达到的水平，并与前测对比，得出实验假设是否被证实。无论何种目的的实验，后测都是不可少的。

进行教育实验后测,除应注意教育测验一般应注意的问题之外,还应注意:①安排后侧的时间要合适,通常后测应在实验处理停止后立即进行;②后测和前测必须是同质测验,这是两次测验结果进行比较的基础。

(4) 实验记录

实验记录是对实验中发生的相关事项进行如实的记载。要根据实验研究需要,系统地记录自变量的操作情况、无关变量的控制情况、因变量的变化情况和其他相关实验情况,积累详尽的原始资料。实验记录是评价实验效果,得出实验结论的重要依据。

(三) 实验资料的收集和整理

实验资料包括实验实施过程中观察、谈话、测量所得的信息,对检验假设有用的资料都要收集。收集时,记录要客观、准确,还要考虑资料的可靠性。

对实验资料的收集和整理,是一项具有基础性意义的工作,实验资料的多少和质量的高低直接关系到实验结果的科学性。如果整理的资料不全面,以偏概全,就会影响实验的结果。此外,还要注意将整理的研究结果形成系统化的有条理的资料或数据,以便有利于进一步的统计分析。

(四) 实验数据的统计分析

教育实验结果的统计分析就是运用统计分析方法对教育实验的结果予以科学的计算、分析和解释。它是教育实验中的非常重要的一个环节。一个实验完成以后,若不对其进行统计分析,就不能得出令人信服的结论,就不能提高科研成果的价值。在进行数据的统计分析时,尤其要注意各统计方法的使用条件。统计方法的运用主要包括以下几个过程。

1. 数据的整理

用各种方法收集来的数据资料多是零散的,它只反映了个别现象的个别特征。必须对这些数据整理加工,使之系统化,才能计算出统计指标,进行统计分析,为进一步研究提供有用的信息。一般分为数据检查和数据分类。

(1) 数据检查

数据检查主要是检查数据的完整性和正确性。前者是指根据调查项目检查是否填写完整,避免遗漏,删去重复。后者是指检查搜集的资料是否真实可靠。统计数据的真实性是统计工作的生命,资料的检查整理必须首先做好这项工作。

(2) 数据分类

数据分类又称统计归组,指将收集来的数据进行分组归类。它可分为两种:①品质分类,是按事物性质划分为不同的组别、种类,如性别、理解能力等级。然后通过各类所包含的数据再进行数量化的比较和分析;②数量分类,即按数量的属性分类。包括:顺序排列法,将各种数据从大到小或从小到大进行排练;等级排列法,即根据顺序排列划分等级;次数分布法,又称次数分配,指总体或样本按随机变量(数据)大小次序在频率上的排列。

2. 数据的计算和分析

在对数据资料进行整理后,就可以开始进一步的计算和分析。根据不同研究的需要,可以采取不同的统计方法,主要有描述统计和推断统计两大类型。

(1) 描述统计

描述统计可以将大量的研究数据进行减缩、整理制成图表,进行平均数、标准差等分析。描述统计分析限于概括所观察的特定团体,只对一个特定团体提供有用的信息,其结论不能超出这个团体,不能推广到该团体以外的其他相似团体。其所涉及的内容是对教育研究中的大量数据进行整理和归类,计算出集中量数、差异量数和相关量数。

1) 集中量数。集中量数反映集中趋势特征的数字,是一组测量分数的代表值,具有用于描述和代表研究对象的一般水平及可与同质的研究对象进行比较两个主要特征。表示集中量数的有算术平均数、中位数和众数。

2) 差异量数。差异量数是表示测验分数之间差异程度的一种统计量数,表示一组数据的离散情况或集中趋势。对于一组数据,除了研究它的集中趋势外,还需要了解这些数据的分布情况和差异程度,才可能掌握数据特征的全貌。差异量数一般包括有全距、平均差和标准差等。

3) 相关系数。相关是指事物现象之间的相互关系。许多事物、现象之间往往存在着一定的关系。这种关系表现为一事物的变化常引起另一事物也发生变化。统计学上的相关就是从数量方面来研究两种或两种以上的变量之间的关系。

相关的情况有三种:①两列变量的变动方向相同,叫正相关,如身高与体重的关系,一般说来,身体越高,体重越重;②当一种变量变动时另一种变量是或大或小地向相反方向运动,叫负相关,如身体健康状况与患病概率的关系;③零相关,如人的相貌与思想品德是毫无关系的零相关。

相关系数是用来表示相关程度的量的指标,用 r 表示。相关系数的种类有积差相关系数、等级相关系数、点二列相关系数、偏相关系数等。不同相关系数都有各自的使用条件,因此是在使用时,要充分考虑实验数据的类型。

(2) 推断统计

描述统计只是对收集的数据的一个初步分析,当收集的数据只是样本数据,而需要描述研究总体特征时,当要比较两个统计量之间的差异时,就需要使用推断统计。

1) 总体参数估计。总体参数需要先分析来自总体样本的具体特征,进而对之做出估计。由于样本并不能完全代表总体,会不可避免地出现随机误差或取样误差,而在统计推断中有需要根据样本资料对总体参数做概括说明,这种估计或推断过程不可能是完全精确的。因此,统计推断只能在一定的概率保证基础上,由样本资料估计总体特征。

总体参数估计分为两种:①点估计,指在不知道总体参数的情况下,用一个特定的值(统计量)作为总体的参数估计,如样本的平均数、样本的方差。使用这种方法时估计量必须具有无偏性、一致性、有效性和充分性等条件。②区间估计,指用数轴上的一段距离来表示总体参数可能落入的范围，即使用一个置信区间估计总体参数。随着置信水平的增高，置信区间将相应地缩小，表示总体平均数落入更为精确的区间。

2）统计检验。如果要讨论一个总体参数与另一个总体参数的差异问题，即考察两个观测统计量是否说明相应的两个参数有所差异的情况，便要涉及统计推断中统计检验方面的内容。统计检验的基础思路是用反证法来检验我们所要获得的结论。要检验二者有没有差异，先假设二者没有差异，即为虚无假设（用 H_0 代替）。

3）常用的几种统计方法。常用的统计方法有 t 检验、Z 检验，方差分析、协方差分析、回归分析、因素分析、相关分析、多变量分析等。简要介绍以下几种。

t 检验和 Z 检验。t 检验和 Z 检验均为检验两个平均数（或比例、相关系数）的差数显著性的检验方法。它们共同的主要假定条件是：两样本数据均为正态连续变量，且具有相似的方差。但二者的使用条件又存在区别：Z 检验用于对两个独立无关的大样本平均数差数进行显著性检验；独立样本 t 检验用于对两个样本是相互独立的，且 $N<30$ 时，平均数差数显著性检验；相关样本 t 检验，当两个样本的平均数并非独立而是成对的，或存在相关联的关系时，就需要采用相关样本 t 检验。

回归分析。回归即用方程式表示因变量与自变量之间关系的数学模式，这种方程式称为回归方程。利用回归方程，可由自变量的值推算或估计与之相对应的因变量的值，回归分析就是用回归方程式，以一个或多个已知的自变量作为预测变量，来估计或预测另一个未知的因变量（即被预测变量）。因此，回归分析是一种统计预测方法，它可以帮助我们根据已知的事实来预测未知的事实，揭示学生发展和教育的内在联系或规律，提高教育研究的预见性和指导性。回归分析针对的因变量只有一个，且应为连续变量，而自变量可以仅有一个（一元回归或简单回归）。简单的直线回归只能处理 X 和 Y 两个连续变量之间的关系，并根据回归方程，由 X 值来推估 Y 值。多重回归是用来处理单一因变量与两种以上预测变量之间相关关系的多变量技术，可以处理等距、顺序或类别资料，但因变量应为一个连续变量。

因素分析。其作用是在影响同一行为或现象的大量交互相关的变量中寻找起决定作用的少量基本因素，从而使我们有可能通过多元回归方程的运用，把现象表述为基本因素的函数，使用科学理论上具有明确的内涵的基本因素来进行预测。因素分析的主要逻辑是：①求得所有观察变量中任意两变量之间的积差相关系数，列出"相关矩阵"；②通过一系列数学处理，把构成这些交互相关的基本公共因素分解出来，即从相关矩阵中推导出一个"因素矩阵"，即因素负荷表。经过因素分析，可将各个基本因素作为一个个自变量处理，以便可以利用较少的自变量进行统计预测。

χ^2 检验。χ^2 检验是检验次数、比例和概率等形式的实得次数分配与理论次数分配之间差异程度的指标，用于非连续性（如类别变量）资料，且可以同时比较多个项目，是对计数资料进行统计检验的最适合的常用方法之一。其适用范围具体包括：①χ^2 检验适用于推断两组或两组以上的计数资料之间的差异是否显著；②χ^2 检验是检验实际次数和理论次数之间差异程度的指标。两者相差较大，X^2 值就越大；两者越接近，则 X^2 值就越小；如果两者完全相同，则 X^2 值就等于零，X^2 值永远是非负数。

统计方法种类繁多，过程复杂，在使用中常常存在许多困难，但是统计方法在教育研究工作中具有非常重要的作用，是每一个教育研究工作人员都必须掌握的工具。因此在学校时，要详细了解每种统计方法的理论基础、使用条件和步骤，避免发生混淆。

（五）运用教育实验研究法应遵循的要求

1. 实验设计要符合基本的道德准则

教育实验不同于一般自然科学实验的显著之处就在于它的研究对象是人。因此，在提出一个实验课题或设计实验因素时，务必要注意不能使实验对学生的身心健康产生不良影响。

2. 必须提出实验的假设

选择好课题以后，必须针对研究目的提出实验的假设。一个实验的假设是否明确、恰当，对于该实验的成功与否和价值大小，有着重要的影响，它是实验过程中一个必不可少的步骤。

3. 实验变量应该可以操作或调控

确定实验的自变量，并使其具有可操作性；同时，明确评价因变量的指标，严格控制无关变量。

4. 教育实验需反复进行

教育实验具有复杂性，对于某一个问题，通过一次实验，往往很难下结论。因此，需要反复进行实验，一般可以先从小规模开始，逐渐扩大范围，延长周期，以便在更具有代表性的情况下，探索出事物的客观规律。

5. 实验研究应与其他研究方法综合运用

有人说：“实验法是教育研究的生命。”因此应该提倡广大的中小学教师重视实验、参与实验，特别是要不断增强实验的意识，以不断提高教育研究的水平，提高教育教学质量。

三、教育实验的验证

（一）实验设计的验证

良好的实验设计可以增加实验的效度。"好设计"实验有一些准则，明白这些准则对于研究者缜密、仔细地计划一项合理的实验设计是非常有帮助的。[1]

1. 是否有充分的实验控制

研究者要对实验条件进行充分的控制。实验变量一产生效应就可以观察到，其他的变量应通过随机分组等方法进行控制，或者作为实验中的自变量进行控制。

---

[1] 欧阳虹. 心理实验设计与评价的初步分析. 衡水学院学报，2009，11（5）：125-128.

2. 实验结果是否可运用到实际的教育情境当中去

为了使研究结果能应用于真正的教育领域，必须使实验情境尽量符合现实的条件，不加人为修饰，不能过于理想化。过于理想的实验情境，会严重脱离现实，使实验结论不能推广到实际的教育情境中。

3. 是否能与非实验的情境进行比较

教育实验大多都是在实验室情境中进行的，与现实环境存在一定的差距。在实验室中得到的研究结果，要与非实验情境中的一些相关现象进行比较，这样才能确定实验结果的真实性和可靠性。因此，研究者要通过一定的方式进行比较来确定实验的效果，通常是使用控制组与实验组进行比较，或者对实验组进行前测和后测。

4. 是否确保所获得的数据、材料能够检验实验假设

实验中所收集的数据要能够提供足够的信息，足以检验实验假设，应该有对实验假设做出判断的足够的精准度。

5. 所获得的数据、材料是否能充分反映实验效应

研究者要通过提高测量的精度，控制不使实验处理扩散等方式，获得没有受到污染的数据，使其充分反映实验效应。

6. 是否有相关变量干扰

实验过程中，研究者对变量进行实验处理时，尤其要注意防止出现变量间的相互干扰。要对无关变量进行分离、控制，使其对因变量产生的影响最小。这一准则与"充分的实验控制"密切相关。

7. 是否考虑到实验结果的代表性

实验被试的选择和分组要采用随机化的方式，充分保证实验结果具有代表性，能进行推广。如果被试的选取和分配是有偏样本，则实验结果的代表性和普适性就会受到怀疑。

8. 是否简单易行

实验研究中，研究者还有遵循省力原则，即在其他条件等同的情况下，应尽量采用较简单的设计，来达到省时省力、节约成本的原则。

尽管实验设计的目的是希望能同时保证两种效度都高，但是在这八项标准中可以看到，有些标准却是相互矛盾的。在很多情况下，保证一种实验效度却是以削弱另一种实验效度为代价的。比如，对实验的控制越严格，其内部效度就越高，但是实验的人为性也越高，与现实环境的差距也就越大，因而，实验结果就越难以在实际的教育环境中应用。

因此，在进行实验设计之前，研究者应当充分考虑实验的内部效度和外部效度的影响因素。根据实际的需要在实验的内部效度和外部效度间达成平衡，进行符合标准和要求的实验设计。但同时研究者要了解任何实验设计都是由自身的局限性的，要合理地使用实验方法，应用实验结果。

（二）实验结果的验证

1. 从实验程序上检验

任何实验研究都有一定的程序，实验程序的科学性和先进性将影响实验结果的准确性。因此，要验证实验结果首先必须全面考虑整个实验的全过程，检查实验过程的各个环节是否抓好，实验设计效度如何，无关因素控制得怎样。只有这样，才有可能对实验结果的准确性有比较全面的认识和评价[①]。

2. 与其他有关的已确立的定理定论对照进行检验

任何理论都不是孤立的，我们可以把实验结果以及由此推出的理论，拿来和已经确立的有关定理、定论对照，进行验证，如果相一致，就证明实验结果及由此产生的理论是可靠的，否则就应有疑问。不一致有两种可能：一般情况下，可能是实验结果不可靠；有时也可能是已成定论不可靠，应予推翻。当然，后一种情况是很少的。因此，当实验结果与已成定论不一致时，问题就非常复杂，这时往往需要把研究范围再扩大，即连同所谓已成定论的观点，也要再拿来分析研究一番。但这已经不属于这一实验的问题范围。

3. 用重复实验来检验

这种检验方法是另行取样，改变实验对象，进行重复实验。重复实验的关键是实验对象改变，实验处理不变，其他条件尽可能保持不变。重复实验的结果若与原实验结果相符或差别不大，就证明实验可靠；如果差别不大，还可重复实验多次，看究竟哪个实验结果比较可靠。真正的科学结论应该是经得起多次重复检验的。

对于牵涉面比较广的问题所进行的自然实验，研究者不能硬套这几个检验标准。在这种情况下，自然实验就非常必要，是控制实验所无法代替的。但是，自然实验也是一种科学实验，它与控制实验的主要区别在于它是在自然状态下，在日常正常生活工作学习条件下所进行的实验。它需要进行更深入的分析与检验，并不断调整其实验措施，它要求实验者站在更高的角度，具有敏锐的观察能力与更高的分析综合能力。

第五节　教育实验法在教育研究中的运用

一、运用教育实验法解决教育问题的实例

中小学教育实践也有不少通过开展教育实验研究而取得良好效果的案例，其

---

① 王汉澜. 教育实验学. 开封：河南大学出版社. 1992：440.

中，顾泠沅主持的上海青浦"大面积提高数学教学质量"的实验研究就是其中很成功的例子[①]。

"青浦实验开始于 1977 年，完成于 1992 年。实验的前期侧重于在实践中调查和试探，后期侧重于做深层次的理论探讨。"该实验研究缘起于全县范围内的数学教学方法的改革，旨在通过"尝试指导，效果回授"等让所有学生都能进行有效学习的教学措施，大面积提高数学教学质量。该实验研究主要有四个阶段：三年教学调查（1977 年 10 月—1980 年 3 月）、一年筛选经验（1980 年 4 月—1981 年 8 月）、三年实验研究（1981 年 9 月—1984 年 9 月）、三年推广应用（1984 年 9 月—1987 年 8 月）。

在教学调查阶段，主要是了解青浦全县学生的数学基础知识、基础能力的现状及其中存在的问题以及教师的教学状况及其中的经验与问题。在调查中，主要采取的办法如下。

1）采取听汇报、查教学计划、看历年教学总结、抽查学生作业和试卷、开座谈会、个别交谈等方式取得调查素材。

2）围绕七个因素考察一堂课：教学目的、教学要求、内容组织、概念教学、能力培养、师生配合、方法特点和教学效果。

3）通过测验和考查来了解学生成绩分布情况，将不同学习水平的学生进行比较，以了解他们学习分化的情况以及知识能力的不同特征。

4）进行专门的测量，如体质测定、思维测定、理解力测定等，来了解学生的总体数学学习情况及学生之间的差异。

5）以听课、观察等方式调查教师的教学状况，找到数学教师在掌握教材、教学方法方面的问题。

在筛选经验阶段，研究小组决定引入当时在国内还较少采用的"行动研究法"，并通过注入新的机制，探索了一种"实践筛选"的研究方法，其一般程序如下。

1）分析和总结优秀的教学经验，了解学科教学以及与它有关的其他学科（如心理学、逻辑学和哲学认识论等）的研究成果，然后运用这些经验和成果，结合施教对象的现状和要求提出计划。

2）按预期的计划，在课堂教学中体现这些经验和成果。

3）组织有经验的教师深入课堂，对执教情况进行系统的考察和评价。

4）根据考察评价的结果，对原有的经验或成果进行淘汰、发展以及优化处理。

5）通过再计划、再实施、再评价，多次往复，直至筛选出有效的教学措施。

经过这样反复地实践筛选，研究小组提出了"在采用讲授法的同时辅之以'尝试指导'的方法"，以及"及时获取教学效果的信息，随时调节教学（简称'效果回授'）"。这样，经过一年约五十次循环，筛选出四条比较有效的教学措施：①让学生在迫切要求下学习；②组织好课堂教学的层次；③指导学生亲自尝试；④及时提供教学效果的信息，随时调节教学。

---

① 胡东方. 教育研究方法. 上海：华东师范大学出版社. 2009：132-134.

在实验研究阶段,将"尝试指导"和"效果回授"在不同类型学校、不同程度班级中进行实验,具体的做法如下。

1)设置实验班和对照班,并在此基础上设置对偶比较组。尽可能使得实验班与对照班在学生预测成绩的平均分和分布状况上几乎一致,教师的教学水平也尽可能接近。

2)在实验班采取实验处理措施,在对照班维持一般教学方法。即在实验班运用"尝试指导"和"效果回授"的方法进行教学,其步骤大致为:"诱导—尝试—归纳—变式—回授—调节",而对照班用常规方法进行教学。

3)对实验班和对照班进行相同的检测。实验中,每个教学单元以及学期结束都进行统一的考试,每学年进行一次阅读能力与思维能力的测验。

在三个学年的三次阅读能力测验中,实验班和对照班的成绩差异都非常显著。而在三个学年的三次思维能力测验中,实验班被对照班的成绩比较情况是:第一次和第三次差异非常显著;第二次差异显著。从而得出结论:采用"尝试知道"和"效果回授"的教学方法,确实能产生更好的教学效果。

在推广总结阶段,从 1984 年 9 月起,实验小组正式开始传播教学经验和推广科研成果。先是从数学向各学科迁移,德智体各育并进,强调经验的内化和再创造;然后把数学教改成果编织成教师的职务培训课程,使经验传播逐步趋向课程化;最后是实行教学、科研、进修三位一体制度,建立教研室与实验学校的"教学——科研"联合体,以保证教学改革实验的顺利进行。

青浦实验综合地采用了调查、筛选和实验等三种方法,显示出青浦实验的网络状研究结果。这一实验从现状和调查中引出各种问题,获取大量的具体经验,再筛选经验而形成纯粹、有序的经验系统及其相应的假说。其中,筛选是研究网络的核心。一方面,筛选所得到的假说可通过实验加以验证,以揭示教育现象因果关系,这是一条旨在理性认识的研究路线;另一方面,无论是筛选所得的经验还是实验所得到的结论,都应与新的改革背景相适应,或经过进一步的筛选,以便在教改实践中得以传播,改造教学现状,这是一条旨在实际应用的研究主线。整个研究过程的总体思路是这样的:针对现状,从普遍性的问题出发,归结为专门性的课题,然后开展研究方法的探索并付诸实践,最后将取得的科研成果传播,改造现状……如此反复,不断深化。

青浦实验独创的实践筛选法有助于从大量经验中精选出具有重要价值的教学经验,但是经验筛选的方法由于控制条件不严密,所得结果的精确度不高,很难单独显示众多变量中某一变量的直接影响。因而,要深入地探究教学现象的因果关系,由假说发展为可靠的理论知识,还有赖于人为地控制条件的教学实验才能实现。实验法在探索各种教学措施在教学效果上的差异,解释内在原因,优化教学措施上,都能取得较好的效果。

另外,从案例中也能看出教育实验法的一些本质特点:①教育实验研究的目的是揭示教育现象或教育行为之间的因果关系;②教育实验对因果关系的预先调查是以假说形式表现出来,实验过程围绕假说展开操纵、控制等一系列干预活动,经观察、分析,最后检验假说。

假设、控制与验证是教育实验法必不可少的三个组成部分：假设是起点，没有假设就没有实验可言；控制是实验过程的关键，没有控制就无法显现假设中提出的因果关系，实验也不可能验证；验证是实验的重点，实验的结论没有验证，就不可能作为认识的成果被确认，整个实验活动就没有实现认识的任务。

教育实验假设的形成，一方面要建立在一定的教育理论及事实等基础上；另一方面，它是对某一教育现象或问题的推断猜测，要通过实验将其验证。

二、运用教育实验法解决教育问题的思路

教育实验研究必须按照科学的程序来进行，其程序与教育研究的一般程序相类似，大体可以分为以下几个环节。

（一）确定实验课题，提出理论假设

1. 课题的产生与选定

选择确定课题是开展教育实验的第一步，它源自教育理想和教育现实的差距，源自教育理论和教育现实之间的矛盾[①]。所谓选择确定课题，就是选择确定所要实验研究的"问题"。在教育教学活动中，需要进行实验研究的问题很多，一项实验不可能对此面面俱到。实验研究者要根据自己研究的实际情况，从中选择适合的问题作为实验研究的课题。

课题一经确定，整个实验工作就围绕这个课题展开，直至实验工作的结束。可见，选择和确定好的实验课题是教育实验成功的一半，它直接关系着实验进程和各项工作的安排，关系着实验成果的大小乃至实验的成败。

2. 假设的形成

假设是对问题的实质做出猜想，构建某种教育教学措施和教育教学效果之间的因果对应关系。问题只有发展为假设才能变得清晰、明确，从而找到解决问题的办法。因此，确定课题的关键是提出有科学假说的问题，而假说就是对课题解决的预想答案，是猜想、是根据事实和已有理论做出的推测。

好的实验假设是教育实验的灵魂，整个实验过程是围绕着检验与发展假设展开的，它为实验研究规定了方向和范围，为收集、分析、解释资料和数据提供了框架。

（二）制定研究计划

制定实验计划，主要要考虑三个方面的问题[②]。

1. 选择实验形式

研究者要根据研究课题的假说，结合主客观条件和实际情况选择并确定采用什么样的方式进行实验。

---

① 熊华生. 教育研究与实验. 武汉：华中科技大学出版社. 2004：67-68.
② 张景焕，陈月茹，郭玉峰. 教育科学方法论. 济南：山东人民出版社. 2000：201-206.

2. 确定实验对象

研究者要根据实验的对象，从总体中选出本研究的实验样本，即被试。被试的选择是非常重要的内容，如果所选取的被试是有偏样本，则会影响实验工作的进行及实验结果的可信程度。因此，研究者要结合实验的目的、任务来选出有代表性的被试样本。

3. 明确变量及其操纵

变量的操纵包括自变量、因变量和无关变量。自变量的操纵是指在实验中使自变量发生合乎要求的变化。科学的观测因变量是教育实验成功的一个关键，在实验计划中，首先要明确观测因变量的哪些方面；其次要明确对因变量测定的方式及评定方法。无关变量是指影响因变量但又未被选为自变量的变量，为了判断自变量与因变量之间的因果关系，必须控制无关变量的影响。

（三）按计划实施实验

研究者在实施实验时，要严格按照制定的计划来执行，不能随意改变实验计划的内容。如果发现原实验计划确实存在重大问题需要改变时，应该把问题分析清楚，经过协商后才能改变，而且要把改动的内容详细记录在案，以便总结时进行分析研究。

实验结果的可靠性和正确性不仅取决于实验设计，还取决于实验过程的正确操作、正确观察和正确记录。研究者在实验的整个过程中，都要严格的按照计划进行操作，仔细全面地进行观察，做好详细的实验进程记录，不可放过微小的变化。

（四）资料的收集与整理

教育实验过程就其实质而言是对理论假设的验证过程。"验证"就是用事实证明假设推测的事物间的联系。因此，收集资料一定要注意收集那些与假设有密切联系的资料，这种资料是验证假设的基本依据，是从实践到理论的阶梯。

收集实验资料的方法主要有：①调查。收集与教育实验课题有关的现实情况方面的资料，都可以采用调查法，具体方法有填写调查表、召开座谈会、访谈、问卷等，具体采用何种方法要根据调查内容的需要来确定。②测查。测查是验证理论假设的重要手段，也是收集实验资料的重要方法。教育实验测查方法主要是客观性测验和评定两种。客观性测验是指教师根据实验内容自己编制题目的考试，适用于各科知识技能的测查；其他不宜考试的内容，比如，思想品德表现等都一般采用等级评定的方法。③收集现成资料。在实验过程中有不少资料是现成的，要注意收集整理。比如实验方案、实验教师教案等。

（五）分析实验材料，导出结论

在教育实验研究中，要经常运用逻辑方法和统计方法从质和量两个方面对材料进行分析。

所谓逻辑分析，就是把实验中获得的大量的丰富的感性材料，经过比较、分类、归纳、演绎、分析与综合等方法，去伪存真，由此及彼，得出科学的结论。所谓统计分析，就是将大量的原始资料和数据归纳整理成易于处理和能够理解的统计图表，并在这个基础上进行必要的统计检验和统计控制，然后运用科学的原理和方法，对取得实验结果的原因进行解释，从理论上回答"为什么会如此"的问题，做出因果关系的推论。

（六）撰写实验报告

实验报告是实验研究成果的总结。研究者要将实验探究的过程与结果客观地、全面地反映出来，形成实验报告和学术论文。一篇好的实验报告要能客观地概括地反映实验的全过程以及实验的理论价值、实用价值。另外，报告结果时，研究者必须详细说明实验结果的取得所依赖的条件（如师资水平、儿童经济文化背景等）。无论实验结果是肯定的还是否定的，只要实验的设计周密、数据精确可靠，都应该视为实验的成绩。

思考题：

1. 教育实验法的特点有哪些？
2. 教育实验法的优、缺点各有哪些表现？
3. 如何验证教育实验的信度和效度？
4. 教育实验法在教育研究中的价值有哪些？
5. 什么是研究变量？
6. 如何给研究变量下操作性定义？
7. 设计教育实验的步骤有哪些？

第八章　教育个案研究法

个案研究法越来越受到教育理论界的关注，同时，运用该种方法研究教育问题的人越来越多。本章逐渐阐述教育个案研究法的概念、类型及其实施等内容。

第一节 教育个案研究法概述

通过个案研究,研究者可以探寻诸多深层次的教育问题。本节着重阐述教育个案研究法的概念、特点及价值。

一、教育个案研究法的概念

"个案"通常又被称为"案例",是指具有某种代表意义及特定范围的具体对象。具体到教育研究领域来说,这个对象既可以是一个人、一种课程、一个机构,也可以是一个事件或一个过程等。教育个案研究法的研究对象可以是个人,也可以是个别团体或机构。前者如对一个或少数几个优生或差生进行个案分析,后者如对某先进班级或学校进行个案研究。个案研究一般对研究对象的一些典型特征作全面、深入的考察和分析,也就是所谓"解剖麻雀"的方法。它实际上就是一种调查研究的方法。实施个案研究不仅停留在对个案的研究和认识的水平上,更需要认识教育与发展之间的因果关系,提出一些积极的教育对策,以便因材施教。

教育个案研究法就是对单一的研究对象在较长时间里连续进行调查,从而研究其行为发展变化全过程的方法。也有学者对教育个案研究法作了详尽的解释,认为"就是对单一的研究对象进行深入而具体的研究的方法,即它是以单一的、典型的对象为具体研究对象,通过对其进行直接或间接、深入而具体的考察,来了解对象的发展变化的某些线索和特点,并在此基础上设计与实施一些积极的教育措施以促进它的发展,然后把对这些条件、措施与结果之间的联系的认识与结论推广到一半的人和事的发展变化的认识上去"[①]。

二、教育个案研究法的特点

(一)个案的典型性与问题的普遍性

个案研究的目的在于通过解释和批判问题产生的原因,从而采取有效策略解决问题。其研究对象是与同类相比问题表现比较突出的教育研究对象,研究的对象有

---

① 陈时见. 教育研究方法. 北京:高等教育出版社. 2007:87-88.

特定的范围、独特的情景。虽然个案研究的研究对象是个别的，但不是孤立的，因而，对这些个别对象的研究必然在一定程度上反映其他个体和整体的某些特征和规律。个案研究的目的固然是了解把握某个个体的具体情况，但也要通过一个个案的研究，揭示出问题的普遍性。例如，瑞士著名的儿童心理学家皮亚杰通过对少数儿童的个别谈话法，揭示出儿童心理发展的普遍规律。一般来说，作为研究对象的个案应该具有以下三个显著特征：①在某方面是否有显著的行为表现；②与这方面有关的某些测量评价指标是否与众不同；③教师、家长等主要关系人是否都有类似的印象和评价。比如，对某学生创造能力发展的个案研究，可以看一下他是否经常有些小发明、小创造、小制作；在创造力测验上的得分是否高于常人；教师及家长等对该学生在这方面的表现诸如脑子灵活、常提怪问题等是否有较深的印象，能否举出一些事例等。

（二）研究内容的深入性和全面性

个案研究既可以研究个案的现在，也可以研究个案的过去，还可以追踪个案的未来发展。个案研究可以做静态的分析诊断也可以做动态的调查或跟踪。因为个案研究的对象不多，所以研究时就有较为充裕的时间，进行透彻深入、全面系统的分析与研究。例如，对一个学习后进生的研究，往往需要从多方面加以考察，诸如学生学习的智力因素和非智力因素，原有的知识基础和学习方法，教师的教学和家长的辅导情况，还要进行前后左右的对照和比较，这样就可以对该生进行比较全面而深入的了解和认识。

（三）情境的自然性与互动的灵活性

个案研究可不拘时（可随时）地对研究对象做深入研究。个案研究一般都是在自然的情境下展开探讨，不会去改变外在的因素，研究者着重在一旁观看或是参与其中发生的过程，不添加任何外在的影响，对研究对象控制程度很低，重在自然状态下的表现。研究者参与个案中，站在被研究者的立场上观察他们，探讨他们对事件的知觉过程，用他们的语言和概念与他们互动。

（四）方法的多元性与综合性

个案研究有自己的研究方法，如下面要介绍的追踪法、追因法、临床法和产品分析法等。但是，个案研究又不是完全独立的研究方法。个案研究资料的搜集方法相当多元，为了搜集到更多的个案资料，从多角度把握研究对象的发展变化，研究者就必须结合教育观察、问卷调查、访谈调查、教育实验、教育与心理测量、实物分析，以及整理查阅文件、档案记录等多种研究方法，综合行动研究法、叙事研究法等各种研究手段，以保证研究的科学性和有效性。例如，我们研究一个超常儿童，首先需要对被试进行智力测验，看看其智商是否超常，还要对被试作系统观察，看看其各种智力操作是否杰出，要调查其成长环境，必要时还要做一些对照实验。

（五）分析的精确性与科学性

对资料的分析在个案研究中占据着十分重要的位置。一项个案研究中包括了有关该个案的大量资料，并以此代表整个现象，其资料搜集的范围甚广，包括过去的和目前的。这样一来，收集到的资料显得非常繁杂琐碎，因此必须精细分析，方能找到问题的真正所在。每一个个案都有其独特的背景，个案的问题是长期形成的。因此，分析个案问题需考虑许多变项，不只探讨目前存在的问题，也要探讨目前问题的来龙去脉。

三、教育个案研究法的价值

每位教师在其教育生涯中总会遇到诸如学生中途退学、学习障碍、道德不良、违法犯罪等"难题"。面对这些"难题"，采用常规的教育教学方式往往难以奏效。这就需要教师采用个案研究的方法对其进行深入、细致、全面、长期的调查，寻找问题根源所在，为其提供正确的辅导策略，帮助学生解决问题。这种研究在帮助学生解决问题，促进学生发展的同时，对于教师自身的发展也不无益处。教育个案研究法的价值具体表现在以下几个方面。

（一）个案研究在教师的日常工作中具有较好的可操作性

一线教师需要应对日常繁杂的教学工作，时间和精力有限，理论储备不足，进行严格的教育实验和大范围的教育研究都不现实。个案研究因其研究对象少、研究规模较小、一般都在没有控制的自然状态中进行等特点，使教师有条件对个案的方方面面进行细致的研究。教师可以抓住个别典型的学生、教学行为、教学事件，结合教育、教学工作实践进行研究。对于每一个教师来说，他总可以随时随处找到自己感兴趣的研究对象，而且也不需要什么特殊的处理，不影响正常的教育教学活动。

（二）个案研究对教师的教学活动具有极强的实践意义

个案虽然特殊，但它准备揭示或予以验证的问题往往是具有普遍意义的。教师展开个案研究所关注的问题往往是困扰、影响自身及同事教学目标达成的问题，只有解决了这些问题，才能保证正常的教育教学工作顺利开展，这就促使教师在压力下萌发出进行个案研究的热情。个案包括一系列过程、事件、个人或研究者感兴趣的其他事，比如，教学计划、课程、教师角色和学校事件等都是教师朝夕处身于其间的，他们可以随时收集研究所需要的资料，这是其他研究不具备的优势。而个案研究所使用的方法，如访谈法、观察法、调查法等，对大多数中小学教师来说并不陌生也不复杂，在日常教学工作中经常用到，个案研究的这些实践性和便于操作的特点，能够增加一线教师从事研究的主动性和自信心。

（三）个案研究对教师的专业成长具有积极的促进作用

个案研究能够促进教师进行自我反思，教师的自我反思有助于教师的专业成长。教师在确定了研究问题后，需要对研究个案进行长时间深入细致的跟踪调查，不断主动追寻问题的症结所在，这就迫使教师必须经常追问自己"是什么""为什么""怎么样"等问题。这种不断自我反思的过程能够帮助教师朝着专业化方向迈进。个案研究还能够加深教师对教育理论的理解。教师可以选取典型事例写成案例，通过案例的形式学习运用理论，有效地把理论学习与教学实践紧密结合起来，使教育理论能落实到实践中并指导实践，使案例成为沟通理论与实践的桥梁。同时，教师不断进行案例分析和写作的过程也是一个主动学习理论的过程。个案研究促使教师对所遇到的问题进行不断的思考，在总结经验和教训的基础上，归纳出具有教育规律性的东西，从而深化对教育理论的理解。

第二节　教育个案研究的类型

教育个案研究可以根据研究目的、对象、内容的不同，采用追踪法、追因法、临床法、作品分析法、教育会诊法等具体的个案研究方法。

一、追踪法

（一）追踪法的定义

个案追踪法就是在一个较长时间内连续跟踪研究单个的人或事，收集各种资料，揭示其发展变化的情况和趋势的研究方法。追踪研究短则数月，长达几年或时间更长。例如，我国著名的教育家和心理学家陈鹤琴对他的长子进行了长达三年的追踪研究。

（二）追踪法的适用范围

追踪研究方法尤其适用于以下三种情况的研究。

1. 探索发展的连续性

因为追踪法一般以相同的对象，做长期连续不断的研究，每个人或每件事例，其自身的发展变化可进行纵向比较，所以研究者可以从中了解其发展的连续性。

2. 探索发展的稳定性

探索发展的稳定性主要是探索人的某些方面特质或某些教育现象在各个时期发展的稳定性情况。例如，研究智力测验分数的稳定性时，可以从幼儿时期开始测量，然后每隔一定时间再测量，直到其青年时期为止。这样就可以看出个体的智商是否具有稳定性。

3. 探索早期教育对以后其他教育现象的影响

例如，研究者可以选择一些早期教育比较好的儿童，从小学一年级开始进行追踪研究，对他们的德、智、体方面发展情况进行全面的综合考察，从而探索他们多方面的发展与早期教育的关系。再如，对一些单亲家庭的儿童进行追踪研究，看看父母离异对儿童发展带来什么影响。

（三）追踪法的实施步骤

1. 确定追踪研究的课题

研究者首先要明确追踪研究的对象是什么，目的是什么。也就是说，确定追踪研究对象是个人还是团体或机构，要追踪研究对象的哪些方面追踪旨在了解哪些情况，研究者都需要做到心中有数。教师在日常教学和教育工作中要善于发现某一方面具有典型特征的学生或事例作为追踪研究对象并明确要对学生或事件的哪些方面进行了解。

2. 实施追踪研究

追踪研究一定要紧紧围绕课题确立的内容进行，要运用规定的手段收集有关的资料，不能让重要的信息遗漏，也不能被表面的现象迷惑。追踪研究需要较长时间，因此，研究者一定要持之以恒，不能半途而废。

3. 整理和分析收集到的各种资料

研究者对收集到的各种个案资料，要进行细心的整理和分析，做出合理判断，揭示出个案发展变化的特征和规律。必要时还要继续追踪，继续研究。

4. 提出改进个案的建议

研究者要根据对个案追踪研究的结果，进一步提出改进个案的建议，指导和促进个案的发展，实施因材施教。

总之，个案追踪研究法是对相同的个案进行长期而连续性的研究，研究者能真实而直接地获得研究对象发展变化的第一手资料，能深入了解个人或某一教育现象的发展情况，弄清发展过程中的个别差异现象。它对于研究青少年学生身心发展的顺序性、阶段性、成熟期、关键期，以及研究复杂教育现象的发展变化，某一教育理论的验证，某一教育措施的实施，某一新方法的探索，某些教育现象之间前后发展的关系等都具有重大意义。但追踪研究法也有明显的缺点：①它费时且难以实施。想、获得问题的答案，往往需要一段相当长的时间，有时还需要较多人力和物力的支持。②由于时间长，各种无关因素都可能介入而影响研究结果。③由于时间太长，研究对象是否长期合作，以及研究对象的流失都是问题。

二、追因法

（一）追因法的定义

实验法是先确立原因，然后根据原因去探究产生的结果。追因法则是先见结果，然后根据发现的结果去追究其发生的原因。例如，某学生的学习成绩突然下降，研究者去追寻他的成绩下降的原因，这就是追因法。追因法正好是把实验法颠倒过来，在实际研究中究竟采用哪种方法须视客观情况而定。

（二）追因法的实施步骤

1. 确定结果和研究的问题

第一步工作是确立研究的问题，也就是说应先确定某一结果。如果对某一结果不够确定，那么在后面的研究中找出的原因也很难说是真实的。例如，某校某班级某学科的教学质量特别高、某学习后进生最近有较大变化、学科成绩提高很快等，这些都是已形成的事实，研究者可以把它们确立为研究的问题。

2. 假设导致这一结果的可能原因

明确了事实发生后的结果，接着就要寻找导致这一结果可能的原因。这些原因最初是假设的，还没有经过验证。假设导致结果的原因应尽可能全面，只要合理就不怕数目多，对已成事实的各种原因之间的关系也要进行假设。这一步骤对于后面工作的进展具有决定意义。

3. 设置比较对象

为了追寻导致结果的原因，研究者可以采取两种途径设置比较对象。一种是设置结果相同的若干比较对象，从中找出共同的因素，即前面假设的原因。另一种设置结果相反的若干比较对象，找出相反的因素，从反面找出真正的原因。例如，研究某学生品德不良形成的原因，可以找出若干个品德不良学生，从中找出他们品德不良形成的共同因素；也可以找出几个品德优良学生与品德不良学生对比，探究两者成长过程中的不同之处，从而找到学生品德不良形成的真实原因。

4. 查阅有关资料进行对比

研究者可以从研究对象的有关资料中看看是否具有前面假设的原因。这一步骤非常重要，要做得特别细致，因为教育现象是复杂的，所以某项结果的原因往往是多方面的。对这些可能的原因又不能等量齐观，它们所产生的作用在程度上有差别。而且，有时在单个考虑每一原因的情况下，原因所表现的作用是一回事；而在把几个原因综合地加以考虑的情况下，这个原因所形成的综合作用就会是另一回事。这种综合作用可能要比原来的两个或两个以上原因单独的力量之和大得多。这时就可以看出，在深入研究一些复杂的教育现象的过程中，研究者有时还需要找出原因之间的关系。

5. 检验

找出的原因有待于进一步检验。最好的检验办法是看有同样原因存在的其他许多事例中是否有同样的结果发生。如果没有的话，这个假定仍然不能成立。如果有的话，二者因果关系的信度就大了。经过初步检验，就可能把那些假的原因淘汰掉，而导致此项结果的某个或某几个真正的原因就可以呈现出来。这时为了慎重起见，研究者还可以多举一些事例反复验证。最后，为了进一步验证得出的结论，还可把这一结论当作假设，有计划地组织新的实验。这样把个案追因法和实验法结合起来研究，所得结论的可靠性与学术价值就更大了。

三、临床法

（一）临床法的定义

与访谈法极为相似，临床法是研究者通过研究被试对一个问题、一件工作或一个刺激的反应来验证假设的一种方法。临床法往往通过谈话的形式进行，故又称临床谈话法。

（二）临床法的适用范围

这一方法既适用于陷入困境儿童的研究，又适用于正常儿童的研究。前者旨在解决个案的问题；后者旨在由特殊个案发现儿童发展的一般规律。临床谈话法的方式可以是口头谈话，即面对面地交谈；也可以是书面谈话，即问卷谈话。口头谈话是会谈双方的一种互动过程，特别是教师对学生的谈话。教师一定要首先解除学生的紧张、焦虑、防御、冷淡的心理，要创造轻松自如的谈话气氛。教师要以平等的身份参与谈话，不能居高临下，咄咄逼人。谈话过程不能是教师问一句，学生答一句，要变学生的被动应答为主动回答。同时，教师的提问要以封闭性和开放性问题交替询问。书面谈话一般按问卷要求的程序进行，教师要向学生交代清楚做问卷的具体要求和注意事项。对问卷的评分要严格按照标准，做到公正、客观。对于临床上的复杂个案问题，需要动用两种谈话方法，进行综合判断和分析。

（三）临床法的实施程序

1）由教师、父母或学生本人提出具体的行为问题或学习问题需要他人帮助，然后观察他的行为。

2）根据学生的学习成绩、教育测量情况、同伴评价、家庭情况，以及该生在各种环境中的表现，明确当前的情况。

3）根据这个学生的发展史、学校记录和家庭历史等材料，了解其过去的历史。找出行为的一贯性。例如，学生的问题行为是在所有情境中发生，还是只在一定的情境中发生？找出行为的模式，即使行为前后有不一致，也可能是一种有意义的模式。找出可能的动机。

4）根据可能的假设设置处理方案。

5）根据初步处理的结果判别假设是否正确，是否需要修改或者必须完全推翻。

6）为了提高研究的科学性，一般宜用实验法再加以检验。

四、产品分析法

（一）产品分析法的定义

产品分析法又称活动产品分析法、作品分析法，是通过对研究对象活动的产品进行分析的一种个案研究方法。

（二）产品分析法的适用范围

在教育研究中，分析教育活动产品既可了解学生的能力、倾向、技能、熟练程度、情感状态和知识范围等；也可以了解教师的工作方法，可以看出教师的教学是否达到了预期的目标等；还可以了解一个学校的教学质量和教育方针政策的贯彻情况等。

在教育研究中，通常可搜集下列产品为研究对象。

1）反映一个地区或一个学校教育工作情况的材料，一次进行教育机构个案研究。如各种有关方针政策的决定和指示、通告、工作计划、工作报告、报表、总结、会议记录、统计资料、规章制度、日志和信件等。

2）反映教师教育、教学工作情况的材料，一次对教师的教学工作进行研究。如教师的工作计划、教案、班主任日志、日记、教学工作总结、听课笔记、班会记录等。

3）反映学生的学习情况、知识水平、思想状况、心理状况等的材料。如日记、作文、书信、绘画、工艺作品、各种作业、实验报告、试卷分析、记分册等。

运用这种方法时，研究者不仅要研究人的活动产品，还要研究产品制造过程本身以及有关的各种心理活动状况。例如，对儿童绘画作品的研究可以反映出他们的许多心理特征。儿童的绘画可以反映他们的知觉特征和学生对所绘的物体形成的表象特征。通过儿童的绘画还可以在一定程度上判断其智力水平。研究表明，智力落后的学龄儿童所画的图画，其内容通常是原始的，而且惊人地千篇一律。儿童的绘画还鲜明地表现出儿童对周围环境的态度。他们的态度既影响主题的选择，也影响绘画方式，特别影响对物体和人物的着色，儿童往往把"坏人"和动物涂上黑色。

产品分析法作为一种个案研究法，通常是与实验法等结合使用的，如设置对照组观察儿童创造产品的过程，这样可以使研究过程和结论更加科学可靠。产品分析法的采用价值，决定于研究者能否在所搜集的材料中看出和把握生动的教育活动的精髓，如教师和学生的思想和行为等；还取决于研究者有无深入分析的技能，能否从分析中做出有根据的结论。

五、教育会诊法

（一）教育会诊法的定义

教育会诊法是指教师通过集体讨论，就某一学生的行为做出鉴定，并制定出矫正、改进和促进措施的一种个案研究方法。

（二）教育会诊法的适用范围

教育会诊法的适用范围比较广泛。不仅适用于发展方面存在问题的学生，而且适用于发展正常的学生。它通常针对的是学生的思想品质及学习方面的问题，而且研究者往往是教师，而不是专门的研究人员。因此，它具有简便性和集体性的特征，是一种深受广大教师喜欢的方法。

按照苏联著名教育家巴班斯基的研究，教育会诊通常包括六个环节。

1）明确会诊目的。
2）确定会诊参加者。
3）由班主任和任课教师详细说明对某一学生的看法，并列举理由。
4）组织集体讨论，广泛交换意见。
5）为该生做出鉴定，提出有针对性的教育措施。
6）根据学生的鉴定材料，教师对集体或个人的教育工作进行自我分析，加强自身修养，提高教育教学水平。

教育会诊法充分发挥了集体的力量，采纳了集体的智慧，因而所得结论具有较高的科学性，也是现阶段比较合理有效的一种个案研究方法。另外，会诊不仅可以提供有关学生思想、品德、行为、学习方面的比较客观的信息，而且会诊过程也是提高教师素质的过程。

第三节 教育个案研究法的实施

掌握教育个案研究法的关键是明晰它的实施程序。本节从研究问题入手，逐一阐述教育个案研究法的实施程序。

一、形成研究问题，选择研究个案

无论什么样的研究，确定所要研究的问题和选择合适的对象都是进行研究的起点。研究者在一开始就要准确地确定所要研究问题的本质是什么。一般来说，进行个案研究的问题应该满足三个条件：问题要与当前在真实环境中发生的事件和行为有关，人们对此类问题几乎没有控制能力，以及关于"怎样"和"为什么"等解释性的问题。研究的问题可来自对理论的疑惑与追问、对相关文献的阅读反思，以及自己工作实践中遇到的具体问题。教师所涉及的个案研究问题许多都来自实践，如学习活动中学生的自信心问题研究、校本课程开发的可行性问题研究、教师专业发展的问题研究等。以教师专业发展的个案研究为例，研究的具体问题可进一步确定为：教师的专业发展阶段是什么？哪些因素导致了教师经历不同的发展道路？通过什么样的教师教育可以促进教师的专业发展？

确定了问题以后，个案研究一般采用目的性抽样的方法确定个案，即根据研究目的抽取那些能为研究提供最大信息量的样本。此外，研究者还要确定的一个问题是选择单一个案还是多个个案进行研究。通过对多个个案的研究所得出的结论比对一个个案研究得出的结论更有说服力，但开展多个案例研究需要投入大量的资源和时间，需要研究者根据研究问题与理论假设斟酌而定。以对校本课程实施有效性的研究为例，教师可以选择某一所学校为单独个案对其校本课程的实施状况进行深入细致的分析，假如要探究有效实施校本课程需要具备哪些条件，也可以选择三四个实施校本课程成功或不成功的学校进行研究。

二、搜集个案资料和数据

对个案资料的数据收集可以分成两个阶段。第一阶段，可以通过文献检索的方法，搜集与研究问题和个案相关的各种资料，如相关的研究论文、研究报告、官方文件资料、个案所处的社会背景、环境等，从而为实地阶段的研究做好充分的准备。第二阶段是进入现场对个案进行全面深入的考察。此阶段对个案研究来说，并没有什么专有的收集资料的方法，而是多种方法兼收并蓄。只要是有利于自己发现问题、解释问题的方法，都可以进入个案研究。一般用得比较多的是观察、访谈和实物分析，有时也运用填调查表、面试或测查等方法。

1. 观察

通过观察，研究者可以取得一些相关行为及环境条件的信息。研究者可以对个案周围的学校氛围、社区环境、家庭背景等进行描述记录。同时，进入现场前，研究者要设计观察提纲，确定观察的内容、事件行为及观察时间，可以进行观察的全程式的描述记录，也可以仅对发生的事件或行为进行记录。

2. 访谈

因为大部分的个案研究都是和人有关的事务，所以访谈就成为个案研究证据的基本来源。访谈可以获得那些我们不能直接观察到的信息，如想法、态度、愿望、经验等，或那些已经发生的事件，从而达到对个案的现状与缘起的深入了解与分析。通常可采用半结构式访谈，即访谈前要设计访谈问题，访谈中灵活运用，不死搬硬套。

3. 实物分析

实物是在自然情境下生产出来的产品，可以提供有关被研究者言行的情境背景知识，包括用各种手段记录下来的官方类和个人类的所有资料或图片，如书报杂志、档案、统计资料、广播影视资料、单位的各种记录、教师的备课笔记，以及私人保存的资料（如书信、日记、家庭记录、照片等）。这些资料由于研究者的直接干预较少，往往更加"真实""可信"，可以印证和补充观察、访谈的内容，且对研究过程不产生任何干扰。其不足在于它并不是为做研究而特别准备的材料，因此缺乏研究数据所需要的详尽性和针对性。

在资料搜集的过程中应遵循三条原则：①数据来源要广泛，即要用多种方法、从多种角度、按不同来源搜集数据，这样可使研究者对数据进行三角互证。如对某学生辍学原因的研究，资料收集可以有观察、访谈、实物分析（如该生的日记、老师的记录等）等多种方法，也可对该生、其老师、同学、家长等多方访谈探究其真正的辍学原因。②建立个案研究的数据库，可以包括研究者的笔记、文件、访谈、观察的原始记录，基于调查形成的表格、档案等。③建立证据链，从而使一个外来者能够从最初的研究问题，跟随相关资料的引导，一直追踪到最后的结论。

三、个案资料的整理和分析

在整个研究的过程中，个案资料的整理和分析事实上和资料的收集工作是同步进行的。研究者要遵循资料收集、整理分析，根据分析的结果及时调整研究问题和方法，再进行资料收集、整理分析，这样一个循环往复、逐步深入的原则。首先，在离开访谈和观察的现场后，研究者应第一时间对访谈稿件和观察记录等资料进行整理。搜集到的资料往往是混乱的，有些资料是无用的，研究者必须一遍一遍阅读搜集到的资料，剔除无用的资料，归类有用的资料，确定对个案发展有突出作用的某些因素，从而对个案做出正确的诊断，根据分析的结果及时调整研究问题和方法。分析资料的过程也是对资料进行整理、简化和不断抽象的过程。其次，在进行整理分析资料时，呈现个案特征的材料应力求客观。然而，研究者都有自己的价值体系，对事件都有自己的看法，在强调对个案进行符合事实分析的基础上，研究结论和推论中可以有研究者价值的介入。

对资料的分析是个案研究的一个难点。教师往往面对一大堆的资料不知如何下手。专家建议，在收集数据时就应注意缩小研究的范围，不要试图去研究所有的东西；在一般的研究问题上提出更为具体的有助于分析数据的问题；及时写下对观察内容的分析，促进批判性思维的形成；在研究过程中经常要写一些感受、启发、反思之类的小文章，这些内容最后都是写报告的素材。

研究者在集中分析时，应做到：①给每一份资料编号，建立一个编号系统。②认真阅读原始资料，熟悉资料的内容，仔细琢磨其中的意义和相互关系。③在资料中寻找被研究者经常使用的概念，以及在使用时带有强烈感情色彩的概念，将其作为重要的码号进行登录。④按照编码系统将相同或相近的资料混合在一起，将相异的资料区别开来，找到资料之间的关系。⑤将资料进一步浓缩，找到资料中的主题或故事线，在他们之间建立起必要的关系，为研究结果做出初步的结论。也就是说，在整个资料分析中，要注意概念的数量，要有意识地去发现资料的模式（有规律的东西）和主题，对数据进行分类；要注意同类合并（把看起来相似的东西归类在一起）、细节归类（某一细节是否可归入到更大的类别中去）、变量之间的关系（对概念或变量之间的关系进行推测）。

四、撰写个案研究报告

个案研究的表述方式没有固定的格式，而是随着研究的展开，研究者根据需要灵活选择。一般来说，不论研究者采用什么样的写作风格，研究报告通常包括以下几个部分。

1. 背景介绍

背景介绍包括问题的提出、研究的目的和意义。此部分明确提出研究的现象和问题、研究的个人目的和公众目的、研究的理论意义与现实意义。如选择的个案是什么，为什么要对个案进行研究，研究个案是为了达到什么样的目的。这一部分应简洁明快，使读者一目了然。

2. 研究方法的选择和运用

此部分包括抽样的标准，即个案是如何选定的；进入现场，以及与被研究者建立和保持关系的方式;采用什么方法收集资料和分析资料;关于研究伦理的考虑;研究实施过程,即研究持续时间的长短,谈、观察的时间表及频率等。此部分的叙述要足够详细,使读者能够通过文章透彻地了解研究过程。

3. 个案研究结果分析

此部分主要是针对个案的研究结果,包括对观察资料、访谈资料、实物资料的描述与概括分析。此部分是研究报告的主干部分,必须详细而具体。

此部分的写作中,专家认为可以有三种处理方式:①类属型,主要使用分类的方法,将研究结果按照一定的主题进行归类,然后分门别类地加以报道。如对辍学生的研究,就可以从他自己的角度将其辍学的过程、原因、辍学后的去向、心情、打算、各类人对辍学生的反应进行分类描述和分析。②情境型,注重研究的情境和过程,注意按事件发生的时间序列或事件之间的逻辑关联对研究结果进行描述。其表现的内容是一个自然发生的故事或是一个按照时间顺序排列的各种事件的组合。情境法的长处是可以比较生动、详细地描写事件发生时的场景,可以表现当事人的情感反应和思想变化过程。③结合型,即将类属型方式与情境型方式结合使用。例如,可以使用类属法作为研究报告的基本结构,同时在每一类属下面穿插小型的故事片段,也可以将情境法作为研究报告的基本结构,同时按照一定的主题层次对故事情节进行叙述。写作中,以结合型写作方式较为常见。

在故事的建构中,又有故事叙说型表述和虚构型表述两种表述方式。故事叙说型表述主要是讲述研究中的一个个故事。它把研究的过程分成一个个特定情景,与收集资料、分析、解释工作相结合,挑选其中适合在某一特定情境中表现的各因素,组织成一个个小故事。虚构型表述是指可以把几个特殊的事件根据需要编成一个事件,或把从不同参与者的调查中收集的资料编成一个参与者的经历,这样可以使事件的发生更为集中,更具故事性,使研究更具特定性,从而更能抓住读者。在使用这种表述方式时要注意,虚构的事件应有完全的事实根据,而不是漫无边际的瞎编,同时,对这些虚构的事件也要当作真实发生的事件一样进行认真的调查、访谈、整理和解释。

4. 结论及建议

此部分是对研究中的关键元素及研究结果进行深入讨论,从个案研究的结果中推论出最终的结论,并且对结论的有效性和真实性做出解释,对个案研究问题提出建设性意见。

5. 列出参考文献及附录

列举参考文献须参照标准的格式。附录位于文章的最后,主要是包括一些无法全部呈现于文章主体部分的资料。

总体来说,个案研究报告应秉承叙事风格,其成文形式应尽可能真实地再现当事人看问题的观点,尽可能使用他们的语言来描述研究结果,介绍研究者使用的方法和在研究过程中所做的反省思考,再现访谈情景和对话片段,详细描写事件发生时的情景和当事人的反应及表情动态,从社会文化的大背景对研究对象的情况进行更深入的探讨。

第四节 教育个案法在教育研究中的运用

一、运用教育个案法解决教育问题的实例

【案例一】和学生一道面对家庭变故[①]

(一) 问题的发生:A 赖学

A 今天没来上课,不知是生病了,还是碰到什么意外。担心着上完两节课,马上与 A 的父亲电话联系,得知 A 既没有伤病,也没有碰到"意外",好端端待在家里,"又哭又闹,死命不肯上学。"问题看来很严重。A 是不是和同学发生了矛盾?是不是他家里出了什么事?这个学期开学以来,他情绪低落,上课常开小差,作业马虎,屡受任课老师的批评,昨天语文课上我还责备他不专心。A 会不会因为受到了老师的批评赖学在家呢?

(二) 问题的症结:A 担心什么

中午,A 的父亲赶到学校,向我道明了原委。原来,最近一段时间,他们夫妻不和,吵过几回架,影响了孩子。昨天,他们吵得特别凶,孩子给吓哭了。今天早上,他怎么也不肯上学,谁劝都不听。说到这里,A 父叹了一口气:"我的话,他是更加不听了。所有的人都只好顺着他。"

听完这席话,我大致弄清了 A 不上学以及近来情绪低落、上课不专心、成绩退步的原因:第一,父母失和,使他担心失去父母的爱,思想负担重;第二,A 是一个比较特殊的孩子,自小备受娇宠,学习自觉性较低,三四年级时虽有好转,也需在学校和家庭多方面的关注下才能按时完成作业,现在,A 家夫妇因为自身问题,更加迁就孩子了;第三,我们教师工作不够细心,没能及早发现 A 在校表现失常的真实原因,简单的批评反而加重了 A 的思想负担。

(三) 解决问题的尝试:解开 A 的心结

1. 对策与方案

A 所面临的显然不是学校和教师完全能够解决的问题,但我们依然可以做一些工作。例如,第一,帮助他尽快稳定情绪;第二,激发他的学习兴趣,设法把他的注意力转移到学校生活和学习上来;第三,以真情引导他感受来自父母、老师、同学等各方面的关爱,消除他内心害怕被抛弃的担忧。第一条和第二条是治标之策,第三条是治本之策。因此,工作的重点应放在组织教师、A 的家庭和同学三方面帮

[①] 本案例参考陈桂生.到中小学去研究教育.上海:华东师范大学出版社.2000:78-81.

助 A 走出困境。

处于家庭危机中的孩子最需要的是父母的爱，一种不被遗弃的安全感。这是我们做教师不能给予的，但我们可以提醒 A 的父母不要忽视孩子。如果需要和可能的话，还可以向 A 家夫妇提出一些如何对待孩子的建议。做父母的让年幼的孩子面对家庭失和的不幸事实，也应该让孩子真实地感受到父母一如既往爱他的事实。

家庭不幸的孩子往往对老师和同伴的关爱有一种特别的渴望。师爱和友爱虽不能代替父爱和母爱，但至少可以使学生感受到学校生活的温情和暖意。这不只是一种爱的补偿，更是一种爱的启迪。一个感到人世间充满着爱的孩子，一定会走出心中的阴影，鼓起生活的勇气，乐观地面对现实。如果我和其他教师与全体学生一道，伸出援助之手，帮助他、鼓励他、关心他，他一定会从学校和班集体中源源不断地汲取信心和力量。如果 A 更多地寄情于学校生活，他也许会淡化父母争吵的情绪反应，从学习进步及与同学的友好交往中得到快乐和安慰。

遭遇不幸的孩子渴望真心实意的关心和帮助，同时对自己的不幸特别敏感，不能忍受别人的怜悯，更不能容忍别人歧视或取笑他的不幸，所以不愿意让自己不信赖的人知道自己的不幸。我吃不准 A 是不是信任我，愿不愿意让我知道他家中发生的事情，所以在 A 面前不能轻率从事。于是，我事先给 A 写好了一封信，陈述老师和同学这段时间里对他的牵挂和想念，希望他回到学校和班级。同时表示："老师永远不会舍弃自己的学生，同学永远不会孤立自己的同伴，父母不会遗弃自己的孩子。"我准备在适当的时候交给 A。

我担心的是学生年纪尚小，阅历不足，对类似于 A 那样的处境和心情体会不深，在关心和帮助 A 时大大咧咧，轻率地提及 A 的家庭争端以及由此而来发生的赖学事件，触痛 A 心灵的创伤。结果好心办坏事。为了防止发生这种事，不能轻易把遇到的实际困难透露给全班学生。可以先组织班级开一个小型欢迎会，表达全体师生对 A 重返学校和班级的喜悦之情。根据学生的表现和 A 的反应，再做定夺。

可是，终究得让学生们了解和感受到像 A 那样的处境和困难。否则，就不可能引导学生真正关心 A。唯有对同伴及人类的幸福与不幸富于细腻的敏感性，才可能真正懂得怎样关心人、帮助人。我希望每个学生通过关心和帮助 A，自己也受到教育，学会关心人，我还希望借助班级内发生的一些小事，或者结合课堂教育的某些内容，使学生逐渐懂得：乐于助人是不够的，还应当学会善于助人。

2. 方案实施及其结果

（1）小型欢迎会

A 同学回来了。按事先的布置，全班组织了一个小小的欢迎会。会上，我隐瞒实情，和同学们一道热烈欢迎他归来。整个班级的气氛一直很活跃，许多学生表达出对 A 的关切之情，以及他回到集体的喜悦。显然，这个小型欢迎会给了 A 意外的惊喜。上午的几堂课，他始终听得极认真，这是近年少见的。我觉得与 A 交谈的时机已基本成熟。

（2）致 A 的信及与 A 谈心

中午，我将事先准备的那封信交给了 A，然后等待他的反应。下午上课前，A

来到办公室，悄悄走近我的身边，叫了一声："陈老师！"接着就哽咽了，但他那双泪光闪烁的眼睛告诉我，他好像有许多话要说，何不趁此机会好好和他谈谈，帮他驱逐心头的阴影，重新树立信心？于是，我用温和的口气和他交谈起来．谈到了他今天的感受，谈到了大伙对他的关心，谈到了他父母对他的爱心，还谈了身边的一些亲人。最后，A 似乎明白了什么，对我说："陈老师，我知道了，大家都很关心我，希望我好。我会振作起来的！可是，我的爸爸妈妈……"说着说着又哽咽起来，大滴大滴的眼泪滚落下来。

欢迎会、信、私下的谈心，对 A 确实有所触动。但是，光凭学校给予的一份真情，弥补不了孩子心灵上的创伤．我该再和他父母谈谈。

（3）给 A 父母的建议

几天后，A 的母亲应邀来学校。从她那里了解到：A 与母亲感情很深，甚至达到了一种依恋的程度。但是，A 的母亲工作很忙，几乎抽不开身陪儿子。我建议她多抽时间陪伴儿子，与儿子多交流，让他多得到母爱的温暖．这样的孩子是很怕被冷落被抛弃的，要让他知道自己始终在父母心中占有重要的地位。当他父亲来时，我建议他摆正为父位置，不要像过去那样动辄呵斥和打骂，也不能像现在这样过于迁就孩子，而应动之以情，晓之以理，用情感感化他，用理智说服他。

我不清楚 A 的父母后来做了什么，对待孩子有什么改变。但令人欣喜的是，在此之后 A 在学校时的情绪稳定了许多，学习态度也变得认真了。这些难得的进步应该及时予以鼓励。

（4）思想品德课与 A 致全班同学的信

记得在思想品德课上，讲到"事物是变化发展的"的时候，我启发学生们侃侃而谈身边的人和事的变化，就有一个学生提出"A 同学也在变化发展"，得到全班同学的赞同。于是，围绕这一点，我组织大家讨论："怎样帮他变得更好？"不少同学发表了意见。有的还提出把座位调到他的身边，帮助他一起学习。还有的学生当即热情洋溢地鼓励了 A 一番。课后，A 找到我，告诉我他心理也有许多话想和同学们说，就是不好意思开口。我建议他先把心里话写下来，然后读给同学们听。

后来，A 果然写了一封给全班同学的信。他写道："以前，我学习上懒懒散散……同学们一直在帮我改。我决心不负众望，努力学习。"

（四）问题的再思考

在家庭和学校、学生和教师的关心和帮助下，A 心中被爱的意识逐渐被唤起了。A 在他本人的努力下，逐渐找回了学习和生活的信心，许多方面都取得了可喜的进步。但是，暴露出的和隐含着的问题还不少。

首先，A 的父母现已离婚，A 判给父亲。在父亲和祖父、祖母面前，A 显得脾气暴躁。一家人本来就十分疼爱他，娇惯他。家庭破裂，更使一家人都觉得歉疚，就越加疼爱他，迁就他。但是，A 本人并没有多少感动，他更多的想法是，大人们都欠了他，没有给他一个完整的家。我觉得，A 的一家对待 A 的方式存在问题，使 A 在父母离异之后没有受到正确的引导，甚至受到了误导。由于这是家庭问题，我们做教师的不便插手过问，不过，我还是可以从侧面做一些疏导工作的。A 已是六年级的学生了，与他一起讨论父母离婚的合理性，不是没有可能。即使他还理解不了离婚对感情破裂的父母来说是一种正确的选择，这样的讨论至少可以给他一次设身处地替父母着想的机会。重要的是，帮助他勇敢地面对父母已经离婚的事实，同时，帮助他认识到父母离异并没有影响他们各自对他的爱。他失去了一个完整的的家庭，却没有失去父母，也没有失去爱，相反得到了更多的爱。其次，A 的家庭遭遇已经开始影响到他对老师和同学的态度。同学们有几次好心帮他，结果招来他的奚落。造成这种令人痛心的尴尬局面，既有来自 A 方面的原因，也有来自我们教师和学生方面的原因。A 的处境和心情容易使他误解别人的善意。如果不设身处地、格外防止触痛他内心的创伤，帮助他就可能变成伤害他. 我们还想帮助和关心他的话，比以前难度更大了，但我觉得，这正好给了我们教师学会关心学生的机会。也给了我们引导学生学会关心同学的机会。对一个遭遇不幸、深受刺激的孩子，该怎样设身处地地关心他、帮助他、而不伤害他？这是摆在我和我的学生面前的一道难题。

【案例二】爱与被爱意识的互动[①]

（一）现象与观察

现象一：为了了解一下学生在关心自己、关心他人方面的认识，我曾做了一项调查。我出了几道题，让学生用一节队活动时间，写出自己真实的想法、做法。题目是这样的：

1. 假如你自己生了病，你会怎么做？
2. 假如你的爸爸妈妈生了病，你会怎么想？怎么做？
3. 假如那天正好要用练习册，你的书包是你父母帮你整理的，正好忘了带练习册，这时候，你会怎么想？
4. 这两天，我们的数学老师因疲劳过度，嗓子都哑了，看到这情景，你有什么想法？

下课后，我把同学们各自写的东西收上来，一张张看了起来。其中，我班小宁同学写的一张纸条引起我特别的注意，只见他的纸条上写着：

1. 我生病了，我会躺在床上吃药或看电视。
2. 爸妈生了病，我会住到亲戚家去. 因为我怕爸妈的病会传染给我。
3. 我会骂爸妈，骂他们毛手毛脚。
4. 我没什么想法。

看到这，我不由一愣，这孩子的想法怎么会这样？是他的爸爸妈妈平时不关心他么？不，据我了解，小宁爸妈非常关心他，可以说是太关心他了吧！他母亲曾对我说，小宁一顿要吃三个鸡大腿，四个肉馅儿面筋；家里买了一只鸡，不允许父母先吃一口，要等自己吃够了，才肯让父母吃；文具盒中的铅笔都是几元钱一支的自动铅笔，用了些时间就喊用腻了，要父母帮他换新的……他父母的想法是只要他学习好，吃就尽量让他吃吧，用也就尽量满足他吧，反正就只有他一个小孩。

[①] 本案例参考陈桂生. 到中小学去研究教育. 上海：华东师范大学出版社. 2000：98-101.

但是，父母在生活上满足他后，他的学习并没有如他父母的愿。他母亲曾几次向我诉苦："在家里，我是一直盯着他学习的，可是他不想学，真是把我给累死了，好像现在我在上学。早上7点钟，我急着要去上班，喊他几遍，他无动于衷，我实在没有办法，把他从被窝里拖出来，帮他穿衣、穿鞋，照顾他吃好早饭，让他上学；下学回来，虽不用烧晚饭，我们一家去他奶奶家吃，可我也不轻松，忙着坐在他旁边，盯着他做作业，常常拖得很晚。如果我有事要忙一会儿，他就一个字也不写，干坐在那里，东摸摸，西看看，真是拿他没办法。"他母亲又说："我也曾对小宁说，你就不要去上学了！他却对我说：'干吗不上学？'我对他说：'你就留一级吧！'他回答：'反正我比别人小一岁，留一级也不要紧。'好几次我都因辅导他做功课，他不肯做而伤心地流泪。他看着我泪流满面，却'嘿嘿'地笑我，真是让我哭笑不得！"

现象二：小宁在家里是这样，在学校里同样是这样。他只晓得调皮捣蛋，懒得做作业，常常是别人完成了作业已回家，而他作业还没写，照样玩得挺高兴。你看，数学老师又向我反映了："数学课上，班级内一学生因身体不适而呕吐了，同学们纷纷向他投去关切的目光，老师也对他问寒问暖，而小宁学着同学呕吐的样子用手捏着喉咙干呕着，引得同学笑，他还做出怪样。"

（二）诊断与分析

显然，这是一个爱心沉睡的孩子。他感受不到父母的辛劳，对父母的良心毫无敏感性，因而视父母为之所做的一切为理所当然，不懂得感激，更不用说关心、体贴父母；他也体会不到身体不适的同学的心情，对他人的痛苦和不幸麻木不仁。因而不但不能对生病的同学表示关切，反而取笑她。面对这样的学生，我心里是非常沉重的。这么小的孩子本不该是这个样子的。小宁的表现之所以这样缺乏爱心，我想根本的原因是很少被人爱的真切体验。家长不懂如何关心自己的孩子，一味宠爱，酿成苦果；孩子处在溺爱中，对父母对他的爱习以为常，认为是理所当然，所以对父母给予的爱麻木不仁。他并不缺少别人的爱，但缺少被人爱的意识。正因为缺少被爱的意识，所以小宁才没有爱的意识。对于这孩子来说，要唤起他爱和关心的意识首先要唤起他被爱和被关心的意识。要唤起他被爱和被关心的意识，不是给他更多的爱，而是要少给他一点爱，使他逐渐懂得珍惜别人的爱。

（三）措施与效果

于是，我采取了以下措施。

1）找他父母进行一次谈话，指出问题的症结，告之其真正关心孩子的正确方法，并商量对策，促其改掉缺点。这一方法是适当进行惩罚。我向他们介绍班内另一家长采取了这一有效的方法，让他们借鉴：一方面是对其进行冷处理，让他从"宠爱"中跌落至"受人冷落"，使他尝到没人关心的滋味，从而珍惜受人关心的机会。具体做法是对他的学习不闻不问，把他的学习任务完全还给他自己，父母不再陪读，让他亲身体验平时父母关心他学习的辛苦；另一方面，对他的吃、用适当控制，发现有进步，可进行鼓励；如果没有进步，则让他少吃、少用。

2）多发现小宁身上表现出的关心他人的闪光点，进行激励，促其学会关心自己的学习，关心自己的父母，关心自己的老师和同学。

四年级时，我就发现小宁虽说调皮，但在学校组织的为"手拉手"学校捐款、为希望工程捐款等活动中表现较好，他积极参加，踊跃捐款，收集废品，能为希望工程做贡献。我想，何不利用他这一闪光点对他进行表扬，从而促其树立目标呢？于是我仔细观察，寻找他的闪光点。

12月4日上午，机会来了。第三堂课是体育课。这节课一下课，我刚想到操场上去看学生排对情况，几位学生急急地边喊边向我跑来："浦老师，浦老师，王文昏过去了！"我一听，忙问清她在哪里，就急着赶往医务室去看望她。这时正值学生吃午饭时间，许多同学正忙着排队打饭。我来到医务室一看，咦，小宁怎么也在这儿？他也关心王文？我心中一喜。待我看过王文，安排她父母来校带她去看病后，我就去教室吃午饭。在吃午饭时，我喊来小宁，问他怎么也在医务室。他回答我："我去看看她究竟怎样了！"于是我趁势表扬了他："看来，你还挺关心同学的么！但你就是不会关心自己的学习，包括关心自己的父母，关心自己的老师。希望你能学会关心自己的学习啊！"小宁听了我的话，脸上显出少有的一本正经的模样，向我点了点头，高兴地去吃饭了。

下午我又在课上当着全班同学的面表扬了小宁，其他同学听了，有人在下面发表了不同看法。"不管小宁是到医务室里玩玩还是去看王文的，他这一行动充分说明他还挺关心人的，我们要看到他这一进步。"我这么一说，大家都没有什么意见了。于是我就向大家提出了希望："当一个同学有了一点进步，我们一定要看到他这一点进步，鼓励他，从而督促他改掉别的缺点，这也是关心他人的一种表现。小宁，你看，同学们都这样相信你，你应该不让同学失望啊！"小宁听了，整节课表现得都不错。那一天放学时，他的作业第一次全部做完，订正好。

3）经常给他树立一个小目标，鼓励他用实际行动达到目标，激发他继续努力。

4）多利用移情法，让他从别人的角度考虑问题。比如，让他讲"假如你在上课时呕吐了，当你的同学学着你的样子干呕时，你会怎么想？为什么？"。

【案例小结】

在研究中，个案的描述是真实具体的教学实践。它以丰富的叙述方式向人们展示一些基层教师和学生的典型行为、思想、情感以及对问题思考，把一个"故事"所隐含的理论问题或基本原理展示出来，从而蕴涵了作为研究者的教师对教育教学问题和现象的思考，也蕴涵着教师的智慧，还为教师找到一个记录自己教育教学经历与经验的机会。

可以说，每个个案研究的本身既是教师教育教学研究的成果，又是非常生动、真实、鲜活且有说服力的研究资料。通过对个案研究法的运用，教师不但可以学会发现问题、学会找到问题的根源，而且会透过对问题的具体剖析，找出有针对性的解决问题的可能取向和办法。因此，个案研究法可以促进教师反思能力的提高，培植教师研究的意识和习惯。个案研究还可以帮助促进教师研究工作趋于整体、深入、系统。例如，对学生学业不良问题的研究，由于这一问题牵涉多种因素，许多教师不知怎样入手。实际上，通过个案研究，在日常教育教学工作中如能真正选择研究几个相关个案，就会对学生学业不良问题的认识清楚深刻，也会逐渐系统。

二、运用教育个案法解决教育问题的思路

运用教育个案法的直接目的是寻找最佳的方法与途径解决教育问题,要寻找到最佳的方法与途径就必须遵循一定的思路。一般地,运用教育个案法时应遵循以下思路。

1. 确定问题性质

在实施个案研究时应先觉察问题行为或人格上的特殊表现是什么并加以确认及界定。有时候问题性质并不像问题表面所显示的那么明显易察,因此,确认问题性质时,研究者应该先确认偏差行为的存在,并依据该行为出现的频率及严重程度来确定问题性质。

2. 把握问题关键

问题的关键是什么?必须从问题的性质中收集相关资料,再加以核对、评估、分析,确定问题的关键。

3. 了解问题背景

个案问题的发生有其独特的背景缘由,问题的实际状况与理论上或理想上的普遍情况不尽相同。研究者必须通过各种渠道了解问题发生的过程、条件、个案的内在动机和社会环境等外在因素。

4. 提出解决方案

为了解决问题,研究者可以根据过去处理类似问题的经验及方法提出处理意见,也可以用独特的创新方式提出解决问题的方案。

5. 付诸行动,检验结果

解决问题的方法会有许多,这些方法中有哪些具有实效则要在行动过程中加以检验,当解决问题的方法无效或出现新问题时,可以重新探究解决问题的方案,就这样不断地循环重复,直至问题最终解决。

6. 形成最佳决策

研究者在比较评价各种结果的基础上,选择解决问题效果最好的方法形成最佳的研究决策。

以上六个环节是相互联系的整体,前一环节是后一环节的基础,一旦哪个环节出现问题,可以返回前一环节,重新探究。

三、运用教育个案法应遵循的基本原则

1. 综合性原则

教育个案研究法的综合性原则是指研究过程中的多方面因素的综合考虑,如在研究方法的运用上,个案研究常常需要运用调查法、测量法、文献法、作品分

析方法等具体研究方法进行综合性研究；在研究涉及的材料方面，常常需要搜集研究对象各方面的材料，进行全方位的研究；在对材料的分析上，往往需要定性分析与定量分析的综合运用；对个案的诊断也需要对身心问题及各种影响因素进行综合的考虑。

2. 灵活性原则

教育个案研究法的情境、对象、程序和方法等都会随着研究的不同而产生很大的差异。因此，个案研究者要灵活处理研究中出现的各种变化，对于不同的问题、不同研究阶段以及不同的对象，要根据研究需要和进展，调整研究进程和研究内容，选择或变换更为恰当的研究方法；也可根据研究的需要对研究进程作适当的调整，体现出主动、灵活的特点。

3. 谨慎性原则

教育个案研究法是在真实的情境中针对具体的研究对象而进行的，涉及研究情境的多样性和变化性，涉及个案成长的累积性和个别性，涉及研究者与研究对象间沟通的顺畅程度和意义表达与理解的真实程度。因此，研究者在与研究对象间建立起相互尊重、信任与合作关系的基础上，要注意观察的方法和询问的技巧，要注意捕捉个案成长变化的细节，要注意分析的严谨与细腻，这些都要求个案研究必须坚持谨慎性原则。

4. 伦理性原则

和许多质化研究一样，教育个案研究者一般要进入被研究对象的私人空间才能搜集到有价值的材料，但与此同时，被研究对象可能面临尴尬、曝光、个人自尊受损等风险。因此，教育个案研究法会涉及各种各样的伦理问题，不同研究阶段所涉及的问题层次也会有不同的偏重。进入研究场所阶段，取得正式的同意以进行研究是主要的任务。资料搜集阶段，进行观察、访谈、和文件采集时，主要的伦理议题在于与被研究主建立互信的关系。资料分析和诠释则首重公正地反映不同的观点和意见。最后，研究报告的撰写要能公开及公正地呈现利益冲突的议题，并保护个人的隐私。

四、运用教育个案研究法应注意的问题

（一）基于事实之上整理、分析、撰写

教育个案研究的目标是对个体的人格和全部的生活做完整的研究，因此，必须要广泛收集各项资料。在整理资料的过程中，研究者要尊重事件的真相，尽量保持客观中立的态度，运用描述性的语言真实地再现事实的原貌，不要带着某种期待和偏见进行个案资料分析。个案研究中一般采用记叙的表达方式，采用简洁、明快、生动的语言真实地再现情景，注重感性的渗透，使读者有一种身临其境的感觉。但个案又不同于小说和散文，不能肆无忌惮地展开想象、任意地表达自己的观点和主

张,所有的表述都应以事实为依据,不能撇开事实杜撰。

(二)积极寻求教育专家和心理专家的帮助

教师在开展应用性的教育个案研究时,需要借助专业教育人员的理论和方法指导,以增加研究的科学性、规范性和理论性。例如,教师在确定研究问题时,可请校外专家分析问题的意义和价值;在诊断问题时,可请校外专家协助分析问题的成因;在采取行动时,可以请校外专家协助制定行动指导方案,并指导具体的行动。另外,当遇到一些心理问题较为严重的个体时,可寻求心理专家的帮助,不可擅自处理。当然,当教师对理论和方法的掌握达到了一定的水平时,就可以减少对专家的依赖。

(三)正确认识个案研究的局限性

教育个案研究的目的是把握某个个体的具体特征,通过这些具体的特征揭示出具有普遍意义的一般规律。被研究的个体生活在社会之中,并非孤立的,个体之间存在着必然的联系,对个体行为的直接研究就是对个体和其生活环境的间接研究。

因此,对典型个体的研究必然能在一定程度上反应整体的特征。但是,个案研究毕竟是以单个个体为研究对象,其研究的结果不一定具有普遍性。因此,在把个别研究成果推广到一般中去时一定要慎重,尤其对于涉入教育研究领域不深的教师来说,一定要谨慎思考和分析,否则就会犯以个别代替一般的错误。

思考题:

1. 教育个案研究法的特点有哪些?
2. 教育个案研究法在教育研究中具有哪些价值?
3. 教育个案研究的类型有哪些?各自有哪些特点?
4. 教育个案研究法的实施程序是什么?
5. 如何运用教育个案研究法开展教育研究?

第九章 教育经验总结法

　　教育经验是研究者探索教育科学的宝贵财富。教育经验总结法是探索教育规律的重要方法,具有简便、易行等优点。本章介绍了教育经验总结法的内涵、特征、分类、作用、优点和局限;探讨了教育经验总结法的实施原则与步骤及其应用要注意的问题;分析了教育经验事实的积累、筛选与提炼方法;阐述了先进教育经验的总结与推广办法;介绍了教育经验总结报告的撰写与案例。学习和研究本章内容对于我们把握教育经验总结法的基本知识和基本方法,结合自身教学、科研和管理工作实际开展教育研究,具有现实指导意义。

第一节 教育经验总结法概述

经验包括直接经验和间接经验，泛指人们由实践得来的知识或技能，通常指感性认识，即情感和情绪体验。在教育研究中，人们经常运用经验总结的方法去发现和探索教育规律，改进教育实践。[1]

一、教育经验总结法的内涵

正确认识和界定教育经验总结法的内涵是掌握教育经验总结法的基本知识和基本方法的前提与基础。

（一）教育经验总结法的定义

为了界定教育经验总结法的含义，我们首先必须明确什么是教育经验，什么是经验总结，然后，导出教育经验总结法的含义。

1. 教育经验

教育经验是指在教育实践中取得的有关教育的知识或技能。一般有两种含义：①指人们在教育实践中比较零散的初步认识成果，需要经过总结提高，才能上升为理论。②指前人积累的有关教育的知识和技能，如国内外历史上流传下来的教育经验。前者主要是直接的教育经验，后者主要是间接的教育经验。

2. 经验总结

经验总结指研究者依据一定的价值取向，对某种实践活动进行回溯性的研究，将感性认识上升为理性认识，由局部经验发掘出其普遍意义，探求事物发展规律的活动。

3. 教育经验总结法

教育经验总结法是将大量丰富而多彩的教育经验提升为教育理论的方法，是在不受控制的自然状态下，依据教育实践所提供的事实，按照科学研究的程序，分析概括教育现象，揭示其内在联系和规律，使之上升到教育理论高度，促进人们由感性认识转化为理性认识的一种教育科学科研方法。[2]

---

[1] 谢广田，蒋璐敏. 小学综合实践活动课题研究与论文写作. 杭州：浙江大学出版社.2009：43.
[2] 李春青. 中小学教师怎样进行课题研究——教育科研方法之教育经验总结法. 育理论与实践，2008（20）：36-37.

（二）教育经验总结法的性质

作为一种教育科学科研方法的教育经验总结法，既有一般性的经验总结性质，又有其独特性质。

1. 教育经验总结是一种科学研究活动

一般说来，教育经验总结可以分为描述性总结和解释性总结两个层次。描述性总结是具体陈述一定的教育实践活动和经验，描述当时的想法、做法、有什么成效等一系列事实，指出运用这些经验的优越性及其前景，大多带有个人特点，处在感性认识水平。解释性总结则除陈述事实外，还要运用科学的方式方法，对积累的教育经验进行分析概括，深入、全面、系统地揭示经验的原因、实质，使之上升到教育理论的高度，找出别人可以借鉴的规律性的东西。

科学研究中的教育经验总结法，就其本质而言，不应停留在描述性的层次上，而应是一种解释性的总结；要在感性认识的基础上，得出对教育现象的理性认识，揭示事物或现象之间的内在联系和规律。这个过程就是科学研究的过程，其最终成果就是科学研究的成果。

2. 教育经验总结是一种回溯研究

教育经验总结法是在某种教育实践活动大致告一段落，并且通过这种教育实践取得的经验已经大体形成才进行研究的。因此，科学的教育经验总结是教育研究活动中的回溯性研究。因而教育经验总结的对象、过程、方法自有其特点，与其他研究方法或研究活动有所不同。

1）它的研究对象是那种具有特定含义的、已经存在的"经验"，具有独特性和个体差异性，而不是一般的自然存在的事物或文献资料。这种研究对象是实践者发挥主观能动作用改造了的客观事物，以及在改造客观事物的同时，实践者自身形成的感性认识和某些未系统化的理性认识。

2）经验总结的过程是回溯性研究过程，保持了事物的"原始状态"，在研究过程中不可能再对研究对象施加某种影响，使之发生某种变化，以求得某种预期结果。而只是科学地认识客观存在的"经验"，即在实践效果已经显示的某种"经验"大体形成之后，才对这些"经验"进行回溯研究，从而取得研究成果的研究方法。

3）经验总结是多种研究方法的综合运用，主要方法是在调查掌握事实的基础上，通过"分析—综合""归纳—演绎"等思辨方法进行思维加工，有时候也需要文献法乃至实验法的验证，使经验上升为理论。运用经验总结法对来自教育实践的感性认识进行回溯研究，从而获得科学的理性结论，概括出新鲜的有价值的经验。

3. 教育经验总结是一种追因研究

如果说实验法是先确定原因（自变量），然后考察这些原因导致的结果（因变量），那么，经验总结法则是根据已经发生的结果追溯其原因。另外，经验总结法又与观察法所采取的伴随教育发展进程进行直接研究的方法不同，与文献法所采取的借助于教育资料对教育事实进行间接研究方法也不同。它主要是根据已经取得的教育成果和基本认识，追索教育过程中各种因素的影响作用，从而进一步揭示教育客观规律的方法。经验总结的出发点是已有经验,而其基础是取得经验的具体教育过程。因此,它既有直接研究的一面,又有间接研究的一面。经验总结是通过"追因"以揭示教育规律的一种研究方法。

人们往往会把教育经验总结与一般教育工作总结混淆起来。其实,根据上述含义,这两者是很容易区别的:①教育经验总结的范围是一个完整的教育活动过程,重点明确,不受时间空间的限制,工作总结则以完整的时间段(如年度、学期)为总结范围,而且面面俱到,无一遗漏;②教育经验总结的目的在于推广,一般都有较明显的效果与完整的经验,工作总结的目的则在于向上级汇报,发扬成绩,克服缺点、展望未来;③最重要的是教育经验总结不仅要说"是什么",而且要指出"为什么",即从对教育现象的感性认识上升到理性认识,而教育工作总结往往停留在陈述事实的层面上,一般没有上升到理论高度去总结。[①]

二、教育经验总结法的特征

教育经验总结的特征可以从两个方面来进行分析。一方面,作为教育研究的一种成果,教育经验总结法具有哪些特征;另一方面,作为教育研究的一种方法,教育经验总结法又具有哪些特征。

(一)作为教育研究成果的特征

教育经验总结法作为教育研究的一种成果,具有以下四个基本特征。

1. 新颖性

行之有效的教育经验是从教育实践中产生和提炼出来的,是近期教育实践活动的理性概括,更是教育客观规律的反映,因而必然具有新颖性。所谓新颖,就是新鲜别致,不同流俗[②]。新颖性既可以是观点、材料新颖,又可以形式、方法新颖,还可以是内容或其他方面新颖。这种经验就是所谓新鲜的经验,对当前的教育实践活动具有很强的针对性和指导作用。

2. 普遍性

所谓教育经验的普遍意义,一是在于经验要经得起一定的时间、空间的检验,在应有的时间、空间范围内,经验都不失其存在的意义;二是在于经验要经得起相关实践的检验,在相同的条件下,经验的运用均能取得良好的成效,即所有运用类似方法的实践活动都可以获得成功。那种在特殊情况下取得的"经验",并不是教育研究意义上的经验,是不具有普遍性特征的。

3. 实践性

教育经验的实践意义表现在教育经验总结的源泉是实践。一般说来,经验总结

---

① 谢广田,蒋璐敏. 小学综合实践活动课题研究与论文写作. 杭州:浙江大学出版社. 2009:144.
② 郭良夫. 应用汉语词典(大字本). 北京:商务印书馆. 2003:1399.

多是针对教育实践中的具体问题,包括带共性的原理、原则在实际操作运用中的问题,也包括教育实践中的突出矛盾,即具有特殊性、个性的问题。这些都是人们在教育实践中探索并力图解决的课题。

教育经验总结的过程是离不开实践的。总结教育经验,就实践者而言,必须边实践、边探索、边总结,逐步实现由感性认识到理性认识的飞跃;就研究者而言,必须经常深入教育教学第一线,调查、访问、观察、思考,必要时还得亲自参与实践过程,以获得丰富的感性材料,并在此基础上通过经验总结而建立起科学的理论。教育实践是经验总结的物质基础,经验总结是教育实践的理论升华。

教育经验总结的成果还要回到教育实践中去。先进教育经验的推广,是现代教育信息交流与传播的重要方式之一,也是经验总结进一步接受实践检验、获取反馈信息的一种有效途径。从人类知识发展过程来说,先进经验的推广,就是对事物再认识、再实践的过程。因此,教育经验总结的成果必须再回到教育实践之中,以能动地指导今后新的实践。

4. 发展性

随着时代的发展和教育改革的深入,教育经验的内涵必将随之发生变化。辩证唯物主义认识论告诉我们:实践—认识—再实践—再认识,这种形式,循环往复以至无穷,而实践和认识在每一循环阶段的内容都会进入高一级的程度。这种实践与认识的循环,是呈螺旋状上升的提高,渐进式的循环,每经过一次循环,就进入更高一级的境界。教育经验的形成和发展,正是体现了这一辩证唯物主义的认识论原理。

(二)作为教育研究方法的特征

教育经验总结法作为教育研究的一种方法,具有以下两个基本特征:

1. 实用性

教育经验总结法作为教育研究的一种方法,具有明显的实用性。一方面,经验总结法作为一种常规性、普及性的教育研究方法,操作程序简单明了,易于掌握。另一方面,教育管理者、教师利用经验总结法开展教育研究活动,既不影响正常教育教学工作的连续性,又可以大大促进自己的本职工作。

2. 适用性

教育经验总结法作为教育研究的一种方法,具有明显的适用性。经验总结法的适用范围非常广泛。任何一方面的教育问题都可以成为教育经验总结的对象,只要在这方面具有突出的经验即行。此外,运用经验总结法进行教育研究,没有特殊的科研条件的限制,可以因地制宜、因时制宜,因人而异、因事而异,因而具有较大的灵活性和广泛的适用性。

三、教育经验总结法的分类

教育经验总结法可以从不同角度进行不同的分类,然而,站在教育研究的角度,重要的分类方法有：

（一）根据经验总结的科学水平划分

根据经验总结的科学水平，可把经验总结分为具体经验总结，一般经验总结和科学经验总结。作为教育研究方法的教育经验总结法，这是一种最主要的分类方法。

1. 具体经验总结

这种总结以具体实践事实为基础，描述、记录一次教育或教学活动的经验。其一般内容为：①教育活动过程。包括活动的目的、内容、准备、活动经过、师生参与情况等。②教育活动效果。论述活动后师生的反映、收获等。③教育活动体会。介绍活动后的感受，对此项活动优越性的认识，亦即具体经验所在。

具体实践经验总结常用"教学一得""教学后记""教学案例"等形式记述。例如，《快乐教育案例新100则》就是学校老师具体教育教学经验的汇集。

可以说，具体经验总结是经验总结的初级层次，是对具体经验的描述和记录，特别简便易行，是广大教师经常采用的积累资料的重要方式。具体经验总结最逼近教育实践，为进一步的抽象概括分析研究提供素材，是经验总结必不可少的基础性总结。

2. 一般经验总结

它以具体经验总结为基础，其主要内容包括：①一种教育活动的基本程序和举例；②这种教育活动的指导思想和优越性；③这种教育活动适用范围和实施的具体建议等。例如，《"启发讨论式"物理教学法的积极尝试》，首先说明做法，接着叙述这种教法的优越性，最后点明实施这一教法的关键——设计好一套好的讨论问题，并指出这一方法的适用范围和要点。

一般经验总结在具体经验总结的基础上已有新的抽象和概括，提出了教育活动的一般程序、指导思想、适用范围和具体的操作建议，并指明了操作过程的关键，其科学水平高于具体经验总结。

3. 科学经验总结

科学经验总结是经验总结的最高层次。它是在一般经验总结的基础上，进行逻辑的、理性的分析，揭示经验的实质、主要内容之间的相互联系以及在教育教学工作中的地位与作用，是对感性认识进行科学概括和哲学抽象，形成的理性认识阶段。这种总结能够把各种教育经验上升为教育理论，例如，《论语》《学记》《大教学论》等的经验总结就属于这种经验总结的层次。

（二）根据经验总结的先进程度划分

先进与落后、成功与失败等都是相对的。根据经验总结的先进程度，教育经验总结可以分为先进的教育经验和落后的经验教训。

1. 先进的教育经验

先进的教育经验有广义和狭义之分。从广义来说，先进的教育经验可以理解为教师具有的高度的教育技巧，这种实践能提供较好的教育效果。教师的这种经验也可能不包含什么创新的、独特的东西，但是它成功地运用已有的教育原则和方法等科学的教育理论。它对于那些还未掌握教育技巧的教师来说是一种良好榜样。就这个意义来说，教育能手（指教育和教学工作很熟练的教师）所达到的水平就是先进经验，值得推广。教育领域确实有相当一批教师，他们热爱教育事业，在教育园地里默默耕耘，培养了一批又一批人才。他们的经验应该受到重视。

从狭义来说，人们所说的先进教育经验包含着创造性、新颖性和独特性的成分。换言之，就是教育革新。这样的教育经验特别宝贵，乃是因为它在学校实践中和教育科学中创造了新的途径，正是这种革新性的经验首先值得分析、总结和推广。我国的教育改革进程涌现出许许多多探索教育教学过程本质和规律的、具有创造性的、在解决教育问题上取得突出成绩的教育经验，例如，中小学内部管理体制改革经验，社区教育经验，和谐教育，激励教育，以及情境教育、教改经验等。这类经验是我国教育领域中的珍宝，应该得到重视和研究，进行总结和推广，以推动我国教育事业和教育科学的发展。

2. 落后的经验教训

总结落后甚至是失败的经验教训，与总结先进的教育经验一样重要。如前所述，先进与落后、成功与失败等都是相对的。落后者通过总结落后的经验教训，学习别人的先进经验，不断努力进取，可以变成先进者；失败者如果善于从失败中吸取经验教训，通过不断努力，可以变成成功者。因此，落后甚至是失败并不可怕，只要善于吸取经验教训，分析落后或者失败的原因，虚心学习别人的先进经验，不断地努力进取，就会取得好结果。

（三）根据经验总结的基本内容划分

根据经验总结所包含的基本内容，经验总结可以分为专题性经验总结和综合性经验总结。

1. 专题性经验总结

专题性经验总结是对某项教育工作某个方面的单项总结。这种总结内容单一集中，针对性强，对教育实践具有很强的指导意义。每完成一项教育任务，或进行一项教育改革尝试都可以及时做出专题性总结，它往往偏重于总结经验，要求有一定的思想深度，找出规律性东西。报刊上发表的总结大都属于这种专题性总结，如总结教师敬业爱岗、学校内部管理体制改革的经验，或者学生学习某门课程学习总结等。

2. 综合性经验总结

综合性经验总结又叫全面总结。这种总结要求比较全面地总结一个单位、一个部门的主要几个方面的工作情况。它的内容包括基本情况、成绩经验、教训缺点和今后改进意见等方面。

写这种总结既要全面，又要突出重点，防止面面俱到。这就要求作者掌握全面的情况，并有较高的分析能力和综合能力，概括地说，一要突出重点，反映主要几项工作，抓住主要问题；二要点面结合，既有全面概括的统计资料，又有典型事实材料；三要总结规律，通过分析综合，找出具有指导意义的规律性东西；四要写出新意，善于发现新情况，提出新问题，总结新经验。综合性总结内容较全面，涉及时间较长，能够反映工作的全貌，多用于领导干部的总结报告或向上级汇报工作。如总结某个学校的办学经验、学校的年度总结等。

（四）根据经验总结的作者划分

根据经验作者即经验实践者的不同，经验总结可以分为群体经验总结和个体经验总结。这两类经验都值得研究、总结、推广。

群体经验总结往往是某个单位和部门、班组的经验总结，这种经验总结往往是集体智慧的结晶。例如，北京第一师范学校附属小学为减轻学生过重课业负担实施的"快乐教育"的经验总结，上海闸北八中在转变差生方面获得的"成功教育"的经验总结等。虽然这种经验总结是某个人主笔写出来的，但它是群体的产物。

个体经验总结是某个个体自己的经验总结，这种经验总结中的经验往往是个体自身亲身经历的经验。例如，魏书生、李吉林、马芯兰等许多特级教师在教育、教学实践中创造的很多经验。

（五）根据经验总结的时间划分

根据经验总结反应的时间不同，经验总结可以分为历史经验总结和现实经验总结。当然，在工作总结中，按时间习惯工作总结可以划分为有月份总结、季度总结、半年总结、年度总结、一年以上的时期总结等。这些划分方法也可以供教育经验总结参考。

把经验总结分为历史经验总结和现实经验总结是相对的，因为经验都会成为历史。对还在世的教育家的教育教学经验进行总结属于现实经验总结，因为这种经验还在不断深化、完善。

（六）根据经验包含的空间划分

根据经验总结包含的空间不同，经验总结可以分为点上经验总结和面上经验总结。前者如上海建平中学实施的素质教育经验总结，后者如湖南汨罗地区实施的素质教育经验总结。

此外，教育经验总结还有一些其他分类方法。例如，按范围分有班组总结、单位总结、行业总结、地区总结等；按性质分，有管理工作总结、教学总结、学习总结、科研总结等。

区分以上经验总结的种类目的在于明确重心、把握界限、为经验总结的构思写作提供方便。但上述分类不是绝对的，相互之间可以相容、交叉。例如，《北京大学2012年度工作总结》，按性质讲是工作总结，按范围讲是单位总结，按时间讲是年度总结，按内容讲是全面总结。同时，大学的工作总结不可能不涉及教学和科研，那么它也容纳了教学总结和科研总结的成分。这说明在总结的分类上，应灵活掌握，不必过于拘泥。

四、教育经验总结法的作用

教育经验总结法的作用很多，从教育研究工作本身和教育工作实际来看，教育经验总结的积极作用主要表现在以下几个方面。

（一）有利于提高教育管理水平

在教育实践中，结合工作实际，运用科学教育理论不断地总结经验，是教育管理者自我提高的一个重要途径。总结经验能够把教育理论与教育实践结合起来，提高教育素养和教育管理水平，从而逐步掌握教育管理工作的主动权，成为教育管理的行家。

教育经验往往容易为教育管理实践者所接受，因为通过经验总结获得的对教育现象的理性认识，是对教育实践的客观反映。因而对于教育管理实践者来说，吸收这样的理论来指导具体的教育管理实践具有较强的可接受性。从某种意义上可以说，人类是依靠经验进步的。一切来源于教育管理实践的正、反两个方面的经验都是促进教育管理发展的财富。

（二）有利于丰富发展教育理论

马克思主义认为，实践是认识的源泉；实践的需要是认识的发展动力所在；实践是认识的最终目的指向。教育经验来自教育实践活动，只有认真地、科学地总结实践经验，并上升到教育理论的高度，才能在更广泛的范围内指导教育实践活动。进行经验总结可以通过对教育实践进行分析和概括，认识或验证教育过程中的客观规律，丰富或发展教育思想或教育理论。

在中外教育史上，有许多关于教育经验总结的著述，对教育事业的发展产生了重大的影响。历史上凡有重大建树的教育家，无不通过总结、借鉴前人经验，探索教育规律，推动教育理论的发展。例如，我国 2000 多年前的《学记》就是对我国先秦时期儒家教育思想与教育经验的全面总结，它从宏观的教育制度、教育目的、教育作用到中观的教学思想、教学原则和教学方法，都有精辟的论述，是迄今为止所发现的世界上最早的一部教育专著。此后约 200 年，即公元 1 世纪，古罗马教育家昆体良的十二卷《论演说家的教育》（即《修辞术规范》）则是对古罗马修辞学校教学经验的系统总结，是世界上第一部教学法专著。到了近现代，捷克夸美纽斯的《大教学论》、德国赫尔巴特的《普通教育学》，以及苏联的苏霍姆林斯基、美国的杜威、我国的陶行知等的教育著述，也是通过总结经验而产生的。

即使到了当代,在调查法、实验法、比较法等研究方法广泛运用的今天,教育经验总结法仍不失为丰富和发展教育理论的重要方法。这是因为它具有丰富的实践来源和广泛的群众基础,反映了教育教学过程的本来面目。许多优秀的教育思想与方法都是在教师实践经验的基础上总结提炼出来的。[①]

(三)有利于指导教育实践活动

任何一种形态的教育理论或者精神产品,只有放到教育实践中才有意义。教育经验作为一种精神产品,虽然来自教育实践,但最终是要回到具体的教育实践中进行检验,通过反复的实践活动检验,再来指导我们的实践活动,才能实现其存在的价值。不能指导教育实践活动的教育理论或者教育经验,是没有实际价值的教育经验,是不符合教育教学规律性认识的经验。

(四)有利于促进教育研究

在所有的教育研究方法之中,经验总结法是最具有广泛性和群众性的教育研究方法。经验是直接来源于生动的教育实践,因而这种教育研究方法更容易被广大的教育工作者接受和采纳,有利于壮大教育研究的队伍,进而促进教育研究工作大规模的开展,促进教育研究的不断发展和进步。[②]

(五)有利于提高教师专业化水平

专业技能是教师专业化发展的重要组成部分,教师进行教育经验总结正是对自己专业技能的一种锻炼。在这个过程中,教师要对自己的教育实践活动进行反复的回顾、思考、分析,进而修正自己的教育教学行为。教师只有不断地学习、思考、研究和创新专业知识、学科教学知识,才能不断提高专业化水平。

五、教育经验总结法的优点

教育经验总结法既有它的优点,又有它的不足之处。我们在选择教育研究方法时,必须正确认识和辩证分析教育经验总结法的优点和局限。教育经验总结法的优点主要表现在以下四个方面。[②]

(一)实践性较强

经验的产生和总结都要来自于一个个教育实践,首先,教育经验总结必须得回到实践中才能得到验证;其次,教育经验总结的意义也在于它是把一些优秀的教育教学方法、模式、甚至是理念等以文本的方式记载保存下来,以指导研究者自己或

[①] 谢广田,蒋璐敏. 小学综合实践活动课题研究与论文写作. 杭州:浙江大学出版社. 2009:144-145.
[②] 赵洪涛. 教育经验总结法探析. 现代教育科学,2008(4):62-63.

者他人日常的教育教学实践。因此,从一定意义上说,教育经验总结的过程渗透着教育实践的品质。

正因为教育经验总结来自教育实践,总结的对象是教育工作者普遍关注和思考的热点问题,所以上升为感性认识的总结报告特别容易被教育工作者所接受。比之其他研究报告,教育经验总结更生动、更具体、便于操作,因此,教育经验总结法是在教育实践中推广先进教育经验的重要手段。

(二) 反思性较强

反思能力是教师必备的专业技能之一。教育经验总结是教师自觉实践反思的有效途径。正如美国教育家杜威所说,思维起因于直接的经验的情境,没有某种思维的因素便不可能产生有意义的经验。杜威认为思维的最好方式是反省思维,它是"对某个问题进行反复的、认真的、不断的深思"[①]。因而,教师记录、整理、总结和发表教育经验的过程也就是反思的过程,是不断地加深对教育的理解,改进教育教学行为,提高教育教学质量和成效的过程。

(三) 体现人文性

教育经验总结是一个个独特的主体诉诸主观体验、直觉、情感等来描述对教育过程的理解。例如,在收集具体事实的阶段,教师常常以一种平等的地位、尊重的态度、恭敬的心情主动的参与到访谈或是座谈中,体现了较强的人文性。因为唯有人,才可能运用自己的生命体验与成长体验,去认识人的培育中呈现的各种状态、事件与规律。同时,只有通过个人的主观经验,一个人才能真正接近真理。在如今科学技术至上,盲目崇尚理性的时代,这种蕴涵了强烈的人文精神的研究方法值得提倡。

(四) 灵活又经济

教育经验总结法之所以有比较悠久的历史,是因为它有着广泛的群众基础,受到广大教育工作者的欢迎。首先,教育经验总结法没有特殊的科研条件限制,可以因时制宜、因地制宜,实施起来有较大的灵活性。其次,经验总结法的技术要求不高,可操作性强,一般教育工作者比较容易掌握其要领,不像实验法那样有严密的控制与要求。研究者在总结中,又可以较大地提高自身的理论素养和研究能力。近年来在教育研究中盛行的个案法与教育叙事研究,其实质也是教育经验的总结。[②]最后,运用经验总结法进行教育研究具有投入小的特点,节省了大量的科研经费,同时不会对正常的教育工作造成干扰;相反,它还有利于促进教学工作质量的提高。

---

① 单中惠. 杜威的反思性思维与教学理论浅析. 清华大学教育研究,2002,23(1):55-62.
② 谢广田,蒋璐敏. 小学综合实践活动课题研究与论文写作. 杭州:浙江大学出版社. 2009:144-145.

六、教育经验总结法的局限

教育经验总结法除了有其优点外，还有一些不足之处，这主要表现在以下四个方面。①

（一）理论性不强

通过经验总结法而得到的结论一般是定性的，描述性的语言较多，缺乏深刻和缜密的理论分析。因为教育经验通常都是具体的、零散的、带有个性的特征，是教育工作者对教育实践活动的感性认识，而感性认识是对事物表面和现象的认识，与观察法、实验法等其他研究方法相比，所以无论是经验本身，还是经验总结的过程，都难以避免地会带有很大的主观片面性，理论性不强。

（二）容易产生惰性

教育经验形成于日常的教育实践中，教育经验的形成对教育实践有着重要的意义。教育经验一旦形成就会具有一种惰性或者惯性，即不易改变的特征，这种惰性或者惯性常常使教师的日常实践形成一种稳定却又呆板的行动范式，可能导致日日重复着相似的劳作，缺乏活力和创造力，进而也导致学生学习兴趣的丧失。于是，受这种"惰性"或者"惯性"的影响，有些教师的"经验主义"开始滋长，长此以往，教育教学的一切活动都将停滞不前。

（三）适用受到限制

教育经验来源于教育实践。教育实践"有一个内在而不能排除的显著特征，那就是与它俱在的不确定性"，"实践活动所涉及的是一些个别的和独特的情境，这些情境永不确切重复，因而也不可能完全加以确定，而且一切活动常都是变化不定的"。②正是由于教育经验这种个体局限性，当超过了一定的范围或是当环境和条件发生变化时，经验总结的适用性就会受到很大的限制，不利于推广，也不利于发挥广泛的效应。另外，所得到的结论一般是定性的、描述性的，在推广过程中难以准确传播，这也是其适用性受到限制的重要原因。

（四）信度效度不够

运用教育经验总结法获得的研究结果并不能像量的研究那样对教育研究结果的信度和效度进行工具性的准确性的测量。大多数的经验总结是属于定性的分析，定量的分析却很少，即使有定量分析，数据误差也往往很大，因而结论不具备量的

---

① 赵洪涛. 教育经验总结法探析. 现代教育科学, 2008（4）：62-63.
② 雅斯贝尔斯. 什么是教育. 北京：生活·读书·新知三联书店. 1991：12.

研究意义上的代表性,这就直接影响了它的可信度;而且经验总结受主观影响较大,适用性也受限制,因此,它的有效性也会大大降低。

第二节 教育经验总结法的实施

实施教育经验总结法除了需要掌握上述教育经验总结法的基本知识外,还必须掌握实施教育经验总结法时应把握的原则,明确教育经验总结法的具体实施步骤,了解实施教育经验总结法时应注意的问题。

一、实施教育经验总结法的原则

作为对教育研究的发展起促进作用的经验总结法,有许多其他方法所不及的优点,然而也有无法避免的不足之处。在运用这种方法从事研究时,为了获得最满意的效果,研究者就应努力遵循以下基本原则。[1]

(一)科学性原则

科学性原则是教育经验总结过程中应遵循的最重要的原则:①在进行教育经验总结时要做到客观性。分析问题要尊重客观事实,不能先入为主,不能夹杂任何偏见、接受任何暗示,对教育经验要做客观的概括与总结。②要把定性研究与定量研究结合起来。为提高信度和效度,研究者必须重视事实的定量分析,尽可能用数据来说明研究的问题,对获取的数据要严格核实,做到准确无误,以免疏忽和遗漏。

(二)创新性原则

创新是事物发展的生长点,教育经验总结的过程也需要有创新精神。要改掉经验的"惰性"或"惯性"就要将个体教育经验的诠释与具体的教育情境中的问题相结合,生成新的教育经验;要摆脱停滞不前,就要不断地发现新的教育问题,摆脱原有经验的束缚,总结新的教育经验;要深化经验的理论性,就要抓住现象的本质,由感性认识上升到理性认识,使教育经验升华为教育理论,以更好地指导教育实践,为教育实践服务。

---

[1] 赵洪涛. 教育经验总结法探析. 现代教育科学,2008(4):62-63.

（三）实用性原则

实用性原则是衡量教育经验总结的价值的重要标准，具备实用性的教育经验才有推广和应用的价值，因而，选择经验总结的对象应该达到以下要求：①在一定范围内有普遍的代表性和典型性；②能对教育实践产生一定的现实意义，或有利于提高教育教学质量，或有利于推动教育教学改革，或有利于解决教育领域内的疑难问题等。同时，教育经验要具有广泛的群众基础，使广大教育工作者学之可得，用之有效。

（四）全面性原则

事物都是处于普遍联系和不断变化发展之中的。只有全方位的掌握教育经验总结的各个部分，才能提高经验总结的信度和效度。全面性原则要求做到：①全面考察产生教育经验的实践活动，既包括活动的整个过程，又包括组成活动的各个环节，既包括动态的观察，又包括静态的观察；②积极的先进教育经验需要总结，消极的落后教育经验（反面的经验教训）也有研究价值；③研究的范围不仅要关注教育的外部联系，还要把握教育的内部结构和规律。

教育经验总结法无论对教育理论的丰富，还是对教育实践的发展，都具有非常重要的价值。随着教育研究的发展，这种方法会不断地完善。新时代的教育工作者不仅要有工作的热情、执着的信念、科学的态度，更要培养科研的精神，能够熟练运用教育经验总结法的原则从事教育研究工作。

二、实施教育经验总结法的步骤

教育经验本身具有广泛性、复杂性、群众性和多样性的特点，总结可以有不同的规模；可以采用各种各样的形式进行；可以由个人进行，也可以自集体进行；可以总结自己的实践经验，也可以总结他人的实践经验；可以是校内组织进行，也可以是由教育行政机关、教育研究部门或大专院校组织进行重点研究。因此，研究者一般不可能控制在特定条件下进行总结，也难于制定统一的方法步骤，只能根据经验总结的经验或具体实践过程，提出大概的方法步骤，在实际运用时应根据条件，灵活采用。从具体的操作程序来看，教育经验总结法大体有如下步骤。[①]

（一）准备工作

实施教育经验总结法首要步骤是做好必要的准备工作，这些准备工作主要包括四个方面的工作：①确定研究课题。应根据教育实践中存在的问题，或是迫切

---

① 谢广田，蒋璐敏. 小学综合实践活动课题研究与论文写作. 杭州：浙江大学出版社. 2009：146-150.

要求解决的问题确定总结经验的课题,否则就没有总结意义。课题的确定要从实际出发,从总结对象的教育实践的实际状况出发,否则总结就没有基础。②选定总结对象。总结对象可以是地区、单位或个人。总结对象的选定主要若是看它有没有代表性。总结对象常常应包括各种类型,以便获取完整的经验。选定总结对象必须从实际出发,采取优选的方法,慎重从事,选定对象的过程也是弄清对象的过程。③阅读有关文献。总结课题和对象确定后,就要围绕总结的中心内容,初步收集、翻阅有关文献,包括有关方针政策、上级的文件指示、国内外研究动态,以及总结对象的有关历史和现实的资料等。这不仅对于进一步明确总结经验的指导思想、目的任务和方法步骤等很重要,而且可以避免盲目摸索或重复已有成果,以提高总结的功效。④制订总结计划。根据总结任务和对象的性质和特点,结合所具备的条件和力量,对总结的过程进行构想,这就是总结计划。总结计划应包括总结的目的、任务和基本要求;工作进程的轮廓,即总结的起始、程序、实施、分析和综合;设计具体总结的方法,总结人员的组织和分工,以及总结的验证等。总结计划要留有余地,要充分考虑实施的可行性,并对可能出现的难以预料的问题做出应变的考虑。

总之,在总结的准备工作阶段,研究者应遵循上述教育经验总结法的原则,从教育实践迫切需要研究解决的课题中,根据自身及所在学校的条件和可能,来选择研究课题。所要总结的对象总结对象可以是地区、单位或个人的先进教育经验。一般来说,应以先进事迹和突出成效为总结对象。

研究者要善于从教育工作者创造的点滴、片断或局部的经验中发掘出符合上述条件的先进经验来。例如,有位农村小学教师在开发综合实践活动的课程资源的过程中紧紧地抓住了所在学校的地域特色,并从中总结出很好的经验。

(二)搜集资料

总结经验要以具体事实为基础,如实地反映事物的本来面目,因此,通过各种方法收集能反映先进经验全面情况的材料,这是教育经验总结工作的主要阶段、基础阶段。搜集的资料大体有两类。

1. 有关参考资料

这类参考资料围绕经验总结的中心内容,广泛搜集和查阅有关的历史和现实资料,如有关方针、政策、上级文件与指示,国内外研究动态,以及研究对象的背景资料,从而为总结经验提供可靠的依据,使研究者明确总结经验的指导思想、目的任务和方法步骤,避免盲目探索或重复已有的研究成果,使总结到的经验有一定的深度和高度。

2. 有关事实资料

掌握充分的、可靠的、必需的事实资料是总结先进经验的基础和前提。它至少应包含如下内容。

1)反映教育实践前后变化的形成鲜明反差的资料,以突出其成效。例如,总结教育合作学习中边缘学生的经验,就要搜集边缘学生原来的材料及后来的材料，用前后的对比反差来证明教育的效果。为此，所搜集的资料既要有定性的资料，也要有定量的资料；既要有说明整体概貌的资料，又要有说明具体方面和部分的典型资料。

2）如何促成变化的资料，用以说明为什么会取得这样的效果和怎样取得这样的效果。比如，总结教育合作学习中边缘学生的经验，就要收集转化的条件、原因、措施等方面的资料。

研究者可通过问卷调查与访谈调查，调阅文字材料，进行教育现状观察等，搜集与获得资料。研究者要确保资料的真实性与客观性。不能任意夸大、缩小甚至虚拟事实，也不能随意放弃一些与研究者预定思路不相吻合的一些资料。

（三）分析和综合

分析和综合是总结先进经验最重要的环节。充分占有事实材料是产生先进经验的基础。然而，对收集的材料不进行分析和综合，使之条理化、系统化、理论化，那么，材料再多，无论是对理论还是对实践都不会有多少意义。

分析和综合是总结教育经验的一个重要环节，主要包括三个方面。

1. 整理资料

要按照所要总结的经验的目的要求，对所获得的资料进行分门别类的整理，以求去伪存真，删繁就简，核实必要的数据，查对引证的实例，以求如实反映总结对象的全貌。

1）要对资料的可靠性进行核实。核实的内容包括：①经验的具体内容，如教师的教育措施等；②经验的实施过程，包括时间、地点、人员、环境、实施的各阶段步骤等；③经验的实际效果，如教育实践前后变化的数据与案例等。

2）要对资料的重要性进行筛选。通过比较分析，区分主次，确定主要资料，从而以现象作为向导，揭示具体事实的内在本质联系，分析哪些是主要的，哪些是次要的，哪些是有所创新的，哪些是有待考察的？通过初步综合分析，为总结提供比较可靠的论据。例如，要总结转化合作学习中边缘学生的经验时，教师是如何引导、鼓励等方面的资料就是主要资料；教师德育方面的资料虽然也重要，但仅是次要资料。又如，要总结程玲老师识字教学经验，她的创设拼音化环境，写字用田字格、书写姿势要规范等经验，虽然也重要，但由于许多教师也在采用，并不是她特有的，就不必作为她经验中的主要资料。

2. 分析因果

要认真分析事实资料本身所提供的普遍意义的教育措施和教育效果，分析教育效果的主要原因和次要原因，尤其是要找准有创新的教育措施，从而为总结经验提供可靠的论据，例如，对程玲老师识字教学经验的总结，研究者是这样分析的。

程玲老师十分重视拼音教学，并在识字前先让学生学笔画，学查字典，教给学生拼音、笔画和查字典三把识字的钥匙。学生掌握了拼音，就能独立地读音；学会了笔画，就能分析字形；学会了查字典，就找到了一个不会说话的老师。掌握了这三把钥匙，学生就基本能独立识字了。

程玲教师常采用编顺口溜、在游戏中识字等办法，让学生在无意中识字。小学低年级学生的注意仍以无意注意占优势，生动有趣的活动很容易引起他们的注意。程老师充分利用学生的无意注意，编一些顺口溜，例如，"聪明的孩子四个宝：耳朵听、眼睛看、嘴巴讲、心里想，越学越聪明""马的力气大，驮的东西多""广大人民庆胜利"，让儿童边念边学，使他们很快就记住了"聪""驮""庆"等字的音形义。

程玲老师常用插图、直观道具、手势等辅助手段，这也符合低年级学生的思维特点。小学低年级学生的思维是以具体形象思维为主，抽象思维则刚刚起步。拼音、汉字是抽象的符号，只有借助于形象化手段，才容易被儿童接受。

另外，程玲老师十分重视汉字的构字规律，常用归类及减、加、换偏旁等识字方法启发指导儿童，这符合迁移规律，有助于学生举一反三。

3. 概括经验

研究者应在分析的基础上，准确地运用判断、推理、抽象概括等工具，归纳事物变化的规律，引申出教育经验的主题。

所谓经验的主题，是指贯穿于形成该经验全过程的、起主导作用的、反映行为实质的一种思想观念，是经验的核心。它是经验本身所固有的，通过分析与综合才提炼出来的。因此，分析和综合的过程也是概括经验的过程。

例如，前述程玲老师的识字教学的一系列措施可以概括为四条基本经验：①教给识字工具；②利用学生的无意注意；③重视形象思维；④利用知识迁移。贯穿于该经验的全过程的、起主导作用的经验主题是小学低年级识字教学要符合小学生的心理特点。这是程玲老师识字教学经验的核心所在，也是反映她教学行为实质的教育理念。

（四）理论论证

教育实践要有理论做指导，实践后又要通过总结经验上升到理论。研究者需认真学习与掌握马克思主义哲学、正确的教育理论，以及与总结内容相关的专业理论，从而从理论上、逻辑上揭示和认识教育措施和教育效果的内在联系，提出并完善自己对教育经验的认识。

对于较大范围的教育经验总结，尤其是科学理性的经验总结，研究者在写出经验总结的详细提纲或初稿后，可以组织一次论证会议。通过论证，研究者听取不同意见，接受质疑、提问，集思广益，吸收真知灼见，然后进行修改补充，才能写出完善经验总结报告。论证会议以研究者为主体，邀请有关领导、专家、教师或学生代表参加。为使论证会取得成效，研究者应事先做好充分准备，如发送汇报提纲等；会上要充分发扬学术民主，广泛听取不同意见。做好会议记录。

对所递交的经验总结，论证会的结论有"认可""基本认可""不予认可"三种情况。对于前两种情况，研究者要充分吸收与会者的正确意见，完善经验总结报告；对于后者要慎重分析。研究者应认真反思被否定的原因，坚持真理，修正错误。

（五）撰写报告

撰写教育经验总结报告是经验总结的最后阶段。研究者应在经过论证的经验总结报告初稿的基础上，进行精心的加工修改，从内容到表述形式都作反复推敲，写出正式的符合规范的经验总结报告。

1. 总结报告的内容

对于不同的总结报告，正文有不同的写法，但一般应包括以下内容：①对这一阶段工作的简单回顾；②工作中的主要教育措施、实施情况和主要教育效果，这是经验总结报告的核心部分，撰写者要实事求是地予以叙述；③对教育措施与教育效果之间因果联系的分析与讨论；④对改进教育实践的想法与建议。

2. 总结报告的要求

撰写的报告要求做到主题要明确；观点与材料统一；论述要有逻辑性，做到上下联贯，条理清楚，观点鲜明；格式要规范；语句要通顺，用词要得当。

三、实施教育经验总结法应注意的问题

先进经验是以先进的工作实践为基础的，然而，有了先进的工作实践，如果不善于总结，还是不可能产生先进经验。以先进的工作实践为基础，依据先进经验的基本特征，在经验总结中要注意如下一些问题。[①]

（一）选择总结对象要有代表性，具有典型意义

科学地研究和总结先进教育经验的主要任务，是总结经验的典型特点，从中划分出实质性的特征。这就严格要求所选择的总结对象，要富有典型性、代表性，确定总结对象时要考虑以下几点。

1）权衡总结对象本身所提供的主要内容，是否具有广泛的群众基础，能否对现实中提出的问题给予较全面的回答或说明。

2）认真分析它在教育改革中的现实意义，能否起到典型示范作用，发挥以点带面，推动全局的作用。

3）分析它的实际效果，是否对广大教育工作者正在积极探索、力图解决的课题具有普遍实际意义。

（二）要以客观事实为依据，定性与定量相结合

分析问题要尊重客观事实，实事求是地进行总结。实践活动提供了什么事实，就总结什么经验，有什么经验，就提供什么理论依据。现在，教育经验总结存在着一种倾向，即只有抽象地议论而没有以深入的实践为基础，或者在根据不足，事实

---

① 谢广田，蒋璐敏. 小学综合实践活动课题研究与论文写作. 杭州：浙江大学出版社. 2009：143.

不充分的情况下，就仓促地下结论，都是站不住脚的。为了提高经验总结的信度，还要把定性分析与定量分析结合起来，尤其需要重视事实的定量分析，尽可能用数据来说明问题。在处理数据时，研究者要严格核实，避免统计分析中的疏漏或误差。

（三）要全面考察，作综合性研究

现代教育呈现多规格、多因素、多结构的复杂形态，因此，要求研究者在经验总结时注重全面考察，系统了解，组织综合性的研究，既要了解教育的外部联系，即教育的纵向和横向之间的相关因素的依赖与制约，又要把握教育内部的结构，即教育各层次之间的协调一致，合理布局。还要研究整个教育集体的活动，通过各方面的因素对教育经验进行评述。否则，总结出来的经验不是就事论事，就是片面的狭隘的事实概括。就事论事的经验是落后于现实的经验，片面的经验看起来好像取得了经验，但从教育的总体分析，可能恰恰是一种有害的做法，根本不是先进经验。

（四）要正确区分现象与本质，得出规律性的结论

在总结经验中，研究者往往会碰到下面两种情况，都要注意正确区分现象与本质，并透过现象，揭示问题的本质。①对经验的总结仅停留在表面性的描述上，这是目前经验总结中普遍存在的一个问题。当然，对经验进行直接、准确的描述，是经验总结的前提，然而，仅用比喻和修饰语去描述经验，即使是天才的描述也还是有明显的不足之处，还是不能揭示教育现象的规律性。②在涉及具体的人和事时，人们的反映常常不完全一致。研究者要做出客观公正的评价，就必须在详尽地占有事实材料的基础上，区分出现象与本质、支流与主流。抓住了本质和主流，就掌握了经验总结的核心、就能够引出符合客观规律的结论。

（五）既要借鉴古今中外的成功经验又要大胆创新

在总结经验时，研究者要注意借鉴国外发展教育的正、反两方面的经验，要注意批判地继承我国历史上的传统教育经验。这不仅可以直接吸收有益的东西，还可以避免重复走别人走过的老路。目前，在教育工作者的经验总结和教育研究中，有许多是重复劳动。已经被证明了是失败的经验，还当作成功的经验去总结，已经被证明是成功的结论，还当作一种创新去加以试验和总结研究。另外，当前在新的科学技术革命的条件下，新的科技成果的产生，新的科学技术领域的开辟，新的信息传递手段和认识工具的出现，都对教育产生了重大影响。这就对教育经验总结提出了新的任务和要求。因此，思想观念得转变，视野得开阔，要放眼世界，以革新创造的精神去发现新问题，总结新经验。在总结经验的方式方法上，不受因循守旧思想观念的束缚，积极探索新的视角、新的途径和新的方法。

（六）注意对经验进行不断的科学筛选

总结出来的经验并不一定完全能揭示教育规律，因此，就需要研究者对经验进

行不断的科学筛选。通过筛选，研究者提取其本质的东西，抛弃其非本质的、附加的东西，从而使经验上升到具有普遍意义的理性认识，揭示教育规律。在这方面，上海市青浦区顾泠沅同志的研究为我们提供了很好的例证。他对积累的一百多条具体经验进行反复的调查、实践、比较、调整，经过几十次的反复筛选，最后得出四条符合教育规律、具有普遍指导意义的经验。这些经验在青浦区推广后，在大面积提高教学质量方面取得了明显的成效。

（七）注意加强先进教育经验的推广

先进教育经验的推广是现代教育信息交流与传播的一种方式，也是经验接受实践检验、取得反馈信息的一种有效途径，还是获得社会效益的一个必不可少的环节。经验是在群众性的自然状态下取得的，然而先进经验的推广则是有目的、有组织、有计划的实践活动过程。推广先进经验时，重要的是要求理解先进经验的本质，引导教师从各自的具体工作条件出发，创造性地应用，把先进经验变成自己工作中的有机组成部分。只有懂得了先进经验体现了哪些教育规律，才能自觉地吸收先进经验，按教育规律办事。如果不理解经验的本质，不考虑自己的具体条件，那么再好的经验也不会取得应有的推广效果。

教育经验总结法无疑是开展教育研究最主要的方法。但是，对经验的表面描述代替不了对教育教学规律的研究，这就需要我们重视经验总结的科学性，运用科学、规范的总结方法，提高经验的理论水平，更好地指导教育教学实践，发挥先进经验应有的作用。

第三节　教育经验事实的积累与提炼

在运用教育经验总结法进行教育经验总结的过程中，教育经验事实的积累、筛选与提炼是十分重要的环节，是运用教育经验总结法能否成功的关键，因此，进一步学习与探讨教育经验事实的积累、筛选与提炼是非常必要的。

一、教育经验事实的积累

经验总结的首要问题是根据总结的目的要求、范围和角度对经验事实及多种背景材料进行全面、充分、细致的调查。经验总结中需要积累哪些事实材料呢？

首先，需要总结的一般是那些在客观上已取得良好效果的经验。因此，应根据总结的目的要求、范围和角度，充分收集事物变化的前后形成鲜明反差的事实材料。只有这样显著的效果，才能证实"经验"的有效性，才能吸引人们去追寻它的原因。

其次，经验总结应该包括反映工作过程的事实，这样才能展示事物发展的全貌，使人们了解"经验"形成中各种条件、原因和结果之间的内在联系，进而使经验总结对于他人而言更具有可借鉴的意义。

概括地说，经验总结中需要积累的事实材料，从其所反映的范围来讲，有面（整体）的材料，点（局部）的材料和个别展开材料；从其所反映的类型来讲，有数量化材料和非数量化材料、文字材料和声像材料等；从事实材料的性质来讲，有正面材料和反面材料、主体材料和背景材料、历史材料和现实材料等。采集和积累经验事实，可以通过观察、调查、访问、测试等多种途径进行。采集和积累的材料越充分详尽，就越能确保经验总结的高质量。

二、教育经验事实的筛选

在与经验有关的大量事实中，并不是所有事实都能深刻地说明观点（证实经验）的，只有那些最能反映事物本质的事实才是真正体现经验的事实。因此，研究者必须对事实材料进行反复的筛选。

经验事实的筛选必须根据经验总结的目的要求，按照一定的分类标准，将积累的事实材料分门别类地排列组合，依据材料的横向联系和纵向顺序将材料系统化，然后对每一件事实材料进行核对、考证、筛选，去粗取精，去伪存真，删繁就简，查漏补缺，提取有用之材。如哪些材料尚缺，需要立即补上；哪些材料过多，应该坚决删去；分析哪些是新发现的材料和问题，哪些是老材料、老问题；哪些材料典型，哪些材料一般化；哪些材料互相矛盾，哪些材料重复；测定哪些材料有用，予以保留；哪些材料无用，暂时舍弃，等等。

（一）教育经验事实的筛选原则

去粗取精，去伪存真，由此及彼，由表及里，是教育经验事实筛选的基本原则。按照这些原则筛选出来的教育经验事实往往正是我们写教育经验总结所需要的材料。

1. 去粗取精

去粗取精就是去掉粗糙无用的，选取精华有用的。[①]在教育经验事实的筛选过程中，研究者要学会在大量的教育经验事实材料中除去粗枝杂叶，选精华有用的材料，而不至于找不到关键的教育经验事实材料。按照去粗取精的原则对教育经验事实进行筛选的过程就是去掉粗糙无用的事实材料、选取精华有用的事实材料的过程。

---

① 郭良夫. 应用汉语词典（大字本）. 北京：商务印书馆. 2003：1040.

2. 去伪存真

去伪存真就是去掉假的，保存真的。① 由于受各方面的客观条件限制，研究者一开始取得的教育经验事实不一定都是正确的、真实的，可能存在某些错误的、虚假的东西。在教育经验事实的筛选过程中，按照去伪存真的原则对教育经验事实进行筛选的过程，就是去掉假的事实材料、保存真的事实材料的过程。通过去伪存真，研究者筛选出来的教育经验事实更真实、更准确、更可靠。

3. 由此及彼

由此及彼就是从这里到那里②，表示事物之间的内在联系。在教育经验事实的筛选过程中，按照由此及彼的原则对教育经验事实进行筛选的过程，就是要找到各种教育经验事实材料和所要写的教育经验总结主题的内在联系，以及各种教育经验事实材料之间的内在联系，其中，材料和主题的内在联系是关键，因为材料和主题联系起来了，材料之间就自然通过主题联系起来。主题要统率材料，要围绕主题选材；材料必须能够证实主题，所用材料要与表达的主题应当一致。通过由此及彼的分析，研究者就会找到为我所用的相互联系的教育经验事实。

4. 由表及里

由表及里就是由浅入深；由表象深入到实质。② 由表及里的过程实际上是一个对教育经验事实材料进行阅读、思考、研究甚至创新的过程，是挖掘教育经验事实材料表象背后实质意义的过程，是对教育经验事实材料认识不断深化的过程。因此，按照由表及里原则对教育经验事实进行筛选，不但需要集中精力阅读、反复思考材料，还需要不断研究材料、敢于批判材料，提出新的想法和观点，发现事物之间的本质联系和内在规律，达到对教育经验事实进行筛选的最高境界。

总之，研究者只有按照去粗取精、去伪存真、由此及彼、由表及里的原则去筛选教育经验事实，才能准确地揭示出事物的本质和规律，把零散的教育经验事实信息系统化，把粗浅的认识深刻化，抓住关键，找到规律，看到本质。

（二）教育经验事实的筛选过程

这里所说的教育经验事实的筛选过程实际上是一个初步筛选的过程。教育经验事实的筛选过程大致如下。

1. 把握主题

如上所述，材料和主题的联系非常重要，因此，要筛选教育经验事实材料，首先必须把握主题，明确意图。弄清教育经验总结的目的和要求，准确把握教育经验总结的主题是教育经验的核心。整个教育经验事实的筛选过程都要紧紧围绕教育经验总结的主题逐步展开。

---

① 郭良夫. 应用汉语词典（大字本）. 北京：商务印书馆. 2003：1040.
② 龚学胜. 当代汉语通用词典. 广州：世界图书出版公司. 2009：1295.

2. 分类整理

原始取得的教育经验事实材料往往是杂乱无章的，需要研究者进行分类整理，使其建立联系，要在了解总结对象的现状即"经验"所导致的教育工作成效。这些"成效"本身应该是一系列能够说明"经验"成立的具体事实。因此，经验总结者应当对前一阶段的工作状况有比较全面、准确的了解，然后对大量材料按照总结的需要并依据一定的标准进行分类整理，形成"现状—事实—经验"的联系机制。

3. 初步选定

研究者对围绕主题进行分类整理、建立联系的各种材料进行考察评价，然后初步选定所需要的教育经验事实材料。经验总结者所掌握的一系列事实中，有些可能与"经验"有着直接的联系，有些可能与"经验"只有间接的联系，有些甚至可能与"经验"并无联系。这就需要对这些事实进行由此及彼、由表及里的分析鉴别，探求某种措施对实际教育过程所产生的效果，从众多事实中挑选出最具代表性、最能反映问题实质、最能证实经验成立的事实材料。经验总结过程中，研究者对经验事实往往要经过多次反复的筛选，直到撰写经验总结报告时才是最终的选择。

（三）教育经验事实的筛选要求

经过筛选的教育经验事实材料应该是能够最有效地证实教育"经验"可行性的材料，因此，筛选的教育经验事实材料应该符合以下要求。

1. 新颖

经过筛选的教育经验事实材料要新颖。这就是说，在筛选教育经验事实材料时，研究者要注意采用科学研究的最新成果，采用自己或他人进行教改实践的新鲜事例和新的收获，以及人们尚未发现的或鲜为人知的材料等。

2. 恰当

经过筛选的教育经验事实材料要恰当。这就是说，所选用的教育经验事实材料要能够准确地证明教育经验总结主题所表达的观点的正确性，材料和主题、观点之间要有必然的内在联系。

3. 充分

经过筛选的教育经验事实材料要充分。这就是说，选用的教育经验事实材料要尽量少而精，而且必须充分，足以说明问题。

三、教育经验事实的提炼

教育经验事实的提炼是指根据教育经验总结的目的要求及其主题，研究者从教育经验事实出发，依据教育基本理论，对事物或现象做出科学的概括和界定，揭示它们之间的本质联系，从局部经验中发掘其普遍意义，使感性认识上升为理性认识，探讨事物发展的客观规律。没有理性提炼的经验总结如同一般的工作总结。因此，进行科学性经验总结必须对经验事实进行必要的理性提炼。在理性提炼教育经验事实的过程中，应当把握以下几个要点。

（一）掌握理论——提炼教育经验事实的前提

教育经验总结的理性提炼必须有正确的教育思想和教育基本理论做指导，并根据某一总结的要求从有关的专业理论成果中吸取营养。掌握理论武器绝不是为了在撰写总结论文时套用某些名词术语或预设一个框框，而是为了在对教育经验进行考察和研究的全过程中学会概括问题，能够由表及里，抓住经验的本质，使教育经验总结具有坚实的教育理论支撑。因此，掌握相关的教育理论是提炼教育经验事实的前提。总结者自身的教育理论素养如何将在很大程度上决定教育经验总结水平的高低。

（二）概括主题——提炼教育经验事实的根本

教育经验总结的主题是指贯穿于某项教育经验形成全过程中，起着主导作用，反映教育经验的本质特征，具有自己特色的某种思想观念、原则或方法论原理。主题是经验总结的"灵魂"，是经验的"纲"。任何经验的主题都不是外加的，而是其本身所固有的。它必须以充分的教育经验事实为依据，以教育理论武器和科学方法为指导，经过思维加工，从教育基本事实和感性认识中概括出来。

对于教育经验总结主题的概括，人们通常采取"归类—提炼"的操作方法，即对大量的事实材料和感性认识首先按项目进行归纳，然后逐层予以提炼。例如，总结某校实施教育整体改革的经验，可以从学校教育改革的内容、方法、措施、效果和实施者具体的想法、体会等方面分别归类，寻找它们的内部带有实质性的共同点。然后，在"类"与"类"之间考察它们的内在联系。其间，研究者应着力分析改革面临的主要矛盾，以及围绕着解决这一主要矛盾所开展的实践活动及其实际效果，捕捉其经验中最本质的、最具有自身特色的内容，从而使主题明朗化。由此可见，主题使经验"纲举目张"，也使总结围绕一个中心，实现了观点和材料的有机统一。主题概括的成功既反映了总结者（包括研究者、实践者）认识的深化，又使教育"经验"具有更普遍的指导意义。

（三）揭示机制——提炼教育经验事实的关键

科学性经验总结主要为了说明事物或现象为什么会发生某种变化，关键在于告诉人们怎样才能获得良好的效果，从而提高人们的认识，增强探求事物发展规律的自觉性。这就叫揭示机制。那么，怎样在经验总结中揭示其内在机制呢？

1. 符合事物的发展规律

符合事物的发展规律就是应该符合事物由萌发到成长完善、由低级到高级、由浅层向深层发展的规律。教育"问题"是教育"经验"形成的逻辑起点，即实践的依据和出发点。有了问题，然后才有解决问题的思路和措施、过程和结果。因此，研究者在总结经验时，首先要探讨其实践起始所面对的问题，然后再考虑和分析这些问题，以及实践者所采取的措施、达到的效果之间是否有着内在的逻辑关系。接着研究者还要对实践进程中的若干阶段进行考察，分析其间的数量关系、典型人物、典型事件的变化，从而清晰地勾勒出事物发展的轨迹，探求经验形成过程中的各种因果联系及事物发展的客观规律。

2. 反映事物的内在联系

反映事物的内在联系就是应该反映事物内在的各主要因素之间的相互联系和相互作用所产生的功能，以及这些功能所引发的事物的某种变化。同时，研究者必须分析事物变化的多种条件，它的内部结构各要素及其相互关系；探寻在什么情况下，采取了何种措施，各种要素如何相互作用才形成某种功能而使事物发生变化、产生良好效果的。这种综合分析的过程就是深入揭示教育"经验"内在机制、把握事物内在规律的过程。

第四节　先进教育经验的总结及推广

在运用教育经验总结法进行教育经验总结的过程中，先进教育经验的总结与推广具有重要意义。因此，进一步明确先进教育经验的含义与标准，探讨总结先进教育经验的步骤和推广先进教育经验的方法，在教育经验总结法中具有十分重要的地位。

一、先进教育经验的含义与标准

在前面的教育经验总结分类中，我们提到过先进的教育经验和落后的经验教训。我们通常所讲的教育经验，实际上包括正、反两个方面，即成功的经验和失败的教训，或者是先进的经验和落后的教训。

（一）先进教育经验的含义

如前所述，先进教育经验有广义和狭义之分。从广义来说，先进的教育经验可以理解为教师具有的高度的教育技巧,这种实践能提供较好的教育效果。从狭义来说,人们所说的先进教育经验包含着创造性、新颖性和独特性的成分,换言之,就是教育革新。这类先进的经验应该得到重视和研究,进行总结和推广,以推动我国教育事业和教育科学的发展。

(二)先进教育经验的标准

先进教育经验的主要标准体现在先进教育经验的基本特征上,先进教育经验应具有以下六个特征。

1. 效益性

教育效益是教育经验先进性的最主要的指标。先进的教育经验应在不增加时间和精力消耗的前提下取得较高的教育效果;同时,先进教育经验的产生、形成,往往已经在实际工作中引起比较强烈的反响,取得了一定的教育效果和比较好的社会效益。

2. 现实性

先进教育经验应具有迫切的现实意义,对于提高教育质量、推动教育改革有积极促进作用,能解决当前教育工作中存在的实际问题,具有较高的实践价值;或者它所提出的问题对于教育现状有着很强的针对性,能对当前的教育工作起到良好的指导作用,或者对教育领域内长期难以解决的问题有所突破,提供了具体的途径和方法。

3. 代表性

教育经验不是依靠特殊的条件和环境才创造出来的,其本身所提供的内容或者方法,符合辩证唯物主义和历史唯物主义的基本原理,体现教育工作的客观规律,在一定范围内具有代表性,对于教育教学实践活动具有典型指导意义。

4. 新颖性

先进教育经验具有革新创造的活力,它应在人们原有认识的基础上有所发展,具有新的内容、新的形式、新的方法或有新的思想与理论。有些先进教育经验还具有开拓创新的活力,能"见人所未见,发人所未发",或独树一帜,或另辟蹊径,或是前人研究的"延伸",或是他人研究的"补缺",对教育教学工作具有新的认识高度。

5. 稳定性

教育经验的形成与发展处于相对稳定的状况经得起实践的检验和理论的考证,不具有偶然性和随意性,并且经得起一定时间的检验,在一定时期内,具有比较强的稳定性。

6. 可操作性

先进经验应该以广大教育工作者的实践为基础,应有相当的可操作性,能够为广大教育工作者所接受并付诸实施。他们在运用这一经验时,也能取得基本相当的效果。

二、总结先进教育经验的步骤

总结先进教育经验的步骤与第二节介绍的实施教育经验总结法的步骤的基本相同，这里仅从几个需要强调的重点内容做简单介绍。其他内容可以参考第二节介绍的实施教育经验总结法的步骤进行。

（一）确定总结对象

这实际上是选择科研课题的问题。总结对象的选择要考虑到有研究价值、有普遍意义的课题。需要强调的是，并不是所有的先进教育经验都具有研究价值和普遍意义。

（二）评鉴总结对象

往往会有这样的情况：一些不成熟的先进教育经验被当作了成熟的经验，一些局部的、个别的经验被当作了普遍的经验，一些未达到预期成效的经验被当作了全面的经验，等等。产生这种情况的原因就在于总结过程中略去了对于总结对象的评价和鉴定。

评鉴可以从三个方面进行：①看教育活动的效果是否明显。这可以通过纵向比较得出结论，也可以从师生对教育活动的反映中获得认识。②看教育活动的时耗、物耗。在同样的效果前提下，此活动的时耗、物耗超过了彼活动的时耗、物耗，则此活动的总结与推广就无先进意义。③看先进经验的推广价值。如果经验是在特殊的条件下取得的，与一般的教育实践条件有较大差异，那么，推广这样的先进经验是有困难的；相反，经验是在一般条件下取得的，那么，系统总结和推广这样的先进经验就是有必要有价值的。

（三）收集和分析资料

收集先进教育经验资料的重点在于：①教育活动的背景资料，包括活动的原因、学生的基础、教师的计划等；②教育活动的过程资料，包括教育措施、教育现象及其变化、教育组织管理等；③教育活动的结果资料，包括师生对教育活动的体验、教育活动的影响、教育绩效等；④历史资料，包括前人对此类教育活动的认识、做法、得出的结果等。

收集先进教育经验资料的主要方法有访谈法和文献资料收集法。在收集资料的同时或之后，研究者要对资料进行分析。分析过程中经常运用的方法主要有理论方法、逻辑方法和统计方法。分析的主要任务是鉴别资料的真伪，判断资料的重点和非重点，理清复杂资料的内部结构和各种因果关系。具体的分析方式包括比较分析、聚类分析、因果关系分析等。

（四）总结与论证主题

总结先进教育经验的任务在于确定某项活动取得了哪些先进经验，这些先进经验相对于以往的认识有哪些突破；论证先进教育经验的任务是考察总结的先进经验是不是符合科学认识的逻辑性，是不是反映了教育发展的客观规律。

总结先进教育经验的重点是把握和认识教育决策系统、教育现象系统、教育结果系统三者之间的内部联系。在此过程中，研究者要抓住主要矛盾和矛盾的主要方面，摒弃无关的和相关性不大的因素，弄清因素与因素、因素与系统、系统与系统之间的因果关系，以及所说明的本质问题，说明其科学性、适用性以及存在的局限性，从而使先进经验更具有普遍意义。

（五）撰写经验总结报告

撰写先进教育经验总结报告是先进教育经验总结的最后环节，主要是对上一步骤总结论证的结果进行理性分析，推出结论，形成书面总结报告成果。

当然，上述五个步骤还只是一种粗线条的勾勒，并不能包括整个经验总结的全部活动和细节，具体内容可参考第二节的实施教育经验总结法的步骤。

三、推广先进教育经验的方法

先进教育经验的推广是接受实践检验、获取反馈信息的有效途径，是对先进教育经验再实践、再认识的过程。推广先进教育经验的方法主要有两种。

（一）直接推广

直接推广是指由教育行政部门、各专业研究团体和学校主办或参与，有目的地组织先进教育经验总结者和总结对象，采取会议形式或现场演示，直接交流和传播先进教育经验，并由主管部门正式行文批转先进经验总结报告，要求所属单位或学校学习并参照实施。

（二）间接推广

间接推广是指将先进教育经验写成书面总结报告或录制成磁带、电视片等，由教育行政部门、专业研究团体、学校等组织，向教育报刊、出版社、广播电视台推荐，广泛宣传，扩大影响，促使先进教育经验的传播与实施。

第五节　教育经验总结法在教育研究中的运用

撰写教育经验总结报告是实施教育经验总结法的最后阶段,也是运用教育经验总结法的最终目标。研究者应在经过论证的经验总结报告初稿的基础上,进行精心的加工修改,从内容到表述形式都作反复推敲,写出正式的符合规范的经验总结报告。这一节主要介绍教育经验总结报告的基本框架和案例评析。[①]

一、教育经验总结报告的基本框架

一份完整的教育经验总结报告,一般应该由题目、前言、正文和结尾等几部分组成,分别介绍如下。

(一)题目

题目的确定有两种方式:①既定的科研项目,这种题目类似于论文的题目,如《小学劳动课创新教学之我见》《论大学英语课的创新教学》;②在对某一阶段工作的回顾总结的基础上,理出其中成效较大、印象较深,且富有新意的部分,以此来确定总结的题目。这种题目类似于公文式标题写法,由单位名称、时限、内容(事由)、文种名称构成,如《教育科学学院2012年教学经验总结》。

(二)前言

前言没有固定的表达方式,但一般说来,前言要简洁明了,说明教育经验总结的背景(时间、地点、单位、人物),写作的目的、意义、指导思想、取得的主要成果等。最后可以用"现将工作情况总结如下"或者"现将教育经验总结如下"之类语句过渡到教育经验总结的正文。

(三)正文

关于总结报告正文,如前所述,不同的总结报告,正文有不同的写法,但一般应包括以下内容:①对这一阶段工作的简单回顾;②工作中的主要教育措施、实施情况和主要教育效果,这是经验总结报告的核心部分,撰写者要实事求是地予以叙

---

① 谢广田,蒋璐敏. 小学综合实践活动课题研究与论文写作. 杭州:浙江大学出版社. 2009:150-151.

述；③对教育措施与教育效果之间因果联系的分析与讨论；④对改进教育实践的想法与建议。

正文是教育经验总结报告的主体部分，是作者围绕教育经验总结的主题组织材料的过程。在组织材料时，作者可以按时间顺序，逐步展开叙述；也可以分成若干小问题，逐一加以说明。作者可在文中每部分或每一问题前设小标题，但要注意三点：①各部分内容必须为主题服务；②不可忽视各部分之间的内在联系；③每个问题的中心要鲜明，小问题之间层次分明，重点突出。既要列举典型事例，提供有关数据，又要进行理论分析，使经验有理有据，使内容既生动，又有一定的理论高度，达到启发人们思考，指导教学实践的功效。

需要强调的是，在撰写经验总结时，观点要正确，内容要翔实，事实要准确，分析要科学，要富有新意。

（四）结尾

依据正文的典型材料，事实和理论依据，进行深入细致的分析，概括出结论，是从大量具体事例中探寻教育规律的过程，是对教育现象的高度抽象和概括，是作者个人经验的积累和对某一问题的独到见解。撰写结论时，措辞要严谨，逻辑要严密，结论要明确、科学，以达到画龙点睛的功效。

二、教育经验总结报告的案例评析

【案例】激发·激活·激升·激励·形成[①]
——小学劳动课创新教学之我见
山东省威海市高技区大岚寺小学　王玉珠

小学劳动课程是一门实践性、教育性、创造性很强的学科，这就是要求教师在教学中有效地培养学生的创新能力。对此，笔者结合教学实践，谈一些粗浅的看法，以期有所裨益。

一、让创新意识在精心营造的宽松自主的氛围中得以激发

所谓的创造力教学，指的是学生要真正有被鼓励展开并发现他们富有创造力的才能。那么，教师应该如何营造一个生动活泼、宽松的课堂教学氛围，激发学生创新意识呢？在教学《凉拌豆腐》一课时，我在课前先调查哪些同学在家自己独立做过或和家长一起做过凉拌豆腐，课上请他们作介绍。想不到有个同学提出与书上不同的配料，我当场肯定并表扬了他。这使得其他同学受到启发，纷纷讲配料还可以有肉松、肉末、小虾、辣椒、胡椒粉等，还有同学提出给凉拌豆腐配上一些西瓜片、橘子片、菠萝块后色、香、味会更佳。简简单单的凉拌豆腐在学生的手下，俨然成了一件件风格迥异的艺术作品。这样的劳动课激发了学生的创新意识，培养了创新

---

① 王玉珠.激发·激活·激升·激励·形成.现代教育报，2005-8-19（15），有删改。

能力。反之，如果只囿于照本宣讲，而没有创设自由创造的情境，即使学生再多，想象力再丰富，也只能拼出一盘盘大同小异的"凉拌豆腐"。

二、让创新思维在精心培养的劳动习惯中得以激活

劳动课教学不仅要使学生学会劳动技能，更要逐步培养学生的劳动习惯。我在教《炒菜》一课时，一边操作一边强调动作要规范合理。学生实践操作后各组评比时，除了"色、香、味、形"四个基本条件外，锅刷得干净不干净，菜板、菜刀、油瓶等放得整齐不整齐，炉子旁边有没有掉下的菜叶等都列为考评的条件，给予等级评价。这些看似苛刻的操作程序，有利于学生养成良好的劳动习惯，为培养其劳动创新能力奠定了扎实的基础。

三、让创新能力在精心安排的劳动实践中得以激升

只有让学生亲自动手，才能培养他们的个性和创新能力。在劳动教学中教师要创设一定的实践情境，让学生亲自去体验，去感受、去发现，并敢于打破常规，合理想象，质疑问难，发散思维，在丰富的劳动实践中体验创造的乐趣。一是质疑问难在实践中得以激升。教师应该把学生质疑、解疑作为教学过程中的组成部分。二是想象创新在实践中得以激升。教师应该引导学生冲破知识局限，发展其好奇心和想象力，促进学生创新力的增长。三是发散思维在实践中得以激升。在教学中尝试设计开放性的问题，引导学生打破原有的思维定式，对原有的制作方法进行改革和创新，找到了发展学生发散思维的有效途径，即在实际劳动操作过程中，引导学生在"玩"中实践，在实践中"玩"，有效激升学生的发散性思维。

四、让创新价值在精心设计的课程建设中得以激励

课程标准明确指出："劳动教学要注意合理开发课程资源，注意学科间的融合。"这就要求我们在劳动课教学中树立"大劳动教育观"，使创新价值在精心设计的课程建设中得以激励。一是与当地人文地理自然优势相结合，开发课程资源。针对当地地理环境和经济发展实际，形成劳动教学特色。二是注意学科间的整合，开发课程资源。劳动学科不仅有它的独特性，还有与其他学科的交互性。纵观整个劳动课程建设，手工制作类有许多内容和美术教材相融合；观察类的教材内容又和科学课相通汇；还有些内容是可以纳入探索活动教学，有些教学内容可以融入少先队活动中。

五、让创新品质在精心创设的多元评价中得以形成

教学实践表明：在课堂教学中运用好教学评价，并将之贯穿于教学的全过程，有利于培养提高学生心智技能和动作技能，最终形成创新品质。所以，劳动课教师要重视教学评价，研究教学评价，并运用好教学评价。一是要辩证地评价学生的作品。完美的作品有限，多数作品平平，我们应如何对待？必须明确"拙劣的作品"并不是"愚智"的反映。学生的作品之所以不能全部地反映其构思和创意，就在于想法和成品之间存在着一个制作障碍，从而导致了许多绝妙的创新意只能以平庸的形式显现。因此，我们在进行教学评价时，就要善于拨开迷雾，独具慧眼，发觉普

通作品的新颖点,即对学生迸发的创新火花予以肯定。总之,科学评价,就是要辩证地看待学生的作品,重作品创意,轻作品结果,不以作品成败论英雄。二是采用灵活多样的评价方式。课堂上,"自控""互控""调控"三种评价方法有机结合,形成学生自身、学生与学生、学生与教师三者之间的三维立体评价反馈矫正网络,且反复交叉运用,能有效促进教学评价的正效应得以落实与拓宽,促进学生创新思维能力的发展与形成。

笔者认为,只要劳动课教师意识到学生具有创新潜能,坚持"教学做合一",不断激发学生的创新意识,激活学生的创新思维,激升学生的创新能力,激励学生的创新价值,促使学生形成创新品质,劳动课教学必将使无数学生的创造力迸发出绚丽之花,常开不败。

【评析】

该文紧紧围绕如何在劳动课中开展创新教育,培养小学生的创新意识、创新思维、创新能力、创新价值观与创新品质进行论述,既有理论阐述,又有操作要领和具体案例,是一篇优秀的教育经验总结报告。如果作者能在文章首段或末段简述自己在劳动课开展创新教育的实效,该文的说服力会更强。

思考题:

1. 教育经验总结法的特征有哪些?
2. 教育经验总结法的类型有哪些?
3. 教育经验总结法的优、缺点各自表现在哪些方面?
4. 运用教育经验总结法需要遵循的原则及注意的问题各有哪些?
5. 运用教育经验总结法研究教育问题的一般程序是什么?
6. 先进教育经验的含义和标准各是什么?

第十章　教育行动研究法

　　教育行动研究法中的"行动"指的是教师的教育教学行动、活动、行为、情节等。简单地说，教师的工作就是由一个又一个的教育教学行动构成的。这些行动有些是有意识、有计划、有明确目的的，有些则是无意识、偶然的、随机的，而且由于学校工作的标准化、程式化，教师的许多教育教学行动甚至是不需要考虑的"惯性动作"或"机械操作"。当教师的职业生活被这些大大小小、有意无意的行动填满的时候，便无暇深虑或忽视了这样一些问题：繁忙行动背后隐藏的教育真谛是什么？行动的理由和动机都是合理的吗？我应该怎么做？我还能做什么？怎样使行动的效率、效果、效益更好、更大、更有创造性？若要回答和解决这些问题，教师就需要对自己的教育行动进行一番"研究"，或者说使行动接受"研究"的监督和指导。如果这样做了，教师就已经打开了行动研究的大门。

第一节 教育行动研究法概述

一、教育行动研究的定义

行动研究是指社会情境（教育情境）的参与者为提高对所从事的社会或教育实践的理性认识，为加深对实践活动及其依赖背景的理解所进行的反思研究。

行动研究以提高行动质量，改进实际工作为首要目标；强调研究过程与行动过程的结合，注重研究者与行动者的合作；要求行动者参与研究，对自己从事的实际工作进行反思。

行动研究法起源于20世纪40年代美国的社会问题研究，20世纪50年代开始应用于教育研究领域，20世纪80年代初被介绍到我国，现已逐步成为我国广大中小学教师从事教育研究的主要方式之一。

教育行动指的是教师的教育教学行动，包括教师的教育教学活动、教育教学行为（行为举止、行为动作）、教育教学情节等。

教育行动研究就是有目的、有计划地对教育行动中的具体问题进行系统探究以提高教育行动有效性的范式型研究方法。值得强调的是，教育行动研究不仅是一种研究方法，更是一种研究范式。其主要原因在于，教育行动研究体现的是一种独特的教育研究理念及对多种研究方法的综合使用，而不是研究教育问题的具体方法，尤其是，教育行动研究迄今已经形成一套相对成熟的操作程序。为此，严格说讲，教育行动研究并不是一种孤立的研究方法，而是一种教育研究活动，是一种教师和教育管理人员密切结合本职工作、综合运用各种研究方法，以直接推动教育工作的改进为目的的教育研究活动。

二、教育行动研究的特点

教育行动研究作为教育研究的重要方法，除具备其他类型教育研究方法应有的共同特征外，还有不同于其他类型教育研究方法的特殊性。

1. 为行动而研究

这是就教育行动研究的目的而言的。教育行动研究的对象是教师的日常教育教学行为，目的是解决教育行动中遇到的具体问题，提高行动的效率、效果，因此，行动研究者关注的并不是专业研究人员感兴趣的"理论问题"，而是学校管理者和教师在日常的教育教学行动中遇到的具体的"实践问题"。对这些"实践问题"的研究的首要目的不是为了验证理论或发现新知识，而是直接为了"实践问题"的解决。所以说，行动研究是为行动而研究。从这一目的出发，行动研究不局限于应用某一学科的主张或某一理论知识，而是主动容纳和利用各种有利于解决实践问题、提高行动质量的经验、知识、方法、技术和理论，特别重视采纳实践者、实际工作者对实践和实际问题的认识、感受和经验。可见，行动研究法对于科学理论和其他科研方法具有很强的包容性。这个特点使它不仅仅被认为是一种特定的研究方法，更被看作是一种关于研究和解决实践问题的新思维，一种开放性的行动方式和研究类型。

2. 在行动中研究

这是就教育行动研究的过程和环境而言的。教育行动研究不同于理论工作者经常从事的书斋式研究或实验室研究，它的研究环境是教育教学现场，更确切地说，它是与实际工作（行动）过程有机结合的"现场"研究。它不主张把研究和行动看作是两种相互独立的活动分别进行，而是把科学研究和日常行动合二为一，倡导在研究中行动和在行动中研究，使教学工作伴随研究，研究工作提升教学，研究和行动相互验证，相辅相成，真正把教学工作变成充满激情的创造性探索活动。这一点充分体现了行动研究来源于实践、服务于实践的务实品质。

3. 由行动者研究

这是就教育行动研究的主体而言的。这里的行动者是指一线的学校管理者和教师，他们是名副其实的教育实践的行动主体。他们了解自己所处环境的背景和现状，拥有研究和解决教育教学问题的第一手资料，他们对实践问题的解决起着不可替代的关键作用，也对问题如何解决的研究拥有重要的参与权和发言权。然而，在以往关于学校问题的研究中，大多数教师较少有从事教学研究的机会，即使有机会参与，也多是处于辅助的地位，执行专家的研究方案，配合专家、学者进行实验。这样做的最大弊端是忽视和压抑了一线教育工作者的独立研究机会和创造智慧。而行动研究明确主张教师不能放弃自己作为一个教育研究者和创造者的权利，教师对于教学内容、教学方法不应只是简单地执行，而应充分发挥自己的创造性。教师应成为、能成为、也必须成为自己行动的研究者，教师既是教育行动的主体，又是行动研究的主体，行动研究必须是行动者的研究。教师即使与专家、学者协作进行研究，专家、学者也只是起咨询、协助的作用，教师作为教育行动者在行动研究中的主体地位和主体作用是不变的。行动研究的这一特征使"教师成为研究者"的理想变为现实成为可能。现在，随着行动研究在我国中小学教育研究领域的日益广泛应用，越来越多的教师把开展行动研究作为自己从事教学研究和专业成长的主要途径之一，行动研究也在解决教育实际问题、提高教学质量和增加教师实践智慧方面发挥着越来越显著的作用。

三、教育行动研究的原则

教育行动研究主要有以下几个原则。

1. 行动

教育行动研究是不断的教育行动，要从教育行动中发现问题，研究问题，解决问题。

2. 合作

教育行动研究常称为合作性的教育行动研究。它要求从事教育工作的人共同研究，特别是要求本校教师共同研究。有时也要求同一县市同一地方从事教育工作的人共同研究。家长、社会人士乃至学生均可作为合作的对象。

3. 弹性

教育行动研究是解决教育问题的方法。只要有利于教育问题的解决，一切预定的计划均可变动。

4. 不断检验

教育行动研究要利用多种方法与多种工具，不断考查工作的效果，搜集各种进步的证据，并测量研究对象发展的程度，在每一个行动之后，都要予以考核或检讨，以便随时修正使行动日益完善，而达到解决问题的目的。

四、教育行动研究的类型

自从行动研究法产生后，人们对其类型作了许多探讨。归纳起来，教育行动研究主要有以下四种类型。

1. 技术性行动研究

这类研究特别强调用科学技术、统计方法等工具来观察行动过程，不太注重行动者的主动性和创造性。技术性行动研究是早期行动研究，它与19世纪末20世纪初兴起的"教育科学化运动"及一些心理学家强调心理测量有很大的关系，因而后来遭到一些批评。尽管如此，技术性行动研究在某些国家尤其是美国，仍然是一支不可忽视的力量。

2. 实践性行动研究

这是英美两国最普遍的研究模式。在这类研究中，专家与实际工作者之间是合作伙伴关系，专家作为"咨询者"帮助他们形成假说、计划行动、评价行动过程及结果。研究的动力来自行动者自己，以自己的智慧来选择课题并指导行动。这是一种较能体现行动研究"参与"原则的研究模式，又能较好地"改进"教育实际问题和提高实际工作者的理解水平。

3. 实验性行动研究

这种研究又称"实验性社会管理"式行动研究，此类研究的典型例子是"教育实验区"计划。在研究中，教师与研究者、行政管理人员一起工作，但教师并没有作为研究者的地位，只是以自己的行动来证实预定的假说。

4. 独立性行动研究

这类研究是实际工作者通过批判性的思考及采取相应的行动，使教育摆脱传统的教育理论和教育政策限制的一种研究方式。专家在独立性行动研究中可以为实际工作者带来批判性的理论启示，对行动研究起催化剂的作用，促进行动和评价，但不居指导权威的地位。这类研究具有"批判"的特征，故又称为"批判性行动研究"。

五、教育行动研究的局限

1. 可靠性差、说服力不强

在实际研究过程中，因为研究者或教育实践工作者较强调行动研究的简单易行、要求松缓的一面，而易忽视计划性、系统性和潜在的控制性，所以某些行动研究显得缺乏起码的可靠性和说服力。

2. 内外部效度差

行动研究本身常以具体实际情境为限，研究的样本受到限制，不具代表性，对自变量的控制成分很少，因而内外部效度显得有些脆弱，某些方面不符合科学的严格要求。

第二节　教育行动研究法的实施

自20世纪行动研究在教育研究领域推广以来，教育行动研究者对其研究步骤有多种划分。除去选题和撰写研究报告一始一终这两个步骤外，其中可以提炼出来的共同要素是计划—行动—观察—反思这四个环节。

一、计划

凡事预则立，不预则废。确定了选题之后，首要的工作就是拟定研究计划，即行动方案。研究计划包括以下几个方面的内容与要求。

1）行动研究的总体设想和目标或目的是什么？预期的成果及其表现形式有哪些？明确研究或行动的目标十分重要，它既是研究的方向和目的，又是评估和衡量研究成效的重要依据和标准。

2）实现研究目标或目的的方式方法、策略、手段有哪些？需要创造哪些新的条件开展行动研究？有哪些理论可以为本项研究提供依据？国内外同行在同类问题的解决过程中有哪些好的方法可以借鉴？后两项工作需要教师查阅一定的文献资料和进行相应的理论学习或培训。

3）采取何种形式开展研究——是个体研究，还是和同事组成研究小组，或者约请专家与自己开展合作研究？行动的进度及时间的安排如何？最起码应安排好第一步、第二步行动研究内容。如果是采取与同事或专家合作的方式进行研究，在计划中要拟定合作的规则、行动如何协调等事项。

4）采用哪些途径和方法收集反映研究过程和效果的资料和数据？如何对行动研究的过程和效果进行检测和评估？怎样对研究活动进行监控和检查？在拟订计划的过程中，应注意以下两点：①行动研究计划中设计的行动必须是行动研究的参与者能够做到的；拟订的计划应与学校的工作安排相协调，应不干扰学校的正常工作；②计划必须有充分的灵活性、开放性。制订计划时，研究者既要考虑和包容已知的制约因素，又要预见可能发生的情况以及应对策略。

二、行动

行动是对行动计划的落实和检验。这时的行动已经不是日常工作中例行公事式的习惯动作和机械操作，而是在计划中选择和确定的，是有计划、有目标、有系统（持续进行的系列行动）、有监控（自我监控和他人监控，以防止研究的随意性）的行动。简单地说，这时的行动已经是研究进程的一部分，是有研究的行动和在行动中研究。同时，它又是教师教育教学行动的一部分，是改进中的教育教学行动。

在行动过程中，教师既是行动者又是研究者。作为行动者，教师要将自己拟订的行动计划付诸实施；作为研究者，教师要时刻监控行动的进展，观察新的行动产生的效果和影响，同时要不断收集反映研究过程和效果的数据资料，反思、发现研究过程中的新问题。

但是，由于教育行动研究中的行动是在实际工作环境中进行的，许多因素不可能事先确定和预测，更不可能全部控制。在行动的过程中，教师也可能形成新的认识、新的想法，在这种情况下，就可能根据实际情况的变化和各方面参与者的监督观察和评价建议对问题和计划进行修订，相应地，行动也要随之调整。因此，行动研究中的行动是灵活的、能动的。

三、观察

1. 监控行动的全过程

监控行动的全过程即对教师及其行动的背景、过程、效果、特征等进行全面观察,并及时提供反馈信息,以对研究过程进行监督控制。为了提高行动研究的质量,研究者在观察过程中应灵活运用各种已知的观察技术保证观察的科学性、客观性。除自我观察外,还可以约请局外人与当事人从不同的方面进行多视角的观察。

2. 搜集研究资料和数据

行动研究过程中应搜集的资料主要是能反映研究过程和效果的材料、数据,常见的有教师的研究日志、教学日志;学生的作业、作品、测验或考试成绩;教师对学生的评价记录;研究过程中与同事、领导、专家交流、开会的记录;相关的问卷、访谈材料;录音、录像、磁带等。

四、反思

将反思放在上述几个环节之后提及并不意味着反思只是在行动研究的后期进行。实际上,反思是推动行动研究不断深化的重要机制,伴随着行动研究的全过程。在行动研究后期的反思工作主要包括以下内容。

1. 归纳、整理和描述工作

这部分工作主要是教师对已经观察和感受到的、与制定计划和实施计划有关的活动与各种现象进行归纳、分类整理,对行动研究的过程进行系统描述,将获得的数据及时进行分析,必要时可用统计方法对数据进行整理和解释。在此基础上,教师对照行动方案,主动检查教育教学改进的成效与存在的不足,总结行动研究的得失,并根据问题的情境、行动的步骤等撰写研究报告。

2. 评估与解释工作

评估与解释工作主要是对行动研究的过程和结果进行判断和评价,对有关现象与原因进行分析解释。如有必要,可提出下一步行动研究的基本设想或建议。

由于教育实践问题的复杂性,教育行动研究对问题的解决常常不是直线推进和一次完成的,而是一个从计划—行动—观察—反思到新一轮计划—行动—观察—反思直至问题解决的螺旋式发展的过程。这个过程使行动研究区别于教师在日常工作中基于零碎或偶然思考的随意的问题解决,也不同于一般的"经验总结"活动或简单的、零散的、短期的"反思性教学"行为。行动研究是对行动中的问题的系统而持续的探究直至问题解决的活动,是一种有效的专业化的创造性工作方式。

第三节 教育行动研究法在教育研究中的运用

教育行动研究法是一种实践性很强的研究方法。本节阐述如何运用该研究方法解决教育问题的思路及具体实例。

一、运用教育行动研究法解决教育问题的思路

行动研究是一个螺旋式加深的发展过程,每一个螺旋发展阶段又包括问题的发现、问题的定位、问题的初始调查、问题的归因、措施与行动、评估与反思六个相互联系、相互依赖的环节。

1. 问题的发现

教师应养成从自身的实际工作中去发现问题的习惯。教师要敢于提问,善于提问,并将问题作为教育行动研究的课题去研究。

2. 问题的定位

教师在确定研究的问题之后,应该以问题为中心,构筑相应的因果关系链,上溯就是分析问题的原因,下溯就是明确解决问题的意义。不做无限的上溯,也不做无限的下溯,使研究有明确的中心和范围,从而提高研究的逻辑性和可行性。

3. 问题的初始调查

问题的初始调查是研究者在问题的价值确定之后,将自己原来对问题的一些模糊的想法或反思,通过对班级当事人的实际调查,转化为有明确对象和表现指标的问题。

4. 问题的归因

在经过问题的初始调查确定问题的存在和严重程度之后,研究者应该着手分析问题产生的各种可能的原因,为下一步制定问题可能的解决方案提供基础。正确和有效的归因可以使下一步采取的措施和行动更加具有针对性,也容易取得更好的效果。

5. 措施与行动

措施与行动是研究者在通过问题的归因过程确定了问题产生的原因之后,根据问题的归因结果,制定解决问题的相应对策和措施,并在实际工作中付诸行动。措施与行动,是教育行动研究"在行动中研究,在研究中行动"的重要体现,也是教育行动研究的核心部分。如果只有研究,没有行动,就不是教育行动研究。

6. 评估与反思

评估与反思是循环往复的教育行动研究过程的一个承前启后的阶段，它不仅是现有一轮教育行动研究的结束，也为新一轮教育行动研究孕育着新的问题。

二、运用教育行动研究法解决教育问题的实例

行动研究把解决教育实际问题作为研究的根本目的，因此，该类研究方法很受广大中小学、幼儿园教师和教育行政人员的欢迎和接受。近年来，国内中小学教育界获得的那些研究成果，以及大面积提高教育教学质量的科研项目，大部分都是采用行动研究法取得。

【案例一】提高学生课堂讨论效果的行动研究[①]

一、问题的提出

（一）实际工作中的问题与困惑

课堂讨论是帮助学生互相学习，提高学习能力，培养数学思维品质的一种手段。它不仅能够激发学生的学习兴趣、提高课堂教学效果，更能体现和培养学生的个性。因此，我在平时的课堂教学中，经常组织学生讨论，但讨论的参与率比较低，大部分学生只是处在观众地位，坐在那儿一动也不动，等待尖子生回答，没有融入讨论的气氛之中。讨论流于形式，陷入平面化的怪圈。

（二）问题的聚焦于定位

提高课堂讨论的效果，进而提高课堂教学的质量。

（三）问题的严重性调查

在四人一小组的讨论中，一般只有50%的小组讨论比较热烈，讨论不热烈的小组参与率比较低，往往冷场。讨论热烈的小组中也只有19%的学生能比较充分地发表自己的意见和看法。班干部和尖子生只顾发表自己的看法和见解，而没有组织小组全体成员参与讨论；学习有困难的学生很少有发表意见和提出问题的机会。部分小组在讨论时甚至呈"顶牛"之势，降低了信息交流和思维碰撞的价值。

二、学生难以展开讨论的原因

那么，问题的症结在哪里？我们继而从不同的角度进行了思考分析。

（一）学习氛围不够民主

课堂教学是双向信息沟通的过程。教学中，教师要充分发扬民主，尊重学生，使教学活动充满着激情、灵感，弥漫着人情味，尽可能多地给学生思考的时间和余地，激活讨论气氛。

（二）教师没有把握合适的讨论契机，未采用合理的组织方式

课堂讨论的效果与教师组织才能的高低，教学观念的新旧以及对学生了解的深

[①] 本案例引自汪利兵. 教育行动研究：意义、制度与方法. 杭州：浙江大学出版社. 2003：249-253.

浅等有着密切的联系。

（三）没有建立合理的讨论小组

将优等生与学困生编在同一组，压抑了学困生的讨论积极性。

三、提高课堂讨论效果的措施

（一）善于把握课堂讨论的契机

课堂讨论的成败很大程度上取决于教师是否把握了课堂讨论的时机，是否组织了合理的讨论小组。一般来说，当学生在学习知识的部分与部分、部分与整体的关系，以及区别不同点与总结相同点时，在学习教材的重点、难点时，在概括学习内容、发现规律、提炼思维精华时，在新授课之后判断某些数量关系时，教师组织学生开展讨论，能够引起学生的浓厚兴趣，并产生良好的学习效果。

（二）合理组建学习小组，创设良好讨论氛围

组织学生进行课堂讨论，不能放任自流，这就要求教师必须具有较强的控制课堂气氛的能力。在组建学习小组时，可以四人一组或同桌两人为一组，采用集体讨论、小组讨论和同桌讨论等不同形式。譬如，在教学"长短"时，我提出了这样一个问题："你是怎么知道这些物品有长有短的？"让学生通过小组合作探究比较长短的方法。学生说出了各种不同的方法，有的说"我是看出来的"，有的说"把它们横着平放在桌子上一头对齐比另一端的"，有的说"我是把它们竖着戳在手心上来比的"，还有的说"把它们的两头都不对齐也能比较出来"。学生由于观察、比较的方法不同，得出的结论也各不相同，但是这些结论都是有道理的，我都给予了肯定。

（三）挖掘教材，开展深入的探讨活动

数学教材是专家编的供教师和学生进行教学活动时使用的材料，有一定的抽象性。教师要认真钻研和熟悉教材，把蕴藏在教材中的知识点挖掘出来，组织探讨活动，以培养学生的研究能力。比如，计算4+1=?，就以"四人学习小组"为单位，引导学生交流各自的算法，不同的学生就有不同的算法。有的学生说我是掰手指1、2、3、4、5数的；有的说我是从4开始，再往下数一个数（4、5）；还有的学生是利用数的组成的知识得出4+1=5。我肯定学生的不同思考方法，然后引导学生讨论：这几种算法中，你认为哪些比较简便，使学生初步认识到利用数的组成的知识来计算比较简便。又如，在教学不同标准的分类方法时，以小组为单位，要求每个学生把自己的铅笔全部拿出来，然后互相交流、讨论，看看可以怎么分类。有的学生是按铅笔的颜色来分的，有的是按铅笔有无橡皮头来分的，有的是按铅笔有没有削过来分的，还有的是按铅笔的长短来分的。

（四）故意示错，开展探讨活动

教师在课堂教学中，根据教材内容的重点、难点或学生容易出现错误处，故意出错，引导学生去探究，让学生来纠正，这对保护学生创新意识，培养学生探究能力很有好处。如讲解数学教材第31页的思考题时，教师得出结论：右边小猴的桃子比左边小猴的桃子多。有的同学看了书以后马上反对，教师则"坚持错误"，要

求学生拿出事实依据来。学生兴趣很高,通过小组讨论,跟老师据理力争,教师终于"认输",并得出结论:"不能确定右边小猴的桃子个数肯定比左边小猴多",还向学生"道谢",学生通过讨论,经过跟老师进行一番智力"搏斗",最后战胜老师,"夺取"知识。对于这样的活动,学生得到的不仅仅是知识,更多的是增强了自信心,培养了科学的探究精神。

(五)开展争辩式的讨论

教师通过整理学生对同一问题所持的几种不同看法,把见解、观点一致的学生编成组,然后各组之间进行争辩式的讨论,充分调动学生思维的活动空间,大胆抒发各自的见解,在你来我往的交锋中,使正确答案显露出来,加深学生对问题的理解,释放错误信息。当然,这种争辩式的讨论方式可以从学生个体出发,扩展到全班,形成一个大范围的讨论。这种争辩式的讨论方式较多地运用于两难或多结论的课堂讨论中。

包括事实在内,所有学科中的问题都可以成为讨论的主题,讨论的价值在于讨论过程中学生自己对事实清晰、准确的表达,倾听并评价他人对同一内容的不同表达形式,最终获得准确的表达形式。同时,讨论有助于激发学生搜寻新信息,更新调整自己的思维方式,进一步发展和完善自己的思维品质。

在教学实践中,我们认识到,课堂讨论不但满足了学生爱动、好玩、乐于交往等心理需求,而且赋予了其他教学法所无法赋予的民主性与自主性,为学生提供了展示自我、体现个性的良好时机。此时,他们的思维处于开放状态。不同的见解、不同的思路可以广泛地进行交流,并且能得到及时的反馈,从而有效地使学生的认识趋于完善。课堂讨论还使部分较为内向的学生能逐渐适应讨论这种氛围,渐渐地敢于谈自己所想,而不至于常常处于被动消极的聆听吸收状态;部分外向的学生则能够在讨论中学会尊重别人的意见,在解决问题的过程中,逐渐趋向谦虚和宽容。对于少部分学习目的不明确的学生,课堂讨论也提供了一定的指向性,弥补了无向思维的不足。

四、阶段性评估与反思

经过一个学年的尝试,我们的探索取得良好的效果。在课堂教学中,有60%的学生会积极地参与讨论;只有20%的同学由于个性内向,胆子太小,不敢热烈地讨论。与第一次调查相比,这显然有了进步。当然,讨论的深入程度还不够好。下一步重点是培养学生主动地、深入地探究问题的能力。

【案例二】提高小学低段学生课堂注意力的行动研究[①]

一、问题的提出

(一)问题的发现

在课堂教学中我们经常发现,有的学生或交头接耳,窃窃私语,或东张西望,胡思乱想,或翻阅其他书籍,摆弄文具等,严重影响教学效果。

---

① 本案例引自汪利兵. 教育行动研究:意义、制度与方法. 杭州:浙江大学出版社. 2003:307-3013.

(二）问题的定位

俄国教育家乌申斯基说过，注意是扇门，凡是外界进入心灵的东西都要通过它。是的，在学习、工作和生活中，人们除了进入睡眠和处于昏迷状态之外，再也没有什么活动可以离开注意而独立进行的了。数学教学活动也是人类活动的一种，自然和所有的活动一样，必须有注意来组织和维持，才能取得事半功倍的效果。因此，探究造成上课注意力不集中的原因，并提出相应的对策，学会运用注意规律，对于优化课堂教学，提高教学效率有重要的意义。

（三）问题的严重性调查

我班 28 个学生中，只有 10 个左右能够自觉地集中注意力进行学习，另有 10 个学生注意力极不集中，严重地影响了教学效果。

二、问题的归因

（一）同行间的讨论

注意力不集中的学生一般具有以下特征。

1）年龄较小，年龄特征决定了他们的注意力容易分散，不集中。
2）对学习不感兴趣，态度比较随便。
3）对自己的学习没有信心，缺乏自信。
4）对课堂上教师和同学讨论的问题不懂。

（二）专家的看法

1）小学低年级学生的注意力易受干扰，不易控制，上课注意转移与儿童自身注意发展规律和特征有关。

2）教师没有很好的调节课堂气氛，没有根据小学生的心理特点来组织教学，从而导致学生对学习没有很高的积极性。

（三）具体分析

注意分散与注意转移虽都是注意对象的转换，但性质不同。注意分散是在需要注意的情况下，注意离开了原来对象，失去了对应该指向和集中的注意对象的稳定性。低年级学生，注意力易受干扰，又不易控制，经常会分心，这与儿童自身的注意发展规律和特征有关。

1. 无意注意占主要地位

注意按其产生和维持是否有自觉的意图和努力，可分为有意注意和无意注意。无意注意是指事先没有预定的目的，也不需要作意志努力的注意。小学生注意的特点是，有意注意正在逐步发展，但无意注意仍起主要作用。他们情绪易兴奋，注意力不稳定，特别是低年级学生，他们的认识活动常依赖无意注意。无意注意通常是由刺激物的特点所引起的，因此，它既可以用来为达到教学目的服务，也可能造成学生学习上的注意分散。比如，在教学"长方体和正方体的认识"时，教师为了增强感知效果，丰富学生的感性认识，使他们对所学的内容形成清晰的表象，课前准备了许多模具。但是，由于这些模具在课堂中过早暴露在学生面前，大多数学生都将注意力集中在模具上，而没有注意老师的讲课。而当需要出示模具时，学生已没有新鲜感又把注意力转向其他方面。因此，教学效果不尽如人意。由此可见，学生的无意注意占支配地位，教室外的嘈杂声，教室内的眼花缭乱的环境布置，以及新奇和过分花哨的教师衣着等等，都是造成学生分心的重要因素。

2. 具体、直观的事物在引起儿童的注意方面仍然起着很大的作用

小学儿童尤其是低年级儿童，抽象思维正在开始发展，而具体形象思维仍占有很重要的地位。因此，一些直观的、具体的事物，比较容易引起儿童的注意；而一些比较抽象的概念或道理不大容易引起儿童的注意。换言之，小学儿童一般还不善于把注意集中在事物的主要本质属性方面，而常常只把注意分散到一些次要的、非本质属性上，以至于被一些不相干的细节所吸引而分散注意。比如，在教学用图画表示的应用题时，学生往往把注意放在图的颜色、意境上，而不是数量和意义上。

3. 儿童的注意常带有情绪色彩

情绪是人对客观事物或对象需要是否得到满足而产生的态度体验。许多研究表明，积极的情绪能引起人的注意，消极的情绪则分散人的注意。在教学中，学生的注意会因情绪变化而变化，当教师上课不够精彩，或上课的内容太单调，或教师的语言不生动，或教师常常挖苦和讽刺学生时、学生特别容易分心。

学生课堂注意力不集中的原因是多方面的。除了以上所说的以外，还有来自教师方面的因素。

三、措施与行动

（一）以培养学生的学习兴趣为指导

孔子曰：知之者不如好知者；好知者不如乐知者。兴趣是学好知识的关键，有了"趣"，学生自然就乐学。乐学了，注意还会分散吗？那么，如何使严密抽象的数学教学变得生动有趣呢？

1. 巧设悬念，激发兴趣

设置悬念往往能激发学生的好奇心理，从而引发学生的学习兴趣。我在上课之前总是先了解学生原来的知识基础，尽量选取与学生生活贴近且似懂非懂的问题，以此来激发学生求知的欲望。在学生迫不及待想弄明白的状态下，教师的讲就不再是被动的灌输，而是一种有趣的解惑，往往会使学生注意力高度集中。

2. 多法攻难，引发兴趣

积极的思维与疑难并存，学生在克服困难、攻克难题时，会调动既有的经验和知识，去积极攻克难关，他们一旦攻破，他们就会异常兴奋。成功体验的获得是兴趣的源泉。

3. 直观教学，启迪兴趣

从本质上说，数学是研究数与形的科学，数是抽象的，而形是具体的、生动的。生动的东西最容易引起感官的感知。因此，在数学教学中要充分利用教具、挂图和多媒体等手段，数形结合，启迪学生兴趣。

4. 学以致用，提高兴趣

数学来源于人类生产实践活动，反过来又广泛运用于日常生活。因此，在数学教学中，教师要善于用数学知识来解释生活、指导实践。在平时教学中，我时常用

生活实例来解释数学原理,一方面使抽象的数学具体化,达到深入浅出之目的;另一方面使学生明确学习数学的目的,进一步提同学生的学习兴趣。

(二)以发展学生的注意品质为目的

1. 多给学生主动参与学习的机会,发展学生注意的集中性

学生是学习的主体,只有诱发了主体的内部动机,他们才能以最佳的状态去完成学习任务,取得良好的效果。因此,在课堂上,教师应该尽可能地让学生多动手,如摆一摆、画一画、量一量、数一数、摸一摸等,以满足他们好动、好奇的心理需求,促使他们在一定时间内把注意力集中到学习过程之中。

2. 运用现代教育技术,发展学生注意的指向性

随着科学技术的不断发展,现代多媒体教学技术越来越成为课堂教学的重要手段。多媒体教学技术集图、文、声、像于一体,能直观、形象、动态地展示知识发展变化的过程,给学生的刺激具有变化、新异、强烈的特点,容易引起学生的注意,促使其注意的指向性更加明确。比如,在教学"相对问题"的行程应用题时,教师就可以通过课件的演示,把相对的两个物体运动的特征表现得惟妙惟肖,极大地刺激学生的感官,不仅使学生对诸如"相向""异向""同地""同时"等抽象的词义有了清晰的理解,而且使学生的注意更加明确地指向速度、时间、行程及数量关系,还与地点、方向、时间、运动结果密切地联系在一起。

3. 联系学生生活实际,发展学生注意的专注性

数学是从现实世界中抽象出来的,它源于实践,高于实践,又用于实践。随着科学技术的进步及数学自身的发展,数学的应用越来越广。然而,在传统的教学中,教师把数学教学大多局限于书本上,过于僵化和模式化,与学生生活实际离得太远,使得大多数学生对数学学习本身感到厌烦,只能在家长、教师的高压下被动地接受数学教学,根本谈不上有什么兴趣。要改变这种现状,教师必须充分挖掘教材中与现实生活有联系的因素,从学生的生活中抽象出数学问题,并尽可能地让学生利用已经掌握的数学知识,去解决日常生活中简单的数学问题,使他们感到数学就在自己的身边,从而对学习数学产生浓厚的兴趣。比如,在教学"两步计算"试题后进行联系时,教师可以把内容设计为"解决春游中的问题",把所学的知识运用于实际,让学生深刻体会到,生活中处处有数学,处处需要数学,从而激起他们从小爱数学、学数学的意识和情感。

4. 创设引人入胜的情境,发展学生注意的稳定性

个体情感对认知活动至少有动力、强化、调节三方面的功能。据此,教师可以创设种种诱发学生发现问题和解决问题的情境,给原本平淡、枯燥而乏味的数学问题平添几分神奇,使学生受到情境的熏陶和感染,产生积极向上的情绪,从而保持注意的稳定性。例如,在教学"得数是10的加法以及相应的加法"时,教师创设了为一组算式找朋友的情境:①10-6 ②5+5 ③9-5 ④6+4 ⑤4+4 ⑥10-2 ⑦8+1。学生很快地找到了三对朋友,之后就好像没有多大的学习热情了。此时,教师可以提出,哪个小朋友来帮助这个没有朋友的算式找到朋友呢?学生一般都会跃跃欲试,注意力非常集中。

四、成效

1）提高了学生探索规律性知识的能力，学生的注意力比以前集中了，有意注意的时间更长了。

2）使学生体会到生活中处处有数学，从而大大激起了学生从小爱数学、学数学、用数学的意识和情感，从而更加主动地参与学习。

3）逐步改变了日常课堂上学生注意分散的现象，使学生积极参与学习，乐于探究问题，有效地提高了课堂教学效率。

五、反思与预计对策

在课堂上，仍有一部分学生的有意注意时间还不是很稳定，还有部分学生时常走神，在学习上还不够自觉。

预计对策：集中研究怎样调整相对困难生的注意力问题，并进行专门的训练。

思考题：

1. 什么是教育行动研究？
2. 教育行动研究的特点有哪些？
3. 教育行动研究的原则有哪些？
4. 教育行动研究的局限性表现在哪些方面？
5. 教育行动研究的实施程序是什么？
6. 在教育研究中如何运用教育行动研究法？

第十一章　教育叙事研究法

在教育研究中,教育实验法、教育调查法、教育统计与教育测量等定量研究方法曾一度占据主导地位。然而近年来,人们逐步认识到,教育研究不能简单照搬自然科学的研究方法,行动研究、质的研究、案例研究等研究方法正得到越来越广泛的认可。教育叙事研究作为质的研究方法的一种运用形式,也逐渐引起人们的重视。这是一种很有意义而且容易为教师所掌握的研究方法。

第一节 教育叙事研究概述

从本源来看,叙事研究被作为教师的研究方法运用于教育领域,是20世纪80年代的事情,是由加拿大的几位课程学者倡导的。这些学者认为,教师从事实践性研究的最好方法,是说出和不断地说出一个个"真实的故事"。这样的教育叙事研究是教师了解教育和向别人讲述其所了解的教育的最重要的途径之一。它比较容易被一线教师和研究者所掌握和使用,不像量化研究那样需要教师或研究者有较高的专业知识技能。以下,我们将对此进行较为具体详尽的剖析。

一、教育叙事研究的内涵

显而易见,要廓清教育叙事研究首先应该了解何为"叙事",以及何为"叙事研究"。

(一)叙事的定义

叙事就是陈述人、动物、宇宙空间各种生命事物身上已发生或正在发生的事情。它是人们将各种经验组织成有现实意义的事件的基本方式。它是人们将各种经验组织成有现实意义的事件的基本方式。这种方式向我们提供了了解世界和向别人讲述我们对世界的了解的途径。叙事普遍地存在于文学艺术作品和我们的日常生活、工作当中,是人们表达思想的有力方式。

(二)叙事研究的定义

叙事研究又称"故事研究",是一种研究人类体验世界的方式。叙事研究是以"质的研究"为方法论基础的,是质的研究方法的具体运用。所谓质的研究,"是以研究者本人作为研究工具,在自然情境下采用多种资料收集方法对社会现象进行整体性探究,使用归纳法分析资料和形成理论,通过与研究对象互动对其行为和意义建构获得解释性理解的一种活动"[①]。它往往要求个体把自己过去生活中司空见惯的细节重新审视,去发现其中细微的蕴涵,从而把作为叙事者的思维触角引向生活的深层,使看似平淡的日常生活显现其并不平凡的意义。

---

① 陈向明. 质的研究方法与社会科学研究. 北京:教育科学出版社,2000.12.

（三）教育叙事研究的定义

教育叙事研究，即讲有关教育的故事。它是教育主体叙述教育教学中的真实情境的过程，其实质是通过讲述教育故事，体悟教育真谛的一种研究方法。它非为讲故事而讲故事，而是通过教育叙事展开对现象的思索，对问题的研究，是一个将客观的过程、真实的体验、主观的阐释有机融为一体的一种教育经验的发现和揭示过程。显而易见，教育叙事研究是指以叙事的方式开展的教育研究，它是研究者（主要是教师）通过对有意义的校园生活、教育教学事件、教育教学实践经验的描述与分析，从而发掘或揭示内隐于这些生活、事件、经验和行为背后的教育思想、教育理论和教育信念，从而发现教育的本质、规律和价值意义。

二、教育叙事研究的特点

教育叙事研究的基本特点是研究者以叙事、讲故事的方式表达对教育的理解和解释。它不直接定义教育是什么，也不直接规定教育应该怎么做，它只是给读者讲一个或多个教育故事，让读者从故事中体验教育是什么或应该怎么做。

具体而言，教育叙事研究具有如下特点。

1. *教育叙事研究所叙述的内容是已经过去的教育事件，而不是对未来的展望*

教育叙事研究所报告的内容是实际发生的教育事件，而不是教育者的主观想象。教育叙事研究十分重视叙事者的处境和地位，尤其肯定叙事者的个人生活史和个人生活实践的重要意义。叙事的"主题"是从某个或几个教学事件中产生，而不是将某个理论问题作为一个"帽子"，然后选择几个教学案例作为例证。

2. *教育叙事研究所报告的内容具有一定的"情节性"*

叙事谈论的是特别的人和特别的冲突、问题或使生活变得复杂的任何东西，因此，叙事研究不是记流水账，而是记述有情节、有意义的相对完整的故事。比如，教师在某个教育问题或事件中遭遇困境时，就要思考和谋划解决问题、走出困境的出路，这里就会涉及很多曲折的情节。教育叙事形成的报告是一种"教育记叙文"而不是"教育论文"。这种教育"记叙文"比传统的教育"论文"更能引起读者的"共鸣"并由此而体现它的研究价值。亦即，教育叙事研究获得某种教育理论或教育信念的方式是归纳而不是演绎。也就是说，教育理论是从过去的具体教育事件及其情节中归纳出来的。

3. *教育叙事研究是一种质的研究方法*

教育叙事研究属于质的研究方法的范畴，因而具有质的研究方法的基本特征，如具有自然情境性、研究者的自身工具性、自下而上的归纳性、对事实的解释性和建构性等。

4. 教育叙事研究是行动者直接融入并成为主体的研究

在叙事研究中，研究者（叙述者）本人是研究的工具，他（她）通过自身长期在教育教学的实际生活体验中，在与对象的直接互动与实际交往中，发生了各种生活故事和教育教学事件。对这些事件，教师通过观察、分析、反思，而获得一些见解或解释性的意见，这就是行动者自身作为主体并直接介入其中的行动研究。

5. 教育叙事研究是一种"实事"研究

教育叙事研究是一种从教育实践出发，从校园生活出发，从真实教育事实出发，从自然教育情境出发所进行的研究，这种研究的显著特征在于"实"，它是教师在教育活动中对实事、实情、实境和实际过程所做的记录、观察和探究，从而获得对事实或事件的解释性意见。正如苏霍姆林斯基说："我建议每一位教师都来写教育日记。教育日记并不是什么对它提出某些格式要求的官方文献，而是一种个人的随笔记录，在日常工作中就可以记。这些记录是思考和创造的源泉。那种连续记了10年、20年甚至30年的教师日记，是一笔巨大的财富。每一位勤于思考的教师，都有他自己的体系、自己的教育学修养。"①

6. 教育叙事研究是一种反思性研究

教师在叙事中反思，在反思中深化对问题或事件的认识，在反思中提升原有的经验，在反思中修正行动计划，在反思中探寻事件或行为背后所隐含的意义、理念和思想。离开了反思，叙事研究就会变成为叙事而叙事，就会失去它的目的和意义。

三、教育叙事研究的内容

综合现有的研究成果来看，一般认为，教育叙事研究的内容主要包括以下三个方面。

1. 研究教师的教育思想

理论是行动的先导。教师具有怎样的理念，以及教师对教育秉持着怎样的信仰，直接决定着教师在教育活动中采取的做法。因此，教师的叙事研究首先就要研究教师的日常行为背后所内隐的思想，教师的生活故事当中所蕴涵的理念，以便为教师的行为寻求到理论的支撑，为教师的生活建构起思想的框架，如下面的案例。

【案例一】教学科研与我的成长②

2002年9月，仅有四年教龄的我接任学校的语文科组长。恰逢我校申报了"优质教学理论与实践研究"课题，并让每个科组都成为它的子课题，科长撰写课题研究方案。在任务的重压下年轻的我硬着头皮在限期内拼凑出《"互动—发展"语文教学模式研究方案》交差。我的第一篇课题研究方案非常粗糙、随意，连课题研究方案应该包含哪些部分也不是很清楚，有点像工作计划的模样。在总结、反思和借鉴

---

① 苏霍姆林斯基. 给教师的建议. 杜殿坤译. 北京：教育科学出版社. 1984：46.
② 马丽娜. 怎样撰写"教育叙事"论文. http://www.cn-teacher.com/runwen/jygs/201205/478544.html.2013-2-9.

的基础上，结合学科特点和年级特点，初步形成了"互动—发展"语文教学模式。

课题的理念提出后，我尝试在《我的空中楼阁》的教学中试验"互动—发展"的教学模式。课后我写了论文《让互动发展之舟承载教书育人的重任——谈一堂好的语文课的标准》，并投稿参赛。2003年3月，我的论文在中国教育学会中青年教育理论工作者专业委员会和教育科学研究杂志社联合举办的"什么是一堂好课"优秀论文评选中获得一等奖。第一次论文参赛获奖，使我对教研有了信心。

我被荔湾区教育局评为"荔教新星"，要在区教研室调研期间上全区的示范性公开课。我用小组合作探究的方式上"《祝福》人物形象分析——'互动—发展'语文教学模式探索实践课"。当时新课标还没实施，我的教学方式引起了争议，最后评为了接近"及格"等级的"良好"。这是我第一次运用科研理论指导教学的公开课，这是我从教以来第一次得到糟糕评价的公开课，这使新任科组长、"荔教新星"的我滑落到了谷底。我不断地质问自己："互动—发展"模式是否可行？科研与教学是否应该划清界限？到底是我的教学设计有问题，还是我的课堂操做出差错，还是评课者的标准存在偏差？

2. 研究教师的教育活动

教师的教育活动是丰富多彩、绚丽多姿的，教师在教育中展现自己，在活动中塑造自己，在行为中成为自己，而这点点滴滴的细节和事件构成教师充实的职业生涯和美妙的事业人生。叙事研究正是立足于此进行的研究，这种研究有助于教师更深地认识自己、提升自己，由此而带来教育世界的整体升华，如下例。

【案例二】于漪老师关于《木兰诗》教学的叙事[①]

今天上《木兰诗》课结束时，突然出现了一个意想不到的情况。我说这首诗是千古传诵的名篇，两次课能初步背诵是强记，课后要熟读牢记。小忻扑哧地笑了一声，问其原因，他说"同行十二年，不知木兰是女郎"是不可能的，许多同学附和他的意见，说"跋山涉水总要洗脚，虽不是实数十二年，总是时间很长，鞋子一脱，小脚就出来了，怎会不知是女的？"我指出北朝时候女子还没有裹小脚，谁知学生异口同声地问：那么什么时候开始包小脚呢？我被问住了，答不上来。

知之为知之，不知为不知，绝不可强不知以为知。我如实地告诉同学自己答不上来。课后想办法去查。

备《木兰诗》竟然要备中国古代女子什么时候裹小脚，这是我怎么也想不到的。教后而知。做一个中学语文教师该具备多少相关知识啊！问题还不在于教某一篇课文前的准备，而在于平时的广泛涉猎，细心采摘，日积月累，只有源头有活水，课堂上才会不出现或少出现捉襟见肘的尴尬状况。

教学相长。学生促使我学得多一点，学得深一点。感谢学生对我的促进。

3. 研究教师的教育对象

教师的叙事研究要研究学生的认知特点、情意特点、人格特质，研究学生的年

[①] 转引自丁钢. 我们如何做教育叙事. 中国教育报，2004-10-21.

龄特征、个性差异、身心规律，研究学生所感兴趣、所思考、所进行的活动。如下面这则教育叙事案例。

【案例三】对"失恋"后一首诗的处理[①]

这首诗的内容是这样写的"天涯何处无芳草，何必要在五班找，本来数量就不多，况且质量也不高。"事情的经过是这样的，本学期初的一个下午，同学们都在静静地认真自学，只有刘××同学将头抬得很高，注视着另一个同学，我轻轻地走到那个同学的身边，发现他正在聚精会神地看着一首诗，我轻声地说了句，可以给老师看看吗？这位同学很不情愿地将那首诗给了我，尔后两位同学对视了一下，刘××同学趴到桌子上。用他自己的话说："这下可完了，老师一定会在班级公开批评的。"我走到讲桌前，看了一下诗的内容，沉思了片刻，便将它放到了衣兜里，继续观察同学们的自学情况。可刘××同学却坐不住了，他时而抬起头偷偷地看着我，好像在等待着老师的批评。看了几次后，发现我无动于衷，他便开始写作业了。

下课的铃声响了，我把刘××请到了无人的电工室，他耷拉着脑袋，用余光看着我，我让他坐下，他却哭了，边哭边说："老师，我错了，我不该写这首诗，不该在自习课上传纸条，求老师不要在班级批评我。"我说："老师要想在同学中批评你，就不会把你请到这里来。"他会心地点了点头。我说你能不能实话告诉老师为什么要写这首诗。他想了想后，详细地叙述了他与我班一名女同学友好相处到产生矛盾的经过，原来这首诗是他"失恋"后为了发泄内心的痛苦而写的。我因势利导，以诚相待，对他进行了耐心细致的教育引导。

最后我又将这首诗拿出来，对他说："老师想和你一起将这首诗改动一下，你看怎样？"他爽快地回答"行"，我说："老师改前两句，你改后两句。"他点头同意。我说第一句只需改动一个字，将"天涯何处无芳草"改为"天涯何时无芳草"，第二句改为"何必非要现在找"，紧接着他又改了后两句："本来学业就很紧，况且年龄又很小。"读着这首诗他开心地笑了，笑得那样轻松，笑得那样自信。随后我又说："十年之后，你找不到女朋友，老师帮你找，怎么样？"他连声说"谢谢老师"。

这次潜隐式教育的尝试，避免和消除了被教育者的对立情绪和戒备心理，平复了内心的波澜，学会了情感上的进退自如。从而使被教育者在潜移默化中接受教育，最终达到转化的目的。

四、叙事研究的分类

（一）广义的分类

广义的叙事研究可以分为"调查的叙事研究"（或叙事的调查研究）、"行动的叙事研究"（或叙事的行动研究）和"虚构的叙事研究"。

[①] 王晓寒. 对"失恋"后一首诗的处理. http://bbs.jxteacher.com/showtopic-48491.html.2013-3-4.

1. 调查的叙事研究

调查的叙事研究（或叙事的调查研究）是对"他人事件"进行研究，实际上就是对教育历史事件与现实中发生的教育事件进行考证或调查研究。具体包括"教育历史"考证研究、"教育新闻"调查研究。

2. 行动的叙事研究

行动的叙事研究（或叙事的行动研究）是对"自己亲身经历的行动"进行研究，包括实验研究、行动研究、经验总结、自传研究等等。

3. "虚构"的叙事研究

"虚构"的叙事研究是对教育小说与教育戏剧、教育电影与教育电视、教育故事与教育寓言等"虚构故事"进行研究。

其实，叙事研究严格来说只有两类：第一类是真实事件的研究；第二类是虚构故事的研究。如果将第一类真实事件的叙事研究再分裂为调查的叙事研究和行动的叙事研究，叙事研究就可以为三类研究：调查的叙事研究、行动的叙事研究和虚构的叙事研究。

比较适合中小学老师做的叙事研究是"真实事件"的叙事研究，即调查的叙事研究（或叙事的调查研究）和行动的叙事研究（或叙事的行动研究）。

（二）狭义的分类

狭义的叙事研究大体可以划分为三类：传记的叙事研究（也可称为"他人生活史"叙事研究）、自传的叙事研究（也可称为"个人生活史"叙事研究）、小说叙事研究（也可称为"故事"叙事研究）。

狭义的叙事研究与广义的叙事研究有一定的对应关系。

传记叙事研究实际上是调查的叙事研究的一种特殊样式，甚至可以说，调查的叙事研究的最充分的样式就是传记叙事研究。"他人生活史"叙事研究是对"他人事件"进行研究，实际上就是对教育历史事件与现实中发生的教育事件进行考证或调查研究，具体包括"教育历史"考证研究、"教育新闻"调查研究。它往往强调对教师成长过程乃至教师生涯的整体叙述，借以显明教师生命成长的历程，是对平凡教师人生中细微的个人生命颤动的揭示。

自传叙事研究实际上是行动的叙事研究的一种特殊样式，甚至可以说，行动的叙事研究的最充分样式就是自传叙事研究。"个人生活史"叙事研究是对"自己亲身经历的事件"进行研究，包括实验研究、行动研究、经验总结、自传研究，等等。它是对教师教育生活故事的叙述，借以显明其中所蕴涵的教师的生活体验，以及对教师教育生活的细微关涉，其基本理论依据是教师日常生活与教师成长、教育状态、教育经历密切相关。教师成长不光在课堂，同样在日常生活之中。

小说叙事研究实际上是虚构的叙事研究的一种特殊样式，甚至可以说，虚构的叙事研究的最充分样式就是小说叙事研究。"虚构故事"叙事研究是对教育小说与教育戏剧、教育电影与教育电视、教育故事与教育寓言等虚构故事进行研究。这样的叙事可以是单主题叙事，即就某一个主题展开教育生活的叙事，从中梳理出日常生活所遭遇的各方面对教师的影响；也可以是多主题整体性叙事，即多个主题综合起来，如可以包括个人家庭生活、日常交往、教学、班主任工作、学习研究，以及其他可能对教师个人成长产生重要影响的经历，整合起来构成一个完整的体系。

老师比较适合做调查的叙事研究和行动的叙事研究，这就就广义的叙事研究而言的。老师比较适合做传记式的叙事研究和自传式的叙事研究，这是就狭义的叙事研究而言的。

对于老师们来说，重要的不是叙事研究的分类，老师并不需要理会广义的叙事研究是什么，也不需要追究狭义的叙事研究是什么，重要的问题只是：如何解决教育问题？

解决教育问题有两个途径：一是做调查研究，看看问题究竟出在哪里？二是做行动研究，看看我们究竟有什么办法来解决问题？

如果老师打算做调查研究，接下来的问题是：如何把调查研究的报告写得像一份"传记"？

如果老师打算做行动研究，接下来的问题是：如何把行动研究的报告写得像一份"自传"？

合起来看，当我们面对老师时，我们可以提出的问题是：①怎样用调查研究的方式知道我们的教育究竟存在什么问题？如何用"传记"的方式提交"调查研究"的报告？②怎样用行动研究的方式解决我们所面临的教育问题？如何用"自传"的样式提交"行动研究"的报告？

第二节　教育叙事研究法的实施

教育叙事研究是以故事建构为手段，通过叙述故事，描述真实的教学生活，呈现特定情境中教师的教学行为抑或学生状况，在此基础上进行反思和意义分析，形成有关教学经验的"个人知识"，最终获得对教学活动的意义理解和解释。由于教育叙事研究是以讲故事的形式进行的，而且故事直接来源于教师的教学经历，其理解和解释又取决于教师自己对教学"现场"的独特把握和判断。因而，这种研究以其"平民化"的风格，给一线教师以亲切感。但是，从当前研究现状来看，不少的研究不是故事"味"太浓，冲淡了研究，就是"主题先行"，故事性不强，其研究给人以生搬硬套、人为拔高之感。因此，尽管教育叙事研究并无统一的格式与标准，但作为一种教学研究方式应当有自己独特的旨趣与品格。

一、教育叙事研究的方式

一般而言，教育叙事研究的方式主要有两种：一种是教师自身同时充当叙说者和记述者，而当叙述的内容属于自己的教育实践或解决某些教育问题的过程时，教师的叙事研究就成为"教育叙事的行动研究"。这种方式主要由教师自己实施，也可以在教育研究者指导下进行。它追求以叙事的方式反思并改进教师的日常生活；另一种是教师只是叙说者，由教育研究者记述。这种方式主要是教育研究者以教师为观察和访谈的对象，包括以教师的"想法"（内隐的和外显的）或所提供的文本（如工作日志）等为"解释"的对象。

上述两种研究方式以不同的形式表达教育叙事研究的意义和价值。教师本人通过叙述自己的教育生活史，形成教育的自我认识，达到一种自我建构的状态。教育研究者则更关注教师叙述的教育事件之间的关联，尽量使他们所叙述的教育现象呈现某种理论框架或意义，促进教育理论和教育实践之间的互动。

值得一提的是，对于教育研究者而言，做教师实际生活的叙事研究无疑是进入了一个极富人文关怀和情感魅力的领域。但采用这种研究方式有一个十分重要的前提是研究者和叙说者（被研究者）之间必须坚持开放性、平等性的对话原则。在以往的研究中，研究者往往以权威的面目出现，所有的主动权都掌握在研究者手中，要么忽视被研究者、左右研究的过程，要么利用各种先入为主的暗示引导被研究者。这样研究的对象，实际上并不是真实的被研究者，而是研究者头脑中假设或创造出来的"被研究者"，这样的教育研究是缺乏真实性的。以往教育研究的成果往往不能有力地指导教育实践，其原因之一就是研究者和被研究者之间没有平等的对话。在教育叙事研究中，如果没有平等的对话，研究者就无法获知或真正理解研究对象的真实态度与体验。因此，研究者和被研究者之间必须首先建立一种相互平等、信任的对话关系。有了这样的前提，研究者才能探究到一个真实、真诚、自由的心灵世界，搜集到各种真实的材料，梳理出叙说者的实践经验，建构起一个相对完整的教育故事，从而实现教育实践和教育理论的某种契合。这里的叙说者不仅包括教师、学生、家长、学校管理者等"人的叙说"，还包括学校文件档案资料、建筑、校风校训等学校历史文化，以及学生档案、日记、周记、作业本，叙说人的日志、自传材料、图片、信件等"物的叙说"。教育叙事研究既区别于已往纯粹书斋式的研究，也不同于单纯凭着思辨和文献得出结论的研究方式。它从生活出发，从事实出发，从教育实践出发，从教师、学生及家长的经验与感受出发，能极大地激发广大人民的兴趣甚至引起共鸣，让研究者通过他们来审视中国的教育现实。

二、教育叙事研究的过程

1. 确定研究问题

所谓有意义的问题，起码有两重含义：①我们研究者对该问题确实不了解，希望通过此项研究获得一个答案；②该问题对研究者来说具有实际意义，是他们真正关心的问题。

2. 选择研究对象

选择研究对象是研究得以进行的保证。因而它需要研究者与被研究者的互动与合作。首先，研究者要有敏感的心灵，能够细致入微地把握研究环境和研究对象。其次，研究者的研究活动要得到被研究者的认同、理解与合作，双方应有从研究中共同进步的要求。因此，选择好的合作伙伴是教育叙事研究的重要一步。

3. 进入研究现场

进入研究现场就意味着走进教师活动的时空，把握教师的行为、观念所赖以产生的深层原因；对教师生活的现场观察，理解教师做法的背景。研究现场是教育叙事研究获取真实资料的直接来源。

4. 进行观察访谈

观察访谈是围绕着研究问题而进行的。观察力求客观，避免"先见"或"前设"对研究的干扰；访谈力求开放，使被访者在研究者设计的系列开放性问题中轻松思考并回答问题。观察访谈主要是获取尽可能多的信息，因而，研究者一方面要具有敏锐的观察力，另一方面要具有亲和力。

5. 整理分析资料

叙事研究强调的是对事件本身的分析，是基于资料事实进行的符合材料实际的分析。否则，研究就偏离了叙事研究规范的要求。在整理分析资料的过程中，研究者一项重要的任务是从所收集的大量资料中寻找出"本土概念"，即被研究者经常使用的、用来表达他们自己看世界的方式的概念。唯此，研究才具有了独特的"个性"的特征，研究报告才具有个性色彩。

6. 撰写研究报告

研究报告的撰写既包含研究者对所观察到的"事"的故事性描述，也包含研究者对"事"的论述性分析，两者相辅相成，构成了研究报告中的细腻的情感氛围和浓郁的叙事风格。叙事研究强调细致的描述和深刻的分析，使教师生活故事得以更丰富地呈现，也因此而具有教育研究中不可替代的意义。

三、开展教育叙事研究对教师的要求

教师开展教育叙事研究时，其"教育故事"不仅要具有一定的理论性，而且要具有理论上的先进性。也只有如此，撰写和倾听教育故事才能成为教师提高教育素养、促进专业化发展的有效途径。从总体来看，它要求教师以合理有效的方式解决自己在教室或其他场所里发生的教育、教学问题，然后将自己怎样遇到这个问题、怎样解决这个问题的整个教学过程"叙述"出来。具体而言，它包括如下几个方面。

1. 要勤于学

教师养成读书学习的习惯，提高理论素养，是开展研究工作的准备和基础。虽然中小学（幼儿园）教师开展教育叙事研究，进行校本（园本）科研，不必像大学教授或教育理论专家那样要求有丰富的教育理论，并直接运用理论开展教育研究，但是不等于说叙事研究不需要理论，理论的价值在任何方式的研究中都是不可忽视的，因为理论可以启迪人们的思维和智慧，可以熏陶人们的气质和精神，可以提高人们的洞察力和分析力，可以升华人们的思想和理念。因此，中小学（幼儿园）教师掌握一定的教育理论对更好地开展教育叙事研究仍然是很有必要的。

2. 要敏于事

在中小学及幼儿园里，一个普遍的现象就是教师感慨找不到可说的话题、可做的课题、可写的东西。这种现象是由于教师长期忙于超负荷的教学工作，为各种事务所困，对各种问题缺乏敏感性，甚至变得熟视无睹、麻木不仁。俗话说：处处留心皆学问。只要教师事事处处留意身边的问题，关注身边的事情，就可以找到很多可以用于开展探讨的话题，比如，教育生活故事、学生成长个案、教师成长记录、教育教学对话、教学设计案例、教学反思案例，等等。教育教学活动方方面面的内容都可成为叙事研究的话题。

3. 要善于思

勤于思考、善于反思是教师在进行叙事研究中的根本要求，因为当教师试图"发现"和"讲述"自己所遇到的某个教育问题或教育事件时，需要认真的思考；当问题或事件发生后，教师又用什么方式方法去解决这些问题，需要深入的思考；对问题或事件的解决过程、解决到什么程度、方式方法如何、总体效果如何等，需要深刻的反思。因此，思考和反思是叙事研究的灵魂。教师通过叙事研究中的思考和反思，不仅可以深刻地领会到先进的教育思想和理念，更新教育教学观念，而且可以从根本上改进教育教学工作。

4. 要得于法

教育叙事研究的范围甚广，主题多种多样，内容丰富多彩。可以说，教师的教育活动范围有多宽，其叙事研究的领域就有多广；教师的工作有多少种类，其叙事研究的主题就有多少类型；教师的工作内容有多么宽泛，其叙事研究的内容就有多么宽阔。这样看来，叙事研究似乎很难找到一个统一的格式、统一的规范和统一的要求。的确，与其他研究方法相比，叙事研究更具有弹性、灵活性、多样性等特点。正是由于这些特点，教师在开展叙事研究时就更能够体现现实针对性，更能发挥创造性，这种方法也就更能为教师所掌握和运用。当然，叙事研究作为一种研究方法，也不是说可以任意妄为，无章可循的，它总是内含一些基本的要素和要求。有学者认为，叙事研究的过程要围绕三个事件展开：现场、现场经验文本和研究文本。现场工作是叙事研究者亲身体验生活和获得现场经验的过程。现场经验文本是指研究者所获得的现场资料,形成现场经验文本有多种方法,如讲述或撰写故事、研究访谈、日记、自传和传记、书信、谈话、现场笔记等。研究文本是指叙事研究的格式,叙事研究文本可以用文学、诗歌、科学等各种不同的风格撰写,可以形成描述的文本、解释的文本、讨论的文本、叙述的文本等多种格式。我们认为,叙事研究的基本要素应该包括:①有鲜明的主题或引人入胜的问题;②有解决问题的技巧和方法;③有解决问题的情境性、冲突性、过程性、复杂性以及师生角色变化等的描述;④有解决问题过程中及过程后的反思;⑤有理性反思中所获得的经验或教训,所蕴涵的教育理论和教育思想的升华或启发。教师如果对叙事研究掌握了一些基本的要求,并进一步达到运用自如的程度,就会收到良好的效果,并有利于推进校本科研工作。

四、教育叙事研究的理性追求

教育叙事研究一方面需要深入了解某一个教育实践现象,另一方面又要有足够的理论视角。只要这样,在叙事的过程中,才知道如何组织事件,才知道事件组织起来后能够表达什么样的理论主题。

近来,教育界似乎对叙事研究情有独钟,许多教师很热衷于"讲故事""讲自己的故事",这当然是件好事。当初酝酿教育叙事时,并没有想到它会在实践领域产生如此之大的反响,以至于原本"沉默"的教师在理论界面前发出了"讲自己的故事"的呼吁。"让教师的声音被人们听到"正是教育叙事所要追求的目标之一。教师主动表达自己的声音,显然是对教育叙事实验的积极支持与响应,并为教育叙事研究提供大量的资料与素材。

但是,教师的讲故事与学界所说的教育叙事还不是一回事。从教师讲的故事来看,它们多是些简短的教育记叙文日记(志)等,这意味着"讲故事"与"教育叙事"研究之间存在一段距离,要想实现向后者的转变,从现场、现场文本到研究文本,还需要接受一定的理论与方法训练。

1)叙事者应该了解国内外人文学科的前沿进展,从而可以拥有丰富、深刻的理论洞察能力,能够从自己所研究的教育经验中"解读"出内在的学术和理论"意义"。

2)叙事者须明确经验的呈现不等于叙事研究,尽管叙事本身是经验呈现的最佳方式。叙事研究对于经验的表述是别有匠心的。因此,需要善于把人类学和社会学研究及其他研究的研究方法,以及在这些研究方法基础上所发展起来的具有描述性的叙事研究方法引入教育研究,具体来说,是引入到对教育经验的关注从而进一步对日常教育实践的观察上来。我们需要通过研究那些作为教育使用者或实践者的个体和群体,探索塑造教育的思想和实践是如何发生和进行的,把握教育实践中的弹性和细节,使日常教育经验获得重新的理解,从而建设教育叙事研究自身的方法。

3）教育叙事研究的最好方式莫过于研究我们自己。研究自己就必须认真地对待和研究我们教师和学生自身教与学的经验。一方面，需要把教育变革建立在日常教与学的经验基础上；另一方面，亟须关注我们自己日常教育经验的文化处境、思维方式和价值观念等。只有从我们自身的经验和实践出发，才能变革我们自己的教育。教师的日常生活主要是课堂教学，教师所寻求的对教育实践的改进主要是对教学生活的改进，因此，教师的叙事报告主要是教师亲自叙述课堂教学生活中发生的教学事件。可以将这种对教学事件的叙述称为教学叙事。教学叙事类似以往在人们所谈论的教学案例，但教学叙事不仅强调所叙述的内容具有一定的情节（情节是案例的一个核心要素），而且强调叙述者是教师本人而不是外来者。另外，作为叙事的行动研究，教师所叙述的教学事件除了偶发事件之外，更多地属于教师本人有意识地改变，是对改变之后所发生的事件的叙述。[①]

五、Blog 与教育叙事研究

Blog 是网络上的一种日记形式，也叫"网络日志"，目前国内将 Blog 翻译为"博客""部格""不老哥"等。Blog 简单易用，技术门槛很低，任何一个老师或学生都可以随意写自己的思想。通过每天的资料整理与书写，会在无形中改变一个人的思维能力、写作能力和信息获取能力。Blog 具有在线"共享"功能，把学习者与 Blog 上的参与者形成一个社群，相互交流，发表自己的知识和见解，其他人可以做评论，人们在群体的分享和交流中会产生新的认识。Blog 还具有积累的功能，学习者可以在自己生活的历程中通过 Blog 回顾自己过去所写的东西，看到他人的评价和反馈，从而产生更多的体会和感受。如此循环往复，逐渐形成终身学习的生活习惯。Blog 可以被认为是一个小型的个人知识管理系统，它方便个人知识的梳理，关注个人发展的进程。对一个学习的集体而言，它让我们建构了一个深刻思考和交流的平台。只要我们留心，Blog 几乎可以在教育教学的各个方面发挥作用。

1）Blog 作为叙事研究报告的交流平台，将过去以书面为载体的叙事研究报告架构在现代信息技术平台上，实现了叙事研究的新发展；

2）叙事报告数字化，使得叙事研究更容易保存、流通、复制，使叙事研究的传播范围全球化；

3）只要敲动指尖，我们的故事便可以传向网络；反之，我们可以方便地获得别人的叙事报告资料；

4）以书籍、杂志、报纸为载体的叙事报告，生产和传播的周期很长（年、月、日），Blog 上的叙事报告可以每分每秒刷新；

5）正式出版的叙事报告，需要经过若干"守门人"的过滤，对以一般的教师和学生而言，投稿和发表的门槛很高，Blog 实现了"个人出版时代"的梦想，只要你愿意，你可以在任何时间、任何地点、发表你的叙事故事，同时与全世界的读

---

① 刘良华. 叙事教育学. 上海：华东师范大学出版社. 2011：155.

者共享你的研究成果；

6）Blog 使叙事研究突破了研究者个人的小圈子，研究者与被研究者之间，读者与研究者之间可以展开充分的交流，头脑风暴，创造出更多的智慧；

7）新兴的 Blog 环境对人们提出了新的行为规范和要求，我们必须自觉地遵守网络上的版权道德和国家法规，提高自己的信息伦理道德。

最后，值得注意的是，通过 Blog 写教育故事不是为了炫耀某种研究成果，它的根本目的是通过教师写自己的教育故事来反思自己的课堂教学[①]。在 Blog 中，教师应以某种教学理念的眼光不断反思自己的教学行为，以便使自身的教学理论及教学行为经由这种反思发生转化。在这种转化过程中，Blog 事实上成了教师观念和行为成长的平台与突破口。

第三节 教育叙事研究法在教育研究中的运用

近年来，人们对教育叙事研究法的认识越来越深刻，在教育研究过程中运用教育叙事研究法的例子越来越多。本节着重阐述有关开展教育叙事研究的原则与方法，以及教育叙事研究法开展教育研究的案例。

一、如何开展教育叙事研究

（一）开展教育叙事研究的原则

中小学（幼儿园）教师与大学教师相比，显著的不同是前者每天要处理庞杂的常规事务，甚至不得不面对许多无法逾越的规范。不过，中小学（幼儿园）教师的另一个特点是面对着最具可塑性的群体：未成年人，这正是中小学（幼儿园）教师从事教育思考和研究的宝贵资源。教师开展教育叙事应该把握三个原则。

1. 唯小不唯大原则

教育叙事的切口要小，最好着眼于学生的行为、教师的教学等，同时研究的项目要有一定的基础，易于操作，不要选择自己陌生的领域。

2. 唯实不唯虚原则

教育叙事研究要实用，因为叙事的目的是为了积累教育经验，更好地进行教育工作；教育叙事的对象也要完全指向于教师自身的实践。此外，教育叙事还要讲究

---

① 刘良华. 叙事教育学. 上海：华东师范大学出版社. 2011：156.

实效，而不能迎合上级的需要或布置。

3. 唯真不唯假原则

教育叙事研究首先要具备真实性，绝不能杜撰或假设推论。其次，教育叙事和具体的教育情境相联系，具有丰富的时空感。但是这并不意味着教育叙事研究只限于事实表面，相反，教育叙事研究源于教育生活，但又高于教育实际，存在发展性，同样具有很高的理想追求。

（二）开展教育叙事研究的方法

从事教育叙事研究是中小学（幼儿园）教师的理想生活和工作方式，因为它的简单方法就是实践—反思—记叙—再实践，并循环往复。但教育叙事并不意味着记流水账，中小学（幼儿园）教师进行教育叙事研究有如下几种方法。

1. 顿悟法

教师在教育教学过程中，可能对某一个教育问题一直困惑不解，但突然受到启发，茅塞顿开，找到解决问题的钥匙。或者教师遇到突发事件，在处理过程中灵光闪现，悟出了深刻的教育道理，进而使一系列问题迎刃而解，并认识到教育规律。然后，教师把这些事件和思考记录下来，并在以后的教育生活中创造性地运用思考成果。这种方法可遇不可求，但作为教师都会时不时地遇到。例如，一位新教师遇上了一个特别依恋父母的学生，每天父母送他到校，他都哭哭啼啼，闹腾半天，搞得班主任不知所措。一天，她妈妈送他到校，带来一大包栀子花。父母走后，老师开玩笑地对他说："把栀子花送给全班同学好吗？"他答应了，当他把花朵送到每位同学手上，大家都真诚地说一声"谢谢"，老师乘机赞扬了他的爱心。从此，他和班上的学生接触多了，也成了老师的知心朋友。一周下来，他再也不在父母面前哭鼻子了。老师把以"栀子花开"为题的叙事文章读给全班同学听，大家十分感动，那位同学也从此加深了对班级的感情。

2. 教后反思法

教不仅是指教学，也包括教育，即智育和德育都是反思的内容，因为学校教育中智育与德育并不能截然分开。每堂课的教学过后，每次班会课后，教师若进行一些理性的思考，对比自己预设的方案，一定觉得某些方面可以改善。如果把具有典型意义的反思记录在案，长此以往，教师的教学和管理工作一定会百尺竿头，更上一层楼。

3. 跟踪记叙法

这是指对教育事件或教育中的某些长效项目进行长期记载，并在实践中不断优化，最终实现学生和教师的自身进步，提高教师的教育水平。最具代表性的跟踪记叙是对某一个或几个有特点的学生或整个班级进行长时间记叙。比如，教师要研究后进生的转化，便锁定某几个学生，进行个案分析和教育，把每次的转化过程和学生变化记录下来，几年下来就会形成具有借鉴意义的转化资料。著名特级教师李镇西致力于爱心教育，几年如一日地进行班级管理的记叙，最终他的"未来班"一举成名，《爱心与教育》一书更是成为教育著作的经典。此外，教师跟踪记叙自己的成长经历，是一种选择自己作为对象的叙事研究，也值得一试。

4. 模仿实践法

我们从事的教育工作并非全是开创性的，往往是站在巨人的肩膀上。要成为优秀的教师，无论是教学，还是管理，第一步都应该是模仿。教育模式的运用、学生的民主管理，乃至小到教室的布置、与学生谈话的艺术，等等，都是最初从事教育工作的老师要模仿实践的内容。作为一名新教师，如果从登上讲坛的那一刻起便留下记叙教育的习惯，从而播下思考教育的种子，就一定可以收获成功的秋天。事实上，无数著名的老教师一生都在学习他人的长处，只不过不再是简单的模仿，而是经过了加工，形成了自己的风格。那些爱思考、爱写作的老教师不是一生都在运用模仿实践的叙事研究么？

5. 主题实验法

模仿很重要，但要形成教育风格不能永远寄人篱下，要想在教育上有所作为，教师不得不在自己不熟悉的领域进行开拓。想要研究有延续性，教师进行实验的项目一般都围绕一个固定的主题。于是，教师进行主题实验的过程也成了教育叙事的内容之一。经验和基础的不同导致了每个教师对不同教育主题的兴奋点也不一样，有的教师可能愿意进行学习方式的探索，有的教师可能对综合性学习情有独钟，还有的老师则可能对建立特色班级兴趣浓厚。以固定的主题为目标，教师在实践中反复操作，优化对比，可能自成一套行之有效的教育方法。在这个过程中，教育叙事大有可为，它让教师的主题实验前后衔接，井然有序。闻名中外的李吉林老师的《情境教育》就是主题实验的典型，她关于情景教育的论著大部分也是教育叙事的产物。

6. 同伴互助法

教师从事教育叙事研究，不一定是叙自己一个人或一个班的事，在条件允许的情况下，结合同伴力量进行研究，可以产生群体和辐射效应，有利于形成大家参与叙事的氛围。学校中几位教师共同参与某个小课题研究，这个课题的组织就是一个互助的教育叙事研究单位。一些特色学科教研组推广阶段的研究项目，也可以形成互助式的叙事研究团体。一位从事小学低段写话教学研究的老师先是单兵作战，后来组成了互助式的研究小组，几年下来，他们关于写话教学的叙事研究已成绩斐然。这一有效的模式在当地推广，产生了很大影响。

教育叙事并不神秘。它既是研究，又是实践；它既包括自己的反思，又包括真实的记叙和理想的展望。但成功的教育叙事研究有一个前提，即爱思考、爱读书、爱写作、爱实践。

二、运用教育叙事解决教育问题的实例

在实践中，怎么使用教育叙事法进行教育研究？以下将以实例呈现教育叙事法在教育研究中的具体应用。

1. 一事一得法

教育叙事可以是教学故事,德育故事,也可以是管理故事;但不管是何种内容,教育叙事最好单独地、有针对性地采用一个故事。从日常发生的小事入手。于平常中见深刻。于细微处见精神。着眼于一事一得,通过叙述一些细小的事,促使自己反思与体悟,从而达到教师自身专业素养的提高。

例如,优秀青年教师莫丽红就曾有这样一个教育故事。

【案例四】呼唤阳光[①]

我一本又一本地看着学生的日记,分享着他们的喜怒哀乐。这两天的日记大都是写篮球赛的,一篇又一篇。几乎都有着独特的感受。

又是一篇写篮球赛的。一看这字迹就知道是"逼不出来"沈蒙蒙写的。大家觉得她接受能力弱,记忆力差,动作缓慢,但又因为她实在是已经努力了。所以就给了她个别号,叫"逼不出来"。

呵。她今天写得还很多呢,足足有两页。基本上都是记叙当时比赛的情况的。而且有些啰唆。突然,一句话引起了我的注意:"有些同学常常跑去看分,然后马上跑回来告诉老师。老师听了笑了一笑,我们也笑了。"没想到小丫头观察得很仔细,我马上用红笔把这句话圈出来。我读到文末时,更为意外,也更难以平静了:"到这里,我才知道老师的笑就像阳光一样,生气了乌云就会出现。笑了,有阳光才好,我希望老师是天天笑的。"啊,原来平时表情单一,极少言笑的沈蒙蒙内心竟也这么细腻!

笑,是什么?笑是阳光!哦,说得多好啊!我为自己的笑能成为学生的阳光。给他们温暖,伴他们成长而快乐!然而,我又给了他们多少笑呢?他们为什么希望我天天笑呢?这就是说,我很多时候是不笑的,是"乌云密布"的。很多人说我是个"开心果",最喜欢我的微笑,可我为什么对学生这么吝啬,吝啬我的笑?

孩子,老师会把你的话记在心里的!让我们用日记真诚地交流,用微笑拥抱更美好的明天,你愿意吗?

"笑是阳光!"多么形象的比喻;"让我们用日记真诚的交流,用微笑拥抱美好的明天。"多么美好的期许!通过读学生的日记,让老师从一个"不起眼"的学生眼里看到了学生对老师阳光般微笑的期待,也让老师发现了自己在教合过程中的不足:原来自己在学生心目中是如此的不苟言笑。这样的成功反思促进了教师专业素养的提高。

2. 夹叙夹议法

教育叙事区别于教育案例和教育随笔,它不是单纯地陈述案例,也不是一般的讲故事。教育叙事是教师在叙述故事情节时,不断地对故事进行感悟和反思。因而,教育叙事可采用夹叙夹议的方式来完成,既呈现故事,又夹杂着教师对细节的体悟与思考,如下面一则案例。

---

① 莫丽红. 呼唤阳光. 上海教育,2004(5):62.

【案例五】"小"问题"大"资源[①]

"老师,我想知道'前事不忘,后事之师'出自哪里?"面对孟杰同学临时提出的问题,我虽然没有准备,但已有的足够的教学经验,于是便不慌不忙地说,"这个问题老师也没有仔细查过,现在我就来查查。"于是翻开参考书,可参考书好像硬是要跟我作对似的,只告诉了另外一句格言"学而时习之,不亦乐乎"的出处……出自《论语》。于是我想,新课程理念不是强调,现在老师不应是权威,是引导者,不应是指导者,而是合作者。于是我就引导学生说:"同学们,现在暂时找不到这个出处了,但老师下了课,就可以利用因特网,找到这个句子的出处的!你们也同样可以利用各种方法去找到答案。"

到此,学生的这个"小"问题应该说已解决,但我还是觉得这样的"问题"资源不能错过。这既是给予一个大胆提问的后进生表扬的契机,又是培养学生学习应触类旁通的有机时机。于是便又张口说:"同学们,孟杰这个问题问得好,学习就应该他那样触类旁通。""我们想想以前我们还积累了《论语》哪些的名句?"

一时间,学生便沸腾了,个个抢着说。有的说,我们学过,学而不思则罔。思而不学则殆,还有的说,三人行,必有我师。……课堂上一时掀起了一个"小高潮"!面对学生收获,我心里乐滋滋的;面对自己的收获,我更是喜上楣梢:原来教学资源就在身边。一个小小的问题,就是一个大大的教育资源。更深地领会了"提高对课程标准的理解与把握,淡化对教材的依赖,广泛利用校内外教育资源"(课标)的深层内涵。

下了课,我就急忙跑回办公室,很快地查到了它的出处。

从这篇教育叙事故事中,我们不难看出教师对新课程原先的理解、体会,有了更深的体悟。而且,这样的体悟是随着故事情节的展开而逐渐深入、领会的,写作中很好地运用了边叙事,边反思(即所谓的夹议)的写作手法,使之"事"与"理"相得益彰,"理"与"事"融为一体。

3. 注意细节法

教育叙事中,一个很明显的特点就是细节描写,特别是引起教师共鸣、难于操控的、意蕴深刻、值得反思的细节,要尽量具体地描述出来,这样一来,反思变得有了"根据地"。例如,著名的特级教师孙建锋的教育叙事案例。

【案例六】秉持用心状态打造育人经典[②]

与他对话时我在潜意识里即刻做出了这一"成功"系数几近于零的决断,似乎有些冒天下之大不韪,因为台下坐着一千多名来自全国各地的听课老师,众目睽睽之下,万一有个闪失,这岂不是"自己将自己的军"?但偶然的一念告诉我,常态下这种往往被放逐边缘的同学,一定潜藏着一种值得开发的教育资源。

于是,我微笑着走近他,亲切地说:"孩子,你对课文的这句话一定有自己的

[①] 王彦,王枬. 教育叙事——从文学世界到教育世界. 全球教育展望,2005,34(4):34-39.
[②] 孙建锋. 秉持用心状态,打造育人经典. 人民教育,2003(20):32-33.

理解，愿意实话实说吗？"我很想听到你的声音！"

他忐忑地站起来，低着头，像是犯了一个不可饶恕的错误似的，右手拇指与食指使劲地捏着衣角，上牙咬着下嘴唇，鼻翼两侧闪亮着几多小汗珠。

我把手轻轻地放在他的肩膀上说："聚光灯那么亮，观众那么多，又是第一次上台，紧张在所难免，深呼吸一下，好吗？"

深呼吸之后，又迎来了十秒钟的沉默，他终于抬起头看了我一眼始终面带微笑的我，怯懦地说："家把爸爸，妈妈和我结为一个整体，可是……可是爸爸妈妈离婚了……我跟奶奶过，原来的家里再也没有我的位置了。"说着，他哭了，伤心地哭了。

此时整个会场静得仿佛只有呼吸声。所有目光都聚集在我俩的身上，刹那间，我躬身把他抱了起来，抱在我的怀里，一如抱起我的儿子。……

读了这段情节描写，让我们仿佛亲眼看见了一个内心受了伤的小男孩形象，同时也被孙老师那高超的教育艺术所深深折服，字里行间流露出一位老师对孩子的无尽的关爱，让人久久徜徉在这用师爱、父爱筑造的"怀抱"中。这就是细节描写的功效！

"忘掉一个小故事容易，忘掉一个写在纸上的大道理也不难，可忘掉一个写在趣味小故事里的大道理却难！"教育故事就应是这样！

总之，所谓叙事，"叙"即叙述，"事"即故事。教育叙事其实是一种叙事化的教育反思，教育叙事应定位在接近教育现实中所发生的各种真相。通过教育叙事可以看到各式各样的人物、思想与行动，看到这些真实事件背后的复杂意义。写教育叙事实为了让教育回归生活本身，让教师在教育生活中领悟教育的力量，使自己的教育实践具有自己独特的理论和实践的生命力。这也是教育叙事研究确切的追求。

思考题：

1. 什么是教育叙事研究？
2. 教育叙事研究的特点是什么？
3. 叙事研究的类型有哪些？
4. 教师应该怎样开展叙事研究？
5. 教育叙事研究法的方式有哪些？

第十二章　教育比较研究法

比较（comparative）是认识周围世界的最重要、最普遍的手段之一，比较研究法是教育研究中一种非常重要的研究方法。"有比较才有鉴别"，没有比较就无法对事物进行鉴别和判断，而没有鉴别也就无法获得准确的理解和认识。正如爱因斯坦所指出的那样："知识不能单从经验中得出，而只能从理智的发明同观察到的事实两者的比较中得出。"[①]在教育研究进行的过程中，只有通过对所掌握的经验和事实材料进行比较分析研究，进而通过进一步的分析、综合、归纳、演绎，并进行分类类比，才能从根本上揭示教育的本质规律，从而更好地推动教育研究的顺利进行。

---

① 许良英，李宝恒，赵中立. 爱因斯坦文集（第一卷）. 北京：商务印书馆. 1976：278.

第一节 教育比较研究法概述

比较，即对照比较，是将几种同类事物放在一起，对比它们之间的异同点。本节着重阐述教育比较法的概念、特点及作用。

一、教育比较研究法的概念

（一）比较法的含义

所谓比较法，是根据一定的标准，对某类彼此有联系的现象和事物放在一起进行考察和分析，观察其在不同情况下的不同表现，进行比较研究，发现其异同，并找出事物的普遍规律及其特殊本质，力求得出符合客观实际结论的一种方法。

比较必须具备三个条件：必须存在两种以上事物；这些事物必须有共同的基础；这些事物必须有不同的特性。同时，比较是和观察、分析、综合等活动交织在一起的，是一种复杂的智力劳动。马克思曾指出：科学是实验的科学，科学就在于用理性方法去整理感性材料。在现实中，我们也常常运用比较法将自己习惯的教育教学方法与其他人的方法进行比较性研究，或者将两种教育理论（如杜威的教育观和赞科夫的教育理论）做比较研究，进而指导我们的实践。像健全家庭与单亲家庭教育影响力的比较研究、留守儿童与非留守儿童心理健康素质比较研究，就是一些有现实意义的比较研究课题。由此可见，比较法既是一种思维方法，又是一种具体的研究方法。

比较研究不仅是一种收集信息资料的手段，还是一种探究、论证、分析的认识过程，它的本质在于从事物的相互联系和差异的比较中观察事物、认识事物，从而探索事物发展的本质规律。

（二）教育比较研究法的含义

所谓教育科学的比较研究法，是根据一定的标准，通过对某类教育现象在不同情况、不同地点和不同时期下的不同表现进行比较分析研究，从中找出教育的普遍规律及其特殊表现和本质，从而力求得出符合客观实际结论的研究方法。

二、教育比较研究法的特点

比较研究法与其他的研究相比，具有自己独特的本质特征，它通常是指从事物的相互联系和差异的比较中观察和认识事物，从而探索事物内部的规律和特点。

总的来看，比较研究法具有如下特点。

1. 突出对象的可比性

比较研究法作为教育研究中一种重要的研究方法，是以比较为中介和途径来进行教育研究的一种主体手段，对事物之间所存在的异同进行比较贯穿教育研究活动的全过程。因此，运用比较研究法必须要找出所要比较的对象，找出所要比较对象的可比之处。这决定了研究者对研究对象和内容的选择，也决定了本研究的基本思路和基本模式。

事物之间是纷繁复杂的，它们之间的联系方式也是多种多样的，如何选择适当的角度和内容进行比较是一个十分复杂的过程。因此，比较研究法需要找出事物之间所存在的可比性，使所需要比较的对象在比较起来具备一定的条件，符合比较的需要，这样才能使比较研究法顺利进行下去。因此，一般来讲，运用比较法开展研究，要限定比较对象的内容和范围，必须满足进行比较研究的对象为同一范畴和类别的事物，即该比较对象应具有共同的评判标准。

2. 强调研究方法的综合性

比较法在开展研究的过程中占据着非常重要的地位，但单靠比较法本身往往难以独立地完成研究任务，比较法无法独立地收集所需要的各种信息资料。因此，在坚持主要以比较分析方法为主的前提下，还要综合运用其他的方法，如观察法、实验法、调查法、统计测量法、访谈法等多种方法，以得出全面丰富的资料，这样才能在此基础上对获取到的资料进行比较分析，从而得出研究结论。

3. 研究结论的深刻性

运用比较法进行科学研究能够洞悉事物内、外部之间的各种联系，能够更深刻地揭示事物发展的客观规律，达到对事物的科学认识。例如，在教育研究中，如果将比较研究法和历史文献研究法结合起来，能够追溯中外教育的发展历程，得出中外教育之间所存在的差异和原因，借鉴和吸取历史教训，从而为今天的教育发展和进步服务。如果将比较研究法和实验研究法、统计研究法、调查研究法等结合起来，不仅可以使我们能够看到教育现象和事物在数量上的差异，还可以进一步透析教育现象和事物内部之间所存在的本质差别，探讨事物之间所存在的因果关系。

三、教育比较研究法的作用

1. 扩大视野

运用比较法可以克服教育教学研究过程中的狭隘性，可以把所研究的个别事物纳入广阔的背景，从而更全面、更准确地提示教育教学的规律。

只有比较，才能有鉴别；只有鉴别，才能有认识。教育研究是一个复杂的认识过程，需要运用比较的方法去揭示教育教学的客观规律。比如，我们研究教育管理制度如何改革，教育教学方法如何创新，一方面固然要依据我国的国情，总结自己教育教学的成功经验，另一方面也要参考和比较各国的先例，博采各国之长，汲取精华，洋为中用，他为我用。因此，通过运用比较研究法对各种教育现象和问题进行比较分析，不仅能够帮助我们在宏观的世界教育发展的大背景下认识周围的教育现象和问题，还可以从比较中得出教育现象和事物之间的本质规律。例如，通过国内外教育的对比，研究者可以找出中外教育之间的异同，了解和吸取国外的经验和教训，尽量使研究者在教育发展的过程中少走弯路。再如，在对课程问题的研究中，研究者可以通过对比分析古今中外不同历史时期所存在的课程问题和现象，找出其异同和特点，从而为今天的新课程改革服务。因此，对研究对象纵横向之间的比较研究能够使人们避免或减少认识事物的盲目性和肤浅性，可以帮助人们更全面地认识教育现象和问题，从而更好地把握教育的本质规律，也有助于深化对教育的认识。

2. 深化认识

运用比较研究法可以更好地认识教育发展过程中的本质联系，深化对教育规律的认识，帮助人们获得新的发现和结论。

面对纷繁复杂的教育现象和问题，要想获得科学的认识，就必须运用比较的方法来开展教育研究工作。通过比较研究，将个别事物的属性纳入事物整体的广阔背景，可以开阔研究者的视野，有助于帮助人们认识和发现教育的本质特征，深化对教育的认识。人们还可以通过运用比较研究法，对各种教育问题和现象进行定量分析或定性鉴别，从而确定事物的质、量关系，更准确地把握事物的多种属性，从而使对教育的认识更加科学、公正。比如，在学校教学中，人们几乎都要遇到"学困生"的问题，但"学困生"是如何形成的？多年来在教育界众说纷纭。上海市实验小学通过优等生的成长和学困生的形成的比较研究，发现学困生形成的本质原因是课堂学习表现的机会不均等（五名优等生 10 节课上发言 63 人次，计每人发言 12.6 次，一节课平均每人发言 1.26 次；而五名差等生 10 节课上发言 12 人次，计每人发言 2.6 次，一节课平均每人只有 0.26 次，优等生与差等生在这 10 节课中的发言率相差 5 倍）。而上述结论的得出，无疑是通过运用比较研究法得出来的。

古罗马著名学者塔西佗曾说：要想认识自己，就要把自己同别人进行比较。同别人比较是认识自己不可缺少的有效方法，在教育上通过本国与外国、本地与外地、本校与它校、本人与他人的比较，可以找出哪些是共同性的问题，哪些是本国、本地、本校、本人的问题，从而加深对本固、本地、本校、本人的教育教学实践的认识和反思，以推动教育教学的改革与发展。

进入 20 世纪以来，教育领域掀起了跨领域研究教育问题的高潮，不同领域的学者们展开了对教育问题进行跨群体、跨民族、跨宗教、跨地区以及跨国的比较研究，从文化学、历史学、宗教学、政治学等不同的角度来认识教育问题，研究的视角日益多元化，分别从整体和综合的角度，认识世界教育的发展趋势，并将之与本国、本民族、本地区的教育发展状况与特点进行比较和结合起来，以期得出更客观、真实的结论。

3. 获取经验

运用比较研究法可以为制定科学、正确的教育政策和法规提供科学的依据。

教育是一个复杂的系统工程，涉及诸多因素。众多的教育现象和问题容易使人们迷失方向，看不清隐藏在背后的真正原因，难以达到对教育问题和现象的科学认识。而一个国家和民族教育的发展和进步在很大程度上是依靠教育政策和法规来推动教育的发展的。

因此，运用比较研究法开展教育研究是非常有必要的，无论从宏观的国家教育决策，还是从微观的教育教学方法的改革，无不需要对所决策的问题进行比较研究和分析，从而客观而全面地确定该问题的性质、意义，以及决定其发展的主要因素，为教育改革与发展决策提供认识基础，以使教育决策更加科学合理。同时，比较研究还可以帮助研究者进一步验证某些教育政策的可行性与实效性，从而不断地调整方向和思路。比如，为了对我国的高等教育管理模式进行改革，就需要研究者对世界各国高等教育管理的模式进行分析比较，分析各国高等教育管理模式的优劣，并比较分析高等教育管理模式与国家内部和国外政治、经济和文化等之间的关系，从而加以借鉴和吸收。

总之，在制定教育政策和法规时采用教育比较研究的方法，采取科学的、实事求是的态度，能够更加客观、全面地认识教育现象与教育问题，有针对性地做出正确决策。

第二节 教育比较研究法的类型

比较是一种多层次、多形式的特殊认识活动，加之比较研究所涉及范围和内容的综合性、复杂性，因而产生了多种比较类型。按照不同的比较标准可以分为直接比较和间接比较、整体比较与部分比较、形式比较与内容比较、内部比较与外部比较、现象比较与本质比较，以及宏观比较和微观比较等。教育比较法按照不同的比较标准，也可以有多种分类，如根据比较对象历史发展和相互之间的联系划分，可分为纵向比较研究法和横向比较研究法；根据比较对象逻辑归属的异同划分，可分为同类比较研究法和异类比较研究法；根据比较活动对事物质或量的侧重，以及所有事物都是质和量的统一的观点，可分为定性比较研究法和定量比较研究法；根据比较内容的范围大小，可分为问题比较教育法和区域比较研究法。

一、纵向比较研究法和横向比较研究法

（一）纵向比较研究法

所谓纵向比较研究法，是对同一事物在不同历史时期和历史形态的发展变化进行比较，从而揭示其发展变化规律的方法。它是按照时间序列的纵断面展开的，通过对事物在不同历史时段的不同表现作动态展示和分析，让人们明白历史发展和事物变化的前因后果和来龙去脉，从而提高人们对事物当前状况的认识和了解。这类比较使我们不仅从相对稳定状态来研究事物，还从发展变化的状态来研究事物。纵向比较不仅适用于一个国家或一个地区，还适用于一个人；不仅适用于宏观教育问题研究，还适用于对学生个体的微观研究。比如，研究者要了解一个学生的学习发展变化情况，可以用他这学期和上学期的成绩进行比较。通过比较，研究者可以看出虽然同是一个人，可能由于主观或客观条件发生变化，这个学生的学习状况也会随之发生变化。这种对一个学生不同时期的学习状况进行纵断面的比较，也叫垂直比较。

燕国材对中华人民共和国成立以来的教育指导思想进行纵向比较，发现我国当代教育虽然经历了多次波折，但其发展有一条十分明显的轨迹：1949—1978年，我国教育的主要倾向是偏重基础知识的掌握与基本技能的形成；1979—1982年，我国教育的主要倾向是强调智力的发展和能力的培养，形成了"加强基础、发展智力、培养能力"的十二字方针；1983—1989年，我国教育的主要倾向是重视培养非智力因素，并把它与智力因素结合起来，出现了"加强基础、发展智能，培养非智力因素"的十五字教育改革方针；1990年开始，我国教育倾向于加强素质教育，全面提高学生素质与水平。每一阶段的教育改革方针的提出既是对我国以往教育经验的继承，又是在融合世界先进教育思想的基础上，对前期教育方针的补充和订正。因此，他认为素质教育的提出是我国教育历史发展的必然（燕国材，1997）。

（二）横向比较研究法

所谓横向比较研究法，是指对同时并存的教育现象和事物进行比较，在事物相对静止的状态下研究和分析事物之间的异同，在对事物的相互关系的比较中认识事物的本质，从而全面把握事物的本质和规律。人们在教育实验中通常采用实验组与对照组相比较的方法就属于横向比较。而对同一时期不同社会制度国家之间教育的比较也是横向比较。这种横向比较是教育研究方法中常用的一种方法，它是按照事物空间结构的横断面展开的。它不仅适用于国与国之间、省与省之间、地区与地区之间、单位与单位之间，还适用于个人与个人之间进行比较。对比帮助人们在这种比较中逐步找出差距，看到不足，明辨是非，从而取长补短，奋起直追，迎头赶上。

郝维谦等主编的《各国教育法制比较研究》一书中，研究者对英国、法国、俄罗斯、美国、日本、韩国、印度、中国等国当前的教育立法、教育法基本原则、教育法律责任、教育执法监督等方面进行了系统的比较研究，在横向比较中揭示出各国教育法制的优长与不足，为我国的教育法制建设提供有益的借鉴。

教育现象和问题的复杂性，往往要求人们在进行比较研究中常常将横向比较与纵向比较研究方法结合运用。这样既可以了解研究对象的现实状况，又能够掌握事物的发展变化趋势，从而发现问题的实质，揭示教育的规律。

二、同类比较研究法和异类比较研究法

（一）同类比较研究法

所谓同类比较研究法，就是对两个或两类以上性质相同的事物所具有的特征加以比较，在比较中通过鉴别其异同来认识事物发生发展的特殊性和规律的研究方法。任何事物都是个性和共性的统一体，按照不同的分类标准，可以将事物分为不同的类别。同类研究的最大特点就是"同中求异"，在同类事物的比较中加深对事物的深刻认识。

在教育教学工作中，我们常常通过对对象的比较，用已知说明未知，发现类似之处而推出新的结论。同类比较能使人触类旁通、由此及彼，将一类事物中所发现的原则或方法，通过同类比较应用到其他事物的研究中去，成为解决新问题的关键方法。我们平时总结先进教师的教育教学经验，并同时推广先进教师的经验，也正是运用这种同类比较的方法。例如，某地某特级教师，对小学语文教学进行了改革实验，他虽然开展的是小学语文改革，但他所运用的教学原则，对中小学的其他学科，可能也有一定的参考价值。

在对英国、法国和德国高中毕业考试制度的比较研究中，这三个西欧国家从教育传统方面来看，中等教育有很多相似的地方。通过比较我们可以清晰地看出，三国在"证书制"的共性之下，又有其各自的具体运作模式，经过比较鉴别方能细致地掌握它们各自的特色（韩家勋等，1999）。

（二）异类比较研究法

所谓异类比较研究法，就是对两个或两类以上性质相反的事物或一个事物的正、反两方面加以比较，通过比较表面相异的两类对象以发现异中之同，即比较两个或两个以上事物的不同属性，从而说明两个事物的不同，以揭示事物内部的规律。异类比较研究法由于比较研究的对象反差大，结论鲜明，有利于鉴别和分析，往往能帮助人们发现新问题、揭示新规律，受到了研究者的青睐。例如，我国心理学工作者为改进中学教育工作，对国内十省市在校青少年理想、动机和兴趣，开展了调

查研究[①]。这一研究中就采用了相异比较的方法。研究结果表明：在对不同学科的兴趣方面，中学生中男生对理科的兴趣稍大于女生，女生对文科的兴趣又稍大于男生。这种相异比较的特别是结果鲜明，是非清楚，便于分析。

例如，人类个体几十年的成长过程，与人类种系几万年甚至几十万年的演化过程本属不同类型的事物，但心理学家对之进行比较后发现，人类个体的发展历程正是人类种系发展历程的"复演"，于是产生了著名的复演说。有学者对大致生活在同一历史时期但绝无信息交流的孔子和苏格拉底的教学法进行了比较研究，发现通过对两位古代教育家的教学思想所做的对比，可以窥见中西方教育发展的不同特点（袁征，2000）。

三、定量比较研究法和定性比较研究法

任何事物都是质与量的统一体。在具体的教育研究过程中，有的研究者倾向于通过对比分析事物数量方面的特征来发现某些规律，有的研究者侧重于以理性的归纳和推理过程来说明事物的状况。而在更多的实际的教育比较研究中，经常采用的则是将定量比较研究法与定性比较研究法综合起来进行运用。

（一）定量比较研究法

所谓定量比较研究法，就是对事物的属性进行数量上的分析，从而准确地判定事物的发展变化。认识事物和改造事物，都必须进行量的比较分析。在化学上，通过定性分析，我们知道某种物质的化学成分。但如果不进行定量分析，找出这些成分之间的比例，我们还是无法制造出这种物质来。教育工作中也有一个定量比较的问题，无论是制定教育事业发展规划，还是从事一项教育实验或是进行教育调查，都要进行定量比较，提倡用数据说话。

例如，为了解我国小学生在数学课堂的学习情况，研究者用三周时间对学生进行观察，并在课后访问学生和教师：研究者把学生在数学课出现的行为大致分为十项：回答老师的提问（回答）、向教师提出问题（提问）、看书自学、和同学讨论与上课有关的问题（讨论1）、和同学讨论与上课无关的问题（讨论2）、做习题、听教师讲课（听课）、做与上课无关的小动作（包括眼睛看窗外无所事事）（做小动作）、做教师指定的小实验（操作）、其他（包括准备工作等）。由于在观察过程中研究者无法区分讨论1与讨论2，遂将二者合并为一项。其中，回答和提问用次数统计，其他用时间统计。研究者做出描述性的观察记录，研究者根据各种课堂行为的时间和频率的统计，得出三点认识：第一，学生在课堂中的主要活动是听课和作业，占用时间很多，而其他活动相对时间较少；第二，学生在数学课中的课堂作业占据了最多的时间；第三，从集体讨论的情况来看，学生被老师提问比学生举

[①] 青少年理想、动机、兴趣研究协作组. 国内十省市在校青少年理想、动机和兴趣的研究. 心理学报，1982（2）：199-210.

手向老师提问多得多（陈桂生，2000）。

（二）定性比较研究法

所谓定性比较研究法，就是通过对事物间所具有的本质属性进行比较，从而确定事物的性质的一种研究方法。人们做工作、搞研究，首先要划清各种事物的质的界限，进行定性比较。在教育研究过程中，也有一个定性比较的问题。例如，中国科学院心理所主持的中学数学自学辅导教学实验，运用定性比较的方法，说明自学辅导教学是对传统课堂教学的重大改革，教学质量优于传统课堂教学。定性比较的方法有利于区别事物、认识事物。

例如，在上述我国小学生数学课堂学习情况的调查中，研究者除了对学生课堂行为进行研究外，还进一步对学生的课堂投入模式进行了研究，并对两个行为表现和学习成绩相似的学生进行了投入模式的比较，发现二者有较大的差异。这种比较研究则属于定性比较研究。

四、问题比较研究法和区域比较研究法

（一）问题比较研究法

问题比较研究法是以问题为中心，针对某个教育问题，对两个或两个以上的国家和地区进行相互比较，从而明确该问题在各个国家或地区的发展历史、现状和变化趋势。这种比较研究方法所涉及的问题比较单一，研究内容的范围可依据比较的地域范围而定。

例如，关于学习困难学生教育的理论问题，西方学者提出的归因理论认为，学习困难学生往往把学习失败归因于外部的、不可控制的、不稳定因素，导致自尊水平降低，自我概念更加消极，因此主张进行正确的、积极的归因训练，从而开发他们的内部动力系统。角色理论认为学习困难儿童的形成是其整个动力系统乃至人格角色偏差造成的，需要教育者帮助他们改变其社会角色，进而改变其整个行为的动力系统。

（二）区域比较研究法

区域比较研究法是通过对所确定地区教育问题的比较来揭示不同地区教育的不同发展水平与特点的比较研究方法。区域比较研究法所涉及的比较区域相对固定，而比较的问题可以根据研究目的和资料情况而确定。

例如，对我国东南沿海地区和西北内陆地区近年来教育状况进行比较，研究者可以发现改革开放20多年来两地教育发展的差距，为调整国家宏观教育政策提供借鉴。再如，对西欧和北美新教育模式与方法的比较，研究者可以了解世界两个经济与教育发达地区教育改革状况和教学模式与方法的发展变化趋向。

总之，尽管研究者对比较研究的方法进行了分类，但实际上，各种研究类型相互渗透，具有内在的联系性，难以截然分开。研究者应注意将各种方法巧妙地综合运用，比较得更加全面、深刻，使比较研究形式活泼、资料翔实、立论纵横，更加具有说服力。

第三节 教育比较研究法的实施

教育比较法看似简单，实施起来并非易事。本节着重阐述教育比较法的实施步骤，以及运用教育比较法时应该注意的一些问题。

一、教育比较研究法的实施步骤

与其他研究方法一样，教育比较研究法同样存在着基本实施步骤和程序。如德国的希克尔（Hilker）和美国的乔治·贝雷迪（Bereday）提出，比较研究应分为纪实、解释、并列、比较四个阶段：①纪实，即收集整理有关研究对象的资料，客观地描述事实；②解释，即多元地解释所描述的事实的含义；③并列，即将判明了的事实加以整理、并列，揭示其异同；④比较，即提出比较分析所需的假说，做出结论。而英国的布莱恩·霍姆斯（Brain Holmes）仿效杜威的"反省思维"，提出比较教育研究的四个阶段：①问题的选择与分析；②解决对策（政策）的计划；③相关因素的确认；④根据三种范型，进行有关资料的系统选定、分类与相关分析，借此做出某种一般的教育预测。即从收集资料开始，经过选择问题，政策研究，问题分析，政策制定，相关因素的识别，政策结果的预想，得出正确的预测。[①]

1. 明确比较的主题

这是进行比较研究的前提。也就是说，要明确知道比较什么问题。教育上的问题很多：是比较教育的目的、任务，还是比较教育的内容？是比较教育的方法，还是教育的管理制度？总之，研究者要把所比较的问题，放到一定的范围之内，不能乱比。

2. 确定比较的标准

确定比较标准就是把比较对象的材料，按可能比较的形式排列起来，使比较的概念明确化，比较的数据精确化。研究者根据比较的标准，不但能使抽象的概念具体化，而且能利用各方比较的材料。

---

① 日本筑波大学教育学研究会. 现代教育学基础. 钟启泉译. 上海：上海教育出版社. 1986：499-500.

3. 广泛收集和整理资料

综合利用多种媒介和手段，多方查找资料，尽可能地客观地收集所要研究的教育现象和问题的各种有关资料，为下一步深入研究打好基础。

4. 对比较的内容进行解释和分析

这是运用比较研究法的重要环节，也就是对所比较的事实、数据进行充分的解释、研究和分析，说明为什么是这样，而不是那样，分析形成这一事实的原因、理由和因素。解释和分析时要注意事物间的因果性和全面性。

5. 做出比较的结论

做出比较的结论就是对比较对象的材料、情节进行全面分析研究，从而做出结论。例如，在《自学辅导教学与常规教学中注意集中问题的比较研究》一文中，明确指出自学辅导教学优于常规教学，从心理学观点看，"学生注意集中程度如何是提高自学效果的因素之一"。这样，从明确比较的主题、提出比较的标准、到解释比较的内容、最后做出比较的结论，就形成了一个完整的比较研究的过程。

二、教育比较研究法实施注意事项

1. 注意事物之间的可比性

可比较性指的是比较的对象之间的规定性，指对象之间具有一定的内在联系，具有某些本质上的而不是表面上的共性。比较对象间具有可比性，要求比较研究的事物必须属于同一范畴，要具有一定的内在联系，它们可以用共同的标准进行评价和衡量。因此，如果不是同一范畴、同一标准的材料，则不能比较。我们在选择比较对象时，必须要持审慎的态度，使比较对象具有同等的客观条件，在比较的过程中要始终保持统一的比较标准和比较范围。

2. 注意比较对象的广泛性和全面性

客观事物的条件是各种各样的，其中有的是主要的，决定事物性质的；有的是次要的，不决定事物性质的。同时，任何事物也不是孤立存在，而是和其他事物密切联系的。此外，任何事物都是复杂的个体，各种事物之间不仅有现象的异同，而且存在着本质上的异同，研究者既要比较事物的现象，更要比较事物的本质，要运用理性思维进行科学比较。正如黑格尔所指出的那样："假如一个人能看出当即显而易见之异，譬如，能区别一支笔与一头骆驼，我们不会说这人有了不起的聪明，同样，另一方面，一个人能比较两个近似的东西，如橡树与槐树，或寺院与教堂，而知其相似，我们也不能说他又很高的比较能力。我们所要求的，是要能看出异中之同和同中之异。"[①]因此，比较要从各方面进行，要保证比较对象的广泛性和全面性。

3. 保证比较资料的可靠性

用于比较研究的资料必须是真实可靠的，如果不能保证比较资料的可靠性和准

[①] 黑格尔. 小逻辑. 贺麟译. 北京：商务印书馆.1980：253.

确性，得出的结论也就失去了价值和意义，因此必须保比较证资料的可靠性。研究者在获取资料的时候，必须本着客观、认真的态度。如果比较研究的资料是通过实验、调查等途径获取的，要对其进行认真的调查、实验、分析、统计与测量，保证所得出的研究结论正确、真实；如果是借鉴他人的研究成果和资料，要对其进行认真检验和核对，在证实其科学性和可靠性的基础之上方可加以引用。

4. 把比较法与其他研究方法结合起来

在教育调查中，研究者要比较调查对象的种种相同或不同情况；在实验法中，研究者要比较实验的各种变化和效果。可见，教育研究的过程是各种方法综合运用的过程。

第四节　教育比较研究法在教育研究中的运用

如何运用教育比较研究法是本节关注的重点。本节主要阐述运用教育比较研究法解决教育问题的思路，以及运用教育比较研究法解决教育问题的案例。

一、运用教育比较研究法解决教育问题的思路

1. 明确比较主题

确定比较的主题是进行教育比较研究的前提和基础。如果没有明确的比较主题，就会增加和导致比较的难度，使教育比较研究失去方向，甚至偏离所需要比较的轨道，使教育研究事倍功半。

2. 确定比较标准

比较标准的确定和统一对教育比较研究来说至关重要，具体来说，就是要确定教育比较研究从哪几个方面和角度来进行，使教育比较研究能够有序进行，能够找准比较的点或面，使比较研究所需要使用的资料能够做到物尽其用，对教育问题进行全面比较研究，以深入透彻地认识所要研究的教育问题，得出合理和令人信服的结论。

3. 收集和整理资料

资料对教育比较研究来说，犹如河流之于鱼儿、天空之于鸟儿，是教育比较研究顺利进行的保障。如果没有资料作为支撑，教育比较研究就无法进行下去。因此，研究者一方面要运用多种手段全面收集资料，另一方面还需要对所获取到的资料进行消化和整理，使之条理化，这样在教育比较研究具体进行的时候就会省去很多的

时间，提高研究的效率。

4. 比较分析内容

解释和分析比较的内容是教育比较研究的重要环节和步骤，只有对所收集和整理的资料进行深层次的解释和分析，才会实现对比较内容的深刻认识，使自己的研究结论能够科学、合理。因此，要正确、合理地对比较的内容进行解释和分析，分析和解释比较内容时要兼顾比较的全面性和因果性。

5. 得出比较结论

这是运用比较研究法进行教育研究的最后一步，也是至为重要和关键的一步。以上几个比较环节的进行无不是在为最后得出正确、合理的比较结论服务。比较结论的得出需要研究者对所掌握的资料和比较分析结果进行全面、客观分析，这样才能得出预期的比较研究的合理和科学的结果。

二、运用比较研究法解决教育问题的案例

为了帮助我们对比较研究方法有更具体的理解，下面以《藏、汉儿童数学思维能力发展差异性的比较研究》[①]为案例加以说明。

【案例】《藏、汉儿童数学思维能力发展差异性的比较研究》

一、确定比较的问题

教育受儿童身心发展规律的制约，所以必须了解儿童身心发展的特点。而我国是一个多民族国家，在我国的少数民族中，藏族人口较多，居住面广，有悠久的历史和独特的文化，在国际国内有很大影响。藏族教育是我国少数民族教育的重点，同时也是我国教育的难点，而对藏族儿童和藏区其他民族儿童思维发展的特点与规律的研究是解决藏族教育这一难题的关键。所以该案例选择藏、汉儿童进行比较研究。但是为什么要选择数学思维能力作为比较的问题呢？这是因为数学是人的"思维体操"，以其特有内容、形式和方法概括显示出人的思维水平。

选好了比较的主题，接下来要确定比较的范围。该案例选择了9—15岁七个年龄组的藏、汉在校儿童。其中藏族儿童选自甘肃省甘南藏族较集中的碌曲县和夏河县的民族中小学，汉族被试选自碌曲县、夏河县的普通中小学。各年龄组藏、汉被试各20名，男女均各半，按数学成绩上、中、下三个等级分层随机取样（上30%，中40%，下30%），并尽可能使年龄组与年级相对应。

二、确定比较标准

比较的指标有三个：数学思维能力、文化背景、个性特征。数学思维能力分为

---

① 比较研究. 百度百科. https://baike.baidu.com/item/比较研究/5447336? fr=Aladdin#1-16.2017-11-12. 详见孙名符、吕世虎、王仲春. 藏、汉儿童数学思维能力发展差异性的研究. 教育研究，1991（8）：57-63.

比较能力、分类能力、概括能力、运算能力、问题解决能力等五个标准。文化背景分为父母亲的职业；文化水平；对子女学习的关心程度；对子女学习的指导程度；对子女学业的期待程度；对数学的态度；家庭学习环境；学校教育环境；教师对学生的期待水平等标准。个性特征分为数学学习动机；兴趣；态度等标准。

三、收集和整理资料

资料的收集通过两个途径来进行。一是应用国际通用的瑞文标准推理测验（Raven Standard Progressive Matrices，R. SPM），另外编写数学思维能力测验题目测试被试。各组测试题按照试题范围的大小、抽象程度的高低赋以不同的权重。二是问卷和访谈、文献分析（查阅学生档案、作业等）、实地观察收集相关资料。

拥有了大量资料以后，把它们加以整理，别除那些无效的样本，然后根据不同的标准进行分类处理，并对数据进行统计，最后汇总，必要时要制成表或图。

四、比较分析

根据以上资料该研究从如下几个方面进行分析：藏、汉儿童思维能力发展趋势和水平的差异性；不同年龄组藏、汉儿童达到数学思维各级水平的百分比的比较；藏、汉儿童文化背景与学习动力的比较；藏、汉儿童数学思维能力与文化背景和数学学习动力因素的列联相关比较。

通过以上比较发现藏、汉儿童的数学思维能力有明显区别，原因何在？这需要进一步分析。本案例从教育水平的差异；语言的影响；个体意识倾向性的差异几个方面进行分析。

五、得出结论

根据以上比较分析得出结论：藏、汉儿童的数学思维能力发展存在显著差异，这种差异与儿童的家庭、学校环境以及语言等文化背景因素和某些个性特征有关，而与民族性无关。

比较研究是根据一定的标准，对两个或两个以上有联系的事物进行考察，寻找其异同，探求教育之普遍规律与特殊规律的方法。其发展大约经历了萌芽阶段、形成阶段、发展阶段、成熟阶段。比较研究有助于认识事物的本质和教育的普遍规律，有助于更好地认识本国、本地的教育状况；有助于获得新的发现；有助于教育政策的制定。

思考题：

1. 教育比较研究法的特点表现在哪些方面？
2. 教育比较研究法的作用有哪些？
3. 教育比较研究法的类型有哪些？
4. 在运用教育比较研究法时应该注意哪些问题？
5. 如何运用教育比较研究法？

第十三章　质的研究方法

质的方法是当下人文社会科学研究领域中越来越受到人们关注的方法之一。本章将着重阐述质的研究方法的基本特点及其实施程序等内容。

第一节 质的研究方法概述

一、质的研究方法的概念

质的研究方法简称为质的研究。何谓质的研究？迄今为止，学界尚无共识。而且，在我国的香港、台湾地区，以及新加坡等地，质的研究方法还常被称为"质化研究"。

从已有文献看，国外学者对质化研究（质的研究）的理解有多种，以下列举几例[①]。

"质化研究是用文字来描述现象，而不是用数字加以度量（Krathwohl，1998）。"

质化研究的渊源同文化人类学、社会学、心理学、社会语言学科相关联，……是站在被研究者的角度来描述和分析文化、人及群体行为特征。（Hudels，1994）

质化研究是一种一致的质化范式设计，是在自然情境中以复杂的、独特的、细致叙述来理解社会和人的过程。（Creswell，1994）

质化研究是理解人的现场研究，一般以参与观察、无结构访谈或深度访谈来收集资料。（Burgess，1984）

质化研究是从非普遍性的陈述、个案中获得印象和概括的过程，是文化心理方法学的基石。（Ratner，1997）

我国关于"质的研究"的阐释尽管也不尽一致，但大多与陈向明的观点较为接近。其中，陈向明将"质的研究"界定为：质的研究方法是以研究者本人作为研究工具，在自然情境下采用多种资料收集方法对社会现象进行整体性探究，使用归纳法分析资料和形成理论，通过与研究对象互动对其行为和意义建构获得解释性理解的一种活动。[②]

陈向明的定义揭示了质的研究的六大要素：①研究环境。质的研究是在自然环境中展开而不是在非人工控制的实验环境中进行的；②研究工具。在质的研究中，研究者通常不使用量表或其他测量工具，研究者本人就是研究的工具；③收集资料的方法。质的研究方法并非是一种具体的研究方法，因而，在资料收集上，往往采用多种方法，比如开放型访谈、参与型和非参与型观察、实物分析等；④研究结论和理论的形成方式。在质的研究中，研究者运用归纳法分析资料并提出理论假设；⑤理解的视角。在质的研究中，研究者立足于主体间性的角度，通过与被研究者互

---

① 秦金亮. 心理学研究方法的新趋向——质化研究方法述评[J]. 山西师大学报（社科版），2000（3）：11-16.
② 陈向明. 质的研究方法与社会科学研究. 北京：教育科学出版社. 2000：12.

动而理解被研究者的行为及其意义;⑥研究关系。在质的研究中,研究者与被研究者之间是互动关系,要考虑这种关系对研究的影响。

由此可见,质的研究方法并非一种简单的研究方法,而是方法论层面的研究方法,是一种研究方法的哲学思想。具体来说,质的研究是研究者以自身作为研究工具,针对自然情景发生的事件或现象等进行实地观察和深度访谈,以归纳事件或现象发生与发展直至最终结果的研究方法。

二、质的研究方法的特点

1. 自然性

质的研究方法强调在自然情境中做临床性探究,对被研究者的"生活世界"以及社会组织的日常运作进行考察。质的研究认为,"个人的思想和行为以及社会组织的运作是与他们所处的社会文化情境分不开的"[①],研究者必须在当时当地与被研究者面对面地交往,同时在交往过程中对现场的人、事、物作整体性的研究。

2. 解释性

质的研究方法强调研究者必须从被研究者的角度去理解他们的行为、思想、感情、价值观念和知觉规则,在此基础上理解被研究者本人对自己行为和周围环境的解释,进而真实地描述和解释被研究者的行为。

3. 过程性

质的研究更关注研究过程而不是研究结果,质的研究是对变化着的某种现实的持续探究,是一个动态的研究过程。在这个动态的过程中,研究者和被研究者双方的世界观和价值观都可能发生变化,而且研究设计可能会由于研究者对自己的"前设"和"偏见"进行反省而发生变化。相应地,研究过程中收集和分析资料的方法可能会变,建构研究结论和理论的方式也可能会变。为此,研究过程中研究者的决策、研究的假设可能随时会被修正。

4. 归纳性

质的研究中,研究者在收集大量第一手资料的基础上,通过主要运用归纳法对收集的资料进行自下而上的分析,提出理论假设,并通过相关检验逐步使理论假设得以充实和系统化。因此,质的研究结果只适应于特定的情境和条件,不能推广到样本之外的范围。

5. 人文性

所谓人文性,是指质的研究十分强调研究者亲自体验被研究者的内在生活和人性特质,非常重视与被研究者之间的关系。因而,质的研究不可能设想研究者可以脱离被研究者进行研究。正是由于双方之间的互动,研究者才可能对被研究者进行研究。此外,质的研究特别关注研究中的伦理道德问题。其主要体现为:①研究者必须事先征求被研究者的同意方能对被研究者进行研究;②研究者对被研究者提供

---

① 陈向明. 质的研究方法与社会科学研究. 北京:教育科学出版社. 2000:7.

的信息必须严格保密；③研究者与被研究者之间必须保持良好的关系；④研究者必须合理回报他们所给予的帮助。

三、质的研究方法的理论基础[①]

质的研究过程是一个知者与被知者相互参与的过程，知者本人看问题的角度和方式、探究时的自然情境、知者与被知者之间的关系等都会影响研究的进程和结果。可见，质的研究方法是建立在后实证主义、批判理论和建构主义三种理论范式基础之上的。

1. 后实证主义

简单地说，后实证主义是一种"批判的现实主义"。它认为客观实体是存在的，但是其真实性不可能被穷尽。客观真理虽然存在，但是不可能被人们所证实。它就像一个被遮蔽在云雾中的山顶，一个人到达此处时，由于看不清周围的景物，无法轻易地确定自己是否已经站在山顶。我们所了解的"真实"永远只是客观实体的部分或一种表象，所谓"研究"就是通过一系列细致、严谨的手段和方法对不尽精确的表象进行"证伪"而逐步接近客观真实。根据波普的观点，证实与证伪之间的关系是不对称的，不论多少次证实都可以被一次证伪所推翻：只要找来一只黑天鹅，就可以推翻"凡天鹅都是白色的"这样一个被多次反复证实的"真理"。因此，我们无法通过对经验的归纳来证明某种理论，而只能对理论进行证伪。理性批判是知识增长的唯一途径，必须通过不断的"猜想与反驳"，才可能逐步接近真理。

2. 批判理论

批判理论是一种"历史现实主义"。在本体论上，它也承认客观现实的存在，但是在认识论上，它认为所谓的"现实"是历史的产物，是在历史发展进程中被社会、政治、文化、经济、种族和性别等因素塑造而成的。因此，研究者的价值观不可避免地会影响到被研究者。研究的目的是通过研究者与被研究者之间的对话和互动来超越被研究者对"现实"的无知与误解，唤醒他们在历史过程中被压抑的真实意识，逐步解除那些给他们带来痛苦和挣扎的偏见，提出新的问题和看问题的角度。这是一种行动型的、带有强烈政治和道德倾向的研究。在这里，"不讲道德就是不道德"。

批判理论指导下的研究主要使用辩证对话的方式，通过研究者与被研究者之间平等的交流，逐步去除被研究者的"虚假意识"达到意识上的真实。衡量研究质量的标准不是证实，也不是证伪，而是消除参与者无知和误解的能力。比如，研究者应该问的问题是：被研究者通过与我们进行辩证对话是否获得了自知和自我反思的能力？他们是否在认知、情感和行为上变得更加自主、更加愿意自己承担责任了？他们是否在强权面前变得更加有力量了？

---

① 陈向明. 质的研究方法与社会科学研究. 北京：教育科学出版社. 2000：15-16.

3. 建构主义

建构主义者不是现实主义者，他们在本体论上持相对主义的态度。在建构主义者看来，所谓"事实"是多元的，因历史、地域、情境、个人经验等因素的不同而有所不同。因此，用这种方式建构起来的"事实"不存在"真实"与否，而只存在"合适"与否的问题；因为我们只可能判断某一个行为或一种想法是否达到了自己的预期，而无法知道它们是否"真实"。研究者与被研究者之间是一个互为主体的关系，研究结果是由不同主体通过互动而达成的共识。正如，加达默尔所指出的，"领会"不是主体对客体的认识，而是不同主体之间"视域的融合"。意义并不是客观地存在于被研究的对象那里，而是存在于研究者和被研究者的关系之中。"一切认识只有作为再认识才叫认识"。每一次理解和解释都是对原有诠释的再诠释，这是一个诠释的螺旋，可以永无止境地诠释下去，因此，研究者要做的不是进入被研究者的头脑（事实上这也是不可能的），而是通过反思、"客观地"审视和领会互为主体的"主观"。在这里，本体和认识、主观和客观、知者和被知者、事实和价值之间的界限已经不存在了。研究是一个交往各方不断辩证对话而共同建构研究结果的过程；不是为了控制或预测客观现实，也不是为了改造现实，而是为了理解和建构——在人我之间、个体和世界之间、过去和现在之间建构起理解的桥梁。通过主体之间的理解，人类将扩大自身描述和解释事物的认知结构和叙事话语。

建构主义者认为，不带"倾见"的理解实际上是一种对理解的不合适的理解，所谓"理解"和"解释"之间的区别实际上是不存在的。人们看待事物的方式决定了他们所看到的事物的性质。研究者个人的思维方式、使用的语言和解释原则必然（也必须）符合他们生活中基本的、约定俗成的规范，否则便不可能对研究的现象进行任何意义上的阐释，更不可能与他人进行交流。比如，当我们看见在一个房间里有一些七八岁的孩子一排排地坐在桌子后面，手里拿着书，眼睛望着前面一位正在说话的成年人，我们马上会将这一场景解释为"上课"。而我们对这一事物的理解是基于我们对自身文化的了解和认同之上的。如果我们从来没有在这个星球上居住过（像外星人），或者我们从来没有上过学或者目睹过此类场面，我们有可能将其解释为"一些孩子坐在一个屋子里，前面有一个大人在讲话"。或者更有甚者，我们对"孩子""坐""屋子""大人""讲话"这些概念都会有不同的解释。

四、相关的概念辨析

质的研究是一个与量的研究相对的概念吗？质的研究方法等同于定性研究吗？质的研究与行动研究之间存在关系呢？为了更清楚地理解质的研究的含义，下面将逐一进行辨析。

1. 质的研究与量的研究的区别[①]

量的研究又称定量研究、量化研究，是一种对事物可以量化的部分进行测量和

---

① 陈向明. 质的研究方法与社会科学研究. 北京：教育科学出版社. 2000：10.

分析，以检验研究者自己提出的有关理论假设的研究方法。量的研究有一套完备的操作技术，包括抽样方法（如随机抽样、分层抽样、系统抽样、整群抽样）、资料收集方法（如问卷法、实验法）、数据统计方法（如描述性统计，推断性统计）等，正是通过这种测量、计算和分析，以求揭示事物的本质和规律。而"质的研究"则是通过研究者和被研究者之间的互动，对事物（研究对象或被研究者）进行较长时间的深入及细致的体验，然后对事物的"质"有一个比较整体性的、解释性的理解。"质的研究"与"量的研究"各有优势和弱点，两者不是相互排斥的，而是互补的。下文立足这两种方法各自的优势与局限谈谈两者之间的几点区别。

1）量的研究比较适合在宏观层面对事物进行大规模的调查和观测；质的研究比较适合在微观层面对个别事物进行细致、动态的描述和分析。

2）量的研究证实的是有关社会现象的平均情况，因而对抽样总体具有代表性；质的研究擅长探讨特殊现象，以发现问题或提出新的看问题的角度。

3）量的研究将事物在某一时间点上凝固起来，然后进行数量上的计算；质的研究在时间的流动中追踪事件的变化发展过程，使用语言和图像作为表述的手段。

4）量的研究从研究者自己事先提出的假设出发，通过收集和分析数据来验证自己的假设；质的研究注重站在当事人的角度了解他们的看法，在研究进行中逐渐形成理论假设。

5）量的研究极力排除研究者本人对研究的影响，尽量做到价值中立；质的研究十分重视研究者对研究过程和结果的影响，要求研究者与被研究者密切接触、相互影响，达成共情。

2. 质的研究与定性研究的区别

根据陈向明的观点，在当下，我国学术界尚没有对"定性研究"的理解达成共识，通常把所有非定量的研究都归入"定性研究"的范畴，如哲学思辨、个人见解、政策宣传和解释，甚至包括在定量研究中对问题的界定，以及之后对有关数据的理论分析。"定性研究"与"质的研究"有类似之处，例如，都强调对社会现象之意义的理解和解释，都强调文字性的阐述和分析等，但又有很大不同。具体来说，二者之间的不同主要体现在以下三个方面。

1）在哲学层面上，定性研究认为存在绝对的真理和客观的现实，研究的目的是为了发现事物或研究对象的属性或变化发展规律。而质的研究对已有的"真理"的唯一性和客观性表示质疑，认为事物或研究对象的属性或变化发展规律具有不确定性。

2）在研究方法上，定性研究通常不要求研究者系统收集资料，以及分析原始资料，而主要利用一些文献资料进行形而上的哲学思辨以及逻辑分析，具有较大的随意性、习惯性和自发性。而质的研究十分强调研究者在与被研究者互动的过程中收集第一手资料，并且十分强调对原始资料进行深入分析。

3）在研究结论上，定性研究的结论一般都是预先设定的，而质的研究结论却是凭借分析研究过程中收集的原始资料归纳而来的。

3. 质的研究与行动研究的区别

行动研究是从实际工作需要中寻找课题,在实际工作过程中进行研究,由实践工作者与研究者共同参与,使研究成果为实践工作者理解、掌握和应用,从而达到解决实际工作中的问题的研究方法。行动研究与质的研究具有很多相同之处,因而有人把行动研究视为"质的研究"方法之一。不过,两者之间的区别也是十分明显的。在收集资料上,与质的研究不同,行动研究有时也采用量的方法,比如,借助问卷法、测验法、实验法等方法来收集资料;在研究目的上,行动研究的目的是解决实际工作中的问题,而质的研究并不是以解决问题为研究目的,其目的是通过与研究对象互动而对其行为和意义建构获得解释性理解。

第二节 质的研究方法的实施

质的研究方法的实施程序一般包括确定研究问题、选择研究对象、进入研究现场,收集一手资料,整理资料,分析资料并构建理论、检验效度与信度、撰写研究报告等环节。

一、确定研究问题

质的研究尽管是从现象入手,但研究的着眼点却是问题。为此,确定研究问题是质的研究的逻辑起点。一般来说,确定研究问题包括寻找研究问题和界定研究问题两个分环节。

1. 寻找研究问题

研究问题就是质的研究中需要研究的具体问题。质的研究中,寻找研究问题是一个不断发展、不断聚焦的过程。起初寻找到的研究问题通常是一个比较宽泛的大问题或问题领域,之后通过深入思考可逐步集中到一个或数个具体问题上。到底什么样的问题适合质的研究呢?质的研究问题应是学术界或实践界尚有疑问且研究者本人也确实感兴趣并希望探讨的"有意义的问题"。这里的"有意义的问题"有三层含义:①该问题确实还存在疑虑;②该问题确实是研究者不太了解而又很希望了解的问题;③指该问题对研究者本身来说具有实际的意义。

2. 界定研究问题

找到"有意义的问题"之后,便需要界定该问题,界定问题包括确定问题的类型、确定问题的范围及合适表述问题。①明确该问题是特殊性问题还是普遍性问题、是过程性问题还是差异性问题、是描述性问题还是评价性问题、是因果性问题还是并列性问题，等等。②明确该问题的范围。研究范围不能过大也不能过小，而范围的大或小取决于多方面的因素，比如，研究时间、地点、研究者人数、被研究者人数、研究方法、研究经费等，不能一概而论。③用合适的语言表述该问题。至于如何表述问题才合适，前一章已有阐述，在此不再赘言。不过，值得指出的是，在表述问题之后，还需要对表述中所出现的一些重要概念下操作性定义。所谓操作性定义，是指根据可观察、可测量、可操作的特征或指标对概念进行描述。此外，如果研究的问题涵盖有几个子问题，界定问题时，还需要逐一确定该问题的子问题。

二、选择研究对象

研究问题确定之后，研究者理当是选择研究对象。如何选择研究对象呢？这就涉及一个抽样的问题。所谓抽样，是指根据的需要对有关的人、时间、地点、事件、行为等进行选择的行为。如何抽样呢？下面从抽样原则和抽样策略两个方面阐述如何抽样的问题。

1. 抽样原则

抽样原则即抽样时遵循的基本要求。社会科学研究领域中的抽样一般有概率性抽样和非概率性抽样两种方式。不过，质的研究注重对研究对象进行比较深入细致的研究，因而质的研究对象的数量一般都比较小，在抽样时不可能也不必要采取概率抽样的方式。也就是说，在质的研究中，研究者选择研究对象时，常常使用非概率性抽样的方式进行抽样。另外，在质的研究中，研究者往往希望按照研究的目的抽取能够为研究问题提供最大信息量的研究对象，因而，在抽样时通常是带有明确的目的性的。可见，在质的研究中，研究者一般使用"非概率抽样"中的"目的性抽样"抽取样本。

2. 抽样策略

抽样策略即抽样的计策与谋略。要想抽取最佳的样本，除了掌握抽样原则外，还必须掌握相应的抽样策略。对于质的研究来说，常见的抽样策略有以下几种[①]。

（1）强度抽样

强度抽样是指抽取具有较高信息强度和密度的个案。其目的是寻找那些可以为研究问题提供非常密集、丰富信息的个案，但是这些个案并不一定是非常极端或不同寻常的。比如，研究中部地区城市中学生学业负担过重问题，可以选择武汉、长沙等中学生为样本（研究对象）。

（2）最大差异抽样

最大差异抽样是指被抽中的样本所产生的研究结果将最大限度地覆盖研究现象中各种不同的情况。当被研究的现象内部的异质性很强时，可以先找出该现象中具有最大异质性的特点，然后使用这个因素作为抽样的标准对现象进行筛选。其目

---

① 陈向明. 质的研究方法与社会科学研究. 北京：教育科学出版社. 2000：105-109.

的是了解在差异分布状况下事物的某一特点具有何种同质或异质表现。比如，我国某省最近建立了一个新型的社会保障系统，遍布该省各个不同地区，如高原、平原及丘陵等。如果研究者想了解该社会保障系统在不同地理环境下是如何运作的，便可以将地理分布作为一个抽样的原则，分别在高原、平原及丘陵地带抽取一定的样本。

（3）同质型抽样

同质型抽样是指选择一组内部成分比较相似的个案。其目的是对研究现象中某一类比较相同的个案进行深入探讨，因而可以集中对这些个案内部的某些现象进行深入分析。比如，质的研究中的焦点团体访谈使用的便是典型的同质型抽样。

（4）关键个案抽样

关键个案抽样是指选择对事情产生决定性影响的个案。目的是为了将从这些个案中获得的结果逻辑地推论到其他个案。它选择的是一种在"理想"状态下有可能影响到研究现象的"关键性"个案。比如，要试验一套新设计的课程方案的可行性，可以事先选择一所大家公认的"好"学校进行试点，如果连这所"好"学校都不能成功实施这套新课程方案，则可以推断，其他类型的学校更加难以适应这套新方案了。

（5）效标抽样

效标抽样是指事先为抽样设定一个标准或一些基本条件，然后抽取符合此条件或标准的个案。其目的是为了确保抽样的质量。例如，一般正常的产后住院时间是一到两周，如果有产妇在医院的时间超过了两周，便可被认为产生了"不正常"病情。为此，研究者可以将抽样的标准定在住院时间超过两周以上的病人范围内，尔后对这些病人进行调查。

（6）证实和证伪个案抽样

这种抽样策略通常用于研究者已经在研究结果的基础上建立了一个初步的结论，希望通过抽样来证实或证伪自己的初步理论假设。这种抽样方式通常在研究的后期使用，目的是为了验证或发展研究者本人的初步结论。

（7）极端或偏差型个案抽样

在这种抽样方式中，研究者通常选择研究现象中非常极端的、被一般人认为是"不正常"的情况进行调查。其理由是，从一个极端的例子中学到的经验教训可以用来为一般情况服务。在质的研究的不同分支里，常人方法学经常使用这种抽样的方法。常人方法学的宗旨是通过观察一般人平时的日常行为来探究他们的风俗习惯和价值标准，此抽样的策略可以被用来选择那些被当地人认为"反常"的现象，然后通过观察当地人对这些"反常"现象的反应来了解那些被当地人所共享、但又不被他们自己明显意识到的行为规范。

（8）典型个案抽样

典型个案抽样是指选择研究现象中具有一定"代表性"的个案，目的是为了研究现象的一般情况。这样研究的目的是为了展示和说明此类现象中的典型个案是什么样子，而不是证实和推论。比如，研究者想了解当下中国公务员的工资待遇状态，而专家咨询和统计资料显示，武汉市在全国范围具有一定的"代表性"，那么，研究者便可以选择武汉市的公务员作为研究对象展开调查。

（9）分层目的型抽样

在这种抽样方式中，研究者首先将研究现象按照一定的标准进行分层，然后在不同的层面上进行目的性抽样。这样做的目的是为了了解每一个同质性较强的层次内部的具体情况，以便在不同层次中进行比较，进而达到对总体异质性的了解。比如，研究者想了解我国目前企业内部国有企业、集体企业、私人企业和外资企业在投资方面的差异，但是他不了解这些差异的具体形态以及它们对投资产生的影响，那么，他可以在上述四种类型企业中的每一种类型企业里抽取一定数量的样本进行研究，对研究结果进行对比分析，以此了解它们之间的异同。这些差异构成了目前企业内部投资方面的总体异质性。

3. 抽样方法

在质的研究中，研究者到底如何抽取样本呢？下面介绍五种常见的抽样方法。

（1）机遇式抽样

这种抽样方法是指研究者根据当时当地的具体情况进行抽样。这种方法通常用于研究者对研究实地的情况不大了解且有较长时间在实地进行调查的情况下。这种抽样方法的缺点是需要研究者花费较长时间用于抽样。

（2）滚雪球抽样

这种抽样方法通常用于研究者无法了解总体情况时，便从少数成员入手调查并询问其他符合条件的人，之后再找这些人所知道的人。这是一种通过局内人寻找知情人士的抽样方法。这种抽样方法的缺点是信息的提供者往往是同一类人，很难了解研究问题的异质情况，从而造成研究结论偏狭或错误。

（3）方便抽样

这种抽样方法是指研究者根据现实情况，以自己方便的形式抽取偶然遇到的人作为对象，或者仅仅选择那些离得最近、最容易找到的人作为对象。这种抽样方法常因研究者受到当地实际情况限制的条件下才使用。比如，研究者冒充犯人混进监狱里了解犯人之间的人际互动时，往往只能选择自己所在牢房内的犯人作为研究对象。显然，由这种抽样方法所带来的研究结果之可信度最低，通常在其他抽样方法无法使用时才不得已为之。

（4）目的性随机抽样

该抽样法是指按照一定的研究目的进行随机抽样。在质的研究中，研究者运用随机抽样法进行抽样的目的不是为了保证最终研究结果的"代表性"，而是为了提高最终研究结果的"可信度"。这种抽样方法通常用于研究范围较大导致可选的样本数量较大的情况下。例如，研究者想深入了解某高校贫困生的生活心态，结果发现，该高校贫困生非常多，为此，研究者只能选择其中的部分贫困生进行观察和访谈。

（5）综合式抽样

该抽样方法是指根据研究的实际情况结合使用以上不同的抽样方法。这种抽样方法无疑可以充分发挥以上抽样方法的长处，但它同样有不足之处。比如，各种抽样方法的标准不一致导致评价最终的研究结果时会产生一定的冲突。

三、进入研究现场

对于质的研究来说,研究者确定好了研究问题,选择好了研究对象,接下来便是如何进入研究现场的问题了。究竟如何进入研究现场为好呢?这里需要处理好两个问题。

1. 与被研究者接触的问题

(1) 征得被研究者同意

质的研究十分注重研究者与被研究者之间的关系,因而研究者在进入研究现场前必须征得被研究者同意方可。要想得到被研究者的配合,研究者必须事先介绍自己的基本信息及相应研究项目的基本情况,有时甚至需要单位帮助撰写一封介绍信。此外,为了研究顺利进行,研究者还有必要就某些具体事宜与被研究者达成共识。

(2) 了解被研究者的基本情况

充分了解被研究者所在单位或社区的概况,以及被研究者的某些人际关系,以便顺利接触被研究者。

2. 进入现场的方式问题

对于研究者来说,进入现场的方式主要有以下三种。

(1) 隐蔽式进入

这种进入现场的方式通常是在研究者预料自己的研究肯定会受到"守门员"[①]的拒绝时所采取。比如,想对贩毒集团进行研究,就不可能得到集团头目的同意。隐蔽式进入现场的好处在于:一是可以避免协商进入现场可能带来的麻烦;二是可以随时进出现场。当然,这种进入现场的方式也存在诸多弊端。其主要体现有:①研究者可能因为暴露自己的身份而招致多种损失或危害;②研究者可能因为隐瞒身份而无法公开以研究者身份研究某些问题,从而影响最终的研究结果。

(2) 逐步暴露式进入

这种进入现场的方式通常是在研究者预计"守门员"或被研究者可能对自己的研究产生顾虑时采用。研究者如果采用这种方式进入现场,则在研究开始时,可以简单地向"守门员"或被研究者介绍一下自己的研究计划,然后随着"守门员"或被研究者对自己信任程度的增加而逐步深入开展研究。

(3) 实地自然地进入

这种进入现场的方式是相对理想的。研究者采用这种方式进入现场时,需要自然而直接向被研究者说明自己的意图与研究目的等情况。

---

① 文中的"守门员"是指那些在被研究者群体内对被抽样的人具有权威的人,他们可以决定这些人是否参加研究。陈向明. 质的研究方法与社会科学研究. 北京:教育科学出版社. 2000:151.

四、资料的收集

在质的研究中，研究者收集资料的方法有多种，但其中最主要的方法有访谈、观察和实物收集等三种。

1. 访谈

质的研究中的访谈是指一种有目的、有规则的研究性交谈，是研究者为了了解被研究者内心的所思所想而展开的一项研究活动。如何做好访谈呢？下面将从访谈前的准备开始逐一阐述如何做好访谈的问题。

（1）访谈前的准备

访谈前的准备工作除了抽取或选择访谈对象外，还需要确定访谈时间和地点、协商有关访谈事宜、设计访谈提纲及预备记录工具等。

在访谈时间和地点上，应该尽量由被访者确定，以被访者方便为主。这样做的目的，一是出于对被访者的尊重；二是希望被访者在接受访谈时能够尽可能保持轻松、愉悦的心态，从而能够提供更多真实有效的资料。此外，在初次接触被访者以后，研究者还应与被访者磋商访谈的次数及每次访谈的时间长短。

质的研究十分注重研究者与被研究者之间的关系，因而研究者在访谈前理应与被研究者协商好有关访谈事宜，包括向被访者介绍自己的研究课题，自己是如何选择被访者作为访谈对象的，自己希望被访者告知哪些方面的信息，自己在访谈过程中是否可以录音或录像等。如果被访者希望更多地了解研究者时，研究者还应进一步向被访者介绍自己的情况。此外，研究者还应向被访者承诺两件事：①绝对保护被访者的个人隐私及与自己与被访者约定的相关秘密；②承诺被访者可以自由接受访谈，即在访谈过程中可以随时退出，不必承担任何责任。

尽管质的研究要求研究者在访谈中采用开放型或半开放型的访谈形式，以便充分给予被访者表达自由及获取难以预料且具有价值的资料，但是，在访谈之前，研究者仍然还需要事先设计一个访谈提纲。当然，这个提纲只是一个初步涵盖研究者希望了解的那些主要问题的一个较粗的框架而已。

预备访谈工具也是访谈之前应该做好的准备工作。访谈前，研究者应该根据预计的访谈情境事先准备好记录工具。如果是预备做笔记，就应该准备好记录笔和记录本；如果是预备录音或录像，就应该准备好录音机或录像机。

（2）访谈中的工作

1）提问。研究者在提问环节应把握好三点：①根据访谈过程中的具体情况选择最佳的方式进行提问与追问；②所提问题应该尽量开放、具体、清晰；③提问时应该以非指导性问题开始，从开放性问题逐步过渡到半开放性问题，从浅显问题逐步过渡到深奥问题，从简单问题逐步过渡到复杂问题。

2）倾听。在访谈过程中，倾听不仅能够给予被访者更多尊重，以之鼓励及激发被访者提供更多有用的信息（资料），而且能够使研究者更加清楚地听清被访者的回答，以之做出更好的反馈及更好的追问。从本教材访谈法章节中我们介绍的三个层面的倾听及每个层面的倾听所具有的三个不同倾听层次的特征看,质的研究十分强调行为层面的"积极关注的听"、认知层面的"接受的听"与"建构的听",情感层面的"有感情的听"和"共情的听"。

3) 回应。为了及时与被访者建立一种积极对话的关系,在访谈中,研究者理应在被访者回答问题时给予一定形式与程度的回应。至于如何回应的问题,本教材访谈法章节已有详细介绍,在此恕不赘述。

尤值一提的是,质的研究有时也会涉及集体访谈。其中,焦点团体访谈是集体访谈中最常见的一种集体访谈形式。这种焦点团体访谈通常集中在某一焦点问题上展开。在焦点团体访谈中,研究者不需过多地提问,而只需有意识地提出一个问题,然后通过观察参与者之间的互动情况来了解他们在个别访谈中不会或不可能表现出来的行为。有一点需要强调的是,研究者在挑选参与焦点访谈的参与者时,务必注意几个问题:①保证全体参与者的同质性,即全体参与者对于当下研究来说同属于某一类群体;②保证全体参与者都对访谈的问题感兴趣;③保证全体参与均不熟悉研究者本人。

2. 观察

观察不等于观看,它是一种有目的、有计划、有规则的研究性观看。为了收集更多有效的资料,研究者必须做好观察前的准备并实施好观察。

(1) 观察前的准备

在观察前的准备阶段,研究者需要确定观察的问题、制定观察计划及设计观察提纲。

观察的问题是研究者根据研究的需要而设计的、需要通过观察活动来回答的问题。只要确定了观察的问题,研究者才能在此基础上制定观察计划及设计观察提纲。

质的研究的观察计划通常包括观察的内容、对象、地点、时间、方式及观察的效度与观察过程中的伦理道德问题等。这些问题在本教材的教育观察法章节中有所介绍,在此不再重复。

为了更好地通过观察获取有价值的资料,研究者必须将观察的内容进一步细化,使之成为具有一定操作性的观察提纲。在观察提纲中,至少应该涵盖这样六大方面:①观察谁?②观察什么?③观察到的相关行为发生在什么时间?④观察到的相关行为发生在什么地点?⑤观察到的相关行为是如何发生的?⑥观察到的相关行为为什么会发生?

(2) 实施观察

在质的研究中,研究者通常在不同的观察阶段采用不同的观察方式。在观察初期,研究者往往采用开放式观察,尔后逐步聚焦,直至"回应式互动"观察(即研究者尽量将自己融入研究现场所处的文化中,对现场中的被观察者发起的行为做出相应回应而不主动发起行为)。

在质的研究中,比较适合的观察类型是非结构型观察,它需要研究者尽可能将观察到的所有事件(行为)记录下来。为此,在观察过程中,研究者应该注意做好观察记录。①注意记录的程序。一般来说,为便于今后分析资料及构建理论,研究者应该按照事件(行为)发生的时间和顺序进行连续性记录,要一个事件(一种行为)一个事件(一种行为)地记录。②注意记录的格式。质的研究中观察记录的格式往往因人或因研究情境不同而异,总的来说,应该做到清晰有条理,今后查找方便,并易于分类整理即可。③注意记录的语言。从质的研究特性看,观察记录的语言应该尽可能准确、具体、清楚、实在(平实)。

(3) 观察者的自我反思

为了深入理解被观察者的行为,以之构建理论,研究者通常需要在观察过程中或观察之后对自己的所见所闻及时进行反思。反思内容包括观察者对自己所见所闻的推论、观察者在观察现场时的心情、观察者作记录时的叙述角度等。

3. 实物收集

任何实物都是一定的文化或文化的产物,都是一定情境下人们对特定事物的观念或看法的具体体现,因而通过分析实物,可以获取许多意想不到的资料。在质的研究中,值得收集的实物很多,有正式官方类的实物,如各种政府颁发的证书和文件、电话单、报刊杂志、课表、统计报表等;有非正式个人类的实物,如日记、信件、传记、自传、个人备忘录等;此外,还有个人或官方的照片等。

收集实物的方法很多,如复印、拍照、讨要、借用、购买等,在此恕不一一介绍。值得一提的是,无论采用什么方法收集实物,都必须征得当事人同意。

五、资料的整理

质的研究结论是通过分析收集的资料而来的,为此,资料收集好了以后,接下来要做的工作便是整理资料并分析资料。现实中整理资料和分析资料很难分开独自进行,因而研究者常常将两者整合在一起同时进行。

1. 原始资料的整理

为方便整理资料,在着手整理资料之前,研究者应该先对每一份资料进行编号,尔后在此基础上建立一个编号系统。一般来说,完整的编号系统包括资料的类型(如访谈、观察、实物)、资料提供者的基本信息(姓名、性别、职业等)、收集资料的背景(时间、地点和情境)、研究者或资料收集者的基本信息(姓名、性别和职业等)、资料的排列序号(如对某人的第几次访谈或观察)等几个方面的信息。

2. 分析资料

分析资料的步骤一般包括以下几个环节。

(1) 阅读原始资料

研究者应仔细阅读原始资料,琢磨每一句话的意义和相关关系,尽可能让资料自己说话,以之充分理解其本意,通过这种体悟资料的方式寻找相关信息。

(2) 登录

所谓登录,是指将收集的全部资料打散,尔后根据不同资料的性质和特点赋予不同资料以相关概念和意义,然后再以新的方式将这些资料重新组合在一起的操作过程。登录时,研究者必须具有清晰的思维力、敏锐的洞察力、机智的判断力和丰富的想象力,尽可能那些隐藏在语言下面的深层意义,且在不同概念和事物之间建立联系。此外,为了便于后续研究,在登陆时,研究者应该及时给那些对研究问题有意义的资料设定相应的码号。

(3) 寻找"本土概念"

本土概念是指被研究者在接受访谈或观察等研究活动过程中经常用来表达他们自己观察世界、体验世界的方式的概念。这些概念往往具有被研究者本人的特性特征,并为他们圈子里的人所熟悉,但很少为学术界或社会上一般人所熟悉与使用。如,"铁哥们""憨子""拐子"等就是一个本土概念。

(4) 建立编码系统

等第一轮登录完成以后,研究者应该依据一定的分类标准将所有的码号分类并汇集起来,以之组建成为一个编码系统。值得指出的是,在资料的分析过程中,有些码号在类型上可能发生变化,有些码号可能被删去或增加,因而,在分析资料的过程中,编码系统不是一成不变的系统,而是随时可能发生变化的系统。

(5) 档案系统

建立编号系统之后,研究者可以将不同类型码号的资料分别装入相应的档案袋中,以之建立档案系统。

3. 资料的归类及深入分析

资料的归类及深入分析的方式有两种:类属分析及情境分析。

(1) 类属分析

类属代表资料中的同一观点或同一主题。类属分析则是指研究者在资料中寻找反复出现的现象以及可以解释这些现象的重要概念的一个过程。类属分析将具有同一属性的资料归入同一类别,并且以特定的概念进行命名。

(2) 情境分析

情境分析是指研究者将资料放在研究现象当时所处的自然情境之中,按照故事发生的时间顺序对相关事件及有关人物展开描述性分析。情境分析的步骤是:①审视全部资料,找出可以反映资料内容的故事线,并对故事作详细的描述;②根据资料中的叙事结构,如时间、地点、事件起因、事件高潮及结尾等进行设码;③根据故事内容将资料进行归类,使归类后的资料构成一个完整的故事。

值得一提的是,类属分析与情境分析各有利弊。比如,类属分析尽管比较明显地反映了不同主题资料间的差异并强调了不同主题,但无法反映资料所处的具体情境;情境分析尽管比较真实地反映了当事人的真实生活,但忽视了或淡化了资料的相同点和不同点。在分析资料时,研究者如果能够将类属分析和情境分析结合起来,那么就能获得更好的研究成效。

4. 分析资料的手段[①]

在质的研究中,分析资料的手段主要有写备忘录、写日记、写总结、写内容摘要及画图表等。

---

① 陈向明. 质的研究方法与社会科学研究. 北京:教育科学出版社.2000:304-307.

（1）写备忘录

写备忘录又称分析报告。备忘录是一种记录研究者自己的发现、想法和初步结论的方式，其主要的目的是通过写作对自己的研究进行思考。

备忘录的主要类型有五种：①描述型，即对所发生的事情以及被研究者所说的话用描述的语言表现出来；②分析型，即对一些重要的现象和概念进行分析，特别是被研究者的本土概念；③方法型，即对研究者自己从事研究的方法进行反省，讨论研究方法可能给研究结果带来的效度和伦理道德问题等；④理论型，即对资料分析中开始出现的初步理论进行探讨，随着研究的深入逐步建立假设和理论；⑤综合型，即结合以上各种类型进行综合分析。

（2）写日记

研究者通过撰写日记不仅可以将当天的感受和想法全记下来，而且反省自己当天的活动，以之为未来撰写质的研究报告打下基础。

（3）写总结

研究者可以围绕某些主体对资料进行总结，也可以依据内容（故事）本身的前后顺序进行总结。

（4）写内容摘要

研究者摘取资料中信息比较密集的部分，以便对此进行深入分析。摘取信息时，应该将资料中的某一部分原封不动地摘取出来，不能进行增加或删减。

（5）画图表

图表是对线性文字资料进行的一种立体浓缩，可以通过三维直观的方式比较集中地、生动地展现资料中蕴涵的各种意义的关系。质的研究中常用的图表有矩阵图、曲线图、等级分类图、报表、网络图、认知图、模型、本地人分类图、决策模式、因果关系图等。

六、构建理论

质的研究追求理论构建吗？如何构建理论呢？

1. 质的研究对"理论"的定义

何为理论？现代汉语词典的解释是，理论是"人们由实践概括出来的关于自然界和社会的知识的有系统的结论"①。由此可以推演出这样的结论：理论是实践经验的概括和总结；理论是关于自然界和社会现象的看法和理解；理论是关于自然界和社会现象等客观事物的本质及规律性的概括性的认识；理论是经过逻辑论证和实践检验的具有普遍意义的知识体系；理论是经由对自然界或社会现象中的某种事实进行推测、演绎、抽象而来的一些评价、观点与看法，因而还可以对未来某些相似事实进行预见或预测。

质的研究对理论的定义与以上解释存在明显的差异。"质的研究中的理论是研

---

① 中国社会科学院语言研究所词典编辑室. 现代汉语词典. 北京：商务印书馆. 2002：774.

究者从特定角度通过特定的研究手段对特定的社会现象做出的一种解释"[1]，并不追求普遍意义与推论价值。而且质的研究中所说的理论至少包括前人的理论（已有的相关理论）、研究者自己的理论（研究者自己对特定研究现象的假设与前见）和资料中呈现的理论（研究者被研究者那里获取的或者分析资料时获取的对特定研究现象的某些解释）等三个方面。尤其是，质的研究十分关注对社会现象进行详细描述和"移情"式理解，并不要求对同一现象仅持有一种解释（即认为同一现象可以有多元解释），也并不要求凡研究项目就一定要建构理论（即承认有些质的研究项目可以不建构理论，不建构理论的质的研究项目同样就有理论意义和实践价值）

2. 建构理论的基本方式

一般来说，建构理论的思路是自上而下的，即从已有的概念、命题或理论出发，通过分析收集的资料（数据），尔后进行逻辑论证，然后提炼或推论出某种结论（理论），最后运用获取的结论（理论）解释特定的研究现象。然而，质的研究构建理论的方式是走自下而上的路线，即研究者从分析原始资料出发，通过归纳分析逐步得出结论（产生理论）。

在质的研究中，有一个十分著名的建构理论的基本方法——由格拉斯和斯特劳斯于1967年提出的"扎根理论"。扎根理论的基本方法是在系统收集资料的基础上，寻找反映社会现象的核心概念，然后通过在这些概念之间建立起联系而形成理论。

七、效度的检验

效度是指研究结果的可靠程度。值得加以说明是，质的研究所指称的效度与量的研究有别，质的研究中所指的效度并不是一种绝对的"真实有效性"，因为质的研究结论有多种表述形式，质的研究如果说某一表述是有效的，仅仅表明这一表述比其他表述更为合理罢了。

1. 效度的类型[2]

根据陈向明的观点，质的研究中的效度可以归纳为以下四种类型。

（1）描述型效度

描述型效度是指对外在可观察到的现象或事物进行描述的准确程度。衡量这一效度有两个条件：①所描述的事物或现象必须是具体的；②这些事物或现象必须是可见或可闻的。

（2）解释型效度

解释型效度对质的研究来说更为重要，指的是研究者了解、理解和表达被研究者对事物所赋予的意义的"确切"程度。满足这一效度的首要条件是研究者必须站到被研究者的角度，从他们所说的话和所做的事情中推衍出他们看待世界以及构建意义的方法。质的研究在探索研究对象的文化习惯、思维方式和行为规范。因此，

---

[1] 陈向明. 质的研究方法与社会科学研究. 北京：教育科学出版社. 2000：319.
[2] 陈向明. 质的研究方法与社会科学研究. 北京：教育科学出版社. 2000：391-396.

研究者在收集原始资料的时候必须尽最大的努力理解当事人所使用的语言含义,尽可能使用他们自己的词语作为分析原始材料的码号,并力图在研究报告中真实地报告他们的意义解释。

(3) 理论型效度

理论型效度又称为"诠释效度",指的是研究所依据的理论以及从研究结果中建立起来的理论是否真实地反映了所研究的现象。所谓"理论"一般由两个部分组成:一是概念;二是概念和概念之间的关系,如因果关系,序列关系、时间关系等。

(4) 评价型效度

评价型效度是指研究者对研究结果所做的价值判断是否确切。一般来说,研究者往往出于自己的生活经验和价值观念,在设计一项研究时头脑中常常对要探讨的现象有一些自己的"前设"或"前见",因而通常忽略那些研究者认为不重要的东西而关注那些研究者自认为重要的的东西。

2. 效度的检验方法

质的研究与量的研究一样,某些主客观原因导致最终研究结论(最终关于某种现象的表述)的真实性(可靠性)偏低或失真。为此,有必要对质的研究结论进行检验。目前,检验质的研究结论的方法主要有以下八种[①]。

(1) 侦探法

侦探法类似侦探人员在侦破案件时所采用的方法,即一步步对可疑现象进行侦查,找到解决问题的有关线索,然后将线索放在一起进行对比,以之确定初步的研究结论。

(2) 证伪法

证伪法是指建立了一个假设后,研究者尽一切办法证明这个假设是不真实的或不完全真实的,然后修改或排除这一假设,直到找到在现存条件下最为合理的假设。为此,研究者应在收集到的资料中有意识地寻找那些有可能使该假设不能成立的依据。此外,在建立初步假设的同时,根据已掌握的材料建立"另类假设",将其与原有假设进行对比后做出最合理的选择。

(3) 相关检验法

相关检验法又称"三角检验法",是指将同一结论用不同的方法、在不同的情境和时间里,对样本中不同的人进行检验,目的是通过尽可能多的渠道对目前已经建立的结论进行检验,以求得结论的最大真实度。

(4) 反馈法

反馈法指的是研究者得出初步结论后,广泛地与自己的同行、同事、朋友和家人交换看法,听取他们的意见。反馈法可以为研究者提供不同的看问题的角度,帮助研究者从不同的层面来检验研究的效度。如果研究者得出的结论与其他人的看法存在较大差距,应该及时反省自己的研究方法及研究过程,看自己的结论是否存在漏洞。如果研究者发现自己的结论虽然与其他人的看法有较大差距,但有坚实的原

---

① 陈向明. 质的研究方法与社会科学研究. 北京:教育科学出版社. 2000:401-408.

始资料作为基础,而且论证是合理的,就应该坚持自己的看法。

(5)参与者检验法

参与者指的是那些参与研究的被研究者。参与者检验法是指研究者将研究的结果反馈到被研究者,看他们有什么反应。尤值一提的是,在研究初步结论出来之后就应立即着手做这一检验。如果被研究者对研究者所做的结论有不同看法,或者认为研究者误解了他们所做的事及所说的话,研究者就应该尊重他们,对结论进行修改。值得指出的是,由于受某种原因的影响,被研究者可能改变自己的初衷,"否认"当初自己的言行,或者有意歪曲自己的言行。这时,研究者应该尽量想办法弄清被研究者为什么这样做,这一变化对研究者深入了解被研究者来说其实是非常重要的。

(6)收集丰富的原始资料

通过收集丰富的原始资料来对研究结论的效度进行检验。这些资料不仅包括从被研究者那里收集的材料,还包括研究者本人所做的笔记和备忘录等。丰富的原始资料不仅可以提高研究的效度,还可以弥补质的研究因抽样太小而带来的"代表性"过低的问题。

(7)比较法

这种检验方法是指在收集和分析材料时,不断地运用比较这一手段对材料进行甄别、剔除、分类和综合,以之保证研究结论的真实性。有必要指出的是,这种比较的方法应该贯穿于整个质的研究过程之中。

(8)阐释学的循环

阐释学的循环有两层含义:①在文本的部分和整体之间反复循环论证,以此来提高对文本的理解的确切性;②在阐释者的阐释意图与阐释对象(文本)之间的循环,以此寻求两者之间的契合。研究者在对资料进行效度检验时,可以同时在这两个层面进行阐释的循环。

八、信度的讨论

质的研究一般不讨论"信度"[①],这是因为质的研究不强调证实事物,不认为事物能够以完全同样的方式重复发生。事实上,质的研究中所涉及的社会现象(包括教育现象)很难以完全同样的方式再现。

九、推论的探讨

尽管质的研究中所抽取的样本极少,研究结论的代表性较差,很难将研究结论推论到总体中去。但质的研究结论同样需要探讨推论性问题,只不过质的研究并不

---

① 徐红. 普通高校本科学教学方法之案例研究. 华南师范大学学位论文. 2004:17-18.

强求将研究结论推论到总体之中去。质的研究认为如果读者在阅读质的研究报告时在思想上得到了共鸣，就是一种认同性的推论，或者说，如果研究者构建的理论具有一定的诠释性，就可能起到理论性推论的作用。

十、伦理道德问题的思考

前已述及，质的研究的特性之一是人文性，注重研究者与被研究者之间的关系是其人文性的集中体现。为此，在质的研究中，研究者必须对有关伦理道德问题加以思考。探讨伦理道德问题时可从是否自愿、是否"公开"、是否尊重个人隐私、是否保密、是否公正合理、是否公平回报等方面入手。

第三节 质的研究方法在教育研究中的运用

一、运用质的研究方法解决教育问题的思路

运用质的研究方法解决问题的思路一般是提出研究问题、思考研究意义、了解研究背景、确定研究方法、明晰研究思路、明确研究步骤、收集原始资料、整理分析资料、评价研究结果、检验研究效度、探讨伦理道德问题和撰写研究报告等。

1. 提出研究问题

无论何种研究活动都是围绕着一个研究问题展开的，运用质的研究方法解决教育问题的研究活动也不例外。显然，提出问题运用质的研究方法解决教育问题的开始。提出问题是从选择"研究现象"开始的。所谓研究现象是指研究者希望集中了解的人、事件、行为、过程和意义的总和，是研究者在研究中将要涉及的领域范围。[①]研究现象选定后，接下来应该从中析出研究问题。

2. 思考研究意义

提出了研究问题后，还应该思考所选问题的研究意义如何？也就是进一步思考"研究这个问题有没有价值"。一般来说，确定所选的问题有没有研究的价值，可以从理论价值、实践价值、创新价值和个人价值四个维度去思考。比如，研究者可以思考"这个问题对于发展教育理论有没有价值？这个问题是否是教育改革中十分迫切需要解决的问题？这个研究与已有研究相比在研究方法、研究过程或研究结果等

---

① 陈向明. 质的教育研究中研究问题的界定. 教育评论，1999（1）：28-31.

方面是否有所创新？我个人对这个问题有没有强烈的研究兴趣或这个研究对我个人有多大价值？"。如果所选的问题具有一定的研究价值，那么，就可以将它确定为研究问题。

3. 了解研究的背景

任何研究都是在一定研究背景下开展的。确定研究问题之后，研究者进一步要做的就是广泛查阅相关文献资料，以了解研究项目所处的研究背景及相关研究现状。

4. 确定研究方法

研究问题确定之后，接着应该是思考运用什么具体方法着手研究。在质的研究中，具体的研究方法其实是指收集资料的方法与分析资料的方法。不同的研究问题可以采用访谈、观察或收集实物等方法收集资料，尔后根据不同的资料，采用类属分析或情境分析等对资料进行分析。

5. 明晰研究思路

所谓明晰研究思路，是指通过抽样选定研究对象（被研究者）、构建具体的研究框架、预设研究场合等。

6. 明确研究步骤

为了保证研究顺利进行，研究者在进入研究现场展开研究之前，应对研究时间与进程进行合理安排。值得指出的是质的研究在研究步骤的安排上具有较大的灵活性。

7. 收集原始资料

质的研究中收集资料的方法主要有观察、访谈和实物收集等三种。在质的研究中，通常综合使用几种收集资料的方法。这样做，一是可以尽量丰富原始资料；二是可以相互印证资料的真实性与可靠性。

8. 整理分析资料

研究者需要对通过观察、访谈等方法收集到的原始资料进行整理和分析后才能从中得出结论或构建理论。整理及分析资料时既可以采用相应的计算机软件，也可以采用传统的方法。

9. 评价研究结果

质的研究的关键是在分析原始材料的基础上形成研究结果或构建研究理论。质的研究非常注重研究结果的原始性与真实性，以及结果表述的深入性，因而对研究结果进行评价时，可从研究结果的真实性与可靠性及研究结果对"研究现象"的解释性等方面进行。

10. 检验研究效度

质的研究尽管不大关注研究信度，但一般都比较注重研究效度。在一项质的研究中，研究者往往需要对研究的描述型效度、解释型效度、理论型效度及评价型效度等逐一进行检验。

11. 探讨伦理道德问题

质的研究十分关注研究者与被研究者之间的关系对研究活动及研究结果的影响,因而研究者必须对研究工作的伦理规范问题,以及研究者个人的品德问题加以探讨。

12. 撰写研究报告

质的研究结果通常是以质的研究报告的形式呈现出来的。质的研究报告通常包括问题的提出（包括研究现象和研究问题）、研究目的（包括个人的目的、实用的目的和科学的目的）和意义（理论意义和现实意义）、研究背景（包括文献综述、研究者个人对研究问题的了解和看法、有关研究问题的社会背景等）、研究方法（包括抽样的方式、进入现场的方式、研究关系的建立方式、收集资料与整理资料和分析资料的方式、成文的方式）、研究结果（包括研究的最终结论、初步的理论假设等）,对研究结论的检验（包括讨论研究的效度、推广度和伦理道德问题）等六个部分。

二、运用质的研究方法解决教育问题的实例

【案例一】《王小刚为什么不上学了——一位辍学生的个案调查》[①]

1. 问题的提出

世界银行提出的课题研究对象是中国贫困省中小学生重读、辍学问题,希望通过这个研究找到缓解和解决问题的有关对策。我们此次调查中定性研究部分只放在辍学方面。对"辍学"这一概念的定义,教育界有不同的理解。国家教育发展研究中心编著的《义务教育效益研究》将"所有未完成学制规定年限的教育而中断学习、离开学校的现象统称为"辍学"。然后,他们又将这一大概念的"辍学" 中的非因病的休学、退学、办理转学手续后未连续上学、其他未办理任何手续而中断上学等统称为"流失"。我们此次调查没有对"辍学"做如此包涵型的定义。我们使用的基本上是上述的大概念。

2. 研究背景

中国是一个人口大国,其学龄儿童的教育一直是各界人士密切关注的问题。虽然国家教委（1993）发布的小学辍学率是 2.19%,中学辍学率是 5.78%,但是小学毕业生升初中的比例只有 66.91%。此外,以上数字涵盖了全国所有的地区,而辍学现象在农村,特别是贫困地区,尤为严重。教育界人士一般认为,辍学不仅造成了教育资源的浪费,影响了基础教育的发展和国家总体人口素质的培养,而且给辍学生本人带来身心上的伤害。

对辍学现象的研究目前在中国教育界尚不多见。我们见到的国家教育发展研究中心所做的研究主要使用的是定量的方法,对全国部分省和地区的辍学生数量、辍学的原因以及可以采取的对策进行了统计分析。虽然其中有的调查使用了座谈的形

[①] 陈向明. 王小刚为什么不上学了——一位辍学生的个案调查. 教育研究与实验, 1996（1）: 35-45.

式，其报告名为"案例分析"和"典型调查"，这些报告仍旧使用的是定量研究的框架，从研究者的角度对辍学问题进行了因素分析和预测。定量的方法对于我们在宏观层面上了解辍学现象很有帮助，可是不能在微观层面进行深入细致的描述和分析。此外，由于定量研究不重视研究者以及研究者和被研究者之间的关系对研究的影响，我们从这类报告中看不到研究者的身影以及他们对自己行为的反省，因此也就无从判断研究的可靠性。艾一平（1995）等人虽然使用了问卷和实地调查相结合的方式，他们的研究报告中也听不到辍学生的声音。该调查仍旧着重于从研究者的角度探讨辍学的现状、原因及对策，而没有再现辍学生的心理状态和意义建构方式。除此以外，我们见到的对辍学现象的研究多停留在思考和呼吁的层次，没有对辍学的具体情境和过程进行探讨。因此，我们认为对辍学现象进行更为深入细致的解释性个案调查是十分必要的。

3. 研究方法

1）抽样。我们采用的是目的性抽样，即根据研究的目的，选择有可能为研究的问题提供最大信息量的样本。选择河阳县是由该省教科所决定的，原因是该县是一个贫困县，人均年收入低于省平均数，辍学现象相对其他县应该多一些。此外，该县离省城较近，便于我们在时间紧迫的情况下按时返回。结果，我们到了河阳县才从县教育局了解到这里辍学的学生并不多。虽然该县经济比较落后，但是有悠久的文化传统，人们普遍比较重视教育。而且，具有讽刺意义的是，正是因为经济落后，乡镇企业不发达，没有像其他经济发达地区那样为童工提供打工的机会。此外，我们到达该县时适逢"双基"验收（即基本普及九年义务教育和基本扫除文盲）刚过，曾经离开学校的学生也基本返校，我们在县教育局的帮助下四处寻访，最后在四所学校（小学中学各半）找到了六位辍学生，并同时采访了他们的家长、班主任、校长和同学。此个案的主角王某是通过他以前的同学找到的。他就学时的梨树沟中学校长金柱山在我们到达河阳县的第二天，从县教育局得知我们将到该校了解辍学情况，便召集老师和学生打听辍学生的去向。经过多方询问，他了解到从上一年起该校共有三名同学辍学。其中一名外出打工了，另一名走亲戚去了，只有一个叫王某的仍旧在村里，便派了一名学生到他家，要他和他的家长次日下午到学校来见我们。尽管我们向县教育局多次表示希望到王某家里去见他们，县里坚持要他们到学校里来见我们，说是"这样更方便一些"（对谁更方便一些？——我们没好意思问）。

2）收集材料。收集材料的方法采用的是开放式访谈、非正式交谈和现场观察。访谈的时间每次大约一个半小时，地点是由学校指定的，在学校楼二层一位男老师的宿舍里。每次访谈时，我都在征求了被访者的同意后用录音机录了音，并同时记下被访者的表情和形体动作，以及自己对方法的反省。回到招待所以后我便立即对录音进行逐字逐句的整理，因方言听不懂的地方请省教科所的人员帮忙。如果谈话是非正式的，不能录音，我便过后在车上、走路时，或回到自己的房间以后凭记忆尽可能多地将谈话的内容记下来。我和王某本人访谈了两次，和他的母亲、梨树沟中学现任校长金柱山、王小刚在学时的班主任刘东来和校长官于宏各访谈了一次。我还走访了王小刚的同学马力的家，向他本人及父母了解了一些有关的情况。

1995年6月20日上午我们北京大学四名研究人员，加上该省教科所三位科研人员、河阳县教育局副局长和工作人员一行九人开着两部车来到了梨树沟中学。金校长和其他几位教师已经在会议室里摆上了茶点欢迎我们。我们首先向金校长介绍了此行的目的，然后了解了学校的基本情况。10点左右，王小刚和他的母亲来了（他的父亲外出为别人盖房子去了）。王小刚个子不高，瘦瘦的身躯上挂着一套肥大的西装，脚上蹬着一双厚厚的旅游鞋（我当时的第一想法是：这孩子穿着他爸的西装来了。后来问他，他说是他自己的，故意做得大一点，可以穿得久一些）。他的面部表情看起来比他同龄的孩子要更成熟：长圆的双眼透着精明和一丝幽怨。当金校长告诉他"北京来的专家们想和你谈谈，了解你的一些情况"时，他立刻回答"可以，没问题"，可是他带一点漠然的眼神和紧咬着的嘴角告诉我：这是一个精明、倔强、而且有主见的孩子。我和他的谈话有省教科所研究人员李风陪同，为的是帮助我理解小刚的方言（虽然小刚说他用的是"普通话"，但他说的有些话我还是听不懂）。访谈刚刚开始，县教育局副局长就推门进来，坐在我们旁边，似乎打算旁听下去。我看见小刚明显地变得紧张起来：他拘束地扭动着身子，面部肌肉紧绷绷的。我想叫局长出去，可又碍着面子，不好意思马上说。犹豫了一会，我看小刚还是不放松，便对局长说："对不起，能不能请您出去一下。人太多了不太方便。"对谁不太方便？我也没有说。此后，不时地还有人进来看我们在干什么。在整个访谈过程中，除了有人打搅以外，小刚显得比较冷静，说话很有条理。他使用的语言也比较正规。对此我感到很吃惊：我以为辍学的孩子不会有如此清晰的思路和表达能力。显然，我的想法是不对的。当天下午，我们又访问了他的母亲。她中等身材，看上去四十多岁的年纪，一身崭新的衣服和梳得光亮的头发告诉我：她为了到学校来见京城里来的人而着意穿戴了一番。在整个谈话过程中，她笑容满面，语速很快，有时不容易听懂，我不得不常常进一步追问。她似乎对我们来了解她儿子的事感到很荣幸，不停地说着"谢谢你们关心"之类的话。

　　和小刚的母亲交谈过以后，我们又采访了梨树沟中学的金校长。他是一位40岁左右的中年男子，看上去很疲惫，黝黑的脸上爬着深深的皱纹，眼里布满了血丝。由于他是在王小刚辍学以后才调到此校，对王小刚的情况一概不知。他主要谈了一下学校目前面临的各种困难以及这些困难有可能对学生辍学产生的影响。在这之后，为了检验从王小刚、他母亲以及金校长处了解到的情况，我们提出采访王小刚在学时的班主任刘东来和校长官于宏。由于刘老师和官校长都已于去年夏天分别调到别的学校去了，县里花了两天的时间才找到他们。县里说不论是去他们学校还是去他们家里交通都不方便，于是便安排他们到梨树沟中学来和我们见面。

　　6月2日上午，我们首先面见了刘老师。他年龄28岁，尚未成婚，敦实的个头，看起来精力旺盛，细眯着的双眼总是带着笑容。他很健谈，在整个访谈过程中滔滔不绝，不需要我太多的提问。他是1993年8月调入梨树沟中学的，1994年7月就调走了。因此，他只了解他班上去年辍学的三个同学的情况（从这里我了解到仅他一个班上去年就有三人辍学）。他所介绍的王小刚辍学的原因和王小刚自己说的很不一样。这使我感到困惑。

　　和原校长官于宏的谈话也是在6月2日进行的。官校长年龄45岁，已有十年当校长的经历。他说话不紧不慢，显得很沉着。虽然他去年 8 月才调到外校去，却对王某的情况不太了解："我对辍学的学生都不太了解，学生主要和班主任联系。"官校长主要谈了谈中国农村教育中日益恶化的困境及其对孩子辍学的影响。对金校长、官校长和刘老师，我除了了解他们对辍学情况的介绍和看法以外，还询问了他们自己的孩子或兄弟姊妹的学习情况，以及他们对这些人的期待的看法，目的是了解他们个人在具体生活中是如何行动的，以避免他们用一些口号式的语言来回答我的问题。

由于从别人那儿了解到有关王某辍学的原因和他自己说的有些出入，我请求再次访问王某。6 月 23 日上午，我们又到了梨树沟中学。由于学校一时找不到王某，我不得不在学校里等他。县里的负责同志强烈要求我中午跟车回县里吃饭，我做了很大的努力才说服他们让我留下来。在等待时，我和学校的几位老师和管理人员进行了热烈的交谈，从他们那儿我了解到很多关于河阳县学校的情况，特别是教师的现状和想法，进一步验证了金校长、官校长和刘老师谈到的很多问题，以及这些问题和学生辍学之间的关系。中午，我和校长及三位教师一起吃午饭。饭菜很简单：一盘青椒炒茄子，外加汤面。我很高兴他们没有因为我而特意加菜（我在决定留下来时便将这作为一个"条件"）。虽然这里的饭菜和县里的相比是天壤之别，我却吃得比在县里更香：因为我有机会独自和学校的人员交谈。此行所到之处总是有各级"领导"陪同，浩浩荡荡。我不知道在这种情况下能收集到的材料有多少"真实可靠"。

午饭过后，王某还是没来。下午三点左右小刚来了，一身泥土，额上淌着汗水，才知他和母亲一直在田里等待灌水，现在仍旧没有轮到他家。他是被同学从田里叫来的。这次他穿着破旧的汗衫和长裤，已经没有了穿西装时的矜持和拘束，看起来比上次小了很多。我们在第一次谈话的房间里又谈了一个多小时。我进一步询问了他辍学的原因和一些细节。除了某些细节有出入以外，他说的和上次基本相符。

由于他提供的辍学原因和其他人的解释仍旧不一样，我想从更多的途径来进行验证，同时也想亲眼看看村里的具体情况，便提出来去王某家及他的同学们家去看看。金校长坚决不同意，说"村子里不安全，你会迷路的"。我花了很多口舌，终于说服了金校长。在金校长忐忑不安的目光陪同下，我和王某上路了。刚进村不久，迎面便看到县里来接我的小车。我赶紧跑过去，请司机等我一会。然后问王某能否带我去附近他任何一个同学家。王某家在村子西头，太远，已经不可能去了。我们到达王某同学马某家时，他正和父母躺在炕上看电视。见我们来了，马上爬起来穿衣服。马某看上去很腼腆，看到我脸都红了。我做了自我介绍，然后问了他一些问题。他的父母在旁边不时地插话，可惜大部分我都听不懂。马某的回答从侧面验证了王某所说的一些情况。他父母的意见也反映了部分家长的态度。我发现这种家访能够提供更为自然真实的情况。

3）成文。此报告在不同程度上使用了定性研究常用的五种成文形式。①现实的故事，尽可能真实地再现当事人看问题的观点，从被访者的角度将王小刚辍学的情况进行描述和分析，尽可能使用他们的语言来描述研究结果；②坦诚的故事，介绍我使用的方法和在研究过程中所做的反省和思考，再现访谈情境和对一话片段;③印象的故事,详细描写事件发生时的情境和当事人的反应和表情动态;④批判的故事,从社会文化的大环境对王某的情况进行更深入的探讨;⑤规范的故事,尽管我没有试图用研究结果去验证某一外在理论。但我的研究设计和提问的方式反映了我头脑中先入为主的某种观念。这一点我在下面的讨论部分将进一步说明。

4)推广度及其他。定性研究使用的是目的性抽样,其研究结果不能像定量研究那样当然地推广到从中抽样的人群。但是,定性研究的目的不是将研究结果推广到有关人群,而是使有类似经历的人通过认同而达到推广。虽然对王某的调查只是一个个案,其真实性只限制于他一人,可是对他辍学情况的深入剖析可以使很多处于类似情形的人得到一种认同,他们在读到这个报告的时候可以从中得到一些启迪和共鸣。有关此研究的效度检验、伦理道德问题和假设的建立,请见此文最后的讨论部分。

4. 研究结果

1)背景介绍。王某是一个15岁的男孩,家住河阳县梨树沟。河阳县地形地貌以山丘为主,梨树沟位于两座大山之间,共有住户30多家。虽然自1978年改革开放以来村民的生活有所好转,和河阳县其他地方相比仍属中下等。村子里简陋的土房子拥簇在一起,形成一个东西走向的狭长地带。中间有一条泥土路穿过,路边可见散乱堆积着的泥土和垃圾。当我们的汽车从路上驶过时,路边蹲着的老人都抬起头来看着我们,眼睛里透着好奇和惊讶。他们的衣服看上去都很陈旧,泛着多次水洗后留下的白色痕迹。

梨树沟中学位于村子的尽东头。校舍是一栋两层的白色楼房,去年由世界银行贷款加上村民捐款修建而成,代替了以前破旧的危房。新校舍采光很好,屋子里光明透亮但构造比较粗糙,墙壁粉刷得不平整,窗户上没有纱窗。我们采访时虽然天气比较热也不能开窗,怕蚊子进来。我们从窗户里看到有的学生一排排坐在课桌旁看书,有的在老师的带领下高声朗读英文,纪律好像很不错。楼房的北面是一个泥土铺成的大操场,西北角有一小栋破旧平房是教师用餐的地方。厕所位于校舍的东边,仍是中国农村常用的茅坑:在地上挖一个坑,上面搭一块木板,坑里蛆虫涌动,臭气扑鼻。梨树沟中学共有教师8人,其中3人是民办教师,2名女教师。老师的平均年龄是30岁。梨树沟中学共有3个年级,总共3个班,121名学生,其中女生50人。学生全部住在村里,中午回家吃饭,晚上回家睡觉,学校不必负责他们的住宿。

王某家里有五口人。爸爸是瓦工,除了为本村盖房修屋以外,还经常外出干活,没有时间和精力照顾孩子的生活和学习。妈妈在家务农,并操持家务。父母都只读到小学毕业。家里文化水平最高的是姐姐,念到了初中三年级。她曾打算继续念高中,可是没考上,复读了一年后还是没考上,便放弃了继续学习的念头,现已出嫁到外村。王某的妹妹在梨树沟小学念二年级,成绩不错。王某本人于1993年9月入梨树沟中学就读初中一年级。当时他年仅13岁。他的班主任刘某是一位年轻的男老师,教语文和政治课。小刚的功课不太好,尤其是语文和政治成绩比较差。

2）辍学的过程和原因。进入初中半年以后，1994年初冬的一个清晨，王某和刘老师发生了直接的冲突，促使王某做出退学的决定。下面是王某在我和他第一次访谈时对这一事件的陈述。

我："当时因为什么事情不上学了？"

他："因为我们的老师……我的成绩有点不太好，老师打得厉害……就不上了。"

我："发生了什么事情？"

他："有一天早晨早自习的时候，冷得厉害。我冷得不行，就跑到火炉旁烤火。老师看见了，说你怎么不好好背书，就打我。他后来出去了，我还不背，又去烤火。他进来打我。把我叫到办公室又打了。"

我："怎么打的？"

他："打耳光，打了好几个耳光。"

我："打哪里？"

他："脸上打。"

我："你知道他为什么打你吗？"

他："就是因为烤火…… 因为我不背书，跑去烤火。"

我："当时是怎么想的？"

他："很生气……当时很气愤……打了我以后很丧气，好几天都很丧气。过了两三天以后我就不去学校了。"

小刚说在这次挨打以前，他已经被刘老师打过几次，打耳光和屁股，"老师经常在班上说我，经常打"。此后，他在刘老师上课时便逃课，逃过五六次。每次都是偷偷地溜出去，躲在学校大操场的另一边，坐上45分钟，过了这节课再进去。有时候，同学来找他，但从来没找着过。"我四处乱转。"他很害怕刘老师，因为他语文和政治功课不好，背不出来，还会挨打。"（宁愿）拿着课本在外头背，也不想去上课，害怕他打我。"这次因为"打得比较狠"，他在几天以后又有刘老师课的时候便决定不去了。"我决定不去了。再去的话，老师还会打我，他打了我，以后还会打我的。"

这里有两个不同的问题：①王小刚是否真的受到刘老师的体罚；②体罚是否是王小刚辍学的主要原因。为了回答第二个问题，我们必须先找到第一个问题的答案。在访谈王小刚在学时的班主任刘东来时，他谈到了小刚辍学的原因是因为成绩不好，只字未提体罚小刚之事。末了，我只好采取迂回的办法问他学校是否有老师打学生的事情发生。他看上去神情有点不安，"个别也有。比如学生干了破坏性事情，如用弹子打灯泡，其他学生又包庇犯事的学生，老师调查很久都查下到，只好用体罚"。我问他："怎么打的？"他回答说："用手打。""打哪儿？""脖子或者屁股，就这么打。"他用力地把手往下一抹，眯眯眼笑了。我问他："你班上有这种情况吗？"他说："也有类似的灯泡事件，但我只是教育一下。""我进一步追问："你有过打学生的事情吗？"他看起来有点不好意思："我刚毕业教书时也打过，教不会，心情急。后来就没有打过了。"他在访谈开始时告诉我他已从事教学9年。很显然，从他的陈述来看，他去年没有打过王小刚。梨树沟中学原校长官于宏说学校里没有体罚的现象存在，变相体罚还是有的，比如讽刺挖苦学生。打是没有了。初中一般是不打了。""为什么初中不打了?"我问。"因为学生大了。"他说他在梨树沟中学工作5年来,没有体罚现象,也没有学生反映这个问题。有关体罚的问题,王某的母亲所提供的情况与刘老师和官校长所说的不一样。当我问她是否听王某说过老师打他一事,她说有:"他和老师关系不好,老师有时候打他,背不会时老师打他。"但是,"老师不打怎么学得会呢?"她笑着说:"娃娃不好好学,也不能尽怨老师。"她听说学校里老师打人的现象比较多,主要是年轻老师性子急,对差生恨铁不成钢,不喜欢他们。

当我第一次问王某的同学马力是否见过学校老师打人时,他说听说过,但没有亲眼见过。在我进一步声明我是从北京来的研究人员,不会把他说的话告诉学校以后,他说看见过一次:"(有一个同学)背不出书,(被刘老师)打耳光。"我问他怕不怕刘老师。他说不怕。因为左老师(教英文的老师)更可怕,背不出书就打,同学们都很怕他。他的父母在旁边插话:"老师打学生是为了学生好;学生不好好学习,家长管不了,不打怎么办?……这不是真打!"从马某家出来的路上,我问王某:"开始时马某说没有看见老师打人是为什么?"他说不知道。我说学校的老师都说没有体罚,他仰头起望着我说:"可能他们不知道,也可能他们不想告诉你。"王某似乎对自己的看法坚信不疑,说起话来理直气壮,很难相信他是在撒谎。

从有限的调查材料中,我很难知道王某是否真正被刘老师体罚。刘老师和官校长的回答是否定的,王某、他的母亲和同学的回答却是肯定的。由于这一问题无法得到答复,对第二个问题(即体罚是不是王某辍学的主要原因)就更难回答了。王某本人在两次访谈中都直言不讳,坚持老师打人是他退学的主要原因。然而,由于刘老师和官校长对第一个问题持否定态度,我无法问他们第二个问题。王某的母亲虽然说老师打人是她儿子不上学的一个原因,但是她不认为老师打人是一件坏事。尽管马某说看到了刘老师打人,马某的父母认为老师打人是为学生好,我却没有问他们刘老师打人是不是导致王某退学的原因(事实上,我也没法这么问)。我当时想法是:如果我能找到刘老师是否打过学生的旁证,就能知道王某辍学的原因。现在看来,这是不够的。即使刘老师体罚王某是事实,也不能因此而推论出体罚就是真正导致王某辍学的原因。

王某说导致他辍学的原因除了老师打他以外,还因为他自己学习成绩不好,对学习没有信心:"我想自己是一个差生,学不进去了,也就不学了……念不来了,学不进去。我不想学……退学是因为我的学习成绩不太好,没信心。"我们采访的其他人都认为这是王某辍学的主要原因。他的母亲认为儿子逃学"主要是学习跟不上,他就不想学了"。班主任刘老师和王某母亲所说的基本一致:"是因为有厌学情绪,对学习没兴趣,成绩退步。"官校长朦朦胧胧地记得"他期末考试没来,成绩不好。我和班主任都去过他家。他学习没有一点兴趣,学不进去,老师讲的课他听不懂,学习跟不上,便不来了"。导致王某学习不好的原因有很多。刘老师认为主要是一个学习态度的问题。他说小刚经常逃学,甚至晚上不回家,和村里没职业的人玩在一起,连他家里也不知道。后来在二次访谈时,我问王某有没有这种情况,他矢口否认,"没有!我晚上放学就回家,没有和村里人玩。也没有和他们打过牌。" 有一天刘老师看到王某没来上学,便到他家去问情况,结果王某不在,他妈妈说他上学去了。"他欺骗学校和家里",刘老师愤愤地说,"家里揍了他一顿,第二天来了"。到了第二个学期,初二升级考试的时候,王某又不来了。他又去过他家一次,见不到人。王某的母亲也认为儿子成绩不好和他自己有关,"他不好好学,顽皮的很,好玩"。

除了孩子调皮不好好学以外,王某的母亲还认为师资也是影响孩子成绩的一个原因,"老师讲的课娃娃有时听不懂……老师只在上课时管娃娃,其他时间就不管了"。小刚自己也认为学习不好和老师有关系:"老师业余时间不管学习。上班时间才管,业余时间不管。"有关师资的问题,我在和刘校长、官校长及其他老师交谈时了解到农村教师目前也面临着很多问题:由于师资不够,教师不得不身兼数职;上级领导为解决一些人事纠纷,频繁调动教师,有的一年就调动两三次;教师工资低,上级还长期拖欠教师的工资;学校作息时间长,"冬天两头不见天";教书"囚磨"(意指"没意思"),没人愿意当教师。因此,教师教书的热情和质量都在下降,影响了学生的学习。

此外,得不到家庭的帮助也是王某学习成绩落后的一个因素。小刚说,"爸爸妈妈帮不上,他们只读过小学……姐姐在地里忙,没有时间,很忙。我不找她。她结了婚,有孩子。"刘老师认为王某家里对他的学习也不太重视,家里没有好的学习环境:父亲冬天在家里打麻将、赌博,母亲又管不住他。王某的母亲谈到这一点时显得无可奈何,"我和孩子他爹都帮不上,他不听我们的话,他读的书我们也看不懂"。

王某的母亲认为儿子逃学还受到村里其他孩子的影响。"村子里有的娃娃不上了,对他有影响,有不上的就劝他说你别上了,别学了,他就不上了……有的孩子不上了,到这儿玩,到那儿玩去了,也影响他。"这和王某自己的解释不一样。小刚认为自己辍学没有受其他人的影响:"我没有受他(指比他前几天退学的学生)的影响,就是因为老师打走的……那个小孩不走,我也会走。"

3)辍学后的去向。决定"不去了"的那天,王某在家里和姐夫修了一天的车。姐夫是一早到的,一直修到快黑才回去。根据王某的解释,姐夫可能以为那天是星期天,也没有问他为什么没有去上学。王某的父母去姥姥家了,几天以后才回来。在修车的时候,他曾经想过是不是去上学,"有那种感觉……犹豫……后来还是决意不去了……想也没用……去了老师还会打我的"。就这样,连着几天都没去上学。自己一人在家不想做饭,吃点方便面。白天就在外面玩,下河捞鱼,和村子里其他孩子玩。爸爸妈妈回来以后问他为什么不去上学,他说:"我不去了,不想读了……我说念不来了,读不下去了。他们希望我上,我说不能读了。后来爸爸妈妈也挺同情的,觉得我也读不下去了。"他母亲在访谈时也谈到了当时的情形:去年三月,他突然说不想学了,她和王某的爸爸都很着急,天天念叨着要他去上学,可他就是不听,"他今天去了,明天又不去了。我气得不行。我和孩子他爹劝他去,他不听……今儿也骂呀,明儿也打呀,他也不听。后来不上就算了……后来看来是不成了就算了,他这个灰皮(意指调皮鬼)"。老师曾经到过她家两次,要王某回去上学,小刚都不在。后来"老师也见不着了"。她和王某的爸爸从来没有到学校了解孩子的情况。"后来想让他后半年再上,学校早就没他的名字了。"

王某辍学以后便在家里帮助父母干活。"地里干活很累。"他告诉我。除了下地干活以外，他也干一些家务劳动。在第一次访谈时，他说他没有外出打工。可是他的班主任刘某来告诉我，他曾经在外村看见王某在叫卖冰棍。"他见到我有点害羞，我说上学时总见不到，他不说话。我问他一天能挣多少钱？他说十几二十元，说完就走了。教他时见到我就躲，毕了业就不躲了……只是看上去不好意思。"我们课题组另一成员在采访另一辍学生时也了解到王某曾经卖过冰棍。为了验证这一情况，我第二次访谈时特意问他有没有做过买卖。他迟疑了一下说去年卖过几天冰棍、后来因为不赚钱不卖了。我不明白他为什么第一次访谈时不提这件事，这次谈起来也有点支支吾吾。也许是认为这么做不体面？或者怕我们专为调查童工问题而来？为了进一步证实刘老师说的话，我又问王某离开学校后是否见到过刘老师，他很坚决地说"没有"。"一年多都没碰到过？""没有。"卖冰棍也没有见过？""没有见过。"他的口气一次比一次显得更肯定。这又一次使我感到困惑：到底谁说的是真实的呢？

4) 辍学后的心情。王某不再念书以后心情不好，他说他觉得很"怄气""不好受""惭愧"："我的心情不太好（他看起来很伤心的样子）。当初不应该走。我觉得怄气，心里面实在不好受。今天我不知道他们（指金校长等人）叫我来干什么。我看见了同学，没有进教室。我一看到他们就惭愧，很惭愧……我想见到他们，又不想见到他们。经常也见到他们，路过这儿也见到他们。想见到他们，看见他们心里又不好受。"

"不好受"的原因之一是同学们现在都在念书，而他自己却不知道将来干什么："退学不好，同班的同学有的就考上学校了，我的机会就失去了……见了他们，他们问我你打算去哪儿？我现在就没什么打算……有时候星期天和他们玩，也觉得不舒服。他们都上学……我也不问学校的情况，只是玩，去河里，下河去捞鱼……我待在家里不满意。因为我待在家里一年多了，他们明年就要考高中了。我觉得有点惭愧。"除了感觉"不好受"和"惭愧"以外，王某还觉得被人瞧不起，很"憋气"："村里有人说这么小小的年纪就不上学了，这真是太坏了。我觉得被别人看不起，自己憋气。"

对王某辍学做出反应的不仅仅是"村里人"，还有他的父母、同学、老师和学校领导。王某认为他父母觉得他学习不好应该怪自己："我决意不来（上学），没有告诉爸爸妈妈（老师打我的事）。讲了也没用，因为家长不会因为老师打你而怎么样。总觉得你是学习不好。爸爸知道了是老师打我也不行，会认为我学习不行，不会责备老师……我和他们谈，他们怪我学习不好。"王某认为学校对他退学的原因也不会理解："学校不知道（老师打人的事）……我不会告诉他们……学校不会理解我……校长不知道。上课的时候老师经常责备我们，校长也不知道……如果现在他们来问，我也不会告诉他们。没有必要。已经不上（学）一年多了，告诉也没有用。"小刚也没有告诉其他同学或老师这件事，因为"我想别人会说，你背不出来，别怨老师打你！你不好好学习，怨谁啊？"

5) 今后的打算。至于今后有什么打算？王某的表情显得很沮丧："现在没有太多的打算，走一步算一步。"我问他爸爸妈妈是什么态度，他说，"爸爸妈妈现在也没什么态度,想给我找点工作,就这么算了,不能上学,找个工作,结束一生算了。家里要我学点瓦工,学点技术,找个单位,就算了。现在出去什么也干不了,年龄太小"。但是当我问他是否还想上学时,他的眼睛里闪出一种热切:"想。我喜欢上学。"他说他一直想上大学或中专。

我问:"为什么想上大学?"

他:"因为我的父母都只上过小学。我想上大学。"

我:"上大学有啥好处?"

他:"上大学出来可以为国家做贡献大一些。"

我:"对你自己来说呢?"

他:"自己?我出来以后可以帮家里挣点面子,光彩一些。这里上大学的很多,可能有好几个。我知道的就有两个。上大学可以让父母高兴。父母把我们养大了,我们为他们争口气也是他们很高兴的。"

王某的母亲对孩子的期望没有他自己那么大。她认为:"读书嘛,说没用也有点用,说有用也没太大的用。在农村嘛……反正眼前的能认识,不用问别人就行。"她希望孩子能多读点书。至于上大学?"中学都读不下去了,还说大学?"她自嘲地笑着说。

王某对自己是否仍旧可以回来上学没有打算:"我没有仔细打算(回来上学)。我怕老师不愿意。如果老师愿意的话,我愿意回来。"他之所以没有到学校来要求复学是因为:"现在已经换了校长,他们不会叫我回来的。校长已经换了人,老师也调走了,现在的校长不知道我。我已经不上学一年多了,无法找到他们……我也从来没有和这儿的老师校长谈过。"我问他,如果我去跟校长说要他回来念书,他是否愿意回来,他说:"愿意。我愿意重新上……在家待了一年多,只能重上初一,我也愿意回来。他们(指原来的同学)已经上初三了……我还回来,喜欢上学。"王某的母亲也希望儿子能继续再读书,"他这么小,做不了什么,没有力,做不了重活……我和孩子他爹都希望他再上(学)"。像王某一样,她热切地请求我们要校方接受王某复学。至于家庭经济情况,王某说他家里可以负担他学习,可以交得起学费。他母亲在谈话时也说,"家里经济上支付得起,要不了多少钱"。第一次访谈结束时,王某嘱托我:"请向学校老师说我想上学,会回来。"然后,他又悄悄地补充:向学校谈这件事时,没有必要提他的那位老师的名字。(第二次访谈时,他高兴地告诉我,校长已通知他下半年来上初一)。

5. 讨论

综合以上收集到的材料,王某辍学的原因可能有两个:一是他学习成绩不好,对学习失去了信心。对这一点所有被采访的人都持相同意见。二是他因老师体罚而退学,这一点只有王某本人可以作证。他自述辍学的主要原因是老师体罚,而他的老师、校长和家长却认为主要是学习成绩不好。用我们目前仅有的材料很难判断哪个原因是真实的,或者说哪个原因是主要的。

即使学习成绩不好是王某辍学的原因之一,我们对这个原因的深层意义了解的还是很不够,比如"学习成绩不好"是什么意思?"学习"对王某和他的同学们来说意味着什么?"学习成绩"包括哪些方面?除了分数以外还有哪些衡量指标?"学习成绩不好"有哪些表现？衡量"好"与"不好"的标准是什么？王某为什么会"成绩不好"？为什么他恰恰在刘老师上的两门课上"成绩不好"？学生的成绩和老师有什么关系？除了王某以外学校里是否还有其他"学习成绩不好"的学生？他们为什么没有因此而辍学？此外，王某被刘老师、官校长、他母亲，以及他自己定义为一个"差生"，可是从掌握的有限材料中我们很难知道"差生"的定义是什么：做一个"差生"意味着什么？老师和同学是如何看待"差生"的？王某是怎么成为"差生"的？他是不是和别人一样努力学习？如果不是，为什么不？别的"差生"是不是也辍学了？他们除了辍学这条路以外，还有没有其他的选择？如果我们假设老师体罚学生的现象确实存在，"差生"是否和体罚有一定的关系？别的"差生"是否也被老师体罚过？他们是怎么看待体罚的？他们是否也因此而辍学了？"成绩不好"、"差生"、"老师打人"和"不读了"之间又有什么关系？这些问题涉及此研究的解释性效度，即作为研究者我是否正确地理解了当事人所说的话和所做的事。虽然我使用相关检验法就王某辍学的原因和不同的人交谈过，但没有对以上这些可以用来解释王某辍学的深层意义的问题进行更深入的探讨。

  我们的研究结果之所以如此浮浅并且互相矛盾有很多原因。一是因为我们在调查现场时间太短，没有机会更多地和研究对象接触，也没有可能和更多的人交谈，以达到对王某辍学情况更深入细致的了解。二是我们研究的辍学问题是一个敏感话题，所有有关的人都有理由向我们"撒谎"：面对从京城里来的"专家们"，县、村和学校各级领导都有可能向我们隐瞒辍学生的数量和有关情况；刘老师、官校长和王某的母亲有可能想推卸自己的责任；王某本人也有可能努力向我表白退学主要不是由于他自己的原因。三是我们的研究环境很不理想：我们所到之处都有各级领导陪同，浩浩荡荡地开进村里和学校。这无疑会对研究对象施加一个很大的心理压力，以为是"上级"检查工作来了。更有甚者，在我们进行此项调查的同时，河阳县正在通过上级有关部门的"双基"验收。所有见到我们的人都有理由将我们的到来和这一行政行为联系在一起。虽然我在访谈时使用了录音机，在观察时做了详细的记录，并使用了侦探法和证伪法一步步追寻以获得真实的材料，此研究的描述性效度还是有可能存在问题。由于以上种种原因，我对王某辍学这一事件中具体发生的事情还是不完全了解。

  此外，我在访谈时提出的问题有误导的可能性。当我问王某"当时是因为什么事情不上学了"时，我的问题隐含有如下意义：①不上学一定是有原因的；②做出退学决定的当时一定发生了什么"事情"。遵循我所提问题的思路，王某有可能努力想出一两个"原因"和"事情"来回答我的问题。而实际情况可能比这要复杂得多。导致他辍学的"原因"可能很多，做出决定"不上了"可能是一个渐进的过程而不是一个事件。如果我有更多的时间和王某及其他的人在一起生活，有更自然的研究条件，如果我采取不同的询问方式，如果我访问更多不同的人，也许我会发现王某辍学这一事件和当前中国农村整个社会、文化、经济和教育状况有关。正如很多被访者指出的：目前农村初中毕业生升入高中的比例不到30%、全国适龄青年升大学的不足3%；农村孩子中普遍存在着"种田不需要很多学校知识，晚种田不如早种田"的想法；学校学杂费不断上涨；而且今后高中后教育要收费；考上了大学家里也负担不起这笔费用；今后大学毕业不包分配，即使读了大学没有门路还是找不到好工作；农村中小学教学质量不高，在学校里也学不到什么知识；老师和同学对"差生"持歧视态度等等——这一切对王某这样的农村孩子继续求学都有不利的影响。我带有一个先入为主的因果理论框架来对待辍学这一现象，因此在调查过程中对以上这些纷繁复杂相互交织的社会现状难免有所忽略。在这个意义上，此调查的理论效度，即研究所依据的理论是否真实地反映了研究现象，也有可能存在漏洞。另外，此调查的评价效度，即研究者对研究现象的价值判断是否正确，也值得质疑。此研究的一个前提是：辍学是一个"问题"。因此，我们假设学生都想上学，而没有给被访者讨论学生不想上学的可能性。也许随着改革开放，外出打工的机会越来越多，退学这一现象已渐渐被社会所接受，而继续上学并不能保证可以今后找到一份称心的工作。因此，有的中学生（特别是家庭困难的孩子）也许希望早日离开学校开始工作，帮助家庭减轻经济负担。如果（如大部分被访者所说的那样）学校环境不好，校园生活枯燥乏味，课业负担过重，也许这些孩子离校的想法就更强烈。最后，这个调查还涉及定性研究中的一些伦理道德问题。首先，我在每次访谈之前都向被访者说明我将对他们的姓名和身份绝对保密，访谈是为研究所用，不会对他们的安全和利益造成损害。但是，此课题涉及的是一个敏感话题，有可能使所有的被访者都感到不安，从而搅乱了他们的正常生活、工作和人际关系。虽然我们可以用服务于一个更高的利益作为解释，这种打搅所带来的后果不得不加以考虑。其次，为了酬谢被访者对我们的帮助（特别是有的人要长途跋涉到学校来见我们），我们向每位被访者赠送了小礼品。但是，这些礼品在价值上远远不能和他们所给予的热情支持相比，我们这样做只是为了表达一下感激之情。然而，我们这次研究促成了王某重返校园，这一点让我感到欣慰。虽然这么做将我研究的性质从描述、解释型变成了行动型，我觉得这是一个正确的举动。如果回到学校是王某真正的心愿，而且他从此的学习生活会比以前有所改善，这么做就是值得的。研究的目的毕竟不仅仅只是为了研究，而是为了最终解决问题。只要我始终以了解真相为前提，只是在需要的时候采取行动，并且这一行动并不违背被研究者的心愿，我想这个研究就是符合定性研究的基本原则的。

综上所述，尽管我们对王某辍学情况的了解还很不深入，尽管我们的分析仍旧存在不少漏洞，他辍学后的沮丧心情、无所事事的现状，以及他对前途的渺茫心情是我们可以看到的一个严峻的事实。这种情况在我们此次调查的辍学生中具有很大的普遍性。因此，如何想办法了解他们目前面临的各种困难，如何调动社会各界（特别是教育界）对他们的关注，如何帮助他们寻找新的出路（如果他们愿意像王小刚一样重返校园）——这是我们教育研究工作者一个不可推卸的责任。

思考题：

1. 什么是质的研究方法？
2. 质的研究方法有什么特点？其局限性如何？

3. 质的研究方法的理论基础是什么?
4. 质的研究与量的研究和行动研究之间究竟有什么不同?
5. 质的研究方法的实施程序是怎样的?
6. 如何检验质的研究的效度?
7. 在教育研究中如何运用质的研究方法?

第十四章 教育研究资料的处理与分析

　　教育研究资料的处理与分析是教育研究过程中的一个重要环节。在教育研究过程中,研究者往往根据研究目的,通过运用多种具体的研究方法收集到诸多资料(原始资料),这些资料就是本文所指的教育研究资料。一般来说,这些资料大都处于散乱、无序状态,难以直接反映有价值的信息,且其中有些资料可能还会偏离当下的研究主题。为此,研究者必须对收集到的原始资料进行审查、检验,分类、汇总等初步加工,使之系统化和条理化,并以集中、简明的方式反映资料收集的整体情况,以之为进一步展开研究活动铺设基础,同时提高资料的使用价值。

第一节 教育研究资料的类型

资料就是广大教师从事科研活动所要掌握的情报集息。[①]收集资料是教育研究过程中一个具体而基础的工作环节,通过各种测量、实验、问卷、访谈和观察等方法从研究对象身上直接收集到的研究资料,称为原始资料。教育研究问题包罗万象,可用于教育研究的资料也丰富多样,从不同的视角、按照不同的特点和标准,可以将教育研究中的原始资料分为若干类。限于篇幅,下面仅以宋艳的分类为例对教育研究资料的类型进行阐述。

宋艳根据教育研究资料的表现形态,将原始资料分为选项性资料和描述性资料。[②]

一、选项性资料

借助于问卷法、调查法、测验等方法收集到的资料多属于选项性资料,即教育教学研究者为研究对象提供多种可能,让研究对象从中做出选择,这样收集到的原始资料就呈现为研究对象对每个问题在限定的范围内做出的选择。依据研究者提供选项的内部逻辑关系,又选项性资料可以分为以下四类。

1. 选项有正误区分的科研资料

选项性资料的主体部分通常由题干与选项两部分构成,选项部分是对题干内容的必要补充。在有些研究中,研究者虽然设计了多个选项,但是只有一个选项符合题干的内容要求,其余选项是为了干扰或混淆研究对象的判断力而设置的。比如,学业水平测试问卷即是有正误选项之分的选项性资料。

2. 选项间并列关系的科研资料

在选项题型的问卷、测量中,教育研究者设置多个选项是罗列出众多可能出现的多种情况,各选项之间是并列关系,并无正误之分。这类选项的设计旨在调查当前存在的客观事实,并不直接对被调查者的认知水平、能力发展做出评估和判断。

3. 选项间程度不同的科研资料

为了了解研究对象在某一方面存在的层次及水平的差异,研究者在设置选项时会有意体现出不同深度的内容。比如,测量学生的心理健康水平多采用 SCL-90

---

① 王德润,蒋海凤. 试论数学教师科研资料的搜集整理和研究工作. 数学教学研究,2009(s1):23-24.
② 宋艳. 中小学教师怎样进行课题研究——教育科研资料的处理与分析. 教育理论与实践,2008(26):41-43.

症状自评量表，该量表采用五分法，学生在回答每一个问题时都要根据自己的实际情况在"没有"、"很轻"、"中等"、"偏重"和"严重"五个不同等级中做出选择。

4. 排列式选项的科研资料

这类资料的题干通常是要求研究对象按照重要性或时间等标准，对备选答案排出等级或序列。例如，"你对下列活动的兴趣如何？请排出等级顺序：学习（　　）文娱活动（　　）大扫除（　　）社会调查（　　）社会实践（　　）。"

二、描述性资料

借助于访谈法、开放式问题问卷法、观察法、个案研究法、口语报告法等方法收集到的资料多属于描述性资料。在描述性资料中，研究对象对研究者所研究的内容用文字或者语言进行叙述和说明，研究者很少给予干涉。比如，在关于"初中课程教学现状分析与研究"的问卷调查中，研究者提前设计"你认为学习是什么样的活动"这样的开放性问题，研究对象可以自由地将自己的想法用自己的语言表达出来，从而体现出其对学习活动的认知情况。

研究者收集到的描述性资料可以分为多种形式。比如，在个案研究、口语报告法中，研究者常常需要在取得研究对象许可的前提下，对科研活动的全程进行录音、录像，并用文字记录，这些录音、录像和文字记录都属于描述性资料。

描述性资料中的信息不仅能表现出科研活动的结果，还能反映科研活动过程；不仅能对研究内容的本质进行发掘，还能对其发生发展的规律给予体现。另外，由于在描述性资料中，研究者对研究对象做出答复的限制相对较少，常常会出现一些研究者意想不到的结果。因此，描述性资料在中小学教育研究中具有相当重要的地位。

第二节　教育研究资料的处理

恩格斯说："科学就在于用理性方法去整理感性材料。"[①]人们经过收集而得到的资料往往是一大堆零乱无章的材料，也难以体现出资料的意义和价值。教育研究资料处理可确认材料的可靠度，使资料更加条理化、系统化，通过比较形成典型性材料，是从调查阶段过渡到研究阶段，从感性认识上升到理性认识的一个必经环节。

---

① 马海平. 科学方法的多维考察. 河北师范大学学报（哲学社会科学版），1992（4）：45-50.

通过收集获得的有些资料，特别是未经亲自核对的资料，其可靠性会值得怀疑的，如果不加以整理、分类及筛选，将会妨碍理论分析，甚至影响科研结论的正确性。在某种程度上说，对资料的处理工作不仅是教育研究的一个过程，还始终贯彻于整个研究活动。在此过程中，尽管针对不同的研究目的、采用不同的研究方法所收集到的原始资料会有所不同，甚至存在很大的差异，但在处理科研资料时，一般都要经过筛选、整理、验证、分析、评价、总结六个步骤。

一、筛选

一般来说，筛选是指一种从多数资料中按预定目标对某种具有特定性质的资料进行精选的操作过程。筛选原始资料是指对获得的原始资料进行检查，看其是否完整，核实其真伪，将不符合条件的资料删除，对有缺漏的资料及时补充，以保证资料的正确性和有效性。

1. 资料重要性的审核

收集的资料较多时，面对成堆的资料，第一项工作是筛选，也就是阅读和摘录资料，快速浏览资料，寻找研究所需要的内容，然后进行摘录。摘录资料就是选取资料中的精华部分、具有特色的部分进行辑录或概括。摘录的方式是多种多样的。如果一项资料中只有小部分内容是需要的，则可以把这小部分内容进行摘要。如果一项资料的大部分内容都非常重要，则可以通过编制索引的方法记录。如果多项资料都是论述某一个问题，则可以采用综述的方法来处理。在繁忙紧张的教育工作和研究工作中，我们仍要随时参考大批新近的书籍报刊。在一般情况下可先随便翻翻，有的甚至只看看目录，有的只选两三篇看看，发现比较好的内容，就做个记号放在一边，留作以后再看①。总之，筛选就是"去伪存真""去粗取精"，只保留对本调查研究有参考价值的资料。筛选要根据材料的重要性、特点、将来可能的用途来决定摘录的方法，该舍弃的就舍弃，该精简的就精简。一般来说，筛选后的资料应真实可靠、典型正确。

2. 资料完整性的审核

在调查和测量时，往往有研究对象不完全按要求回答，有的没有填写年龄，有的不写学校名称，甚至有的漏答题目，从而导致问卷调查失真。为了使资料准确完整，研究者必须进行资料完整性审核，主要包括两方面：①资料总体的完整性，即要求实际收到的资料要达到研究计划要求。就问卷调查来说，有效问卷回收率在30%左右的资料，仅做参考；回收率在50%，可采纳建议；只有回收率达到70%，才能作为得出研究结论的依据。②每份资料的完整性，如果含有被试漏答、误答题目的问卷就不具有完整性，必须经过一定的技术处理才能作为有效资料。

3. 资料真实性的审核

研究对象所提供的材料不一定全部属实。有时研究对象受到社会价值观的影

---

① 张景焕, 陈月茹, 郭玉峰. 教育科学方法论. 济南：山东人民出版社. 2000：100.

响，所作回答并不代表他们的真实想法；有时研究对象存在某些方面的顾虑，作答时故意选择对自己有利的内容，具有明显的倾向性。研究者如发现存在虚假信息或完全雷同的资料，必要时应按作废处理。

4. 资料合格性的审核

在调查研究中，研究资料的合格性审查主要检查三方面的内容：①被调查者的身份是否符合相关规定；②提供的资料是否符合填报要求；③提供的资料是否真实无误。如果不符合这三个要求，资料就应当作无效资料处理。研究者可以采用三种方法进行合格性审查：①判断检验，即根据已知的情况判断资料是否正确；②逻辑检验，即通过分析资料内部的逻辑关系来辨别真伪；③计算检验，即通过计算各部分的和是否等于总量，各部分百分比之和是否等于1等来判断资料真伪。

二、整理

资料整理就是指根据教育研究目的对所获得原始资料进行审核、分类和汇总，使之系统化的过程中。[①]当筛选出真实、有效的原始资料以后，研究者要根据研究的目的对原始资料进行整理。资料整理的步骤主要包括：①审核，即审核资料是否真实、准确和全面，不真实的予以淘汰，不准确的予以核实准确，不全面的补全找齐；②分类，即根据信息资料的性质、内容或特征进行分类，将相同或相近的资料合为一类，将相异的资料区别开来；③汇总，就是按照研究的目的和要求，对分类后的资料进行汇总和编辑，使之成为能反映研究对象客观情况的系统、完整、集中、简明的材料。在资料的具体整理过程中，不同类型的原始资料所采用的处理方法与技术也不尽相同。

1. 整理原始资料的意义

资料整理是对调查研究资料进行处理的基础，是提高调查资料统一性和合理性的必要步骤，是保存资料的客观要求。

（1）资料整理是教育研究中十分重要的环节

通过各种方法取得的原始资料都是从各个烦琐的调查过程收集来的、零散的、不系统的资料，只是表明各种不同资料的情况，反映事物的表面现象，不能说明被研究总体的全貌和内在联系。而且，收集的资料难免出现虚假、差错、短缺、冗余等现象，只有经过加工整理，才能使教育研究资料统一化、条理化、简单化，确保教育研究资料正确性和可靠性。

（2）资料整理可以大大提高资料的使用价值

教育研究资料的整理过程是一个去粗取精、消除误差、由表及里、综合提高的过程。它能有效提高信息资料的浓缩度、清晰度和准确度，从而大大提高资料的使用价值。

---

① 侯怀银. 教育研究方法. 北京：高等教育出版社. 2009：276.

（3）资料整理也是保存科研资料的客观要求

通过各种方法得到的原始信息资料不仅是当时教育管理部门或研究者做出决策的客观依据，而且对今后研究同类的活动或试验现象具有重要参考价值。因此，每次调查后，研究者都应认真整理调查的原始信息资料，以便于今后长期保存和研究。科研资料的整理对调查人员来说，也是一个对表面现象认识、深化的过程。如果说，实地调查阶段是认识现象的感性阶段，那么，整理资料阶段就是认识现象的理性阶段。

2. 整理原始资料的原则

（1）真实性原则

真实性原则又称"客观性原则"，是指教育研究资料整理应当以实际发生的教育事实为依据，如实反映教育发展状况。研究者必须根据审核无误的原始材料，采用特定的专门方法进行记录、储存，保证所提供的信息内容完整、真实可靠。这是整理资料的最根本要求。

（2）准确性原则

教育研究资料描述事实要准确，特别是数据。数据的准确性直接影响后续分析的正确性。因此，观测值或估计值与真值的接近程度越高，准确性就越高。

（3）完整性原则

教育研究的资料要尽可能全面、如实的反映全貌。尽量避免以偏概全，使资料分析的结果产生假象从而对研究的结论产生错误影响。

（4）统一性原则

教育研究资料整理对调查指标有统一的解释，对各项数值，计算方法、计算单位要统一，以免造成计算的失误。

（5）简明性原则

资料尽可能简单、明确。该用文字说明的用文字说明，该用表格的用表格，该用图表的用图表，做到类别分明。

3. 整理原始资料的方法

原始资料分为选项性原始资料和描述性原始资料，这两种资料在性质、用途方面不尽相同，其整理的方法也应有别。

（1）选项性原始资料的整理[①]

对于选项有正误区分的原始资料，研究者可按问卷、测验设计的分值比例，直接得出每一问题的得分。

对于选项间存在并列关系的原始资料，研究者可先将每位研究对象的选择结果逐一记录，整理出针对每一问题，研究对象群体在每一选项上选择的人数。

对于各选项程度不同的原始资料，研究者要将其转化为数据则可采用人为赋值的方法，用不同的分值来代表研究对象在某一方面存在的层次及水平。比如，在分析 SCL-90 时，研究者可预先设计选择"没有"=0 分，"很轻"=1 分，"中等"=2 分，"偏重"=3 分，"严重"=4 分。这样，在处理这类原始资料时，研究者录入的

[①] 宋艳. 中小学教师怎样进行课题研究——教育科研资料的处理与分析. 教育理论与实践, 2008 (26): 41-43.

研究对象各项问题选择的结果就转化为相应的分值。

对于排列式选项的原始资料的整理，研究者可以采用人为赋值逐一登入表格的方法，也可以采用记录每一选项选择人数的方法，这取决于研究者研究目的的需要。

（2）描述性原始资料的整理

描述性原始资料的整理是一个由整体到局部的过程。研究者首先要大体阅读所收集到的各种形式的原始资料，全面了解资料的总体情况以及资料所包含的各部分具体内容及相互间的关系。其次，要寻找资料所表达的主要内容、要点或主题，对于有些描述性原始资料还要寻找贯穿资料的内在主线。再次，要去粗取精、由表及里提炼原始资料，从大量资料中抽取出能说明研究问题的核心内容。比如，在"初中课程教学现状分析与研究"中"你认为学习是什么样的活动"，研究者对所有学生问卷进行了分类归纳，提取出学生的三种态度：积极性、中性、消极性。

采用质性研究方法如个案研究、口语报告法、观察法等收集到的描述性的原始资料多以问题和时间为主线跟踪记录和反映过程。研究者对这类资料的整理并不是对现象、观点、态度、感受的简单叙述，而要寻找隐藏在表象之中的要素，为进一步分析各要素的内部关联方式奠定基础。比如，有教师对"问题学生"进行个案研究，应先提炼出"问题学生"的问题在哪里、原因为何、教师教育应以什么样的思路方式开展、在开展的过程中遇到哪些困难和问题、成功或失败在哪里等要素。

对原始资料进行提炼并不是研究者凭主观臆断人为地取舍资料，而是依据研究目的科学地归纳。这种归纳主要取决于两个方面：①所研究的问题，与研究问题有关的、有说服力的资料都是研究者取样的范围；②资料本身所呈现的特点，包括资料出现的频率、反应的强度和持续的时间，以及所表现的态度和引发的后果大小等。

三、验证

教育研究是严谨、科学的研究活动，不管研究的形式怎样，也不管研究指向哪个目标，研究者都期望研究是可信的、有效的。尽管研究者在研究的前期已对原始资料进行了粗略的筛选，但在整理资料的过程中，甚至设计研究活动之前就存在一些导致收集到的资料偏离客观现实的因素，在这种情况下，就非常有必要对原始资料整理后再对其进行信度和效度的检验。

研究的效度是指结论的准确的解释性和结论的普遍性。效度同时包括两个概念，内有效度和外在效度。内有效度是指结果可以被精确解释的范围，而外在效度是指结果能被推广的人群、情境和条件。[1]效度是指资料的有效性，即研究资料对研究者所要研究的问题准确体现的程度。判断研究资料效度的高低，就要看它达到研究目的的程度如何，如果能正确、全面地体现出研究问题的所有特质，这就是高效度的资料。效度与测量目的相关，同一种测量工具在某些测量中具有高效度，但在另一些测量中却效度不高。因此，研究者在选择测量工具时要具体情况具体分析，不可盲目生搬硬套。

---

[1] 威廉·维尔斯玛，斯蒂芬·G. 于尔斯. 教育研究方法导论. 袁振国译. 教育科学出版社. 2010：7-11.

研究的信度指研究的方法、条件和结果不否可重复，是否具有前后一致性。[①]信度强调资料的可靠性，它是资料反映研究对象真实程度的指标，高信度的资料很少受到随机因素或事件的干扰，能够准确无误地反映研究对象的真实状态。信度是效度的一个必要的保证，也就是说，一项研究不可能没有信度却具有效度。如果一项研究是不可靠的，研究者就不可能有信心去解释结果并将它推广到其他的人群和条件中去。从本质上说，信度和效度共同构成了研究的可靠性信度强调可重复性而效度强调结果的精确性和推广性。

在实际的科研活动中，信度和效度的评定方法很多，由于研究问题的侧重面、研究目的、采用的研究方法等不同，评定的方法也有所不同。但无论如何，只有高信度和高效度的研究资料才能使研究者真正达到研究的目的，从而得出正确、可靠的结论。因此，研究者应尽可能地保证研究资料的信度和效度，避免那些引起误差的因素。

四、分析

资料的分析工作是将资料分类、筛选、建构的过程，不仅依赖研究者研究的技能和策略，而依赖研究者的思考和洞察力。[②]实质上，资料分析是把整体资料分解为各个部分、方面或要素，以便逐个加以研究，提高认识。分析资料的过程，就是去粗取精（抓住反映事物本质、精华的东西，不为非本质的、杂芜的东西所迷惑）、去伪存真（找出事物的真相，不为假象所迷惑）、由此及彼（把彼此孤立的资料联系起来，看到事物的整体联系，从这种资料延伸到那种资料，使内容丰满）、由表及里（通过事物的外部联系，找出事物的内部原因，从表层的了解逐步深入到本质的把握）的探索过程。在很大程度上，"分析是整个研究成果的精华所在，体现了作者智慧的结晶"[③]。分析研究资料可以使资料更富有条理和更简化，通过描述数据的全貌以表明研究对象的性质；也可以是对部分个体进行观察所得到的信息，通过概率分析，在一定可靠性程度上推断相应的总体，描述研究对象的总体情况；还可以揭示资料本身蕴涵的意义内容，构建理论框架等。

1. 选项性资料的分析

选项性资料的信息都能转化为数据，对转换成的数据进行统计分析，能从量上为得出结论提供依据。统计分析的方法有很多，中小学教育研究中常用的方法有求百分比、均值、标准差以及相关分析、差异分析等。

为了直观、形象地展示资料的整体特征，研究者可将大量的数据资料合理地排列，编制统计表、统计图。统计表的构造较简单，但在绘制时要讲究规范，具备表号、标题、主题、宾栏、数字资料、补充等数项内容。统计图的种类很多，

教育研究中常见的统计图有条形图、圆形图、曲线图三种。

[①] 威廉·维尔斯玛，斯蒂芬·G.于尔斯. 教育研究方法导论. 袁振国译. 教育科学出版社. 2010：11.
[②] 袁振国. 教育研究方法. 北京：高等教育出版社. 2010：186.
[③] 孙备，袁晨曦. 重视科研资料的收集处理和分析. 中国实用外科杂志，2008，28（10）：859-860.

（1）条形图

条形图是用相同宽度的条形长短或高低来比较同类资料的大小、内部结构或动态变化的图形（图14-1）。

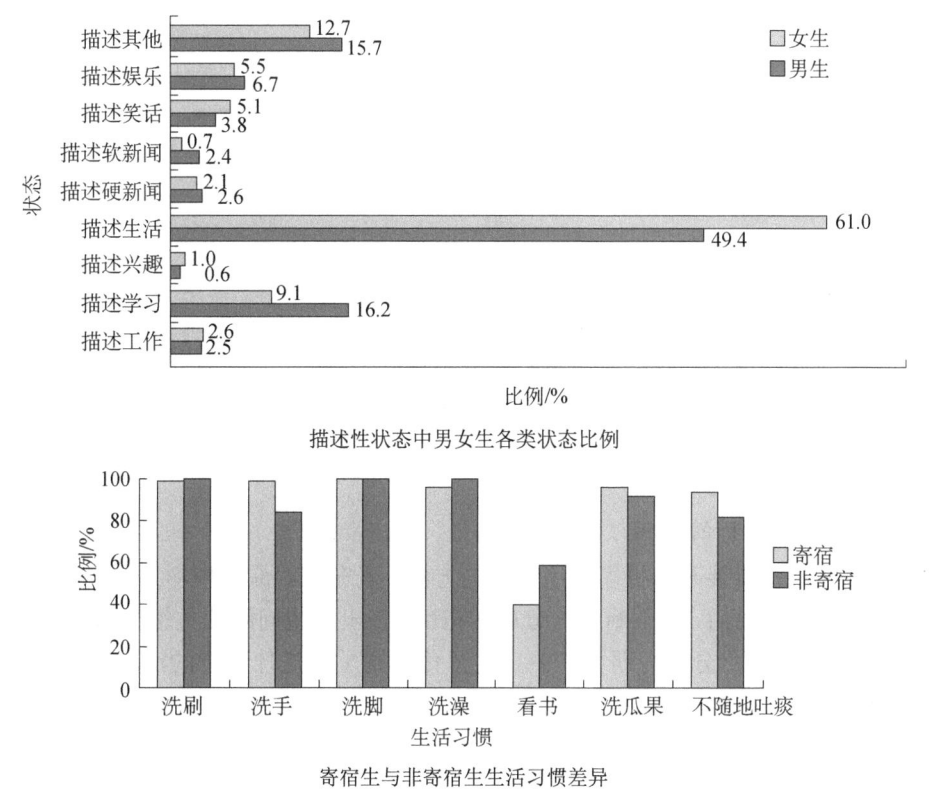

图14-1　条形图样图

（2）圆形图

圆形图是用圆形代表总体，用其中各扇形表示总体中的各个部分，用以说明总体结构的图形（图14-2）。

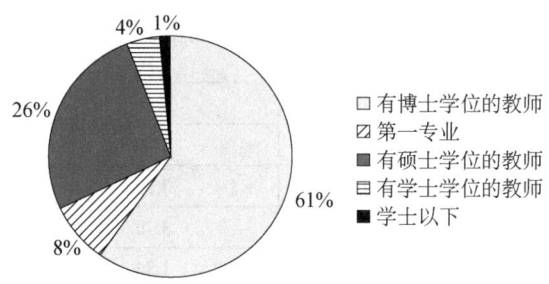

图14-2　圆形图样图

（3）曲线图

曲线图是以线的高低和斜度来表现统计资料的一种图形。它可以表明现象的动态及现象之间的依存关系，也可以表现总体单位分布情况（图14-3）。

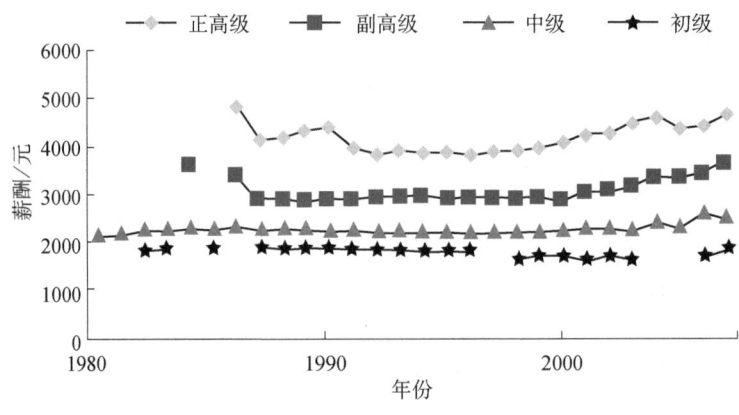

图 14-3 曲线图样图

对于教育调查和教育实验研究获得的资料,研究者往往要通过统计的方法进行处理,然后从定性和定量两个方面来分析其结果。这时研究者可以采用一些统计软件帮助分析处理,例如,运用 Excel 或 SPSS 统计程序进行数据处理,然后再对处理的结果做进一步的分析。

2. 描述性资料的分析

对描述性资料展开分析多采用定性的方法。研究者对原始资料进行提炼,抽取出主要内容和概念后,要不断扩大分析的范围,找出说明问题的关键性指标。例如,"初中课程教学现状分析与研究"中,对"你认为学习是什么样的活动"问题的进一步分析(表 14-1)。

表 14-1 学生描述学习的词汇对比

态度	描述词汇	百分比(%)	百分比加总(%)
积极性	愉快的	25.63	60.83
	有趣的	16.67	
	增加知识的	7.41	
	提高自我的	5.56	
	开拓思维、开阔眼界的	3.70	
	锻炼自己的	1.86	
中性	有苦有乐的	5.56	22.21
	科学性的	3.70	
	必须性的	3.70	
	互相沟通、互相交流的	3.70	
	实践活动	1.85	
	自觉的	1.85	
	游戏	1.85	
消极性	费脑的、累的	7.69	16.96
	痛苦的、心烦的	7.41	
	烦躁的、乏味的	1.86	

五、评价

经过初步整理与分析的资料,并不能马上运用于书面材料的撰写。在运用之前还应该对资料进行评价。所谓评价,就是对资料的真伪(即真实可靠准确的程度)、价值(好坏、大小、影响的程度)、作用(是否有用、放在什么地方能起作用、能起多大的作用)、性质(与主题关系的密切程度)等的辨别,就是分辨主要与次要、正确与谬误、新颖与陈旧、深刻与肤浅的差异。通过评价,选择运用准确的、科学的资料,以确保论文写作的科学性。

六、总结

这里的总结实际上指的是得出结论或验证假设。对资料的总结是一个由局部到整体、从分散到集中的过程,研究者应从研究的理论框架和目的出发,设法揭示资料本身所蕴含的意义,做出合理的解释。在对结果的解释中,研究者首先要考虑所研究的问题,分析主次,对名词做出必要的解释;其次,应该对研究方法的科学性做出分析,包括所选取研究对象的代表性、研究设计的效度、研究者的训练、测量工具的信度和效度等。在此基础上,运用推论法、演绎法、归纳法等对研究结果做出恰如其分的解释和分析。

处理教育研究资料的过程就是一个从整体到局部再由局部到整体、从个别到一般再由一般到个别、从抽象到概括再由概括到抽象的循环往复的过程,各步骤之间不是僵硬的、不可逆转的,而是互相之间可以得到进一步的验证和提供线索,故研究者应视研究目的与分析资料的过程加以灵活处理。

第三节 教育研究资料的分析

分析资料是对整理的资料做进一步的思维加工,通过分析推论得出研究结论。一般来说,对资料的分析有定性分析和定量分析两种,即从研究对象的量和质两个方面揭示问题的真相。描述性资料多采用定性分析,而选项性资料多采用定量分析。

一、定性分析[①]

定性分析是对事物质的规定性的认识，它是运用各种逻辑思维方法，对经过归类整理的大量的数据、文献、事实材料进行去粗取精、去伪存真，得出科学结论的分析。定性分析的主要逻辑思维方法有归因法、比较法、分析与综合法、归纳法、类比法。

1. 归因法

世界是一个无限复杂、互相联系与依赖的统一整体。任何教育现象的产生都有一定原因，同样它会引起一定的结果。教育活动就是一系列的因果联系。教育的因果联系不是研究者自己创造的，而是活动本身客观存在的。教育研究的目的在于揭示有关教育内部、外部及相互关系的规律。研究者只有运用正确合适的方法研究搜集到的资料，才能揭示上述联系和规律。

怎样对资料进行因果分析，从而找到各现象之间的因果联系呢？逻辑学为人们提供了这样一些方法：求同法、差异法、共变法和剩余法。

（1）求同法

求同法是在产生相同结果的不同现象中，寻找现象之间的共同性，从而确立共同性与相同结果之间存在着因果联系。比如，有资料显示，不同学生的学业成绩在发现式教学法的教学下都有了较大程度的提高，那么求同法就认为这种教学方法是学生学业成绩提高的原因。也就是不同的学生在相同的因素下产生了相同的结果，那么这个"相同的因素"与"同一结果"之间就存在必然的因果联系。

（2）差异法

如果研究的教育现象出现的条件与它不出现的条件之间，只有一点不同，即在这一个条件下有某个教育现象出现，而在另一个条件下这个现象没有出现，那么，这个条件与所研究的教育现象之间就有因果联系。比如，在前面的例子中，如果对该班学生不采用发现式教学法而改用常规教学法，这样得到的资料是学生的学习成绩并没有得到显著提高。对于这种情况，用差异法分析通过对比两种不同的教学法与学习成绩的不同变化，即可认为，因没有采用发现式教学法，学生的学业成绩没有显著提高，从而得出发现式教学法可以提高学生的学业成绩的结论。

（3）共变法

如果每当某一教育现象发生一定程度的变化时，另一教育现象也随之发生一定程度的变化，那么，这两个教育现象之间就有因果联系。比如，前面的例子中，随着教学方法的改变，学生的学业成绩发生了变化，用共变法分析就可认为，教学方法与学业成绩存在着因果联系。

（4）剩余法

如果研究者已经知道某一个复杂的教育活动是另一个复杂的教育行为的原因，

[①] 廖茂忠. 教育科研资料的处理——教育科研系列讲座之五. 中小学教材教学（中学理科），2003（3）：41-44.

还知道前面一个教育活动中的某一部分是后面教育行为中的某一部分教育行为的原因,那么,前面教育活动的其余部分与后面教育行为的其余部分就有因果联系。

另外,研究者还要注意归因的复杂性在具体的教育问题中存在着大量的一因多果、一果多因或多因多果的现象。比如,学生学业成绩提高的原因,并不可能只是教学方式的转变,还有许多其他因素的作用。同样,一种教学方式的转变带来的肯定不仅仅是学生学业成绩的提高,还可能是学生学习习惯的改变等等。总之,要对教育问题有全面准确的认识就要注重多重归因分析。

2. 比较法

面对纷繁复杂的教育现象,研究者会发现它们之间总会有这样或那样的相似,但是人们还是能将它们区别开来。这就是因为有比较。所谓比较法是根据一定的标准,找出资料之间的差异点与共同点,以此来揭示各份资料所代表的教育现象之间的内在联系。比如,资料显示两个学习基础相差很远的学生在某一次考试中取得了同样的成绩,其原因是什么呢?这就需要对他们的学习方式、努力程度等进行比较。通过比较就可以发现学生的学习基础、学习方式或努力程度与学习效果的联系。

比较法分析资料其实也是一种联系分析法,它可以避免孤立地分析和理解某一份资料或资料的某一方面,从而更好地揭示所有资料的内在联系。只有在相互联系和比较中,才能全面准确地认识某一事物,从而对资料所代表的各种教育现象做出评价。

事物及事物之间联系的多样性决定了比较法的多样性。从时间上看,比较法可以分为有纵向比较和横向比较;从性质上看,比较法可以分为同类比较和相异比较;此外,还有问题比较、综合比较等。针对不同的资料,研究者应选择不同的比较法。比如,对一个学生学习态度的转变的研究,研究者就可采用纵向比较法来比较他在不同时期学习的动机、条件因素,从而找出学习态度变化的原因。

运用比较法应注意以下几个问题。

1)两种资料是否具有可比性。可比性是指在同一关系下进行比较,这是事物之间进行比较的前提。比如,前面说的"两个学习基础相差很远的学生,他们在某一次考试中取得了同样的成绩"的例子,对他们比较的前提是"同样的考试成绩",或者是"他们是同年级的学生",也就是说研究者不能用学生甲的数学成绩与学生乙的英语成绩,或者用甲第一次的成绩与乙第二次的成绩进行比较。

2)比较范围的广泛性与确定性。两种不同的资料可比较的内容往往不止一点,但是在某个具体的研究中,研究者应确定"比较什么"。

3)比较是在同一关系下进行的,要对资料中重要的方面进行比较,不要因某种表面上的相同而忽略实质上的差异,也不要因表面上的差异而忽略实质上的相同。如果只将现象上偶然性的东西进行比较,就容易得出错误的结论。

4)比较的作用是有限的。通过比较不同的资料,找出它们之间的异同,这是教育研究希望达到的目的之一。但是因为比较往往是针对某一方面进行的,所以也有可能造成片面性,影响比较的信度。

3. 分析与综合法

分析就是"分而析之"。分析法就是对所搜集的资料的每一份或每一类进行研究的逻辑方法。它把所要研究的各份或各类资料抽取出来，脱离其他因素的影响。它是一种暂时孤立的对资料的研究。它着重研究各份资料所代表的事件产生的背景、原因及所蕴藏的意义、价值。不断的分析可以深入细致地研究各份资料或文献，弄清各种资料或文献的意义与作用，从而从根本上把握全部资料。比如，在某个班的学生对教师采用发现式教学法的看法的资料中，有学生认为发现式教学法很好，有学生则认为一般。这时，如果研究者采取一一具体考察每一个学生对发现式教学法的看法的方式进行研究，这就是分析法。这样不仅可以研究细节，为从总体上把握事物积累材料，还可有效地避免有些研究者在分析资料时"想当然"或"笼而统之的"的错误做法。但这种方法也有其不足，主要表现在它着眼于局部考察，并有可能在抽取、割裂其他因素的过程中形成认识上的孤立、静止、片面性。综合法就可以弥补这种局限。

综合法是将所有搜集到的资料联系起来进行认识和研究。这种方法认为所搜集的资料是一个有机联系的整体。通常所搜集的资料表面上是杂乱无序的。资料综合就是变"无序"为"有序"，寻找不同资料之间有机联系的过程。上面说的那个例子，用分析法对不同学生的看法进行一一考察，的确可使研究者对每个学生与那种教学方式之间的关系有深入的了解，但是研究者还无法获得全班学生对那种教学方式的总的看法及其原因。这就需要运用综合法。综合并不是将所有学生的不同看法进行"加法运算"，而是从教学活动整体上去理解和综合。这样就可以得到全班学生的总的看法。综合法也同样存在不足，如果没有分析法作为基础，综合就会是"笼而统之"。

总之，为了避免分析与综合的局限性，研究者最好采取在分析之中综合，在综合之中分析的办法。

4. 归纳法

上面的例子中，如果研究者通过资料了解到此班有45人，其中有35人认为发现式教学法很好，那么，就可能得出结论——发现式教学法是一种比较受学生欢迎的教学方法。这一过程就是归纳推理，它的前提是一些关于个别事物或现象的判断，而结论是关于此类事物或现象的普遍性判断。这是从个别到一般的认识的飞跃。但是，一方面归纳推理是有根据的，因为在客观事物中，个别与普遍既是对立的，又是统一的，个别表现着普遍，普遍表现于个别之中；另一方面归纳推理是必要的，因为无论教育研究课题是怎样小或多么大，研究者不可能穷尽关于课题的所有资料。没有归纳推理、假设，教育研究的结论就没有适应性。这种分析方法得到的结论只是某一类教育活动的共同性，不一定是本质，所以结论往往是知其然而不知其所以然。比如，上面研究者判断了发现式教学法是受欢迎的，但如果研究者不再作细致的归因分析，就不会了解为什么那种教学法会受欢迎。也就是说归纳法不能替代归因分析。同时，归纳法只是一种概率推理，将结论无限制推广就可能会不正确。

5. 类比法

类比法是根据两个（类）对象有些相同特点，推出它们的其他特点也可能相同。比如，研究者从资料中得到，研究型学习提高了学生甲的学业成绩，由于学生乙与学生甲的学习能力、学习方法、学习兴趣等都很相似，所以就可以推断出研究型学习也可以提高学生乙的学业成绩。从已知推出未知是这种分析方法与归纳法的共同点。它们的不同之处是，归纳法是从"个别"到"一般"，而类比法是从"一类"到"另一类"。类比法的可靠性取决于类比的两个（类）对象之间的相似程度。相似程度越高，类比就越可靠。虽然类比的可靠性不大，但它在发现规律、提出理论假说方面起重要作用。资料分析的特点就是这样的，即源于资料又高于资料。

二、定量分析

定量分析是研究事物的量的规定性的认识活动，能从量上为研究结论提供依据。定量分析中最基本的是统计分析。"统计这个术语在教育研究中有多种含义，统计最基本的含义可能是指'信息数值'。"[①]然而，"统计还有一种比'信息数值'更广泛的含义，即进行数据分析的理论、方法和方法论。"[①]统计分析主要包括基础分析、相关分析、推断统计分析、方差分析、因素分析和回归分析。

（一）基础分析

基本分析就是把教育一定时期有关所有信息综合在一起，根据教育学、统计学等学科的基本原理，通过对决定教育的基本要素如教育经费投入、教育政策变化等的分析，找出教育的内在价值，并与目前教育实际价值作比较，从而得出最终结论。基础分析属于宏观经济学范畴，最大优点是其科学性与严谨性，因果关系明确。

1. 基础分析的优缺点

基础分析的优点主要有两个：①能够比较全面地把握教育的基本走势，为教育改革提供决策参考；②应用起来相对简单，适合不同层次的研究者使用。

基础分析的缺点主要有两个：①预测的时间跨度相对较长，对当前教育改革的指导作用比较弱；②预测的精确度相对较低，还需要其他方面的分析才具有实践操作性。

基于基础分析的优缺点，基础分析主要适用于以下几个方面：①周期相对比较长的教育预测；②相对成熟的教育改革；③适用于预测精确度要求不高的领域。

2. 基础分析的内容

（1）算术平均数（均值）

算术平均数，简称平均数，也叫均数或均值，是表示一系列数据或统计总体的平均特征的值，反映一组数据的集中趋势和平均水平。具体来说，算术平均数是指

---

① 威廉·维尔斯玛，斯蒂芬·G. 于尔斯. 教育研究方法导论，袁振国译. 北京：教育科学出版社，2010：386.

一组数据中各个分数的和,再除以这组数据的总次数所得的商。样本平均数常用符号 $\overline{X}$ 表示,其定义公式为:

$$\overline{X} = \frac{X_1 + X_2 + X_3 + \cdots + X_N}{N}$$

式中,X_1、X_2、X_3、…、X_N 表示随机变量 X 的各个数据;N 表示数据的个数。

(2) 标准差和方差

方差和标准差是最常用的差异数量,它们是量度上的一段区间(或区间的平方),代表分布的离散程度。[①]标准差表示一组数据内部差异情况或者离散程度,样本的标准差常用字母 S 表示。标准差大,说明一组数据内部差异大;标准差小,说明数据内部差异小。将标准差与平均数结合起来分析研究,可以了解一组数据的全貌。标准差的定义公式为:

$$S = \sqrt{\frac{\sum (X - \overline{X})^2}{N}}$$

式中,$X - \overline{X}$ 表示离差,即每个数据与平均数的差数;$\sum (X - \overline{X})$ 表示离差平方和;N 表示数据的总个数。

方差是标准差的平方。样本的方差常用符号 S^2 表示。方差的定义公式为:

$$S^2 = \frac{\sum (X - \overline{X})^2}{N}$$

(3) 百分数

百分数又叫作百分率或百分比,是反映数据中每一部分在总体中所占比率或某一事件发生的可能性大小的量,用字母 P 表示。百分数是"表示一个数是另一个数百分之几的数"。百分数只表示关系,不表示数量,也就是说,百分数只能表示两数之间的倍数关系,不能表示某一具体数量。如:可以说 1 米是 5 米的 20%,不可以说"一段绳子长为 20% 米"。因此,百分数后面不能带单位名称。

3. 基础分析的适用性

基础分析在实际的运用中对于绝大多数研究者来讲缺乏可操作性,主要有以下几个原因。

1) 在实际运用中,要求操作者具备极高的专业理论知识。目前国内很多著名的教育研究者都不敢号称完全掌握基础分析,更何况普通的研究者了。

2) 基础分析要求拥有完备的即时资料并同时建立完善的数据库。影响教育波动的任何信息,包括政策消息、公众心理等,都要在第一时间搜集齐全,并在第一时间分析出会对教育产生哪些影响,这对于任何一个教育研究者说都是不可能办到的事情,对于普通研究者就更是难上加难了。

3) 最重要的一点是基础分析不能量化,例如,美国教育部公布的教育统计数据具体对教育改革产生多大的影响、会造成多少点的教育波动等等是不可能用具体数字反映出来的。研究者研究基础分析的目的主要是站在市场的角度全面地看待问

[①] 威廉·维尔斯玛,斯蒂芬·G. 于尔斯. 教育研究方法导论. 袁振国译. 教育科学出版社. 2010:390.

题把握住大方向，真正改革还要看技术分析。

（二）相关分析

两个变量之间不精确、不稳定的变化关系称为相关关系。[1]相关分析是研究现象之间是否存在某种依存关系，并对具有依存关系的现象加以探讨，以之发现其相关方向以及相关程度。相关分析是研究随机变量之间的相关关系的一种统计方法。在教育研究中，常常需要考虑变量之间的关系，例如，学校班级的规模是否与学习成绩有关系、教师的缺勤率与工作积极性有何关系等。要回答这些问题就需要进行相关分析。

1. 相关系数

相关分析所关心的是一个随机变量（如果以 Y 代表）对另一个（或一组）随机变量（如果以 X 代表）的依赖关系的函数形式。相关分析侧重探讨随机变量之间的种种相关特征。例如，以 X、Y 分别记小学生的数学与语文成绩，感兴趣的是二者的关系如何，而不在于由 X 去预测 Y。相关系数是用来描述两个变量相互之间变化方向及密切程度的数字特征量[2]，不过，它并不能够揭示两者之间的内在本质联系。

一个随机变量与另一个（或一组）随机变量的相关按性质可分为三种情况：①正相关、零相关和负相关。当一个变量变大（或变小）时，另一个变量也变大（或变小），则这两个变量之间是正相关，相关系数为正值；②当一变量变动时，另一变量无变化，或忽大忽小呈无规律变化，表示两变量间无一定的联系，相关系数为零；③当一变量变大（或变小）时，另一变量却变小（或变大），这两个变量之间是负相关，相关系数为负值。

在教育研究领域中，人们通常用字母 r 表示相关系数，相关系数的取值范围在 $-1 \sim +1$，即 $-1 \leqslant r \leqslant 1$。相关系数的正负只表示相关的方向，它的绝对值表示相关的程度，绝对值越大，表明相关程度越高。相关系数为 0 表示没有相关。

相关系数的值是一个比值，它既不是由相等单位度量而来（即不等距），又不是百分比，因而不能直接作加、减、乘、除运算。

2. 复相关

复相关是指因变量和两个以上自变量之间的相关关系，它表示一个变量 Y 与另一组变量（X_1, X_2, $\cdots$, X_k）之间的相关程度。例如，教师职业声望同时受到一系列因素（收入、文化、社会地位……）的影响，那么这一系列因素的总和与教师职业声望之间的关系，就是复相关。

复相关系数是反映一个因变量与一组自变量（两个或两个以上）之间相关程度的指标。它是包含所有变量在内的相关系数。复相关系数越大，表明要素或变量之间的线性相关程度越密切。

复相关系数不能直接测算，只能采取一定的方法进行间接测算。比如，为了测定一个变量 y 与其他多个变量 X_1, X_2, $\cdots$, X_k 之间的相关系数，可以考虑构造一

---

[1] 王孝玲. 教育统计学. 上海：华东师范大学出版社. 2001：228.
[2] 王孝玲. 教育统计学. 上海：华东师范大学出版社. 2001：229.

个关于 $X_1, X_2, \cdots, X_k$ 的线性组合，通过计算该线性组合与 y 之间的简单相关系数作为变量 y 与 $X_1, X_2, \cdots, X_k$ 之间的复相关系数。具体计算过程如下：

第一步，用 y 对 $X_1, X_2, \cdots, X_k$ 作回归，得：

$$\hat{y} = \hat{\beta}_0 + \hat{\beta}_1 X_1 + \cdots + \hat{\beta}_K X_k$$

第二步，计 y 和 $\hat{y}$ 的简单相关系数，此简单相关系数即为 y 与 $X_1, X_2, \cdots, X_k$ 之间的复相关系数。复相关系数的计算公式为：

$$R = \frac{\sum(y - \bar{y})(\hat{y} - \bar{y})}{\sqrt{\sum(y - \bar{y})^2 \sum(\hat{y} - \bar{y})^2}}$$

之所以用 R 表示复相关系数，是因为 R 的平方恰好就是线性回归方程的决定系数。

复相关系数与简单相关系数的区别在于，简单相关系数的取值范围是[-1，1]，而复相关系数的取值范围是[0，1]。这是因为，在两个变量的情况下，回归系数有正负之分，所以在研究相关时，也有正相关和负相关之分；但在多个变量时，偏回归系数有两个或两个以上，其符号有正有负，不能按正负来区别，所以复相关系数也就只取正值。

3. 偏相关

偏相关是研究在多变量的情况下，当控制其他变量影响后，两个变量间的直线相关程度。偏相关又称净相关或部分相关。偏相关分析是指当两个变量同时与第三个变量相关时，将第三个变量的影响剔除，只分析另外两个变量之间相关程度的过程。

偏相关分析也称净相关分析，它在控制其他变量的线性影响的条件下分析两变量间的线性相关性，所采用的工具是偏相关系数（净相关系数）。控制变量个数为一时，偏相关系数称为一阶偏相关系数；控制变量个数为二时，偏相关系数称为二阶相关系数；控制变量个数为零时，偏相关系数称为零阶偏相关系数，也就是相关系数。

偏相关系数较简单直线相关系数更能真实反映两变量间的联系。

偏相关系数、复相关系数、简单直线相关系数之间存在着一定的关系。以 3 个变量 X_1, X_2, X_3 为例，它们有如下的关系：

$$R_{1.23}^2 = r_{12}^2 + r_{13.2}^2(1 - r_{12}^2) \text{ 或者 } R_{1.32}^2 = r_{13}^2 + r_{12.3}^2(1 - r_{13}^2)$$

上式中，偏相关系数 $r_{13.2}$ 表示控制变量 X_2 的影响之后，变量 X_1 和变量 X_3 之间的直线相关；偏相关系数 $r_{12.3}$ 表示控制变量 X_3 的影响之后，变量 X_1 和变量 X_2 之间的直线相关；r_{12} 表示变量 X_1 和变量 X_2 之间的相关关系；r_{13} 表示变量 X_1 和变量 X_3 之间的相关关系。

（三）推断统计分析

"推断应用的背景是通过较大群体的子群体数据或通过总体的样本数据来推论该较大群体的情况。"[1]推断统计，又叫抽样统计，是指根据抽样调查获得的样本信

---

[1] 威廉·维尔斯玛，斯蒂芬·G. 于尔斯. 教育研究方法导论. 袁振国译. 教育科学出版社. 2010：409.

息,对总体的数量特征做出具有一定可靠程度的估计和推断的方法。推断统计是用概率形式来决断数据之间是否存在某种关系,以及用样本统计值来推测总体特征的一种重要的统计方法。推断统计包括总体参数估计、假设检验和回归分析,最常用的方法有 z 检验、t 检验、χ^2 检验等。

在处理调查或实验的数据时,研究者经常要讨论统计值之间差异的问题。如两个平均数、两个比率的差异,利用两个样本(所选取研究对象)之间的差异是否显著来推断其对应总体(研究对象所属的群体)之间是否有差异。其中差异显著性检验是最常见的内容。

差异显著性检验的一般步骤是:①建立无差假设,即两个样本特征量所代表的总体参数之间没有显著差异,假定现有的差异只是由选择研究对象进行抽样时的误差造成的。②计算统计量,选择进行检验的相应统计量和公式,计算出统计量的数值。③进行统计决断,将计算所得的统计量与判断为小概率事件的临界值进行比较。如果统计量超过临界值,判定研究中提出的无差假设属小概率事件,则两样本的统计量乃至其对应总体之间差异显著,反之则差异不显著。一般来说,需要检验的统计量包括平均数差异、计数数据、平均数、方差、相关系数等,常用的主要有以下几种。

1. 两个独立大样本的平均数差异显著性检验——z 检验

随机抽取的非相关样本称为独立样本,大样本(即所选取的研究对象多于 30 人)的方差基本等同于总体方差,故独立大样本的显著性检验可采用 z 检验。如果计算出的 z 值 <1.96($p=0.05$ 时,$z=1.96$),则 $p>0.05$,两样本的平均数差异不显著;如果计算出的 z 值 >1.96,则 $p<0.05$,两独立大样本的平均数差异显著。

2. 两个独立小样本的平均数差异显著性检验——t 检验

由于小样本(即所选取的研究对象数量少于 30)的方差不能代表总体方差,故要用 t 检验。如果两样本所属总体的方差相等,则可将计算得出的 t 值与 $df=n_1+n_2-2$(n_1,n_2 分别为两样本的样本数)时 $t_{0.05}$ 相比较,若 $t>t_{0.05}$,则 $p<0.05$,两样本平均数差异显著。

3. 相关样本的平均数差异显著性检验——t 检验

所谓相关样本,是指两个样本的数据之间存在一一对应的关系。如研究者对学生的数学和物理成绩进行比较要用 t 检验。

4. 计数数据差异的显著性检验——χ^2 检验

在教育科学的实际研究和调查中,经常得到很多多项分类的实计数,如选项间并列关系的科研资料与排列式选项的科研资料整理分析所得的数据。对于这些数据的统计分析,一般用 χ^2 检验的方法。

卡方检验(χ^2 检验)主要是对计数数据进行差异的显著性检验,它是检验实得数与理论数(期望次数)的偏差是否存在显著性差异的一种检验。例如,抛掷一枚均匀的硬币 100 次,结果出现正面 58 次,反面 42 次,则正反面之间的差异有无显著性意义?

通过计算 χ^2 来检验实得数与理论次数差异的显著性,就叫作卡方检验(χ^2 检验)。卡方检验的步骤与 z 检验和 t 检验的步骤基本类似。

χ^2 检验统计量的基本形式为:

$$\chi^2 = \sum \frac{(f_0 - f_t)^2}{f_t}$$

这里，f_0 表示实际频数，f_t 表示理论频数；$\sum$ 表示总和。

除了以上几种分析以外，研究者还可运用方差分析来研究实验数据中各变量对实验结果影响的大小；运用因素分析从众多变量的相互关联中找出起决定作用的基本因素；运用回归分析确定研究变量的数学模型，从而预测或估计量的变化。

(四) 方差分析

方差分析 (analysis of variance，ANOVA)，又称"变异数分析"或"F 检验"，是英国统计学家费舍尔 (R. A. Fisher，1890—1962) 发明的，用于两个及两个以上样本均数差别的显著性检验。由于各种因素的影响，研究所得的数据呈现波动状。造成波动的原因可分成两类，一是不可控的随机因素，另一是研究中施加的对结果形成影响的可控因素。

1. **方差分析的假定条件**

进行方差分析必须满足以下条件。

1) 各处理条件下的样本是随机的;
2) 各处理条件下的样本是相互的，否则可能出现无法解析的输出结果;
3) 各处理条件下的样本分别来自正态分布总体，否则使用非参数分析;
4) 各处理条件下的样本方差相同，即具有齐效性。

如果以上条件得不到满足，则不适使用方差分析，或者说作方差分析的效果不理想。

2. **方差分析的假设检验**

假设有 K 个样本，如果原假设 H_0 样本均数都相同，K 个样本有共同的方差 σ，则 K 个样本来自具有共同方差 σ 和相同均值的总体。如果经过计算，组间均方远远大于组内均方，则推翻原假设，说明样本来自不同的正态总体，说明处理造成均值的差异有统计意义。否则承认原假设，样本来自相同总体，处理间无差异。

3. **方差分析的基本思想**

一个复杂的教育现象，其中往往有许多因素互相制约又互相依存。方差分析的目的是通过数据分析找出对该现象有显著影响的因素，各因素之间的交互作用，以及显著影响因素的最佳水平等。方差分析是在可比较的数组中，把数据间的总的"变差"按各指定的变差来源进行分解的一种技术。对变差的度量，采用离差平方和。方差分析方法就是从总离差平方和分解出可追溯到指定来源的部分离差平方和，这是一个很重要的思想。

经过方差分析若拒绝了检验假设，只能说明多个样本总体均值不相等或不全相等。若要得到各组均值间更详细的信息，应在方差分析的基础上进行多个样本均值的两两比较。

在方差分析的具体运用中，通过分析研究不同来源的变异对总变异的贡献大小，从而确定可控因素对研究结果影响力的大小。

（五）因素分析

因素分析法（factor analysis approach），又称指数因素分析法，是利用统计指数体系分析现象总变动中各个因素影响程度的一种统计分析方法。因素分析法是目前研究结构效度最常用的一种实证方法。因素分析是"研究者控制一个或者更多的影响被试行为的因素……而操纵一个因素的目的是为了考察它和另一个因素的因果关系"。[①]依使用目的而言，因素分析可分为探索性因素分析（exploratory factor analysis，EFA）与验证性因素分析（confirmatory factor analysis，CFA）。简单地说，探索性因素分析所要达到的目的是建立量表或问卷的结构效度，而验证性因素分析则是要检验此结构效度的适切性与真实性。

因素分析法是现代统计学中一种重要而实用的方法，它是多元统计分析的一个分支。使用这种方法能够使研究者把一组反映事物性质、状态、特点等的变量简化为少数几个能够反映出事物内在联系的、固有的、决定事物本质特征的因素。因素分析法的最大功用就是运用数学方法对可观测的事物在发展中所表现出的外部特征和联系进行由表及里、由此及彼、去粗取精、去伪存真的处理，从而得出客观事物普遍本质的概括。其次，使用因素分析法可以使复杂的研究课题大为简化，并保持其基本的信息量。因素分析法包括连环替代法、差额分析法、指标分解法、定基替代法。在教育研究中，人们可以用到的主要是连环替代法、指标分解法和定基替代法。

1. 连环替代法

连环替代法是将分析指标分解为各个可以计量的因素，并根据各个因素之间的依存关系，顺次用各因素的比较值（通常即实际值）替代基准值（通常为标准值或计划值），据以测定各因素对分析指标的影响。例如，设某一分析指标 M 是由相互联系的 X、Y、Z 三个因素相乘得到，报告期（实际）指标和基期（计划）指标为：

报告期（实际）指标 $M_1 = X_1 \times Y_1 \times Z_1$

基期（计划）指标 $M_0 = X_0 \times Y_0 \times Z_0$

在测定各因素变动指标对指标 R 影响程度时可按顺序进行：

基期（计划）指标 $M_0 = A_0 \times B_0 \times C_0 \cdots$ (1)

第一次替代 $X_1 \times Y_0 \times Z_0 \cdots$ (2)

第二次替代 $X_1 \times Y_1 \times Z_0 \cdots$ (3)

第三次替代 $X_1 \times Y_1 \times Z_1 \cdots$ (4)

分析如下：

（2）－（1）→X 变动对 M 的影响。

（3）－（2）→Y 变动对 M 的影响。

（4）－（3）→Z 变动对 M 的影响。

---

① 威廉·维尔斯玛，斯蒂芬·G. 于尔斯. 教育研究方法导论. 袁振国译. 教育科学出版社. 2010：15.

把各因素变动综合起来，总影响：
$$\Delta M = M_1 - M_0 = (4) - (3) + (3) - (2) + (2) - (1)。$$

2. 指标分析法

指标分析法是利用指标体系，对教育现象的综合变动从数量上分析其受各因素影响的方向，程度及绝对数量。指标分析法实际上是依据一定的统计方法，运用一些复杂的数学计算公式或数量模型，通过计算机系统生成的某种指标值或图形曲线。这种分析方法对于判断教育未来走势具有重要实践意义。

指标分析法的特点体现在其指标体系的要求上。在对教育现象或教育问题进行指标分析时，指标体系的建立应当具备三个基本素质：①指标要素齐全适当；②主辅指标功能匹配；③满足多方信息需要。

指标分析法是通过对指标的分析得出一些数据，而数据本身是教育研究的基础信息，可以直接作为教育决策依据的信息往往隐藏在这些数据之中。"要将这些数据变成直观的决策依据，需要我们采取信息整合活动，对各种信息进行收集、筛选、分析、判断、推理等，以整合成有效信息"。[①]信息整合是指标分析的基本手段，主要有以下步骤。

1）选定影响教育发展状况的各项指标。通常可选择师资水平达标率、教学条件合格率、生均占地面积达标率等。因不同教育机构的具体情况不同，在选择评价指标时也应有所区别。

2）根据重要性程度，对各种比率标注重要性系数，并使各系数之和等于1。

3）确定各项指标的标准值。如果一个教育机构各项指标的比率实际数达到了标准值，便意味着教育硬件状况最优。

4）计算确定教育分析期各项指标比率的实际数值。

5）计算求出实际比率和标准比率的百分比，即相对比率。

6）用相对比率乘以重要性系数，求出各比率的评分，即综合指数，并求出各比率综合指数的合计数，即总评分，以此作为对学校教育状况的评价依据。如果综合指数合计为1或在1左右变动，则表明教育常规运行状况达到标准要求；如果大于或小于1，则表明实际教育状况偏离了标准要求，详细原因应进一步分析查找。

3. 差额分析法

差额分析法实际上是连环替代法的一种简化形式，是利用各个因素的比较值与基准值之间的差额，来计算各因素对分析指标的影响。

例如，某所学校财务指标及有关因素的关系由如下式子构成：实际指标为 $P_o = A_o \times B_o \times C_o$；标准指标为 $P_s = A_s \times B_s \times C_s$；实际与标准的总差异为 $P_o - P_s$，$P_o - P_s$ 这一总差异同时受到 A、B、C 三个因素的影响，它们各自的影响程度可分别由以下式子计算求得：

A 因素变动的影响：$(A_o - A_s) \times B_s \times C_s$；

B 因素变动的影响：$A_o \times (B_o - B_s) \times C_s$；

C 因素变动的影响：$A_o \times B_o \times (C_o - C_s)$。

[①] 胡兴华. 小议指标分析法在事业单位的应用. 中国集体经济，2008（Z2）：70-71.

最后，可以将以上三大因素各自的影响数相加就应该等于总差异 P_o-P_s。

（六）回归分析

回归分析（regression analysis）是研究一个随机变量 Y 对另一个（X）或一组（$X_1, X_2, \cdots, X_k$）变量的相依关系的统计分析方法。在教育研究中，回归分析运用十分广泛。回归分析按照涉及的自变量的多少，可分为一元回归分析和多元回归分析；按照自变量和因变量之间的关系类型，可分为线性回归分析和非线性回归分析。如果在回归分析中，只包括一个自变量和一个因变量，且二者的关系可用一条直线近似表示，这种回归分析称为一元线性回归分析；如果回归分析中包括两个或两个以上的自变量，且因变量和自变量之间是线性关系，则称为多元线性回归分析。

1. 回归分析的主要内容

1）从一组数据出发确定某些变量之间的定量关系式，即建立数学模型并估计其中的未知参数。估计参数的常用方法是最小二乘法。

2）对这些关系式的可信程度进行检验。

3）在许多自变量共同影响着一个因变量的关系中，判断哪个（或哪些）自变量的影响是显著的，哪些自变量的影响是不显著的，将影响显著的自变量选入模型中，而剔除影响不显著的变量，通常用逐步回归、向前回归和向后回归等方法。

4）利用所求的关系式对某一教育过程进行预测或控制。

2. 回归分析研究的主要问题

在回归分析中，把变量分为两类。一类是因变量，它们通常是实际问题中所关心的一类指标，通常用 Y 表示；而影响因变量取值的另一变量称为自变量，用 X 来表示。回归分析研究的主要问题如下。

1）确定 Y 与 X 间的定量关系表达式，这种表达式成为回归方程。

2）对求得的回归方程的可信度进行检验。

3）判断自变量 X 对 Y 有无影响。

4）利用所求得的回归方程进行预测和控制。

3. 回归分析法应用举例

为了更好地说明回归分析在教育研究中的具体应用，我们在此以赵庆刚、彭瑞霞的《以回归分析法构建教师信息素养评价体系》[①]一文为例加以分析。

（1）在构建教师信息素养量化评价指标体系中引进回归分析方法

假设教师信息素养量化评价指标系统是线性或者趋近于线性的，那么建立一个量化评价指标体系主要就是要确定各项评价指标的具体内容以及它们各自所对应的权重。假设该评价体系有 n 个评价指标，各项评价指标所对应的权重为（$x_1, x_2, x_3, \cdots, x_n$）。现在通过调查表的方法获取了 m 个评价样本以及他们各自对应的信息素养总的得分为（$b_1, b_2, b_3, \cdots, b_m$），那么如果所给出的权重（$x_1, x_2, x_3, \cdots, x_n$）是一组合理的权重的话，它应该尽可能满足下面的等式：$A_x=b$。

---

① 彭瑞霞，赵庆刚. 以回归分析法构建教师信息素养评价体系. 清华大学教育研究，2006, 27（3）：114-118.

其中 $A=(a_1, a_2, a_3, \cdots, a_m)^{-1}$ 为随机抽样获取的 m 个样本中评价指标的分值 $a_1=(a_{11}, a_{12}, a_{13}, \cdots, a_{1n})$, $a_2=(a_{21}, a_{22}, a_{23}, \cdots, a_{2n})$, $a_3=(a_{31}, a_{32}, a_{33}, \cdots, a_{3n})$, $\cdots$, $a_m=(a_{m1}, a_{m2}, a_{m3}, \cdots, a_{mn})$ 组成的矩阵。$b=(b_1, b_2, b_3, \cdots, b_m)^{-1}$ 为各个样本中教师信息素养得分 b_1、b_2、b_3、$\cdots$、b_m 组成的列向量。$x=(x_1, x_2, x_3, \cdots, x_n)^{-1}$ 为各评价指标对应的权重 x_1、x_2、x_3、$\cdots$、x_n 组成的列向量。

实际上，通常我们通过问卷或者调查获取的教师信息素养的样本数 m 会远大于未知数（各项权重）的数量 n（即 $m>n$）。这时，由于统计误差的原因，一般并不存在一个 x 严格地满足上面的等式 $A_x=b$，因此，我们的任务就是求使得 $|A_x-b|$ 最小化的 x。$|A_x-b|$ 在这里指的是 A_x-b 的方差。当样本数 m 大于未知数 n 越多，样本的统计误差就越小，这样我们通过 $|A_x-b|$ 求解所得的 x 值（即权重分布）就会更准确，因而最后得出的教师信息素养量化评价指标体系的权重分布也就更科学合理。

（2）引进回归分析法的附加说明

①关于评价指标体系中的指标的获取建议各学校或各地区建立自己的教师信息素养量化评价指标库，指标库的内容可以参考各学者的研究和其他学校或地区的评价指标，且指标库的内容可以根据学校信息化的发展需要定期（如半年一次）进行更新。②样本的获取要尽可能地真实，最好能反映被调查教师自身或其身边教师的信息素养真实状况。③关于满足 $|A_x-b|$ 最小化的 x 的求解，也即是样本偏差最小化的线性回归方程的求解，这是一个常见的数学问题，可以使用一个通用的数学程序来完成。

（3）回归方法应用举例

试举一例来说明回归分析法的应用。研究者通过研究和调查确定了某中学的教师信息素养量化评价指标库。其中一级指标有四个：信息意识、信息知识、信息能力和信息伦理。在一级指标下面又各有其易于测量和实际操作的二级指标。为了简化论述，研究者将其分解，下面仅挑选其中的一部分来应用线性回归方法确定其权重分布，其他部分依次类推即可得出结论。

通过抽样调查，研究者获取了 10 个样本，其中关于教师信息意识（一级指标）这部分有 6 个下一级评价指标及其对应的得分（各项分值满分为 1）（表 14-2）。

表 14-2　教师信息意识下一级评价指标及其对应的得分

指标＼样本	1	2	3	4	5	6	7	8	9	10
A_1 知道图书馆各种电子资源库的使用	0.8	0.8	0.9	0.7	0.7	0.7	0.8	0.4	0.5	0.2
A_2 知道和学科相关的网站、FTP、论坛	0.8	0.7	0.6	0.6	0.4	0.4	0.5	0.3	0.2	0.1
A_3 掌握多媒体等教学设备的使用	1	1	0.9	0.9	0.7	0.6	0.6	0.5	0.6	0.4
A_4 掌握 Word、Powerpoint、Outlook Express、Excel、IE 的操作	0.8	0.9	0.7	0.8	0.6	0.6	0.6	0.6	0.5	0.3
A_5 掌握互联网的信息检索方法	1	0.9	0.8	0.7	0.5	0.4	0.5	0.5	0.3	0.2
A_6 掌握图书馆信息检索系统的使用	1	0.8	0.9	0.8	0.6	0.6	0.6	0.6	0.4	0.3
A　信息意识（总分）	0.9	0.9	0.8	0.7	0.6	0.6	0.6	0.5	0.5	0.3

于是研究者可以得到$|A_x-b|$中

$$A = \begin{bmatrix} 0.8 & 0.8 & 1 & 0.8 & 1 & 1 \\ 0.8 & 0.7 & 1 & 0.9 & 0.9 & 0.8 \\ 0.9 & 0.6 & 0.9 & 0.7 & 0.8 & 0.9 \\ 0.7 & 0.6 & 0.9 & 0.8 & 0.7 & 0.8 \\ 0.7 & 0.4 & 0.7 & 0.6 & 0.5 & 0.6 \\ 0.7 & 0.4 & 0.6 & 0.6 & 0.4 & 0.6 \\ 0.8 & 0.5 & 0.6 & 0.5 & 0.8 & 0.6 \\ 0.4 & 0.3 & 0.5 & 0.6 & 0.5 & 0.5 \\ 0.5 & 0.2 & 0.6 & 0.5 & 0.3 & 0.4 \\ 0.2 & 0.1 & 0.4 & 0.3 & 0.2 & 0.3 \end{bmatrix} \quad b = \begin{bmatrix} 0.9 \\ 0.9 \\ 0.8 \\ 0.8 \\ 0.6 \\ 0.6 \\ 0.6 \\ 0.5 \\ 0.5 \\ 0.3 \end{bmatrix}$$

采用最小二乘法进行回归分析得到

$x=(0.1258\ \ 0.1126\ \ 0.3238\ \ 0.3394\ \ 0.0422\ \ 0.0666)^{-1}$

$A_x=(0.895\ \ 0.900\ \ 0.803\ \ 0.801\ \ 0.624\ \ 0.588\ \ 0.595\ \ 0.504\ \ 0.489\ \ 0.296)^{-1}$

A_x-b 的均方差为 0.00312

于是研究者可以得到教师信息素养量化评价指标体系中信息意识这部分的评价指标及其权重分布如表14-3（权重四舍五入保留到小数点后两位）：

表14-3 教师信息意识的评价指标及其权重分布

	指标	权重
A 信息意识	A_1 知道图书馆各种电子资源库的使用	0.12
	A_2 知道和学科相关的网站、FTP、论坛	0.11
	A_3 掌握多媒体等教学设备的使用	0.32
	A_4 掌握 Word、Powerpoint、Outlook Express、Excel、IE 的操作	0.34
	A_5 掌握互联网的信息检索方法	0.04
	A_6 掌握图书馆信息检索系统的使用	0.07

类似以上求解过程，研究者可以依次算出教师信息素养中信息知识、信息能力和信息伦理部分的各项评价指标的权重分布，最后再算出信息意识、信息知识、信息能力和信息伦理四个一级指标的权重分布，至此，一个完整的教师信息素养量化评价指标体系便会呈现在大家眼前。限于篇幅，同样的过程不再赘述。

思考题：

1. 教育研究资料的类型有哪些？
2. 如何处理教育研究资料？
3. 如何分析教育研究资料？

第十五章 教育研究成果的表达

在教育研究中，当经历提出研究课题、构思研究方案、获取研究资料、得出研究结果之后，研究者要把研究的过程和结论用书面的形式表述出来，获得研究成果，与同行分享与交流研究故事，从而丰富教育理论，推动教育改革。

教育研究成果的表达形式很多，本教材主要介绍较为常见的三种类型的成果表达类型：教育学术论文、教育研究报告及教育叙事类论文。其中，学术论文是指站在一定的教育理论高度去观察和分析教育教学领域内带有普遍学术价值的问题，在对这些问题进行探索和思考后，采用思辨的方式将材料经过逻辑加工后所形成的反映自己新观点、新见解、新认识的文章；研究报告是指教育者为了检验某个教育理论或某种假设，进行相关的实践探索，如实地描述记录研究过程和获得研究结果后所写成的书面报告[1]；教育叙事类论文则是指在叙事的基础上提炼或归纳中心观点的一类特殊形式的论文。

---

① 解腊梅，梁建梅. 中小学教师怎样进行课题研究——教育科研成果的表达. 教育理论与实践，2008（29）：42-44.

第一节　教育学术论文的结构与撰写

教育学术论文以理论分析为主，也可称为理论性研究报告。写学术论文的主要目的是讲清道理，它以阐述对某一事物、问题的理性认识为主要内容，针对某一问题表明自己的观点，表述自己的认识，要以一定的问题为主线来展开。论述的重点不仅在于说明是怎么做的，更要说明为什么这样做。也就是说，要从教育理论的角度提出教改实践的理论依据以及一定的事实依据。一般包括四个部分：我想研究或解决什么问题、我为什么要研究这个问题、我是怎样研究和解决这个问题的、这个问题解决得怎么样了。

一、题目

题目是文章的标题，它既是研究题目（课题）的具体表达，又是论文内容的高度概括，要向读者说明研究的主要问题，即研究的问题和范围要明确。好的论文题目能大体反映作者研究的方向、成果、内容、意义。俗话说："题好一半文"。题目如眼，读者在翻阅学术期刊时，首先要浏览论文目录。好的论文题目能够一下子吸引读者的注意，那么接下来很可能就是阅读论文的摘要和正文。因为读者要通过论文题目中的关键词进行检索，所以题目用语精确是非常重要的。论文题目应该是对研究对象的精确具体的描述，这种描述一般要在一定程度上体现研究结论。因此，论文题目不仅应告诉读者这本论文研究了什么问题，更要告诉读者这个研究得出的结论。例如，普通本科高校教学方法改革现状调查研究。

1）标题要求准确地表达主题，用字一定要准确，不能存有歧义，且一定要与文章的内容相符，使人一见题目就知道这篇文章是论述什么的，即能很好地反映文章的核心内容。

2）标题要求简练、概括、明确。

3）标题不要太随意，不宜过长，不宜超过 20 个字。

4）标题须仔细推敲，须符合语法。

5）如果主标题表达不到位或者范围过大的，可以用副标题加以限定。副标题是对正标题的补充，可以在前面加一个破折号；正题、副题，开头排列不要完全对齐。例如，中国青年的婚姻观：城乡差异；教育公正：教育制度伦理的核心原则；教学认识论：被取代还是发展？

二、署名及作者单位

作者包括通信作者、第一作者、联系作者。

作者单位包括作者的单位、作者的籍贯及作者单位所在地的邮政编码。在署名下一格打上括号,在括号里写上作者的单位,隔一个字写上作者的籍贯,再隔一个字写上作者单位所在地的邮编。作者单位和姓名,放在标题下面,占一行,单位在前,姓名在后。有的刊物单位写在文末。

作者姓名要署真名、全名和单位。学术文章一般不署笔名。如果属于集体成果,可署集体名或课题组名称。署名的目的有三个:①表明作者付出了辛勤的劳动代价;②表示作者要对文章负责;③便于同行或读者与作者联系。尤值一提的是,为文章署名,只有文章的实际作者才应该署名。是个人写作的,署个人的姓名;是集体的成果,署集体的名字,也可以在集体的名义下,分署参加者个人的名字。有多位作者的时候按照对文章贡献的大小依次署名。

所在单位要写全称,比如,"北京大学教育学院"不要简写成"北大教院"。

三、内容摘要

1. 摘要的含义

摘要是论文的浓缩、梗概,对文章言简意赅的概括。摘要不是原文的解释,而是原文的浓缩。摘要应该传达原文的主要信息,写作要求完整、准确和简洁,要自成一体,摘要可以看成是一篇浓缩的短文。摘要须简明扼要地把文章主要的内容和观点、所用的方法讲出来,着重于描述而不是评价,更不是对自己的文章的评价。好的摘要应该是一段完整、相对独立的小文章,只写最重要的信息,也就是只需要把文章最主要的论点写进去。本学科里面常识性的东西不用写到摘要里,在标题和引言里出现的内容也不用再写进摘要,以节省篇幅。摘要是研究的主要内容与结构的简介,作用在于使读者通过概括简洁的文字,了解全文的主要内容和结论。

2. 摘要的内容

摘要一般包括对研究问题、研究目的及研究假设的描述、对使用的方法和研究过程进行的简要介绍、对研究结论的简要概括等内容。摘要应具有独立性、自明性,应是一篇完整的浓缩性论文。

(1) 实证研究的摘要

实证研究的摘要内容包括问题、方法、结果和结论。摘要中要提及研究假设、研究目的或研究问题。如果研究是以某个理论为基础的,应在摘要中提及该理论的名称。研究报告的摘要应有对研究方法的描述,如变量的测量方式、实验条件等,这有利于读者决定是否进一步阅读全文。研究结果是在研究条件限定下得出的具体结果,甚至包括统计结果。研究结论是在研究结果基础上的进一步推论,比研究结果更有概括性，适用的范围更广。①

（2）研究综述的摘要

研究综述的摘要需包括研究目的、进展和结论。一篇综述或者理论性论文的摘要，应首先指出论文的主题或目的；然后写出全文的逻辑结构，如研究的或对立的观点；最后也应有结论，说明论文要提出什么问题或未来应该如何解决。②

3. 摘要的表述

摘要着眼于客观地向读者介绍论文的精华，以利于其迅速决定是否有必要继续阅读全文。

摘要要求摘出文章中重要而有新意的主要观点，并给予客观、具体的陈述；应避免带主观性和情绪化的评论口吻和脱离具体内容的解释方式。

摘要应避免的用语：①本文从几个方面论述了什么问题；②本文对什么问题提出了个人的独到见解等。

摘要以二三百字为宜，不要过长。

英文摘要一般是根据中文摘要转译而成，内容要求基本与中文摘要相同。不过，为了让不懂中文的外国读者了解中文论文的内容，一些期刊要求作者提供一个较中文摘要更长的英文摘要，投稿时作者应详细了解期刊的要求。可见，英文摘要不一定要重复中文摘要内容，表述内容可以不同，但同样须简明扼要。此外，英文摘要应注意时态与语态。在报告研究步骤及所观察的结果时用过去时态，但在讨论中谈论一些由研究中所得，现在仍适用的结果时，应用现在时。过去，期刊要求作者用第三人称、被动语态撰写报告，但现在建议尽量使用主动语态及动词，而不要使用动名词。

摘要切忌写成全文的提纲，尤其要避免"第1章……；第2章……；……"这样的或类似的陈述方式。

4. 摘要的撰写规则③

（1）独立成篇

摘要应具独立性，即独立成篇。好的摘要要完整且具体，令读者对论文一目了然。有很多数据库只收录论文摘要，不收录全文，因此，摘要应基本上反映文章的最必要的内容，包含研究的所有重要研究变量，以方便他人用做检索。

（2）不能增加新的内容

摘要不是对正文的补充。摘要应与全文内容保持一致，不应脱离全文而做补充。

（3）数字尽量用阿拉伯数字

摘要受字数所限制，需尽量浓缩，因此，摘要中的数字应该尽量使用阿拉伯数字。不过，在英文摘要中，句首不用阿拉伯数字。数字位于句首的句子应考虑重新组句。例如，句首"140 children participated"应改为"In the pre-test, 140 children"。

（4）恰当使用浓缩语

在撰写英文摘要时，为节省篇幅，应充分使用惯常的简化词或浓缩语，例如，

---

① 侯杰泰，邱炳武，常建芳. 心理与教育论文写作. 北京：中国人民大学出版社. 2013：25.
② 侯杰泰，邱炳武，常建芳. 心理与教育论文写作. 北京：中国人民大学出版社. 2013：26.
③ 侯杰泰，邱炳武，常建芳. 心理与教育论文写作. 北京：中国人民大学出版社. 2013：28-29.

使用 vs.代替 versus。对某些字数较多,且在正文叙述中要反复使用到的术语,为了方便,可使用这个词的浓缩语。但如果摘要中这种烦琐的术语也就出现一两次,就没有必要用浓缩语。

（5）解释特殊术语

在论文摘要及正文里使用的缩写或特殊术语,在摘要及正文中第一次使用时,要分别进行说明,对缩写要提供全称,对特殊术语要给予解释。

5. 摘要的撰写技巧[①]

（1）应能提供实质性信息

摘要是对正文的高度浓缩,不要在有限的篇幅内讲一些太概括、一般及空泛的话语。例如,"……是当下教育学研究中的一个常谈常新的问题;本文对以往的研究进行了总结,提出了目前研究中存在的问题,并对未来研究进行了展望,提出了进一步研究的建议。"就是空泛性的话语;"为了解在特殊教育领域中智障学童所面对的种种适应困难,本文综述文献,并研究国内外学者这方面的研究,之后在此基础上提出了未来的研究方向和前景展望"就是太概括的摘要。

（2）不能节录论文的"引子"或"结语"

摘要是对全文的概括,并不是正文的组成部分。不能为了省事而直接把文章开篇的介绍性段落或最后的总结性段落稍加修改成为摘要。

（3）删减常识性内容

摘要字数有限,为了节省篇幅,教科书中已有的术语、观点、解释等较常识化的内容,无须详尽地写在摘要中。

（4）避免自夸或自我评论

非评价性是摘要的一个特点,要避免评价自己的研究。

四、关键词

关键词又称主题词,指在论文题目、摘要或正文中,表达中心内容,具有实质性意义的词。关键词可以看作是一组以词语形式表达的论文摘要,它比摘要更为简明。所摘出来的关键词必须能真正起到关键作用。一般是论文中反复出现的、起到点明和强调论文题旨作用的关键概念、术语等。关键词一般从其题目中选出,以能反映论文主要的概念及内容为主。亦可以考虑从研究方法、变量名称或特殊的参与者（如智障学童、留守儿童）等方面选取。关键词应是学科专用名词或名词词组,关键词要具有专指性、不能泛指,避免选用一些外延较广的词,如方法、综述、实验等。一篇文章的关键词的个数根据文章内容需要可多可少,一般 3~8 个为宜。值得一提的是,一篇论文的关键词一般应控制在 5 个以内。如果是学位论文,可以有 7~8 个。

---

① 侯杰泰,邱炳武,常建芳.心理与教育论文写作.北京:中国人民大学出版社.2013:30-31.

五、正文

（一）前言

前言也称序言、导言，写在正文之前，用于说明写作的目的、研究的意义、问题的提出等。前言部分要简明扼要、开门见山，直截了当地阐明研究的目的和意义。

1）提示研究目的和意义。
2）提出问题，表明作者的见解和主张。
3）说明论证方法和思维方法。
4）概括介绍论述问题发展的现状。
5）对本课题研究历史作简要回顾。

（二）本论

本论是论文正文的主要部分。在这一部分中，作者将集中地对绪论中提出的问题加以分解、分析，并提出解决方案。本论部分结构安排一般有以下三种形式。

1）平列分论式。
2）层递推论式。
3）混合兼用式。

在正文中，要对研究内容进行全面的阐述和论证。一般的学术论文有两种论证的方法。一是实践证明，即用作为实践结果的客观事实来检验；二是逻辑证明，即用一个或几个真实判断来论证、确定另一个判断的真实性。在写作时，要以观点为轴心贯穿全文，用材料说明观点，观点与材料统一，用观点去表现主题，使观点与主题相一致。

（三）结论

即经过研究后形成的总体论点。结论应指出所得到的研究结果是否支持假设，或指出解决了哪些问题，还有什么问题尚待进一步探讨。有的论文可以不写结论，但应作简单总结，或提出若干建议。有的论文还要进行讨论，即从理论上对研究结果的意义进行分析和评论，对研究结果做进一步的分析。同时，结论应指出研究结果的局限性和存在问题。[①]

结论是科研论文的最后部分，是围绕本论所做的结语。结论部分的任务是将已经在绪论中提出的中心论点在分析之后加以归纳总结。

结论是作者对研究课题得出的答案，也可以是作者对研究的课题提出的探讨性意见，或作者对课题研究的展望。

---

① 解腊梅，梁建梅. 中小学教师怎样进行课题研究——教育科研成果的表达. 教育理论与实践，2008（29）：42-44.

六、注释

1. 注释的内容

注释就是作者需要告诉读者的信息,但是这个信息放在正文中又不太合适的,可以加注释。那什么是"注"什么是"释"呢?比如,引用了别人说的一句话,要说明那句话是哪里来的,这就是注。如果你说到某个名词、某个人名大家不熟悉,或者某个问题需要进一步解释,那就是"释"。这两者在论文中表示方法是基本一样的,合起来就叫"注释"。

2. 注释的方法

注释一般有脚注和尾注,脚注是排在文章每一页的页面底端的,阅读起来很方便;尾注则是把所有注释集中放在文章最后面。

(1) 专著

主要责任者.题名:其他题目信息[文献类型标志]. 其他责任者. 版本项. 出版地:出版者,出版年:引文页码(选择项). 例如,

施良方. 学习论[M]. 北京:人民教育出版社. 2003:71.

苏霍姆林斯基. 帕夫雷什中学[M]. 赵玮,王义高,等,译. 北京:教育科学出版社. 1983:158-160.

王夫之. 宋论[M]. 刻本. 金陵:曾氏,1845(清同治四年).

顾炎武. 昌平山水记:京东考古录[M]. 北京:北京古籍出版社,1982.

梁淑红. 英国公学的特色研究[D]. 武汉:华中师范大学教育科学学院,2002.

(2) 专著或论文集中的析出文献

什么是析出文献呢?一本教材、一本论文集收录了多篇论文,一本期刊发表了多篇文章,其中单篇的文章就叫析出文献。写法是:

析出文献主要责任者. 析出文献题名[文献类型标志]//专著主要责任者. 专著题名:其他题名信息. 版本项. 出版地:出版者,出版年. 析出文献的页码. 例如,

程根伟. 1998年长江洪水的成因与减灾对策[M]//许厚泽,赵其国. 长江流域洪涝灾害与科技对策. 北京:科学出版社,1999:32-36.

马克思. 关于《工资、价格和利润》的报告札记[M]//马克思,恩格斯. 马克思恩格斯全集:第44卷. 北京:人民出版社,1982:505.

(3) 连续出版物(如期刊、报纸)中的析出文献

析出文献主要责任者. 析出文献题名[文献类型标志]. 连续出版物题名:其他题名信息,年,卷(期):页码. 例如,

金生鈜. 教育的多元价值取向与公民的培养[J]. 教育理论与实践. 2000,(8):2-8.

李晓东,张庆红,叶谨琳. 气候学研究的若干理论问题[J]. 北京大学学报:自然科学版,1999,35(1):101-106.

张尧学. 教育部:20项工作确保高校教学质量[N]. 中国教育报. 2006-07-14(1).

(4) 专利文献

专利申请者或所有者. 专利题名：专利国别，专利号[文献类型标志]. 公告日期或公开日期. 例如，

姜锡洲. 一种温热外敷药制备方案：中国，88105607.3[P]. 1989-07-26.

(5) 电子文献（网络文献）

主要责任者，题名：其他题名信息[文献类型标志/文献载体标志]. 出版地：出版者，出版年（更新或修改日期）[引用日期]，获取和访问路径. 例如，

HOPKINSON A. UNIMARC and metadata：Dublin Core[EB/OL]. [1999-12-08]. http://www.ifla.org/IV/ifla64/138-161e.htm.

不需要写出版信息的文献

如果引用的是常见的古代文献，法律文本、国家标准等，还有学界公认的可以不写出版信息的文献，大家就按照习惯写书名、卷名、章节号就行了。例如：论语•学而（如果要写书名和卷名，中间用间隔号"•"分开）；中华人民共和国义务教育法（可写明第几条第几款）。

七、参考文献

参考文献包括参考的文章、书目等，附在论文的末尾。参考文献只需要写和你的文章最相关、最重要、最新的文献。

参考文献统一列在文章正文后面，以"参考文献"字样标出。可以按照文献在文章中出现引用的顺序，也可以按文献的出版顺序，在参考文献数量很多的时候（一篇长论文的参考文献可能有二三百呢），也可以按照文献类型、作者姓名的笔画或字母顺序进行排列。总之要排得有规律，不要混乱。中文和外文文献要分别著录，如果文献很多，论文和专著也可以分开著录。

文献类型和标志代码：普通图书 M；会议录 C；汇编 G；报纸 N；期刊 J；学位论文 D；报告 R；标准 S；专利 P；数据库 DB；计算机程序 CP；电子公告 EB。

八、学术论文范例

【案例一】中国高等教育价值取向 60 年嬗变：教育政策的视角

徐红[1] 董泽芳[2]

(1. 长江大学教育学院　湖北•荆州　434023；2. 华中师范大学教育学院　湖北•武汉　430079)

摘要：我国高等教育价值取向在中华人民共和国成立后 60 年的嬗变历程中，先后经历政治中心、经济中心，政治与经济二中心，个人价值、社会价值与知识价值共存等三个阶段。至今为止，我国高等教育仍旧没有实现个人价值、社会价值与知识价值等"三元"价值的有机整合。文中指出，坚持"学、研、产"一体化进程，

制定合理的教育政策是实现"三元"价值有机整合的良策。

关键词：高等教育；教育价值取向；高等教育政策；回顾；展望

随着历史的车轮不断前行，高等教育对于社会的贡献越来越明显，与此同时，社会对高等教育的需求也越来越繁多。在科学技术日新月异的今天，整个社会的分工与分化悄然凸显，多元化的社会格局也随之交错形成。作为社会的一部分，高等教育的发展是否应该走向多元化？这是一个有关高等教育价值取向的问题。高等教育价值观直接影响着高等教育目的的确定、高校人才培养目标的确立、高等教育功能的选择及高等教育活动的评价，因而，它关系着社会的进退与国家的兴衰。在中华人民共和国成立60周年之际，全面回顾与反思中华人民共和国成立后我国高等教育价值取向60年的演变历程委实重要。本文之所以选择教育政策的视角展开探讨，主要在于我国的教育政策是教育价值取向的集中体现。

一、高等教育价值取向的内涵

目前，关于高等教育价值取向的内涵界定莫衷一是。其中，比较有代表性的主要有三种：第一种观点认为，高等教育价值观是指高等教育的价值在人们观念上的反映，是对高等教育价值功用的系统认识和基本看法[1]；第二种观点认为，高等教育价值取向是指高等教育主体对高等教育的价值判断和在价值判断基础上根据自身需求来进行教育选择时所表现出来的一种价值倾向性[2]；第三种观点认为，高等教育价值取向是人们对"高等教育是什么"、"高等教育应该怎么办"、"高等教育应发挥什么作用"等有关高等教育基本问题的价值判断[3]。

那么，高等教育价值取向的含义究竟是什么呢？要厘清高等教育价值取向的本质内涵，必须从"价值"的内涵入手。马克思认为："'价值'这个普遍的概念是从人们对待满足他们需要的外界物的关系中产生的"[4]，"是人们所利用的并表现了对人的需要的关系的物质属性"[5]。由此可见，所谓价值，就是客体满足主体的程度。以此类推，教育价值就可以表述为教育这一活动满足教育主体需要的程度。价值取向是价值主体依据自身的需要对价值客体所做出的价值判断与价值选择。因此，我们认为，所谓高等教育价值取向，是指高等教育主体在面对或处理高等教育领域中的各种问题、矛盾、冲突和关系时所持的价值立场、价值态度及其表现出来的价值倾向。不同的高等教育主体存在着各自有别的需要，因此，不同的高等教育主体在某一特定时期对于特定的高等教育定会有不同的价值取向。

二、中华人民共和国成立后我国高等教育价值取向60年的历史回顾

从我国现实看，高等教育主体主要有国家、高校和个人三大类，在中华人民共和国成立的60年中，我国社会经历了几个转折期。相应地，这三类主体因自身需求的变化而对高等教育产生了不同的价值追求，从而导致我国高等教育在不同时期呈现出不同的价值取向。

1. 一元价值取向阶段（1949—1989年）

从高等教育政策演变的角度看，一元价值取向阶段可以分为两个不同的分阶段，它们分别是政治中心取向阶段和经济中心取向阶段。

（1）政治中心的价值取向阶段（1949—1978年）

我国的高等教育是舶来品，是鸦片战争以后从西方引进的[6]。从鸦片战争起，直至中华人民共和国成立前夕，我国自始至终处于内忧外患的战乱与动乱之中，飘摇不定、气息虚弱的高等教育主要是为统治阶级服务的，其价值取向总体上表现为政治中心。这一点可以从1906年清政府颁布的我国近现代第一个正式的教育宗旨、辛亥革命时期中华民国的教育方针，以及民主主义时期中国共产党提出的教育方针等方面得到佐证。1979年以前，中华人民共和国成立以来的高等教育价值取向同样表现出明显的政治中心，其依据同样可从当时的教育目的与教育方针中折射出来。比如，1950年，教育部曾提出"为工农服务，为生产建设服务"的教育方针，从文字表述看，当时的教育方针明确规定教育（包括高等教育）首先是为工农服务，然后才是为生产建设服务，其政治性特别强；同样是1950年，教育部公布经政务院第四十三次政务会议批准的《高等学校暂行规程》中规定：高等学校的宗旨为培养全心全意为人民服务的高级建设人才，其中，同样强调了高校培养的人才应该服务当时具有特殊政治背景的"人民"这一群体；1955年，中共中央发出《关于配备高等学校政治工作干部的指示》中指出：为适应当前高等学校中复杂尖锐的阶级斗争形势的需要，各省、市委在1956年3月前要为所属各高等学校配齐或调整党委（或支部）书记及人事处长等政治工作的领导骨干，把党、团组织和人事、保卫等部门充实起来，以增强高等学校的政治工作力量。以此不难推断，当时的高等教育是将政治放在首位的；1956年，高等教育部颁发《中华人民共和国高等学校章程草案》规定：高等学校的基本任务是适应国家的社会主义建设的需要，培养具有一定的马克思列宁主义水平，实际工作所必需的基本知识、掌握科学和技术的最新成就和理论联系实际的能力，并且身体健康、忠实于祖国、忠实于社会主义事业和随时保卫祖国的高级专门人才。很显然，过渡时期的高等教育比较注意学生的全面培养，且突出思想政治觉悟方面的要求，强调"人才"的忠诚度，其政治取向仍十分明显；1957年，毛泽东同志在最高国务会议上提出，我国的教育方针，应该使受教育者在德育、智育、体育几方面都得到发展，成为有社会主义觉悟的有文化的劳动者。为了确保教育（包括高等教育）的政治方向，该方针中特别突出"社会主义觉悟"这样几个字；1958年，中共中央、国务院在《关于教育工作的指示》中提出了"教育必须为无产阶级政治服务，教育必须同生产劳动相结合"的教育方针，其中直接提出了"必须为无产阶级政治服务"这样一句话，可见，当时的教育方针之政治意味非常浓厚；在1958年之后的很长一段时间里，党和政府在有关文件中虽对教育方针的表述在文字上有所出入，但基本精神上是一致的，即是强调了教育应为无产阶级政治服务；在"文化大革命"时期（1966—1976年），高等教育甚至演变成了阶级斗争的工具，这一点，集中体现在"四人帮"提出的"宁要有社会主义觉悟的劳动者,也不要有文化的资产阶级精神贵族"的教育目的表述之中；1978年，我国宪法中关于我国教育目的的表述为："我国的教育方针是教育必须为无产阶级政治服务，教育必须同生产劳动相结合，受教育者在德育、智育、体育几方面都得到发展，成为有社会主义觉悟的有文化的劳动者"，这种提法除了强调"教育必须为无产阶级政治服务"之外，并且突出要培养受教者的"社会主义觉悟"，显然，其政治取向依然十分鲜明。我们认为，以上价值取向是与当时的政治局面和社会主义计划经济体制相适应的。在党的十一届三中全会之前，我国的政治局势一直不太稳定，一些别有用心的人对社会主义新中国总是虎视眈眈，千方百计颠覆社会主义新中国。由于教育具有重大的政治功能[7]，为力求当时政局的稳定，通过掌握教育（尤其是高等教育）的政治方向，使之传播与宣传新中国的政治理念、意识形态，调控、主导新中国的舆论和规范，培养年轻一代的社会主义政治理念与社会主义思想品德，从而以之促进和保障当时的社会政治制度与路线的巩固和发展无疑具有明显的实现意义。此外，在当时的社会主义计划经济体制下，高等教育的办学体制处于国有化，受教育者的个人需要自然很少受到真正关注，高等教育的本体功能——"育人"功能自然不会受到重视。

（2）经济中心的价值取向阶段（1979—1989年）

改革开放以来的十年，随着社会主义市场经济体制的确立，高等教育对于社会的贡献日益增大，其经济中心取向的价值观十分明显。比如，1981年，中共中央在《关于建国以来党的若干历史问题的决议》中提出："用马克思主义世界观和共产主义道德教育人民和青年，坚持德智体全面发展、又红又专、知识分子与工人农民相结合、脑力劳动与体力劳动相结合"的教育方针，不言而喻，当时培养"德智体全面发展"及"又红又专"的人才之根本目的是为社会主义经济建设服务；1985年，中共中央《关于教育体制改革的决定》提出，要"为90年代以至下世纪初叶我国经济和社会发展，大规模地准备新的能够坚持社会主义方向的各级各类合格人才"，"这些人才都应该有理想、有道德、有文化、有纪律，热爱社会主义祖国和社会主义事业，具有为国家富强和人民富裕而艰苦奋斗的献身精神，都应该不断追求新知，具有实事求是、独立思考、勇于创造的科学精神"。显而易见，1985年的《关于教育体制改革的决定》旗帜鲜明地指出了当时的教育（包括高等教育）就是要为社会主义经济建设培养人才，其经济指向性分外突出；进入20世纪90年代，培养"建设者"和"接班人"就成为最官方、最权威的关于教育目的的表述，从此，高等教育目的正式被纳入了法制化管理；1985—1989年，我国教育方针及高等教育目的基本精神没有变化，一直主张高等教育要为经济建设培养"四有"人才。

2. 二元价值取向阶段（1990—1997年）

所谓二元价值取向，即政治中心取向与经济中心取向。1990—1997年，我国高等教育坚持政治中心与经济中心并存。1990年，党的十三届七中全会通过的《中共中央关于制定国民经济和社会发展十年规划和"八五"计划的建议》提出："继续贯彻教育必须为社会主义现代化服务，必须同生产劳动相结合，培养德、智、体全面发展的建设者和接班人的方针，进一步端正办学指导思想，把坚定正确的政治方向放在首位，全面提高教育者和被教育者的思想政治水平和业务素质。"这是中共中央针对当时动荡的社会及高等教育局面和社会主义现代化经济建设暂时受挫而明确提出的教育方针，其中既强调教育（包括高等教育）要培养社会主义现代化建设者与接班人，又强调要将政治方向放在教育（包括高等教育）的首位，不仅强调了受教育者政治素质和业务素质，而且强调了教育者的政治素质与业务素质，其政治中心取向与经济中心取向的高等教育价值观均非常明显；自1990年之后的很长一段时间里，我国高等教育在注重教育价值的经济取向之时，丝毫没有懈怠政治取向。比如，1993年，中共中央国务院颁发的《中国教育改革和发展纲要》提出："教育必须为社会主义现代化建设服务，必须与生产劳动相结合，培养德、智、体全面发展的建设者和接班人"，从"教育必须为社会主义现代化建设服务"这句话中明显可见，当时的教育方针将"社会主义"（政治中心取向）与"现代化建设"（经济中心取向）放在了并列的首要位置；1995年，《中华人民共和国教育法》第五条规定："教育必须为社会主义现代化建设服务，必须与生产劳动相结合，培养德智体等方面全面发展的社会主义事业的建设者和接班人"，该规定再次将"教育必须为社会主义现代化建设服务"放在首位，一方面明显反映教育必须坚持"社会主义"取向；另一方面明显反映教育必须服务"经济建设"，清晰地折射出教育（包括高等教育）的二元价值取向。值得一提的是，无论是政治中心取向还是经济中心取向，其出发点实质都是立足于社会发展的需要，它们均属于社会本位价值取向，故高等教育的二元价值取向也可称为社会价值取向的。

3. 三元价值取向阶段（1998年至今）

文中的三元价值取向，即是指个人价值取向、社会价值取向、知识价值取向。1998年《中华人民共和国高等教育法》（以下简称《高等教育法》）的颁布，彻底打破了先前二元价值取向的格局，从此我国高等教育价值取向走向了个人价值、社会价值与知识价值"三元"共存的格局，它们分别主张高等教育应该培养全面发展的人；高等教育应该促进社会政治、经济与文化等全方位的发展；高等教育应该坚持学术研究，以实现对知识进行选择、整理、传递、保存、创造与更新。这一论断，同样可从相关教育政策中得出。比如，1998年8月29日通过且至今仍旧通行的《高等教育法》第四条规定："高等教育必须贯彻国家的教育方针，为社会主义现代化建设服务，与生产劳动相结合，使受教育者成为德、智、体等方面全面发展的社会主义事业的建设者和接班人。"同时，《高等教育法》在第五条明确规定："高等教育的任务是培养具有创新精神和实际能力的高级专门人才，发展科学技术文化，促进社会主义现代建设。"结合《高等教育法》中的第四条与第五条表述来看，《高等教育法》不仅强调高等教育要为社会主义事业服务，促进社会主义社会的发展，而且还要培养全面发展的具有创新精神和实际能力的人，以之提升人的价值，甚至还必须大力开展科学研究，发展科技文化，以之体现出高等教育的知识价值；又如，由教育部1998年12月24日制定、国务院1999年1月13日批转的《面向21世纪教育振兴行动计划》（以下简称《行动计划》）中提出：高等教育要"实施'高层次创造性人才工程'，加强高等学校科研工作，积极参与国家创新体系建设；继续并加快进行'211工程'建设，大力提高高等学校的知识创新能力；创建若干所具有世界先进水平的一流大学和一流学科；实施'高校高新技术产业化工程'，带动国家高新技术产业的发展，为培育经济新的增长点做贡献。"从《行动计划》来看，实施"高层次创造性人才工程"，其实是将人才的培养当成一个系统的工程，强调高等教育应遵循教育的规律，发挥教育的本体功能、从人本的角度实现人才的培养；"积极参与国家创新体系建设"与"带动国家高新技术产业的发展，为培育经济新的增长点做贡献"两句话，实则强调高等教育的社会发展功能；而"加强高等学校科研工作"与"大力提高高等学校的知识创新能力"及"创建若干所具有世界先进水平的一流大学和一流学科"三句话，则是强调高等教育尤其是高等学校应该着力开展科学研究，追求知识的价值；再如，2007年教高1号文件，更是强调了"人才培养"是高等教育及高校的根本使命，同时也指出高等教育在"科教兴国"和"人才强国"及构建创新型社会中的战略地位。深入分析2007年教高1号文件，不难推断，它其实仍是主张高等教育必须同时坚持个人价值、社会价值和知识价值的"三元"价值取向。不过，透视以上文件，我们发现，至今的高等教育虽然是"三元"价值共存，但是，其中个人价值与知识价值的实现往往只是为了更好地实现社会价值，明显可见高等教育的社会价值取向仍占优势。

三、中国高等教育价值取向的未来展望

高等教育是培养高层次人才的活动，"从根本的意义上说，高等教育的功能在于促进人的全面发展"[8]，其本体功能是"育人"。然而，从以上的回顾与分析中发现，1998年之前的高等教育一直有意无意地背离其本体功能，而1998年之后的高等教育，虽然意识到以高深的知识去培养人的重要性，但是它们往往或是因为迷恋市场的诱惑而成为经济的俘虏，或是因为迎合政府的掌控而成为政府的附庸。因此，尽管高等教育价值取向已从"一元"走向了"三元"，但时下高等教育仍旧偏离其本体功能——"育人"功能而追求其延伸功能——"制器"功能（即为社会的经济、政治与文化发展服务的功能）。显然，迄今为止，高等教育一直没有找准自己的价值取向。未来中国的高等教育价值取向应做怎样的理性抉择呢？

1."三元"价值的有机整合是未来高等教育价值取向的合理选择

首先，"高等教育的本质是育人活动，提高人的个体或群体价值"[9]，必须将培养人才作为其赖以存在的逻辑基础。离开了人才培养，高等教育也就偏离了教育的范畴。尤为一提的是，大众化阶段的高等教育更要满足不同层次人才的需求，体现个人价值的实现。因而，高等教育不可能脱离个人价值取向。

其次，高等教育是最高层次的教育，高深学问是高等教育产生和发展的逻辑起点。尤其是，当今知识经济不仅要求高等教育在知识整理、知识选择、知识传承、知识传播中发挥主导作用，而且更要求其在知识探索、知识创新、知识转化、知识应用中发挥引领作用。为此，高等教育必须注重学术研究而不可能脱离知识价值取向。

再次，"社会需求始终是推动高等教育发展的重要动力之一"[10]，高等教育要不断发展，必须满足社会的需求。否则，高等教育就成了无源之水，无本之木。显然，高等教育也不可能脱离社会价值取向。

最后，在社会主义市场经济中，个人价值、知识价值与社会价值是相互联系的整体。其一，高等教育的社会价值是通过培养一定数量与规格的人才来实现的，离开了个人价值，社会价值就无从体现；人是各种社会关系的总和，个人不能脱离社会，个人的价值又是按照一定社会的需要来培养的，否则，个人价值就无用武之地。

其二，高等教育的知识价值是潜在的社会价值。在知识经济时代，随着高等教育逐渐从社会的边缘走进社会的中心，其动力作用的大小取决于知识价值大小。其三，高等教育是通过培养人去服务社会，是通过发展人的主体价值去实现社会价值。人的价值的实现程度直接影响其社会价值，且人的价值与社会价值共同作用于知识价值，为知识价值的实现创造有效的人力与物力及必要的环境。

2. 坚持"产、学、研"的一体化是高等教育整合"三元"价值的最佳方略

一方面，通过"产、学、研"的一体化，能有效地实现"三元"价值的整合。所谓"产、学、研"，即高等教育的教学、科研与生产。教学能够实现高等教育培养人才的功能，实现个人的价值；科研能够使高等教育坚持学术研究，尤其是从事基础研究，保证高等教育的知识价值取向；生产使高等教育通过各种有效途径为社会的发展服务。

另一方面，通过"产、学、研"的一体化，能够有效避免或消除个人本位、社会本位及知识本位等三种价值之间的矛盾与冲突。因为，高等教育研究中的基础研究不仅能够为培养人才提供高深的知识与传授高深知识的方法，而且可以为其他产业的发展提供基础理论与基本原理；高等教育研究中的应用研究更是可以直接为其他产业服务，也可以为改善高等教育的教育环境与条件创造经济基础。

3. 制定合理的教育政策是高等教育"三元"价值取向有效整合的有力保证

教育具有阶级性，统治阶级可以通过制定教育政策来钳制教育思想[11]，从而决定高等教育应该为当前社会培养什么样的人才。也就是说，政府可以通过制定一定的教育政策来左右高等教育的价值取向。国外高等教育的发展通常依赖教育立法，采取法治的形式来促进和保障高等教育发展。例如，日本于1947年3月31日通过且此后多次修改的《学校教育法》就规定了大学的目的："大学作为学术的中心，在广泛传授知识的同时，以深入教授及研究专门的学艺、发展智慧、培养道德和应用方面的能力为目的"；再如，1976年1月26日公布的联邦德国《高等学校总法》规定："大学依据各自的使命，培养学术上和艺术上的后继者。"借鉴国外高等教育的立法经验，结合我国当前高等教育的现状，适当制定高等教育政策将是当务之急。比如，可以重新确立《高等教育法》，以之明确规定高等教育必须同时走好"学、研、产"之路，并确保高等教育的个人价值、社会价值及知识价值均能得以实现。

参考文献：

[1] 李盛兵. 面向21世纪中国高等教育价值观之转变[J]. 上海高教研究, 1997, (12): 10-12.

[2] 瞿葆奎. 教育基本理论之研究[M]. 福建: 福建教育出版社, 1998.410-412.

[3] 李艳萍, 欧阳玉. 学术自由与高等教育的价值取向[J]. 现代大学教育, 2004, (5): 34-37.

[4] 中共中央马克思恩格斯列宁斯大林著作编译局编. 马克思恩格斯全集（第34卷）[M]. 北京: 人民出版社, 2008.163.

[5] 中共中央马克思恩格斯列宁斯大林著作编译局编. 马克思恩格斯全集（第19卷）[M]. 北京: 人民出版社, 2006.406.

[6] 顾明远. 中国高等教育传统的演变和形成[J]. 高等教育研究, 2001, (1): 9-16.

[7] 王道俊，郭文安. 教育学[M]. 北京：人民教育出版社，2009.60-61.
[8] 王处辉. 高等教育社会学[M]. 北京：高等教育出版社，2009.152.
[9] 潘懋元. 中国高等教育百年[M]. 广东：广东高等教育出版社，2003.88.
[10] 王处辉. 高等教育社会学[M]. 北京：高等教育出版社，2009.188.
[11] 董泽芳. 教育社会学[M]. 武汉：华中师范大学出版社，2009.60.

（原文出处：《中国高教研究》2010年第5期，有删改。）

第二节 教育研究报告的结构与撰写

研究报告是以事实材料为主构成的。在观察研究、调查研究、实验研究、个案研究或经验总结的基础上撰写的报告都属于此类，它们的共同特点是均采用实证性方法进行研究。研究者在着手研究时总有一定的设想或假设，希望通过实际操作来进行验证。研究报告基本上是假设加上验证，结构比较规范、严谨。研究报告的格式随着研究对象和方法的不同而有所差异，但无论是何种研究报告都应遵循一定的规范。

一般来说，研究报告主要由以下几个部分组成：题目、文献综述（含引言）、研究假设、研究方法、研究结果分析、讨论（含结论）、摘要、参考文献、附录。

题目：题目应力求简练、明确、完整。一般可以直截了当点明主题，或说明研究的问题是什么。有时由于对研究对象和研究内容有较多的限制，题目比较冗长时，可以采用正副标题的形式。

引言：包括研究的背景、前人在这方面的研究进展情况、存在什么问题、对问题的陈述、研究的目的和理由以及研究的学术及实践价值和现实意义。

研究的设计和方法：这一部分是研究报告区别于学术论文的地方。研究方法的交代要具体，要把研究对象的条件、数量、取样方式、研究时间、条件控制等问题表述清楚。研究方法通常包括3个部分：参与者、工具（材料、问卷、仪器）和程序。可以根据具体的研究做出调整，例如，增加"实验任务""统计方法"等。其中，参与者是描述参与者的特性（如年龄、性别）。研究工具需要描述，程序是提供研究时的具体步骤。

研究结果的分析：包括研究发现、分析的结果（指标、频度）、图表以及自己的理论概括和思考。在分析结果时，要选用最有代表性的数据，要充分运用数据来显示研究的结果，要注意定性分析和定量分析相结合、相统一。

讨论：既要对研究的结果做出讨论，又要对整个研究过程的利弊得失进行讨论，对所用的研究方法及发现的问题也可以提出来讨论。

参考文献：一般在报告的末尾列出来。要写清楚篇目、作者、出版单位、出版日期、注明页数，以便他人查阅。

附录：一般直接引用原始资料，放在研究报告后面。附录的作用在于使读者更好地理解研究报告的内容，有时它对研究报告的内容也起到补充说明或提供参考资料的作用。[①]

一、教育观察报告的结构与撰写

教育观察是观察者针对一定的目的，有计划、系统地对教育现象进行观察，做出必要的记录，再根据各项统计指标进行定性和定量分析与评价的研究方法。教育观察报告是教育观察研究的成果表现形式。教育观察的类型不同，教育观察报告的形式也有差别。下面以教育定量观察报告为例展开论述。

教育观察报告一般包括研究背景、研究步骤、研究结果和讨论三个主要部分。当然，如同所有的科研论文一样，教育观察报告还包括标题、署名、摘要与关键词及参考文献等。此外，根据具体情况，有些教育观察报告中还将重要数据以附录的形式列出。

（一）研究背景

此部分也叫"问题提出"，是用来说明研究问题的背景。它主要包括：研究所要达到的目的；研究的假设本研究的研究缘由、重要性及文献综述；本研究的研究问题及核心概念或关键术语的界定等。

研究目的通常表现为研究者阐明自己感兴趣并且认为很重要某个领域的某个方面，从而为人类总体知识和实践做出一定贡献。从我国教育研究的现实看，定量研究的比重相对较小，而教育定量观察的比重更小。不过，尽管如此，并不代表教育定量观察不重要。相反，教育定量观察无论是对教育基础学科的建设还是对教育教学实践的指导，都具有不同替代的作用。

（二）研究步骤

该部分也叫"研究程序"，是用以阐明研究的整个过程。主要包括：研究所使用的研究方法及具体的收集资料工具、研究对象选取的方法和程序、研究程序的细节、研究的内部效度及数据分析方法。

教育定量观察都需要借助一定的观察工具，如编码体系、记号体系和等级量表

[①] 解腊梅，梁建梅. 中小学教师怎样进行课题研究——教育科研成果的表达. 教育理论与实践，2008（29）：42-44.

等。这些观察工具有的已经比较完善,可以借用。这样既省去了自己开发观察工具所花的时间和精力,又可以把自己的研究结果与已有研究相对比。当然,如果没有适合自己研究目的的研究工具,也可以自己开发,但是在设计和使用的过程中,研究者要保证研究的内在效度。

一般来说,研究对象的选取过程就是抽样。定量研究包括教育定量观察研究最好使用随机抽样方法,因为这种方法所得的结论能够在可估计的概率下推广到总体。不过,在实际研究中,限于外部条件制约,这很难做到。方便抽样是最为经常的选择。不过,作者应该对方便抽样的样本的基本社会属性加以介绍。介绍研究步骤是为了使别的研究者能够重复研究,以证实或反驳本研究的结果。因此,应该包括本研究具体要做什么,什么时候做,在什么地点做,以及怎样做。

(三)研究结果和讨论

研究结果就是通过研究所获得的结果,通常用数据进行统计分析,用文字、数字、插图、表格的形式把结果报告出来。研究结果是在研究条件限定下得出的具体结果,甚至包括统计结果。

在研究结果部分,研究者呈现自己研究中所收集到的实证资料;在讨论部分,研究者把研究结果放在更为宽广的范围中,阐述研究结果的意义。研究结果应该是客观性的,至少应该追求客观性,不夹杂主观评论;讨论则包括作者自己的倾向和价值观。教育定量观察研究结果呈现以图表等数量化形式为主,还可以在这些形式下使用文字进一步叙述。

二、教育调查报告的结构与撰写

教育调查报告是指在教育科学方法论的指导下,采用问卷、访谈等方式,对某项教育工作、某个教育事件、某个教育问题,经过深入细致的调查后,将调查中收集到的材料加以系统整理,分析研究,以书面形式汇报调查情况的一种文书。根据调查对象及研究目的的不同,教育调查报告可以分为概括调查报告、经验调查报告、情况调查报告、事件调查报告、问题调查报告、政策调查报告等类型。但不论是哪种类型的教育调查报告,其基本结构大致相同,具体表现如下。

(一)标题

调查报告的标题通常有三种形式:文章式标题、公文式标题和正副式标题。

(二)导语

导语亦称前言,是对调查的简要说明,可分为概括介绍式说明和内容提要式说明两种。

（三）主体

根据时间维度和论述内容，主体的结构常见有横式结构、纵式结构和纵横式结构三种。

（四）结语

结语又称结尾，是对全文的总结。有的是对全文结论进一步强调；有的对事物发展进行展望等。也有些调查报告不专门写结尾，主体部分内容写完就结束。

（五）落款

调查报告的落款要写明调查者——单位名称和个人姓名，以及完稿时间。如果标题下面已注明调查者，则落款时可省略。

三、实验研究报告的结构与撰写

教育实验报告指实验研究报告和结题报告。在教育研究活动中，针对某种教法或某个教育问题，运用以实验方法为主的研究方法对其进行观测、分析、综合、判断，如实地、系统地、科学地将其过程和结果记录下来，写成文章，这就是教育实验报告。根据研究者对实验条件控制程度的不同，它可分为控制情景实验报告和自然情景实验报告。其中，控制情景实验报告中，定量分析比较多，它对实验过程中所取得全部资料进行分析研究，就各种数据和感性材料进行比较对照，找出研究变量之间的内在联系，发现教育现象发展变化的因果关系，从而对假设进行科学的检验；而自然情景实验报告，虽然也有定量分析，但定性描述是比较多的，行文也比较灵活。当前我国发表的许多教育改革实验报告，像综合整体教育实验报告，德育实验研究报告等，均属此类。两种实验报告的格式大致如下。

（一）报告的题目

教育实验报告的题目应当是通报性的，应以简练、概括、明确的语句反映教育实验的对象、领域、方法和问题，并且能够充分显示出实验的新颖性和研究的独创性，使读者一目了然，判断出有无阅读的价值。

（二）报告的摘要

报告的摘要部分要用言简意赅、准确鲜明的语言对报告进行高度概括，它是对研究的主要内容与研究结果的概括总结，以便使读者尽快了解实验研究的问题、方法及结果的解释，阅读完摘要后就能确定是否有必要阅读报告全文。一般实验报告的摘要字数一般在300字以内。

（三）问题的提出

本部分包括问题的性质及其重要性、以往研究的评述、目的与假设、重要名词诠释等内容。

（四）研究的方法

研究方法的陈述和介绍包括对研究对象、研究工具和研究步骤的交代。

（五）实验结果

实验结果如果是数据资料，则要把原始数据按一定标准进行比较分类，制成各种图表，使之系统化。图应一事一表，一事一图，以便于说明问题，切忌一揽子表。实验结果如果属于性质描述资料，也应进行整理加工，使其对结果的描述更加概括、准确。

（六）讨论与结论

讨论主要是对实验中观察、记录和测定的结果（各种数据、现象和事实）做出理论的分析和解释。结论主要是回答从实验结果本身概括或归纳出来的判断。下结论要恰如其分，留有余地，既不把问题说得模棱两可，又不要说得太死、太绝对。

（七）参考资料与附录

正文结束之后，如还有需要交代的，可用附录的形成列在正文之后。一般而言，需要交代的东西包括参考书籍、文献目录、问卷及相关量表等。实验如果得到某人的重要指导、帮助，可紧跟在正文之后面写上对有关人员致谢的话。

四、个案研究报告的结构与撰写

（一）个案描述（案例背景）

个案描述属于背景描述、问题诊断。真实客观形象地描述案例（教育对象问题或事件过程），即教育背景与学生（或事件）的问题分析。个案描述有如下几点要求。

1）对描述对象（学生或事件）必须有周密的观察、详细的调查、深入的了解、心灵的沟通。

2）有教育对象姓名（化名）、问题、家庭背景等相关基本情况，或事件的时间、地点、人物、过程等要素。不必面面俱到，而是要与事件原因有关，必须将问题清晰地展现出来。

3）描述要有鲜明的主题，所描述的问题或事件是教育管理活动中常见的疑难问题，其处理方法可能考验教师的教育管理的核心理念。

4）描述必须客观、直接、感性、细腻，即包括直接对话或事件情形，而不全是你主观的表达。

5）描述中要对案例进行定性分析和归因分析，明确教育矫正的侧重点。分析原因要运用教育学、心理学理论，如按放任、民主、专制型归类分析学生的家庭教养方式，能够从心理动因、利益动因、情感动因等理性角度去分析学生行为的原因，最好恰当地引用理论原理与观点。

6）描述要有重点，要突出揭示个案所含的本质问题和关键原因。如果是主题班会式的个案研究教育案例，这一部分的纲可以改为"教育背景"。这个主题班会应当是有很强的针对性的教育活动，其教育案例的教育背景所涉及的事件，必须是班级发生的突发事件或某个突发性热点问题（突出现象），教育案例的事件定性分析与归因分析时，同样需要深入揭示其本质属性及关键原因。

（二）教育过程

教育过程属于纠正方案、治疗过程。根据一定的理论、思路，对问题的解决实施干预，并展现解决问题的细致过程。这里有下面几点要求。

1）要有一个教育思路、策略确定的分析过程。采取的措施、方法必须有一定理论依据，每一步思路都非常清晰，符合教育规律和先进的教育理念。

2）要体现出教师在学生教育转变或事件解决中的作用，教育方法、教育过程有创意、见实效，体现教育工作的复杂性和教师的水平。

3）对每一阶段的教育措施、教育过程的表述要具体、清楚，有相对完整的情节甚至戏剧性矛盾变化。应突出某个有效的关键教育措施（促进教育对象成功向好的方面转变的对话、交流或教育行动）。

4）成功的德育过程是学生思想、道德、情感、价值观的自主内化的过程，教育过程中必须具有这一特点。德育是教育者从一定的思想道德观念和利益出发（按照一定的社会和阶级要求），有目的、有计划、有组织地对受教育者施加系统的影响，把一定的思想和道德观念内化为受教育者个体思想意识和道德品质的教育活动。如果是主题班会式的个案研究教育案例，纲可以改为"活动过程"，下面还可以列目。这里要努力做到准备充分、材料经典、过程自主、形式生动、情景感人。要积极发挥老师、学生、家长等教育因素的作用，达到触动学生心灵的教育目标，解决好所针对的问题。

（三）教育效果

通过数据、话语、表现等材料教育对象前后情况作对比性分析，展示教育效果。德育有效性的关键标志，是学生自主的感悟，是思想、道德、情感、价值观的内化，并且付诸行动。教育效果中应体现这一点。

（四）教育反思

教育反思是对个案的情况、原因、类型及教育研究的过程、手段作概括性、学术性（理性）分析，对教育效果作明确的、科学（理性）的评估，指出教育活动有哪些特点和创新性，得出工作经验、原则、教训（理论思考和对实践活动的反思），提出建议。一个能够提供借鉴的教育案例，既可能是教育实践活动中的成功事例，也可能是教育实践活动中遭遇过的失败，前者可以提供经验，后者可以提供教训，都同样具有借鉴意义。

教育反思的内容要与个案密切相关，不要无限延伸，发挥出与自己的教育个案无关或关联很少的经验和教训来。

如果教育方法、教育过程、教育效果很难分开叙述，或者教育效果部分内容非常有限，就干脆以时间等为线索一并撰写，其纲可定为"教育过程"。

如果比较简短（1000 字左右），或者个案问题（事件情形）、教育方法、教育过程、教育效果很难分开描述时，还可以将个案研究教育案例结构简化为"案例"和"反思"两大板块。"案例"部分含学生问题或事件情形、定性分析和归因分析、教育方法、教育过程、教育效果等的描述；"反思"分部含对教育案例的特点的自评、总结、教育中获得的经验与教训、建议等。一般来说，"反思"部分不宜太长。

如果没有统一体例的需要（如出书），也可以像写作文一样写教育案例。这样，就没有纲了。要写好这种教育案例，难度更大。

作为个案研究教育案例，不管有没有纲、多少个纲，个案描述、定性分析和归因分析、教育过程、教育方法、教育效果、教育反思却是文中必须有的。

五、案例报告的结构与撰写

案例报告可以是对独立事件反思性评析，也可以涉及多个相关事件，例如横向的差别比较，纵向的改变和进步，各有不同的作用。无论哪一种教育案例研究，每个完整的项目大体包括以下四个部分。

（一）主题与背景

要提炼出一个鲜明的主题通常应关系到学校教育的核心理念、常见问题、困扰事件，要富有时代性，体现现代教育思想和改革精神。

所谓背景，是指向阅读者交代清楚："事件"发生的时间、地点、人物、缘因等。背景介绍也不必面面俱到，重要的是说明"事件"的发生是否有什么特别的原因和条件。

（二）细节描述

有了主题，就要对原始材料进行筛选，有针对性地选择最能反映主题的特定内容，紧紧环绕主题把关键性的细节写清楚，凸显讨论的焦点。人物的行为是事件的表象，人物的心理则是事件发生和发展的内在依据。面对同一个情景，不同的教师可能有不同的处理方式。为什么会有各种不同的做法？这些教育行为的内在逻辑是什么？执教者是怎么想的？揭示这些，能让读者既知其然又知其所以然。

（三）问题讨论

问题讨论应围绕案例主题，设计一份讨论的作业单，然后提出建议讨论的本体性问题，以及扩展性问题。

（四）诠释与评析

对案例做多角度的解读和反思，回归到对课堂教学基本面的探讨才能展现案例的价值。案例研究所得结论可在这一部分展开。评析是在叙述的基础上的议论，表明对案例所反映的主题和内容的看法和分析，以进一步揭示事件的意义和价值。评析可以是自评，就事论事，有感而发，也可请专家点评、深化。

六、经验总结报告的结构与撰写

教育经验总结是对教育经验活动及经验认识进行分析、加工、制作、整理，形成较为系统的、合乎逻辑的认识。经验总结报告是对在教育教学实践中，经过去粗取精、去伪存真的积极探索而积累起来的经验的系统化、理论化的书面材料。经验总结报告的基本结构大体有以下几部分。

（一）题目

题目可以是既定的科研项目，即专题经验总结；也可以是对某一阶段（如一学期、一学年等）全部工作的回顾。从中找出成效较大、印象较深，且富有新意的东西来确定总结的题目。

（二）引言

引言没有固定的表达方式，大多数以凝练简洁的语言交代本篇经验总结的背景、写作目的、取得的主要成绩等，使读者一开始就判断出有无参考价值。

（三）正文

正文部分应该围绕经验总结的主题（总观点）组织材料，可在文中设小标题，但要注意所叙述的若干个问题的内在联系。经验总结既要有典型的事例，又要通过分析研究，加以理论概括，做到内容生动，有理有据，说理性强，使人在思想上受到启迪。工作上可资借鉴。

（四）结尾

结尾是经验总结的精髓和结晶。它是通过正文的典型材料及对其分析而概括出的结论，是从大量具体事实中找出的规律性东西，它应反映作者的独到见解。

至此可见，各种类型的科研报告的写作形式是不尽相同的。尽管如此，它们却包含了或者可以归结为前言、正文、结论这个三段式的基本格局，例如，调查报告可分为引言、正文、结论三个部分。实验报告可分为引言，实验方法、过程和结果，讨论和结论等三个部分。经验总结报告可分为情况概述、经验总结、存在问题和今后意见等三个主要部分。当然，这只是科研报告习惯格式的沿用，并不能限制文章结构形式的创新。科研报告的结构可以根据内容和体裁的不同而灵活掌握。只要能够达到结构完整，层次分明，逻辑缜密，条理清楚的要求，在写作形式上是可以有所不同的。

一篇完整的教育研究报告，除了上述几个组成部分外，还应有署名和参考资料两个部分。

（五）署名

署名的目的是表示对报告负责并表明对报告的所有权。署名应写明研究者的工作单位和真实姓名。如果研究者有多人，可商定署名的先后次序，逐一写清。对全面工作不太了解，不能对研究全面负责的人，不一定署名，但可在附注中说明他的贡献。署名也便于读者与之联系。

（六）附录和参考资料

附录是指内容太多、篇幅太长，不便于写入研究报告又必须向读者交代的一些重要材料，如测试试题、原始数据、研究记录、统计检验等内容。参考文献是指在实验报告中参考和引用别人的材料和论述。应注明出处、作者、文献标题、书名或刊名、卷期、页码、出版机构及出版时间。如引用未经翻译的外文资料，应用原文注释，以资查证。

七、行动研究报告的结构与撰写

行动研究报告有基本的结构框架，但没有固定的格式。一般来说，行动研究的结构包括以下几个部分。

（一）绪论

绪论部分要对研究动机、研究目的、研究问题（问题描述）、基本概念、研究范围等作简要论述。

（二）文献探讨

文献探讨，即是探讨文献，具体而言是对与当下课题研究有关的国内外文献进行综述与评析。

（三）研究设计

研究设计部分要对研究的方法、研究架构、研究流程、研究工具等作简要交代。

（四）研究结果分析与讨论

本部分要对研究结果进行展示，并讨论结果产生的影响因素。

（五）结论与建议

本部分需要明确阐述研究结论，并提出进一步改进某些问题或现象的对策与建议。

八、质的研究报告的结构与撰写

质的研究报告的写作风格很多，但不论研究者采取什么样的写作风格，研究报告通常包括下面六个组成部分[①]。

（一）问题的提出

问题的提出是指提出需要研究的问题。在本部分需要指出准备研究的现象及问题。

（二）研究的目的和意义

在这部分内容里，研究者通常需要阐明开展当下研究的二类目的，即当下研究的个人的目的和公众的目的，以及二类意义，即当下研究的理论意义和现实意义等。

（三）背景知识

背景知识部分应该包括文献综述、研究者个人对研究问题的了解和看法、有关研究问题的社会文化背景等。

（四）研究方法的选择和运用

在这部分内容中，研究者应该阐明抽样标准、进入现场的方式，以及与被研究

---

① 陈向明. 质的研究方法与社会科学研究. 北京：教育科学出版社. 2000：344.

者建立和保持关系的方式、收集资料的方式和分析资料的方式、写作的方式等。

（五）研究的结果

质的研究结果应该包括研究的最终结论、初步的理论假设等。

（六）研究的评价

在质的研究报告中，一般强调对整个研究过程进行评价，包括对研究结果的检验，讨论研究的效度、推广度和伦理道德问题等。

第三节　教育叙事类论文的结构与撰写

叙事研究是以教师自己的故事建构为手段，通过叙述故事，描述教师真实的教学生活，呈现特定情境中教师的教学行为以及这种行为下的学生状况，并在此基础上进行反思和意义分析，从而获得对教学活动的意义理解和解释的一种研究方式。教育叙事类论文就是教师在体验教学生活的基础上，用论文的形式表达特定的教育教学故事以及对故事潜在意义的理解与解释。教育叙事类论文通常有教育案例、教育叙事、教育反思、教育随笔、教育日志等形式。

一、教育案例的结构与撰写

教育案例主要围绕以下问题进行叙述：所研究的问题是怎样提出来的；这个问题提出来后"我"是如何想方设法解决问题的；"我"在解决问题的过程中又遇到什么困难，"我"是如何克服这些困难的；问题是否解决了，如果问题没有被解决或者没有被很好地解决，"我"后来又采取了什么新的措施；"我"对整个事件的认识与思考。从结构来看，主要包括以下几个要素。

（一）标题

研究者在撰写教育案例时首先要考虑案例的标题，借助标题来反映事件的主题和相关信息。通常有两种确定案例标题的方式：①用案例中的突出事件作为标题，如"张小明被退学以后""闷葫芦会讲话了"等；②用事件中包含的主题作为标题，如"考试促进了我成长""走近语文教学的艺术殿堂"等。前者通过展示事件的相关信息，能更好地吸引读者，后者能使读者明白事件要说明的是什么。

（二）条件和背景

本部分应该向读者提供问题产生的场景，说明故事发生的环境和条件，即和故事发生相关的时间、地点、人物、事情的起因等。

（三）主题与描述

每个案例都要有鲜明的主题，富有时代性，体现改革精神。如，当前在新课程改革中的核心理念、常见问题、困扰事件等。同时，案例应是一件文学作品或片段，它应该以一种有趣的、引人入胜的方式来讲述。虽然案例来源于教师真实的经验、教学事件、面对的问题，但具体情节可以紧紧围绕主题进行适当调整，对故事的关键环节要有详细的描述。发现问题后，解决问题就成了重要的一环。这部分内容需要详尽描述，要展现问题解决的过程、步骤以及问题解决中出现的反复、挫折和取得的初步成效。

（四）反思与讨论

在反思与讨论部分，研究者应该对自己解决问题的过程进行分析，梳理自己的相关经验与教训。比如，问题解决中有哪些利弊得失、问题解决中还存在哪些问题、问题解决中有哪些体会和启示等。[①]

二、教育叙事的结构与撰写

教育叙事就是通过叙事的方式讲述自己的教育故事，即一边以叙事的形式呈现发生在自己的教育教学实践中的真实而鲜活的教育事件和令人深思的动人故事，一般阐述自己的内心体验和教育感悟。

"教育叙事"的目的是为了促进教师的自我反思，从写作上看没有固定格式。下面介绍一种常见的叙事格式。

（一）问题产生的背景

问题产生的背景部分通常包括教育故事发生的时间、地点、人物、起因等内容，不过，并非每篇文章中都必须涵盖以上每一部分，只要将故事发生的特别原因及相应条件交代清楚就可以了。

（二）问题情境描述

每个教育叙事都必须有一个鲜明问题，叙述者千万不能为了叙事而独撰故事。

---

① 解腊梅，梁建梅. 中小学教师怎样进行课题研究——教育科研成果的表达. 教育理论与实践，2008（29）：42-44.

不过，为了凸显问题的焦点，在具体撰写论文的过程中，叙述者可以对实际教育故事进行情节筛选。在描述故事情节的过程中，叙述者要一边进行细节描写，一边进行深刻议论。

（三）问题解决结果或效果的描述

对问题解决的结果或者效果进行详细描述，并给予一定的评析。一般来说，叙述者在描述完整个故事后，通常应该进行总结反思。总结反思是叙述者将教育理论与教育实际相结合的良好方式。在叙述中融入思考、反思，对于叙述者来说，标志着对特定教育教学问题有了较深层次的把握，形成了含有一定规律性的认识。

三、教育反思的结构与撰写

教育反思是研究者对教育理论和实践的再认识过程，通过记录教育理论运用和教育实践过程中的优缺点，总结经验教训，以提高教育水平。

（一）发现问题与分析问题

研究者应重视发掘教育实践与教育案例中存在的问题，同时也要注意收集有关学校组织、课程安排、教师教学等方面资料，通过自述与回忆、他人的参与性观察、访谈、问卷等个体反思或集体反思的反思方式，发现教育理论运用和教育实践过程中的问题所在。同时，研究者可结合行动研究法、比较法、总结法等反思方法，总结教育过程与案例的经验教训，以建立解决问题的假设性方案，为以后教育过程的开展，提供新的、有创造性的参考借鉴。比如，研究型的教师在上完课后，要对本节课程进行反思，思考在教学方法的运用上是否得当；教学目标是否达到；知识点是否讲解清楚；与学生是否进行了有效的交流等等。

1. 纵向反思和行动研究法

教学实践并不是一个独立静止的概念，它应包含着两种认识，一方面是将教育者教学实践的认识对象放在历史过程中进行思考和梳理；另一方面也应被看作是获取学生意见与反馈的源泉而进行分析研究。

【案例二】我可以捉住阳光！[①]

那天，我们学习的是第一册中的《阳光》一课。在教学"阳光是大家的，谁也捉不住阳光"这一段时，我感慨万千地说："是啊，阳光是公正无私的，它给予每一个人都一样多，谁也无法捉住它占为己有。"没想到，我的话音刚落，教室里却出现了不和谐的声音——有人嘀咕了一句："我可以捉住阳光。"

---

① 潘莹. 我可以捉住阳光. 小学教学设计, 2012 (12): 1.

特级教师沈大安老师曾经说过，在课程的实施过程中，预设的教学计划同课堂的真实情境间经常性地存在着某种偏差，其实这种"偏"正是学生个人知识、直接经验、生活世界等"儿童文化"的外显，正是学生对文本教材碰撞的自我解读，其中应该不乏有价值的成分。由此想来，课堂中那个嘀咕的声音不正是这种"儿童文化"的外显吗？其他学生的真实思想中是不是也存在着这样的想法呢？

我再一次对教材进行了认真钻研，于是在第二课时中就有了这样的对话：

师："（轻轻地）上节课谁说可以捉住阳光？"

生："老师，周筱说她可以捉住阳光。"

师："周筱同学真棒，有自己的看法。周筱，来说说你怎样捉住阳光，好吗？"

生："（大声）我家有一个太阳能热水器，利用它，我可以捉住阳光。"

教室里爆发出一阵笑声。这一下，其他学生的思路也被打开了，有的说："我家有太阳灶，利用它可以捉住阳光来烧饭。"有的说："我家有太阳能蓄电池，利用它我可以捉住阳光，想什么时候用电就什么时候用。"……

当有人说出"我们捉住了阳光，阳光是我们的"时，学生完全在愉悦、自豪中领会了阳光的宝贵，人类的伟大。我也被学生的灵动所感染、所折服。

课后，兴奋之余，我也有了更加深刻的反思。

长期以来，我们总认为"端上桌子的都是好菜"，习惯了分析作品中的成功之处，缺乏批判的眼光，我们在呼唤师生民主平等的同时，往往忽略了教师与教材、学生与教材之间的平等，教师"跪"着教书，学生便习惯了"跪"着学习。

课堂上发现亮点后，教师及时予以关注和引导，并进行放大，让所有学生都来关注，推敲课文中的语言，改变句子的说法。学生的智慧得以催生，情感得以撞击，视界得以敞亮，也更好地理解了课文。我想，这是比任何设定的所谓知识目标更为可贵的资源。

教师若能时时"为学习而设计教学"，通过富有智慧的教学策略重构教学，学生就会感受到独特存在的价值，感受到心智成长的愉悦。

2. 横向反思和比较法

"他山之石，可以攻玉"。教育反思不能只是闭门造车，需要借鉴别人的成功经验，避免出现别人犯过的错误。可以通过开展经常性的听课交流，与他人共同研究教育实践中的经验，研究别人的教学长处，分析自己的不足。在学习比较的过程中，找出理念上、方法上、运用上的差距，从而提升自己的水平。

3. 个体反思和总结法

质疑是人的思维走向深刻的开始，教育研究者要真正看清自己所经历过的教学过程则需要不断质疑才会有新的发现。对每一节课我们都要这样反思："这样做对吗？""这样设计合理吗？""情境的创设有效吗？"；每一个单元结束后，我们要总结教学中的"得"与"失"，找出有待改进的不足之处；在学期其中或学期结束之时，召开学生座谈会，听取家长意见，总结经验教训，从而进行完整的整合思考等。有质疑才会有发现，有发现才会有努力，有努力才会有发展。教育研究者做好"课后思"、"单元思"、"月后思"和"期中思"对于教育水平的提升十分重要。把课后所得、单元总结、期末分析进行及时的归纳总结，这种总结记录不宜庞杂冗长，而应是有感而发的。它更多的是对学生的提问和建议、教师的语言、板书、手势及眼神等做记载和探讨。这种教学回忆、收集、分析、整理、归纳出来之后，就会成为可贵的教学体会与教学经验。经过这样的归纳反思，找出了"得"与"失"，也找出了问题的症结，那么我们的经验日积月累就更加丰富了，我们的教学失误就会更少，教学效果就会更好了。

4. 集体反思和对话法

俗话说："旁观者清，当局者迷"。以旁人的眼光来审视自己的教学实践，能使自己对问题有更明确的认识，并获得对问题解决的广泛途径。集体反思是通过与身边的同事互相观摩彼此的教学，详细记录所看到的情景、记录分析双方的教学实践的得失，就双方存在的问题、优点进行一种互动式的对话、讨论活动，以实现教师间的合作学习与共同进步。这种评议互动、相互交流、共同探讨的观摩学习针对教学中普遍存在的疑问，进行共同的反思与探讨，并提出解决问题的思路，使执教教师对形成更为清晰的自我认识，收获新的启发和教益；又使听课教师学会反思，引以为戒。除了同事之间的集体反思外，还可请教育教研学者介入，提出有促进性、针对性的建议，促使教师不断反思，从而获得更新、更全面的认识。

（二）总结归纳

教育研究者在综合自身教育实践经验并结合之前收集过的资料的基础上，从客观实际出发，实事求是地分析问题的根源所在，能够加深对问题的认识与理解。

1. 记录成功之处

记录教育教学过程中的优点就是记录课堂上的成功点，可以涉及教学中引起学生思考的方法；教师对课程流程的合理安排；课堂上一些精彩的"镜头"，如师生对答、学生争论、智慧碰撞、情感交融等高潮和亮点；教学思想方法和教学原则运用中收获的感触；教法突发状况的机智应对；课程中突出的重、难点的解决方法；引导预期教学目标实现的有效途径；框架清晰，条理分明的板书；先进教学理念与革新教学方法在课堂中的成功应用等。只有详尽地记录这些优点，通过总结归纳、推陈出新，才能在今后的教育教学中借鉴使用，提升教育教学水平。

【案例三】亲历探究过程　体验数学乐趣[①]

一、背景

《年、月、日》是义务教育课程标准实验教科书数学（人教版）三年级下册中的内容。教育家叶圣陶先生说过："教师之为教，不在授予，而在相机诱导。"《数学课程标准（实验稿）》指出：数学教学活动必须建立在学生的认知发展水平和已有的知识经验基础之上。教师应激发学生的学习积极性，向学生提供充分从事数学

---

① 汪启国. 亲历探究过程，体验数学乐趣. 小学教学：数学版，2009（24）：48.

活动的机会，帮助他们在自主探索和合作交流的过程中真正理解和掌握基本的数学知识和技能，教学思想和方法。

我们知道，时间单位是比较抽象的计量单位，时间单位中"年、月、日"更为抽象。《年、月、日》在九年义务教育三年级下学期教材中出现，在课程标准实验教材三年级下学期同样出现了，说明了这一内容的重要性，不过新教材中更重视学生的主动探究，较好地体现了新课标精神。在实际教学时，我注重让教学实践更贴近新课标的基本理念，向学生提供充分从事数学活动的机会，让他们亲历探索数学知识的过程，充分体验学习数学独特的乐趣。以下是我在《年、月、日》中的几次教学探索，进行了成败的反思和剖析。

二、片段与反思

第一次教学：

（放录像：播放 2001 年 7 月 13 日 北京申奥成功的情景）

师：看到这一场景，你有什么感受？

生：我感到骄傲，因为奥运会将要在首都北京举办。

师：谁知道北京申奥成功是发生在什么时间？

生：是 2001 年 7 月 13 日北京时间 夜晚 10 时。

师：刚才你们用到了哪些时间单位？

生：年、月、日、时。

师：对，年、月、日是比时、分、秒更大的时间单位，在你的生活经历中，你已经知道了哪些有关年、月、日的知识？

生：一年有 12 个月。

生：我知道一首歌叫《365 个祝福》，它说明一年有 365 天。

生：我知道一天有 24 小时。

……

反思：

开课时我选择了学生关心、感兴趣的北京申办奥运会这一时事，想激发学生的学习兴趣和爱国热情，也想引发学生争相表述已知的"年、月、日"知识的欲望与热情，唤醒学生已储备的知识经验，为学生主动探究学习奠定基础。但由于放录像时间过长，学生由此引发的对年、月、日的兴趣不是很浓，而且早早地把已知新课内容表述出来，减少了学生进一步探究的兴趣，没有达到预期的效果。

第二次教学：

师：我们班最近有哪些同学要过生日了？你的生日又是哪一天？今天是×年×月×日？（学生争相举手回答问题）

师：年、月、日是比我们以前学的时、分、秒更大的常用时间单位，你们知道年、月、日是怎样形成的吗？（动画演示：太阳、地球、月亮的运行状态）

师：大家记不记得以前的一首儿歌：太阳大地球小，地球绕着太阳跑，跑一圈的时间是一年；地球大月亮小，月亮绕着地球跑，这样跑一圈的时间是一个月，地球自己会旋转，这样转一圈的时间是一日。谁能用自己的感受或亲身经历说说一年、一个月、一日有多长？

生：我上两个学期加两个假期的时间是一年。

生：我上四个星期课的时间。大约是一个月。

生：一个白天加一个夜晚是一日。

……

反思：

开课时，拉家常式的交谈创设了师生亲近的气氛，动画演示与儿歌把抽象的年、月、日知识变得生动、具体，并富有童趣。赞科夫认为："教学法一旦触及学生的情感，触及学生的精神需要，这种教学法就能发挥更加有效的作用。"教学中创设的儿歌情境和动画演示能紧紧抓住年、月、日这一教学目标，激起学生对所要学的数学知识强烈的好奇心和求知欲望，在学生用自己的感受或亲身经历的事情谈年、月、日时，孩子们的思维被激活。他们凭借自己已有的生活经验，多角度地进行思考，使学生感受到生活中处处有数学，产生较强的探究欲望。

2. 梳理不足之处

不足之处的梳理侧重于审视自己课堂教学的失误，在分析原因、总结归纳之后，提出解决问题的办法、对策。如课堂教学中是否留给学生充足的思考空间；学生的自主学习兴趣是否得到有效激发；小组合作学习有没有浮于表面、流于形式；学生的情感、态度有没有得到充分关注等都是教师在教育实践中应当关注的问题。教育教学研究者通过反思、回顾、梳理、探究和剖析，找到解决问题的思路与方法，写出改进的策略和"二度设计"的新方案，变问题为经验，使之成为以后教学时应吸取的教训。

3. 记录整理学生的创新思维

学生是学习的主体，在教学过程中，学生总会冒出新的思路与新的想法。同时，学生在学习中必然会提出各种各样的问题。有些是个别的，有些是普遍的，也有一些是教师意想不到的，还有一些是富有创新性的，这些难能可贵的想法与见解都是对课堂教学的补充与完善，教师应当充分肯定并鼓励学生在课堂上提出的自己的见解。这样不仅使学生的思路得以推广、信心得以树立，也可以拓宽教师的教学思路，提高教学水平，完善教育教学中的不足，推进课堂教学的顺利开展。因此，教育教学研究者要将这些记录下来，以便在以后的教学中对症下药，补充今后教学的丰富材料养分。

4. 写"再教设计"

课后，对本节课做一个整体的回顾和反思，思考教学过程的"得失"；摸索出哪些教学规律；教法上有哪些创新；知识点上有什么发现；组织教学方面有何新的体会；课堂的安排是否合理得当等等。将这些经验教训梳理总结后进行归纳与取舍，考虑以后的改进路径与方法，写出新的教学设计，以提升自己的教学水平。

四、教育随笔的结构与撰写

随笔是散文的一种，写随笔就像与邻家谈心般轻松，没有任何的负担，没有华丽的辞藻，没有严密的结构。随笔的形式可以不受体裁的限制，灵活多样，不拘一格，可以观景抒情；可以睹物谈看法；可以读书谈感想；可以一事一议，也可以对同类事进行综合议论。随笔也不受字数的限制，短的几十字，长的几百字，篇幅长短皆由内容而定。教学随笔，也叫"教学一得"，主要是写教学中某一点体会最深的心得。

教育随笔的主要特点是题目小、篇幅短；层次和结构比较简单；内容单纯，涉及面比较小，写作材料便于收集、整理和使用。

1. 挖掘和呈现素材

对于一线教师来说，不敢说每一节课都有体会最深的心得，但每天都要教学不同的内容，面对不同的学生，只要我们善于发现，做个有心人，随笔的素材就有很多。下面是几种常见的素材。

（1）教学过程中取得的成功

在教学中，每一位教师都会有令人欣喜的、成功的实践。成功了，静下心来想一想：为什么会取得成功？主要收获在哪里？抓住自己的成功之点，深入地想，好题材就这样诞生了。例如，当教师发现一个落后的学生在他（她）的帮助和关心下取得很大的进步时，他（她）就捕捉到了一个成功的喜悦的题材。在写随笔时教师要想想自己为什么会取得这些成就呢？孩子取得了成就后孩子本人会有什么样的心情呢？教师自己在这件事情中有哪些收获，有哪些教师自己还可以做的更好些？接下来就可以动手写作了。

（2）教学过程中失败的教训

教学中的失误是不可避免的。面对失误教师应该冷静地想一想：为什么会失误？主要症结在哪里？用什么方法弥补？应该吸取什么教训？……好题材又诞生了。例如，时间仓促备课时间不足导致没有充分备课，在这种情况下，上课时课文讲述不够清楚，致使学生理解不够透彻，知识掌握得不够牢靠。那教师就应该想想了，这个失误，为什么会发生？是因为时间仓促。为什么会时间仓促？没有多空出时间。应该用什么方法弥补？不管多忙多累，也要留下充足的时间来备课。

（3）教材分析

教材是教师的教学依据，但它不一定是完美的，只要教师深入而冷静地研究思考，他（她）也许会有新的认识或新的疑点，那么请及时把它写下来。例如，教材也是人写出来的，随着教师日常教学的深入，有些疑点教师之前没有发现，但是时间长了就能够发现并找到完善教材的方法，这时候教师就需要用教学随笔记下，以便于以后调用，提升自己的教学水平，这样学生也可以更好的理解知识点得到，之前课文中学不到的知识。由于教材篇幅的限制，为使很多抽象的内容具体化所举的例子不一定就形象生动，教师可以通过随笔的形式做补充。

（4）讲课心得

在讲课过程中，感觉上的得心应手，学生思维火花的不断迸发……教师也许会突然得到某种悟性与启示，产生平时没有想到的观点，发现平时没有注意到的材料。对此，教师要及时记录下来。

（5）听课感悟

在听课过程中，作为教师，听课的机会是很多的，而且大多数情况下，听到的多数是优质课。通过比较，找出差异。差异就是思维之源，就是产生新观念和新思想的导火线。

教师还可以从课后师生交谈中、学生学习的成功或失败中捕捉教学随笔的题材；也可以通过阅读别人的教育教学论文或从浏览教育教学报刊杂志中捕捉。

当教师看到一篇好的文章时，有时候是没有那么多的时间去写长篇大论的读后感，就可以写教育随笔，题材自由，字数不限，只要表达了完整的意思，就算别人看不懂，只要自己能看懂也是可以的。这就是随笔的好处。

2. 分析和提炼素材

有了题材，如何得到一篇高质量的随笔？教师可能通常会觉得有话说不出说不好，这是因为尚缺乏理论积累，还不能从理论高度对手中的素材进行加工、整合，形成并表达出自己独到的视角。提炼过程有如下二点要求：

（1）注重积累相关理论

理论积累并无任何捷径，只有平常扎扎实实地研读优秀的书籍并作好摘抄，久而久之，阅读的多了，再处理起素材来自然会得心应手。也就是说，平常要多读多写多练，时间长了自然就"下笔如有神"了。

（2）认真研读他人随笔

认真解读他人随笔，取长补短，为我所用。一般报刊杂志上都有一些非常贴近教师工作实际的教学随笔，可以细细地分析一下它们是如何总结提炼得出自己观点的，久而久之，教师也会受到很大启发，感觉豁然开朗。

3. 写好教育随笔的注意事项

虽然说撰写随笔相对简单一些，但是好的随笔不是随便就能写好的。要想写出好的随笔，必须注意以下几点。

（1）力争标新立异

写教育教学心得体会，不仅要自己觉得有新意，而且要让别人看后也觉得耳目一新，不可重复别人的观点，就算是同样一个事件，从不同的角度出发也会提炼出不同的观点。教育教学随笔不是不好写，大多时候是自己不注意观察。所以，教师平常应该养成从多个角度看同样一件事情，锻炼自己的眼光。

（2）举例具体生动

在举例时，因为实例就是发生在教师教育教学过程中的真实事件，所以一定要把事实讲明白、生动，不能死板，使读者看后既懂，又能学会用。

（3）注重小中见大

从个别具体的事例出发，能体现出一般规律，这就需要有一定的归纳总结能力。

注意把中心思想集中到一点上来，反映较深刻的问题和道理，使读者透过现象看本质，通过个性看共性。

（4）文章不拘一格

所谓不拘一格，是指文章结构可多样化。教学随笔没有一个固定的格式。可以先简述文章的中心以及写此文的目的，再列举实例说清楚事实及过程，最后归纳小结教学的心得体会。

五、教育日志的结构与撰写

教育日志作为教育研究成果的重要表述与主要表达形式，是指教育教学研究者在自身教育教学实践中将教育教学事件（包括问题、经验、体会）、教育思想、教育理念呈现出来，并进行总结和分析，以文字的形式记录下来。本质上讲，教育日志是将反思这一单纯的内省活动外化的一种形式，是教师对教育教学活动的还原、描写、阐释和反思。通过撰写教育日志，教育教学研究者可以及时、生动地再现教育教学过程中的各种事件，对教育教学活动进行不断分析、回顾、研究，以改进自身教育教学状况，提高自身的反思能力。

教育日志作为教师对教育教学事件定期的记录，是教育教学研究者对一个较长时期的教学和教育过程进行概括性分析前的准备工作，它不仅是教师参加教育教学过程中和过程后的自我总结，也是让他人了解自身教育教学方式的重要载体。作为思考与创造的源泉，教育日志表达了教育教学研究者自身的教育思想与教育理念。

教育日志不特别强调文章的结构与修饰，可长可短，文体随意。其内容可以包括具体事件的描述记录，如对某个事件的处理、师生之间的精彩对话、教学设计与教学实际效果的差距等，也包括对教育教学工作中甚至自身教育理念呈现出的问题进行深入的分析，并积极寻求解决的对策。

教育日志作为表述教育研究成果的重要方式之一，与其他形式的教育研究成果相比，研究日志的撰写最为简单和熟悉，更易于完成。

日志不同于日记，具有公开性、共享性等特点。

公开性是日志和日记本质的不同。日记往往是写给自己看的，记录的是个人的思考和感受，往往是不给别人看的，如涉及个人隐私、个人信仰、政治观点等，这些只能写成日记。而日志是写给大家看的，写日志是为了积累知识、传播知识而进行的客观记录，并且日志有特定的反馈系统，别人看到你的日志，如果有不同的意见，还会反馈给你。

共享性是日志和日记的另一个显著不同。因为日记涉及个人隐私，所以其内容基本上是不对外公开，由个人独自所有。而日志以积累传播知识为使命，教育工作者可以通过写教育日志总结教育教学中的经验教训，引发对教育工作更深层次的思考，探究新的教育教学理念。特别是进入网络信息时代，日志与网络密切地结合在一起，更突出了它的共享性。

教育日志是一种收集、分析教育教学资料的重要工具，是对教育教学经验的总结,是极为珍贵的教育资源。教师养成撰写教育日志的习惯,借助教育日志这个平台深入反思,教师可以将教学瑕疵转变为今后教育教学工作的亮点。撰写教育日志可以使得教师增强自我了解,增进对自身困惑的觉察,对于教师理清教育教学中存在的问题,总结经验和教训,强化教师解决教育教学实际问题能力具有重要作用。教育日志的撰写能让教师从日常的教育教学事件及具体情节中抽象出深层次的教育理论,提高教育教学理论水平,成为一名真正的教育教学研究者。这些重要经验,对于促进其他教师透过他人经验加强对自身工作的反思,增强改进教育教学工作的重要性与紧迫感,具有重要的意义与价值。随着新课程改革的深入实施,教育日志顺应新时代发展的要求,逐渐成为教育教学工作中一种最实用的模式,在教育教学工作中发挥出了独特重要作用。

撰写教育日志应当注意以下几个问题。

1) 撰写教育日志要注意每一篇日志都要有特定的主题,但一篇教育日志中主题不要过多,这样不利于集中精力透彻分析一件事情,达不到写教育教育日志的目的。

2) 撰写教育日志要重视日常观察的重要性。教育日志的撰写始于观察,通过观察并把观察到的事实、想法、观点记录和表达出来,也就大致形成了教育日志。

3) 教育日志要写得具体,不要采取概括方式来写,教育日志要包括具体的想法、观点等等。若每天记"今天工作不错,学生表现也不错……"这样写教育日志的意义就不大。

4) 撰写教育日志要将事件记录与事件分析有机结合起来,不仅要记录具体的可见可闻的事实和事件,记录具体现象和过程,更要在形式上保证具有一定量的分析,要引起深层次的思考。

5) 教育日志的撰写要包含一些基本的信息。具体来说要包含事件的日期(若书写日期与发生事件日期不同时,需标明之);脉络性资料,如时间、地点、参与者及其他看起来可能重要的事。如果是以这样的方式来记录教育日志,日后重读日志的内容,也会得心应手得多。

撰写教育日志方式有以下几种。

1) 夹叙夹议式,采用叙事与议论相结合的方式。首先叙述教育教学中发生的事例,然后剖析事例背后蕴涵的深层含义,使读者和自己都受到启发,这也是撰写教育日志最常采用的方式。

2) 总结式,是教育教学活动后的一种反思,总结、反思教学中的不足和失误,并将总结的体会记述下来,以达到教学思想、理念的升华。

3) 客观叙述式,是如实地将教育教学中发生的事例记录下来,包括事例的起因、发展过程和结果。尽量避免评述,让读者自己去体会其中的内涵。

4) 对比式,将几个教学事例放在一起进行分析比较,探究它们的共通之处,或比较它们的内在差异,可以进行学科内的横向比较,也可以进行各学科之间的纵向比较。

5) 评议式,撰写教育日志时,可以请专家、身边的人对事例进行评议,发表他们的观点,以达到百家争鸣、各抒己见的效果,全面地揭示事例的内在含义。

教育日志以其独特的亲和力已成为众多教师改进、完善教育教学的重要途径。教育日志的内容需要阶段性的更新，需要不断有新内容，新观点、新思考，这样教育教学研究者的水平才会有更多的提高。在信息化的今天，教育日志撰写、发布交流的途径变得日益广阔，网络为我们提供了一个宽广的思想空间与交流平台。总之，养成撰写教育日志的习惯，无论是对学生，还是教师自己专业化的成长，都具有深刻的意义。

思考题：

1. 教育学术论文主要有哪些类型？各自的结构是什么？
2. 教育研究报告主要有哪些类型？各自的结构是什么？
3. 教育叙事类论文主要有哪些类型？各自的结构是什么？

参考文献

艾尔·巴比. 2005. 社会研究方法. 邱泽奇，译. 北京：华夏出版社.
白芸. 2002. 质的研究指导. 北京：教育科学出版社.
毕润成. 2008. 科学研究方法与论文写作. 北京：科学出版社，2008.
陈伯璋. 1988. 教育研究方法的新取向——质的研究方法. 台北：南宏图书公司.
陈才俊. 2006. 现代公文写作. 广州：华南理工大学出版社.
陈桂生. 2000. 到中小学去研究教育. 上海：华东师范大学出版社.
陈鹤琴. 1925. 大学丛书：儿童心理之研究（上卷）. 上海：商务印书馆.
陈静逊. 1990. 小学教育科学研究方法. 上海：华东师范大学出版社.
陈时见. 2007. 教育研究方法. 北京：高等教育出版社.
陈向明. 2001. 教师如何做质的研究. 北京：教育科学出版社.
陈向明. 2002. 质的研究方法与社会科学研究. 北京：教育科学出版社.
陈瑶. 2002. 课堂观察指导. 北京：教育科学出版社.
陈选善. 2007. 教育研究法. 福建：福建教育出版社.
蔡清田. 2005. 教育行动研究. 南京：南京师范大学出版社.
蔡笑岳. 2007. 教师专业发展与教育科研. 广州：暨南大学出版社.
池小芳. 1998. 中国古代小学教育研究. 上海：上海教育出版社.
丁念金. 2004. 研究方法的新进展. 北京：教育科学出版社.
董奇，申继亮. 2005. 心理与教育研究法. 杭州：浙江教育出版社.
范小韵. 1990. 中小学教育科研方法指导. 北京：北京教育出版社.
高尚刚，徐万山. 2008. 中小学教师课题研究指导. 北京：中国轻工业出版社.
顾春. 1998. 中小学教育科学研究. 北京：知识出版社.
华国栋. 2000. 教育科研方法. 南京：南京大学出版社.
赫德元，周谦. 1990. 教育科学研究法. 北京：教育科学出版社.
洪小良. 2000. 社会调查研究方法. 北京：华文出版社.
侯怀银. 2009. 教育研究方法. 北京：高等教育出版社.
胡东方. 2009. 教育研究方法. 上海：华东师范大学出版社.
胡隆. 2005. 教育技术研究方法导论. 上海：上海外语教育出版社.
蓟运河. 2001. 教育科研技能训练指导. 北京：中国林业出版社.
吉昌福，龚如义. 2000. 教育写作教程. 新疆：伊犁人民出版社.
吉特. 1924. 教育之科学的研究. 郑宗海，译. 上海：上海商务印书馆.

杰克·R. 弗林克尔, 诺曼·E. 瓦伦. 2004. 教育研究的设计与评估. 北京: 华夏出版社.
雷实. 2002. 教育实验方法论. 武汉: 华中师范大学出版社.
刘电芝. 1997. 教育与心理研究方法. 重庆: 西南师范大学出版社.
刘力. 2004. 教育实验学. 北京: 人民教育出版社.
刘良华. 2002. 校本行动研究. 成都: 四川教育出版社.
刘良华. 2011. 叙事教育学. 上海: 华东师范大学出版社.
刘问岫. 1993. 教育科学研究方法与应用. 北京: 北京大学出版社.
刘振山. 2003. 教研手册. 北京: 华夏出版社.
李秉德. 1986. 教育科学研究方法. 北京: 人民教育出版社.
李秉德. 2001. 教育科学研究方法. 北京: 人民教育出版社.
李秉德. 2005. 教育科学研究方法. 北京: 人民教育出版社.
李臣之. 2010. 教师做科研: 过程、方法与保障. 深圳: 海天出版社.
李方. 1997. 现代教育科学研究方法. 广州: 广东高等教育出版社.
李方. 2004. 现代教育研究方法. 广州: 广东高等教育出版社.
李广平, 杨玉宝. 2005. 教育科研方法. 长春: 东北师范大学出版社.
李立芳. 2005. 教育科学研究方法. 石家庄: 河北人民出版社.
李伟胜. 2002. 实验研究指导. 北京: 教育科学出版社.
林焕章, 林惠生. 2000. 教育科研操作指南. 北京: 国际文化出版公司.
鲁洁. 1990. 教育社会学. 北京: 人民教育出版社.
马云鹏. 2002. 教育科学研究方法导论. 长春: 东北师范大学出版社.
梅雷迪斯·D. 高尔, 沃尔特·R. 博格, 乔伊斯·P. 高尔. 2002. 教育研究方法导论. 许庆豫, 等译. 南京: 江苏教育出版社.
裴娣娜. 1995. 教育研究方法导论. 合肥: 安徽教育出版社.
裴娣娜. 1999. 教育科学研究方法. 沈阳: 辽宁大学出版社.
钱大同. 1994. 小学教育科研概论. 杭州: 浙江人民出版社.
乔金森. 2009. 参与观察法. 龙筱红, 张小山, 译. 重庆: 重庆大学出版社.
邱小捷. 2004. 中小学教育科研方法. 北京: 高等教育出版社.
施铁如. 1998. 学校教育科学研究. 广州: 广东高等教育出版社.
施铁如. 2004. 学校教育研究导引. 广州: 广东高等教育出版社.
苏霍姆林斯基. 1984. 给教师的建议. 杜殿坤编译. 北京: 教育科学出版社.
孙邦正. 1983. 教育研究法. 台北: 台北商务印书馆.
孙小礼. 2004. 科学方法中的十大关系. 上海: 学林出版社.
陶保平. 1999. 学前教育科研方法. 上海: 华东师范大学出版社.
佟庆伟, 胡迎宾, 孙倩. 1997. 教育科研中的量化方法. 北京: 中国科学技术出版社.
汪利兵, 等. 2003. 教育行动研究: 意义、制度与方法. 杭州: 浙江大学出版社.
王汉澜. 1992. 教育实验学. 河南: 河南大学出版社.
王景英. 2002. 小学教育统计与测量. 北京: 人民教育出版社.
王铁军. 1997. 中小学教育科学研究. 武汉: 武汉大学出版社.
王文科. 1986. 教育研究法. 台北: 五南图书公司.

王孝玲.2001.教育统计学.上海：华东师范大学出版社.

王宗仁，张玉明，曾莉，等.1993.小学教育科研方法.南宁：广西民族出版社.

威廉·维尔斯玛，斯蒂芬·G.于尔斯.2010.教育研究方法导论.袁振国主译.北京：教育科学出版社.

谢广田，李红，蒋璐敏，等.2009.小学综合实践活动课题研究与论文写作.杭州：浙江大学出版社.

谢广田，刘瑛.2002.小学教育改革与发展.杭州：浙江教育出版社.

熊华生.2004.教育研究与实验.武汉：华中科技大学出版社.

薛根生.2000.小学教师科研论文导写.长沙：湖南师范大学出版社.

雅斯贝尔斯.1991.什么是教育.邹进译.北京：生活·读书·新知三联书店.

严先元.2007.教师怎样作教育行动研究.东北师范大学出版社.

杨东平.2002.毕业论文精选精评（教育学卷）.北京：西苑出版社.

杨丽珠.2002.教育科学研究方法.沈阳：辽宁师范大学出版社.

杨晓萍.2007.教育科学研究方法.重庆：西南师范大学出版社.

杨小微.2002.教育研究的原理与方法.上海：华东师范大学出版社.

杨小微.2008.教育研究的理论与方法.北京：北京师范大学出版社.

叶澜.1990.教育研究及其方法.北京：中国科学技术出版社.

叶澜.1999.教育研究方法论初探.上海：上海教育出版社.

叶继元.2005.学术规范通论.上海：华东师范大学出版社.

喻立森.2001.教育科学研究通论.福州：福建教育出版社.

袁振国.2000.教育研究方法.北京：高等教育出版社.

袁振国.2010.教育研究方法.北京：高等教育出版社.

张建.2003.研究报告撰写指导.北京：教育科学出版社.

张景焕，陈月茹，郭玉峰.2000.教育科学方法论.济南：山东人民出版社.

张民生，金宝成.2002.现代教师：走近教育科研.北京：教育科学出版社.

张敏强.1998.教育测验学.北京：人民教育出版社.

张培林，丁新瑞，高金声.2002.科学研究的方法.北京：科学出版社.

张胜勇.1995.反思与建构——20世纪的教育科学研究方法论.济南：山东教育出版社.

张燕，邢利娅.1999.学前教育科学研究方法.北京：北京师范大学出版社.

赵新云.2009.教育科学研究方法.北京：中国人民大学出版社.

郑慧琦，胡兴宏.2001.学校教育科研指导.上海：上海教育出版社.

郑金洲.2002.教育研究专题.上海：华东师范大学出版社.

郑金洲.2004.行动研究指导.北京：教育科学出版社.

郑金洲，陶保平，孔企平.2003.学校教育研究方法.北京：教育科学出版社.

钟鲁斋.2009.教育之科学研究法.福州：福建教育出版社.

周东明，熊淳.2012.教育科研方法基础.武汉：华中师范大学.

周家骥.1999.教育科研方法.上海：上海教育出版社.

朱德全.2006.教育研究方法.重庆：重庆出版社.

左斌.2002.师生互动论——课堂师生互动的心理学研究.武汉：华中师范大学出版社.

A. I. Gates. 1973. 教育心理学. 吴奚真，译. 台北：台北正中书局印行.

C. M. Charles. 2003. 教育研究导论. 张莉莉，张学文，等译. 北京：中国轻工业出版社.

Adler P，Adler P A. 1987. Membership Roles in Field Research[M]. Beverly Hills：Sage.

Adler P A，Adler P. 1994. Observational Techniques.//Denzin N K，.Lincoln Y S.Handbook of Qualitative Research.Thousand Oaks：Sage.

Burgess R G. 1984. In the field: An introduction to field research London: George Allen & Uinwin Ltd.

Creswell J W. 1994. Research design qualitative & quantitative approaches Sage publications Inc.

Hoyle E. 1980. Professionalization and Deprofessionalization in Education//Hoyle E，Jacquetta Magarry J. World Year book of Education，Profession Development of Teachers. London：Kogan.

Hudelson P M. 1994. Qualitative research for health programmes. World Health Organization.

Krathwohl D R. 1998. Methods of educational & social science research . Addison- Wesley Educational Publishers，Inc .

Maanen J V. 1998. Tales of the Field：On Writing Ethnography. Chicago：University of Chicago Press.

Ratner C. 1997. Cultural psychology and qualitative methodology. New York：Plenum Press.